학교와 학급 경영

정동욱 · 김영식 · 이호준 · 문찬주 · 문희원 · 정설미 공저

SCHOOL AND CLASSROOM MANAGEMENT

학지사

머리말

학교는 어린 시절 성장과 배움의 장소 그리고 선생님, 친구와 즐거웠던 추억의 장소로 여겨진다. 그러나 성인이 된 예비 교사 그리고 학부모와 국민에게 비치는 현재 학교의 모습은 과거 학생으로 경험하였던 모습과는 여러 가지로 사뭇 다르다. 이제부터 그들이 학교를 보는 시각은 공교육의 책무와 역할을 다하는 조직으로서의 학교의 모습에 초점이 맞추어진다. 우리나라 「헌법」이 모든 국민에게 보장하고 있는 '능력에 따라 균등하게 교육을 받을 권리'는 공교육을 통해 적극적으로 구현되어야 한다. 어떻게 하면 학교 현장에서 공교육이 효율적으로 학생의 교육 수요를 충족시키고, 모든 학생에게 평등하게 전달될 수 있는가? 이러한 관점에서 조직으로서 학교의 운영은 종종 다른 공공기관 또는 사기업의 경영과 비교되어 비효율적, 획일적, 권위주의적이라고 비판을 받기도 한다.

우리는 학교를 단순히 수업이 이루어지는 물리적 공간으로 인식하는 것을 넘어, 학생의 전인적 성장을 도울 수 있는 교육적 환경과 시스템으로 이해할 필요가 있다. 교사는 단순히 수업만 잘하기보다 공교육을 시행하는 학교조직에서 주어지는 다양한 역할과 책무를 인지하고 이행해야 한다. 구체적으로 일선 현장에서 교수 · 학습을 촉진하는 교육환경을 적극적으로 조성하고, 학교 교육과정을 학생에게 맞게 재구성하여 실행하며, 민주적이고 창의적인 학교문화를 만드는 데 이바지하는 학교 공동체의 핵심적인 구성원 역할을 요구받고 있다. 아울러, 교사는 학급에서 생활지도와 상담을 통해 학생과 교육적 관계를 형성하고, 교실에서 효과적인 학습환경을 조성하며, 나아가 자신의 교육철학을 형성하고 구현해 가야 한다. 성공적인 교사가 되기 위해 예비 교사는 조직으로서의 학교와 학급의 경영에 대한 이론과 실제를 종합적이고 체계적으로 이해하고, 학교 현장에서 필요한 구체적인 실천 전략을 탐색하고 익힐 필요가 있다.

이 책은 독자가 학교와 학급 경영의 이론과 실제를 순차적으로 이해할 수 있도록 다음과 같이 구성되었다. 제1장 '학교란 무엇인가'에서 학교의 등장 배경과 조직으로서의 학교를 소개하고, 학교교육의 목표를 다룬다. 제2장 '학교조직의 이해'에서는 학교조직의 특징을 일반조직과 비교하여 제시하고, 학교조직의 성장 및 혁신 요인과 실천 전략을 제시한다. 제3장 '학교경영의 이해'에서 학교경영의 개념과 원리, 단위학교 책임경영제를 소개하고, 학교경영의 과정과 기법을 설명한다. 제4장 '학교 지도성의 이해'에서는 지도성의 개념과 요인 및 유형을 소개하고 학교 지도성의 형성 및 실천 전략을 제시한다. 제5장 '학교운영위원회와 의사결정'에서 학교 거버넌스와 학교운영위원회를 소개하고 교사와 학생의 의사결정 참여와 관련 쟁점 및 발전 방안에 대해 논의한다. 제6장 '학교교육과 교육법'에서는 교육법의 기본 체계와 학생이 균등하게 교육받을 권리 그리고 교사의 수업권과 교권에 대한 이론을 판례와 함께 소개한다. 제7장 '학교재정의 이해'에서 교육재정과 학교재정, 공적 가치를 소개하고, 학교재정의 이론적 접근과 구체적인 운용 전략을 제시한다. 제8장 '학교인사행정의 이해'에서는 교원 충원과 인사 배치 그리고 교원 승진제도 등 교원의 사기 진작 제도를 소개한다. 제9장 '교원학습공동체와 학습조직'에서 최근 강조되고 있는 교원학습공동체를 소개하고 공동체 운영 저해 요인과 활성화 방안을 탐색하며, 학교의 학습조직화 전략과 실천 방안을 제시한다. 제10장 '학부모 참여와 지역사회 협력'에서는 학부모의 학교 참여 이론과 실제, 학교와 지역사회 협력의 이론과 실제 그리고 각각의 구체적인 실천 전략을 소개한다. 제11장 '학교경영 평가'에서 학교평가의 과정과 모형을 중심으로 이론과 실제를 소개하고, 학교 현장에서 성공적인 평가 방안을 제시한다. 제12장 '학급경영의 이해'에서는 학급경영의 개념, 과정과 원리 그리고 세부 영역을 소개하고, 학급편성 원리와 쟁점을 설명한다. 제13장 '학급경영의 실제'에서 구체적인 학급경영 계획의 수립, 학생과의 관계 설정 그리고 함께 만들어 가는 학급경영 전략을 소개한다. 제14장 '학급경영의 평가'에서는 평가의 세부 절차와 방법 그리고 평가 내용과 지표, 평가 결과의 환류 방안을 제시한다. 마지막으로, 제15장 '학교개혁'에서 학교교육에서 국가와 시장의 역할과 최근 유행하는 시장주의적 학교개혁의 평가 기준을 소개하고, 최근 공교육 위기가 시장화로 해결 가능한지 논의한다.

이 책, 『학교와 학급 경영』은 앞으로 학교 현장에서 직접 근무하게 될 예비 교사들과 현장 적합성 높은 교육학을 공부하고자 하는 학부 학생들을 대상으로 하는 교직과목 또는 교육학 전공과목의 주요 교과서로 활용될 수 있도록 구성되었다. 특히 학생들이 학교와 학급 경영을 사례로 배우고 워크숍으로 익힐 수 있도록 하였다. 먼저, 예비 교사가 앞으로 학교 현장에서 마주하게 되는 사례를 제시하고, 해당 주제와 관련된 개념과 이론을 접하기에 앞서 학생들이 미리 생각하고 고민해 볼 수 있도록 토론 질문을 수록하였다. 다음으로, 각 질문과 관련하여 개념과 이론적 쟁점을 소개하여 현장 사례에 기반한 학교와 학급 경영의 이론과 실제를 학습할 수 있도록 하였다. 나아가, 학생들을 소집단(3~4명)으로 나누어 사례로 배운 내용을 현장 사례에 기반한 워크숍을 통해 학생들끼리 토론하고 문제를 해결할 수 있도록 구성하였다. 마지막으로, 학생이 이 시간에 배운 내용을 정리하고 더 생각해 볼 수 있도록 심화 질문을 제시하였다. 이와 같은 책의 구성, '사례-질문-이론-워크숍-정리하기'는 1회 3시간 강의에서 하나의 장을 충분히 다룰 수 있도록 구성한 것이다. 물론, 이상의 활용법은 하나의 예시에 불과한 것으로, 교수자는 자신이 계획한 교수안에 맞게 재구성하여 활용할 수 있다.

마지막으로, 관악산 자락에서 동고동락하며 교육행정을 함께 공부하고 연구해 왔고, 지금은 각자의 자리에서 학자와 연구자로서 교육행정의 강의와 연구에 바쁜 시간을 보내고 있으면서도 기꺼이 이 저서의 작업에 동참해 준 공동 저자들에게 깊은 감사를 드린다. 앞으로도 우리나라 교육행정 이론과 실제의 발전에 이바지할 수 있도록 독자와 꾸준히 소통하는 의미 있는 시간을 함께 만들어 갈 수 있기를 기대한다.

2026년 1월

저자를 대표하여 정동욱

차례

제 6 장 학교교육과 교육법 • 115

제 7 장 학교재정의 이해 • 137

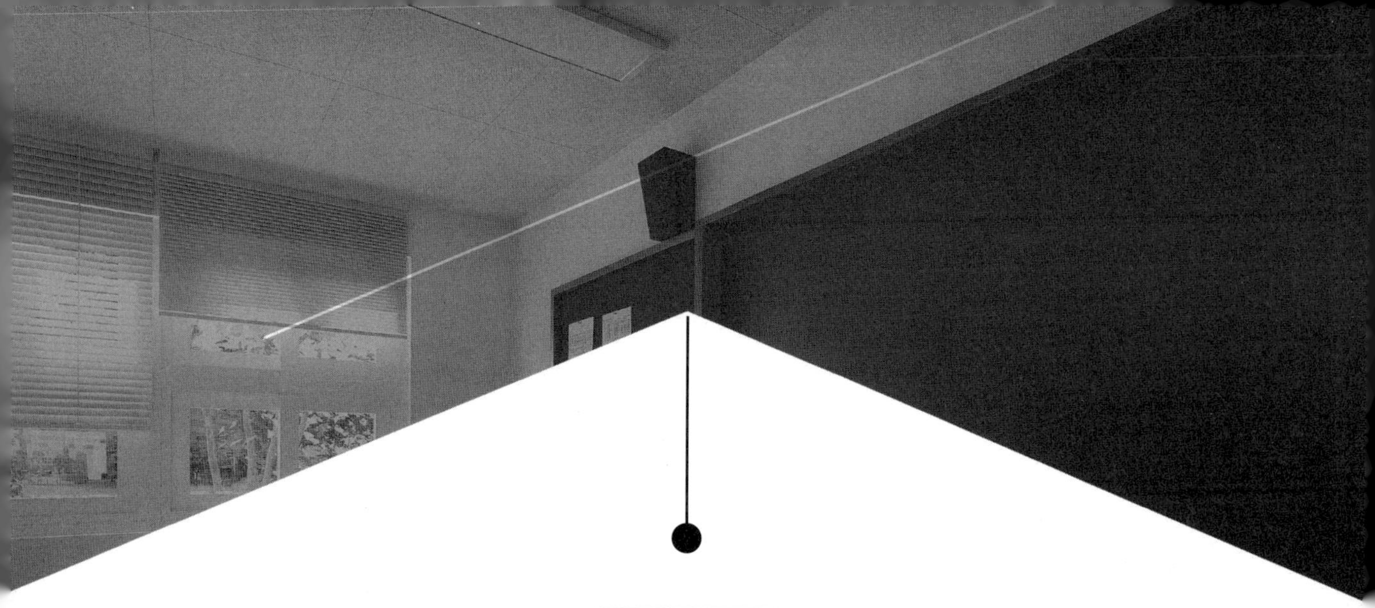

제 1 장

학교란 무엇인가

1. 학교행정과 학교경영
2. 단순한 배움의 공간이 아닌 '조직으로서의 학교'
3. 학교교육의 목표

워크숍 학교교육의 목표 간 상대적 가중치

정리하기

제 1 장 학교란 무엇인가

교육은 흔히 개인의 바람직하고 계획되고 의도된 변화를 위해 가르치는 자와 배우는 자 사이의 상호작용으로 이해된다. 일상생활 속에서 스승과 학생, 부모와 자녀, 선배와 후배, 동년배 친구 사이와 같은 개인과 개인 간 교육적 관계 속에서 가르침과 배움이 일어난다(곽덕주 외, 2024). 개인과 개인 간 일대일 교육은 아주 오래전 고대부터 존재한 교육 방식으로 중세와 르네상스 시대 왕실 교육과 귀족 자제 교육, 그리고 근대에 이르러서도 고도의 전문적인 지식이나 기술을 개인에게 전수하는 도제교육 등의 형태로 이루어졌다.

학교교육은 19세기 산업혁명과 함께 계몽주의의 영향을 받아 공교육 제도가 확립되면서 보다 체계적이고 조직적인 형태의 교육 방식으로 발전해 나갔다. 기존의 개인 간 일대일 교육의 방식과 달리, 학교라는 조직을 구성하여 모든 사회계층을 대상으로 교육의 범위를 확대하고 근대 국민국가 형성과 유지에 필요한 사회적 가치와 시민의 책임을 교육하는 공공 교육의 방식으로 이루어졌다. 개인이 혼자 일을 하는 것보다 다수의 사람이 함께 조직을 구성하여 일을 체계적 조직으로 하게 되면 개인이 혼자 할 수 없는 일을 가능하게 하거나 같은 난이도의 일이더라도 더욱 효율적으로 적은 비용으로도 같은 목적을 달성할 수 있게 된다. 중세 시대 대부분의 생산이 이루어졌던 가내 수공업 방식과 산업혁명 이후 대규모 생산이 가능해졌던 공장 생산의 방식을 비교하면 쉽게 이해할 수 있다.

조직은 일반적으로 일정한 목적을 달성하기 위해 다수의 사람이 모여 협력하고 상호작용하는 일련의 구조적 단위를 말한다. 조직의 성패를 결정짓는 가장 중요한 요소는 조직의 목표이고, 조직은 항상 목적 지향성을 갖는다. 구성원들은 공동의 목표나 목적을 달성하기 위해 조직 내에서 서로 역할을 분담하고 협력하는 활동을 하게 된다. 조직의 목적에 따라 이윤 창출을 목적으로 하는 기업조직과 사회문제 해결 또는 공공의 이익 실현을 위한 비영리조직이나 공공조직으로 구분된다. 학교는 단순히 가르치는 교사와 배우는 학생에게 공간을 제공하는 데 그치지 않고, 학교 구성원들이 목표 지향적이고 협력적인 활동을 통해 학생들의 성장과 학습을 돕는 구조적이고 체계적인 시스템으로 이해되어야 한다. 조직으로서 학교는 명확한 목표 설정과 목표를 달성하기 위한 협력적인 구조와 운영 방식을 포함한다.

다음에서는 서로 다른 학교경영 사례를 살펴보고, 이들 학교경영과 관련된 주요 쟁점을 도출하고 탐색해 보도록 하자.

사례 서로 다른 학교경영

최근 성공적인 학교경영가로 평가받는 A와 B는 각각 학교교육의 비전을 제시하고 구성원들과 협력하여 목표를 달성할 수 있도록 혁신적인 리더십을 발휘하고 있다. 미국 텍사스주에 있는 D 고등학교의 교장인 A는 학생 중심의 교육을 핵심 철학으로 제시하였다. 학생 스스로 자기 주도적 학습을 할 수 있도록 개별화된 학습을 제공하고 학습 주도성과 동기부여를 강조하였다. 또한 프로젝트 기반 학습을 도입하여 학생들이 실제 문제를 해결하는 과정에서 스스로 창의적 사고 능력과 문제 해결 능력을 배양할 수 있도록 하였다. 아울러, 교사들에게는 전문성 개발과 높은 자율성을 부여하여 창의적이고 혁신적인 교수법을 스스로 실험하고 적용할 수 있도록 하였고 학생 맞춤형 교수학습을 지원할 수 있도록 체계적인 연수를 제공하였다. 그 결과, D 고등학교 학생들의 학업성취도가 눈에 띄게 향상되었고, 학생들의 졸업률과 학교 참여도가 현저히 증가하였다.

한편, 영국 런던에 있는 W 학교의 교장인 B는 학교 구성원들의 다양성과 포용성을 중요한 교육 가치로 삼아 학교를 운영하였다. 다양한 배경을 가진 학생들이 모두 균등하게 교육을 받을 수 있도록 문화적, 언어적 배경을 고려한 교육 프로그램을 혁신적으로 도입하였다. 특히 B 교장은 다양한 배경의 모든 학생이 학업에 자신감을 갖고 학습할 수 있도록 환경을 조성하고 모두에게 균등한 교육을 제공하는 학교 문화를 형성하였다. 그 결과, W 학교는 학생의 다양성 존중과 평등한 교육 기회를 제공하는 학교교육의 우수 사례로 주목받고 있으며, 학교 내에서 학생들의 사회적 상호작용과 문화적 이해를 높이는 데 크게 이바지하였다.

토론 질문

이 사례를 잘 읽고 다음의 질문에 대한 자기 생각을 정리해 보고, 토의해 보세요.

1. 왜 우리는 학교장을 학교행정가보다 학교경영가로 부르는가?
2. 조직으로서의 학교에서 무엇이 중요한가?
3. A와 B가 제시하는 학교교육의 목표는 어떻게 다른가?

1. 학교행정과 학교경영

언제부터인지 확실치 않지만, A와 B 같은 일선 학교 교장을 학교경영가(school manager) 또는 학교경영책임자(Chief Executive Officer)로 부르고, 학교행정이라는 말 대신 학교경영이라는 용어가 학술 이론과 실제에서 더 빈번하게 사용되고 있다. 한편, 교육행정과 교육경영이 함께 병렬적으로 제시되어 대학 교직과목의 제목(교육행정 및 교육경영)으로 사용되고 있으며, 대학의 학술 단위인 대학원이나 학과의 이름으로 교육경영대학원 또는 교육경영학과가 사용되기도 한다. 다음에서는 행정과 경영의 개념적 차이에 대해 먼저 알아보고, 왜 학교경영 또는 학교경영가라는 말이 학교행정/행정가를 대체하게 되었는지 살펴보도록 하자.

일반적으로 특정 목적을 달성하기 위해 설립된 조직을 운영하는 방식은 설립 · 운영의 주체에 따라 공공행정과 민간 경영으로 구분된다. 국가와 지방자치단체와 같은 공공기관의 운영은 행정(administration), 일반 사기업과 같은 민간 조직의 운영은 경영(management)으로 정의되고, 행정학과 경영학에서 고유 학문 영역으로 각각 다루어진다. 이러한 분류체계에 따르면, 국 · 공립학교에서는 학교행정, 사립학교에서는 학교경영으로 불러야 할 것이나, 과연 국 · 공립학교와 사립학교의 운영이 본질에서 다른 것인가에 대해 다시 생각해 볼 필요가 있다. 실제, 일선 국 · 공립학교 현장에서조차 학교행정이라는 말은 쓰이지 않고 오히려 학교경영, 학교경영자, 학교경영책임자라는 단어가 대신 사용되고 있다.

그렇다면, 우리는 왜 학교행정보다 학교경영이라고 부르게 되었을까? 사실 20세기 중반부터 법과 규제 중심의 공공행정에 드러나 있는 비효율을 제거하고 조직의 성과 향상을 위해 민간기업의 경영기법이 공공부문 행정에 도입되기 시작하였다. 예를 들면, 목표관리제(Management By Objectives: MBO)와 같은 효율성 중심의 경영기법이 공공행정의 전반 분야에 적극 도입 운영되고 있다. 1980년대 신공공관리론과 뉴거버넌스 이론은 경쟁과 효율 중심의 작은 정부와 다양한 고객과 이해관계자의 참여를 강조하는 경영의 시대를 공공행정에서 주도하였다. 공교육을 담당하는 학교에서도 교육행정의 비효율성의 문제에 대한 지적을 벗어날 수 없었으며 그 해결책으로 사기업의 경영기법 도입 적용이 마찬가지로 제시되었다. 20세기 초 교육학자이자 교육개혁가인 Bobbitt(1912)은 「교육에서의 낭비의 추방」에서 학교 운영의 비효율의 문제를 제기하였고, 일반 기업체의 과학적 관리이론을 적용해야 한다고 주장하였다. 또한

Spaulding(1913)은 교육사업의 취약점으로 교육행정의 비능률성을 지적하면서 기업경영의 원칙에 입각한 교육행정을 강조하였다. 결국, 교육행정의 영역에서도 기업경영의 원칙과 경영기법의 도입이 일반화되면서 학교 관리 · 운영에서 학교행정이 점차 사라지고 학교경영, 교육경영이라는 용어들이 눈에 띄게 사용되었다. 이에 따라, 학교경영의 원리와 실제를 이해하기 위해서는 경영학의 기본 개념과 원리, 여러 가지 경영기법에 대한 이해가 선행될 필요가 있다.

2. 단순한 배움의 공간이 아닌 '조직으로서의 학교'

이 사례에서 미국 D 고등학교와 영국 W 학교는 단순히 학생 개인의 배움의 공간으로만 여겨지지 않는다. 성공적인 학교교육을 위해서는 학교를 체계적이고 구조적인 조직으로 인식하고 목표 달성을 위해 합리적으로 재설계해야 한다. 즉, 학교는 단순히 교사의 가르침과 학생의 배움이 일어나는 공간에서 벗어나, 다수의 구성원이 학교라는 조직을 이루어 학생들의 성장과 학습을 체계적이고 구조적으로 도와주는 교육시스템이다. 학교가 하나의 조직으로서 구조와 기능을 갖추고 효율적으로 운영되기 위해서는 다음과 같이 몇 가지 중요한 구성요소들을 살펴볼 필요가 있다(진동섭 외, 2023).

첫째, 모든 조직은 목표 지향성을 갖는다. 조직으로서의 학교 역시 조직의 목표, 즉 학교교육의 목표를 명확하게 설정해야 한다. 학교교육을 통해 추구하고 달성해야 할 교육적인 비전과 목표를 반드시 제시하고 학교 구성원들과 공유해야 한다. 물론, 학교교육의 비전과 목표는 구성원들에 따라, 즉 시대와 장소에 따라 달라질 수 있다. 학교 구성원들이 공동으로 추구하는 목표들로 보통 학업적 성취가 제시되는데, 인성교육뿐만 아니라 민주시민교육과 같은 사회적 책임과 같이 다양한 교육목표가 제시되고 있다.

둘째, 조직으로써 학교는 반드시 복수의 사람(구성원)들로 구성되어 있다. 학교의 구성원으로는 교장, 교감, 교사, 행정직원과 같이 학교교육을 제공하는 공급자들뿐만 아니라, 학교교육을 받는 학생과 학부모, 지역사회 인사들도 학교에 참여하고 있다. 다양한 학교 구성원과의 협력적인 관계 형성은 조직으로서의 학교에 필수적이다.

셋째, 조직으로서의 학교는 일정한 구조로 되어 있으며, 학교를 둘러싼 환경에 따라 조직의 구조는 달라질 수 있다. 학교장–교감–보직교사–교사와 같이 위계적 관계에 따라 계층적으로 구조화할 수 있지만, 학급과 학급 간, 교사와 교사 간 평평하게 연결되어 있기도 하며 때에 따라서는 느슨하게 구조화할 수 있다.

넷째, 조직으로서의 학교는 어느 한 사람에 의해 주먹구구식으로 운영되기보다 일정한 규칙과 절차에 따라 합리적으로 운영된다. 학교교육의 목표를 달성하기 위한 학생의 출석, 평가, 학교 행사 등 다양한 교육활동은 미리 정해진 규칙과 절차에 따라 이루어진다.

마지막으로, 조직으로서의 학교를 운영하기 위해서는 상당한 금액의 예산과 자원이 필요하다. 학교 교육활동에 소요되는 예산과 자원을 확보하고 배분하고 지출하는 원활한 학교재정 작용이 필요하다. 일반적으로 학교재정은 학교 교육활동에 부수되는 수단으로 여겨지나, 일선 학교 현장에서는 때에 따라 학교재정의 크기나 활동 결과에 따라 학교 교육활동이 다소 제한을 받는 등 목적과 수단이 도치되는 현상이 발생하기도 한다.

3. 학교교육의 목표

앞의 사례에서 미국 D 고등학교 A 교장과 영국 W 학교 B 교장이 설정하고 있는 교육의 목표는 어떻게 다른가? A 교장은 무엇보다 학생 스스로 자기 주도적인 학습을 할 수 있도록 개별화된 학습을 강조하고 있다. 한편, B 교장은 다양한 배경의 학생들이 모두 균등하게 교육을 받을 수 있도록 교육의 다양성과 포용성을 중요한 교육 가치로 제시하고 있다. 학교교육의 목표는 국가와 시대에 따라 달라질 수 있다. 개별 국가의 정치적 이념과 문화, 역사적 배경 그리고 사회적 상황과 경제 발달에 따라 교육의 목표는 달라진다. 예를 들면, 개인주의와 자율성을 강조하는 국가에서의 학교교육과 사회 공동체의 중요성과 발전을 강조하는 국가에서의 학교교육의 목표는 서로 구별된다. 또한 2차 산업혁명과 근대화 시대에서 요구하는 학교교육과 4차 산업혁명과 인공지능 시대에서 요구하는 학교교육의 목표는 다를 수밖에 없다. 이러한 시공간적 차이에도 불구하고, 모든 국가와 시대에 공통으로 관찰되는 것은 학교교육이 학생 개인의 성장과 국가와 사회에 대한 책임을 동시에 고려하여 설정하고 있다는 점이다.

우리나라 교육 및 교육제도에 대한 기본 사항을 규정하고 있는 「교육기본법」은 교육목표를 명시적으로 구체적으로 제시하고 있지 않으나, 제2조 교육이념, 제9조 학교교육 조항에서 교육목표를 찾아볼 수 있다. 「교육기본법」 제2조는 "교육은 홍익인간(弘益人間)의 이념 아래 모든 국민이 인격을 도야(陶冶)하고 자주적 생활능력과 민주시민으로서 필요한 자질을 갖추게 함으로써 인간다운 삶을 영위하게 하고 민주국가의 발전과 인류공영(人類共榮)의 이상을 실현하는 데에 이바지하게 함을 목적으로 한다."라고 정하고 있다. 또한 「교육기본법」 제9조 제3항은 "학교교육은 학생의 창의력 계발 및 인성(人性) 함양을 포함한 전인적(全人的) 교육을 중시하여 이루어져야 한다."라고 규정한다. 우리나라 교육 법제에서 중시하고 있는 교육목표는 자주적 생활능력, 민주시민으로서의 자질, 창의력 계발 및 인성 함양을 포함한 전인적 교육으로 요약할 수 있다.

다음은 일반적으로 설정·제시되고 있는 학교교육의 주요 목표에 대해 알아보자. Rothstein과 Jacobsen의 논문, 「교육의 목표(The goals of education)」(2006)에서 제시된 여덟 개의 중범위 목표들을 중심으로 살펴보자.

첫째, 가장 많이 제시되고 있는 목표는 기본적인 학문 지식과 기술 습득이다. 학생들에게 언어, 수학, 과학 등과 같은 기초적인 학문 지식을 전달하고 습득하게 하는 것이다. 최근 읽기, 쓰기와 같은 기초학력의 보장이 국가와 지방 교육자치단체의 책무로 규정되고 있으며, 학교교육의 책무성(accountability)을 보장하는 교육정책을 적극적으로 입안하여 시행하고 있다.

둘째, 최근 부쩍 강조되고 있는 학교교육의 목표는 창의적 사고와 문제 해결력이다. 단순히 기존 지식과 정보를 습득하는 데 그치지 않고, 학생들에게 주어진 환경에 대한 정보와 상황을 비판적으로 분석하고, 당면하는 문제를 보다 창의적인 방법으로 해결할 수 있도록 하는 것이다.

셋째, 학교교육에서 대인관계 기술과 직업윤리가 중요한 교육목표의 하나로 부상하고 있다. 학생이 학교를 졸업하고 사회에 진출하여 사회와 직장에서 필요한 건강한 인간관계를 형성하고 직무를 책임감 있게 수행할 수 있도록 돕기 위한 것이다. 즉, 대인관계 기술과 직업윤리는 학생의 사회적 역량과 직업적 역량을 배양하여 미래 사회생활에 대비하기 위한 것이다. 대인관계 기술로는 의사소통 능력, 협력과 팀워크, 갈등 해결, 감정 관리 등이 있으며, 직업윤리로는 책임감, 성실감, 존중과 배려, 정직성 등이 제시되고 있다.

넷째, 민주시민 의식과 사회적 책임이다. 학교교육이 학생의 개인의 성장을 도와줄

뿐만 아니라 성숙한 민주사회의 일원으로서 성장할 수 있도록 도와줄 수 있어야 한다. 먼저 학생 자신의 권리와 의무를 이해하고 상대방의 의견을 존중하며 민주적 절차에 따라 의사결정을 하고 그 결과에 따르는 것이다. 또한 자신을 둘러싼 사회 환경, 기후 변화, 불평등 등 사회 구조적 문제에 대해 책임감을 갖고 적극적으로 해결해 가는 태도를 길러야 한다.

다섯째, 신체적 건강 및 발달은 학생의 전인적 성장과 학습을 위해 중요한 학교교육의 목표이다. 신체적 건강은 인지적 발달뿐만 아니라 정서적, 사회적 발달에도 영향을 미치기 때문에 중요한 목표의 하나로 다루어진다. 건강한 생활습관 형성, 신체적 발달과 운동 그리고 심리적 안정 및 정신적 스트레스 관리 등이 이에 포함된다.

여섯째, 정서적 건강 및 발달은 인지적 · 신체적 발달과 함께 전인교육을 구성하는 핵심적인 교육목표이다. 학생 스스로 자신을 이해하고 감정을 자연스럽게 표현하며 상대방과 긍정적인 의사소통과 상호작용을 할 수 있도록 돕는 것이다. 자기 인식 및 자기 존중, 감정 표현과 조절, 긍정적 감정 증진, 스트레스 관리와 회복력 증진 등이 이에 해당한다.

일곱째, 학교교육의 목표로서 인문 소양과 문학은 학생에게 학문적 지식을 전달하는 것이 아니라 삶의 의미와 인간 존재의 가치를 깨닫게 할 기회를 제공한다. 인문 소양은 다른 사람들과 함께 더불어 살아가는 사회에서 서로 이해, 공감하고 협력하는 능력을 배양하고 전인적 인간으로 성장하도록 도와준다. 문학은 삶의 다양한 측면에서 학생들에게 정서적 공감과 상상력 그리고 창의적 사고를 기르는 데 도움이 된다.

마지막으로, 직업진로 및 교육이 학교교육의 중요한 목표로 자리매김하고 있다. 직업교육은 학생들 스스로 자신의 미래 직업과 진로를 탐색하고 준비해 나갈 수 있도록 도와준다. 학생 개인의 관심과 적성을 파악하고 그에 맞는 직업을 선택하고, 해당 직업에 대한 이해를 바탕으로 제대로 준비할 수 있도록 진로프로그램이 제공되어야 한다. 자기 이해 및 직업 탐색, 직업 기술과 전문지식 습득, 진로 선택과 계획, 진로 개발 및 진학/취업 준비 등이 이에 포함된다.

앞에서 제시한 각각의 학교교육의 목표는 독립적, 개별적으로 상당히 바람직한 교육적 가치를 지닌다. 즉, 교육의 개념에 따라 학생의 전인적 성장을 위해서는 어느 하나 포기할 수 없는 학교교육의 목표이다. 그러나 현실적으로 학교 현장에서 상기 여덟 개의 목표를 동시에 그리고 동일 수준으로 달성하기 어려울 수 있다. 일선 학교가 당면하고 있는 자원과 시공간의 제약에 따라 각 교육목표의 달성에 한계가 있기도 하지만, 무엇보다 각 학교교육의 목표 간에는 서로 상보적인 또는 상충적인 관계가 존재하기 때문에 목표 달성 정도가 서로 달라질 수 있다. 두 가지 이상의 교육목표가 상호 지원하고 보완하는 상보적 관계가 발생할 수 있다. 예를 들면, 정서적 건강 및 발달은 신체적 건강뿐만 아니라 인지적 건강 및 발달에도 영향을 미칠 수 있다. 정서적으로 안정된 학생이 더욱 활발하게 신체적 활동을 통해 건강을 증진하며, 학업적 성취를 통해 인지적 발달을 도모할 수 있다. 또한 민주시민 의식과 직업윤리 역시 학생의 사회적 책임과 직업적 환경하에서 요구되는 책임감을 결합하여 더욱 사회적, 직업적으로 성숙한 행동을 하게 될 수 있다. 반면, 두 가지 이상의 학교교육의 목표가 서로 충돌하거나 우선순위가 더 동등하지 않게 되는 상충적인 관계도 존재한다. 예를 들면, 핵심적인 기본지식과 기술 습득에 필요한 시간과 노력의 양/정도는 신체적 또는 정서적 건강 및 발달을 위한 프로그램 수행 시간과 노력의 양/정도에 상충(tradeoff)할 수 있다. 중간/기말 시험 기간 동안 정규수업 시험/비시험 교과목을 대치 또는 조정하는 사례를 흔히 볼 수 있다.

국가적 · 사회적 맥락(contexts)에 따라, 시대적 맥락에 따라, 학교적 맥락에 따라 학교교육의 목표들이 서로 다른 중요도 또는 가중치(weights)를 갖게 된다. 어느 특정 국가와 시대 아래에서 학교교육은 학생 개인의 성장을 사회적 책임보다 중요시할 수 있고, 또 그 반대로 사회적 책임을 보다 강조할 수도 있다. 그리고 학교를 둘러싼 지역사회와 학교 구성원들의 배경에 따라 학교교육에 더욱 중요하게 요구하는 목표들이 다를 수 있다. 이처럼 국가적 · 사회적 · 시대적 · 학교적 맥락에 따라 각 학교교육의 목표들이 더 이상 동일한 중요도 또는 가중치를 갖지 않게 되고, 서로 다른 교육의 목표는 서로 다른 학교교육의 양태로 나타난다. 앞의 사례에서 미국 D 고등학교의 A 교장과 영국 W 학교의 B 교장의 교육목표가 서로 구별되는 것을 맥락적 차이로 이해할 수 있다.

워크숍 학교교육의 목표 간 상대적 가중치

여기에서는 워크숍을 통해 Rothstein과 Jacobsen의 교육목표가 얼마나 상대적인 중요도를 갖는지 각각의 가중치를 산출해 보도록 하자. 먼저 독자/학생들 스스로 그룹(3~4명)을 만들어 구성원 각자에게 다음 〈표 1-1〉을 작성하도록 한다. 첫 번째 열은 현재 학교교육 또는 본인이 과거 경험한 학교교육에서 영역별 교육목표들이 얼마나 중요하게 다뤄졌는지 점수(가중치)를 부여하되, 총합이 100점이 되도록 한다. 그리고 두 번째 열에 앞으로 미래 세대를 위한 바람직한 학교교육을 위해서는 영역별 교육목표들이 얼마나 중요하게 다뤄져야 하는지 점수(가중치)를 부여한다. 물론, 상대적 중요도이므로 점수의 총합이 100점이 되어야 한다. 다음에는 각 독자/학생 그룹별로 영역별 교육목표 중요도의 평균값을 계산해 보고, 다른 그룹과 비교해 보도록 하자. 그룹 간 영역별 교육목표의 상대적 중요도에 얼마나 차이가 있는지 그리고 왜 차이가 나는지 토의해 보자. 참고로, 미국 교육위원, 교육감, 주의회 의원 그리고 일반 국민을 대상으로 설문 조사한 교육목표 간 상대적 중요도는 Rothstein과 Jacobsen의 논문에 제시되어 있다.

<표 1-1> 학교교육목표의 상대적 중요도

교육목표 영역	상대적 중요도(가중치)	
	현재	미래
핵심 교과 기본지식 이해		
창의적 사고와 문제 해결력		
대인관계 기술과 직업윤리		
민주시민 의식과 사회적 책임		
신체적 건강 및 발달		
정서적 건강 및 발달		
인문 소양과 문학		
직업 진로 및 교육		
합계	100	100

정리하기

1 학교란 무엇인지 자신의 언어로 한 문장으로 정의해 보고 그 이유를 설명해 보세요.

'학교는 ______________________ 이다.'

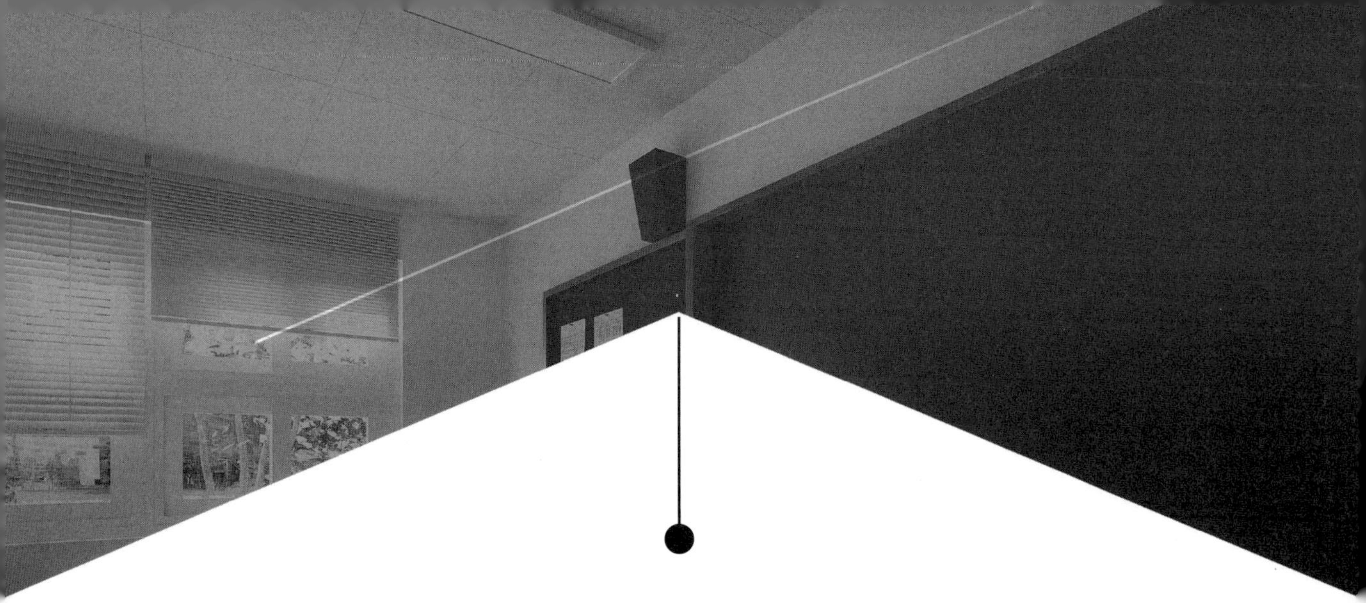

제 2 장

학교조직의 이해

제 2 장 학교조직의 이해

학교는 학생, 교사, 학부모, 지역사회, 교육행정기관 등 다양한 구성원이 상호작용하며 교육적 목표를 실현하는 복합적인 조직이다. 학교조직은 단순한 행정 운영의 공간이 아니라, 학생의 학습과 성장, 교사의 전문성 개발, 교육공동체의 협력을 통해 발전하는 역동적인 구조를 갖는다. 따라서 학교의 효과적인 운영을 위해서는 조직의 특성과 기능을 이해하고, 이를 기반으로 합리적인 의사결정과 협력적 관계를 구축하는 것이 중요하다.

일반적으로 조직은 공동의 목표를 달성하기 위해 둘 이상의 구성원이 규칙과 규정에 따라 서로 역할을 분담하여 상호 협력하는 체제를 의미한다(Robbins & Judge, 2019). 그렇기에 조직은 달성하고자 하는 공동의 목표를 가지고, 목표 달성을 위해 구성원의 행동을 조정 및 통제하는 규정이나 규칙이 존재하며, 주어진 역할 범위 내에서 구성원들이 상호 협력적인 관계를 유지한다는 특징을 가진다. 이런 특성을 갖는 조직은 매우 다양하다. 예컨대, 강압적이고 물리적인 권력을 통해 질서 목표를 추구하는 경찰서나 교도소, 물질적 보상을 통해 권력을 유지하며 이해타산적 목표를 추구하는 기업, 상징적이고 도덕적인 가치를 지향하는 정치단체, 종교단체, 봉사단체 등이 존재한다. 이런 일반조직과 달리 학교조직은 교육적 목적과 가치를 지향하며 학생의 성장과 학습 성과를 중시한다(진동섭, 2005). 또한 학교조직은 교사, 학부모, 교육행정기관 등 다양한 이해관계자가 협력하고 민주적인 방식의 의사결정을 강조한다. 아울러 관료제적 요소와 전문적 요소가 혼합되어 일정한 규칙과 절차를 준수하면서도 교육적 필요에 따라 자율성과 창의성을 강조하는 점에서 일반조직과 차이가 있다.

이러한 학교조직은 변화하는 교육환경 속에서 최근 더욱 복잡한 요구에 직면해 있다. 학교를 둘러싸고 학생의 학습권과 인권 보호, 학부모의 교육 참여 확대, 교사의 업무 부담과 전문성 신장, 학교 폭력 및 정신 건강 문제 등 다양한 과제가 중요한 문제로 등장하였다. 이러한 상황에서 학교장은 학교의 방향성을 설정하고 구성원 간 협력을 조율하는 역할을 수행하며, 교사는 교육과정 운영과 학급경영을 통해 학생의 성장과 학교 발전을 지원하는 핵심적인 역할을 담당한다.

학교조직이 원활하게 운영되기 위해서는 구성원 간의 효과적인 소통과 협력이 필수적이며, 이를 위해 조직의 구조와 운영 원리를 이해하는 것이 중요하다. 다음에서는 특정 학교에서 조직 운영을 개선하여 긍정적인 변화를 이끌어 낸 사례를 살펴보면서, 학교조직이 갖는 의미와 기능 그리고 효과적인 운영 전략에 대해 탐구해 보고자 한다.

사례 희망고등학교의 학교(조직) 혁신

희망고등학교는 오랫동안 경직된 조직 문화와 비효율적인 의사결정 구조로 인해 변화와 혁신이 어려운 상황에 놓여 있었다. 전통적인 관료적 조직 구조로 운영되던 학교는 위계적 의사결정 방식이 강하여 교사와 학생, 학부모의 의견이 의사결정에 적절히 반영되기 어려웠다. 학교교육활동 및 운영에 관한 주요 내용은 교장에 의해 결정되었고, 교사들은 늘어나는 행정 업무 부담 속에서 자율적인 교육활동을 실행하기 어려웠다. 또한 학부모나 지역사회와의 협력이 부족하여 학교 운영이 일방적으로 이루어지는 경우가 많았다. 이러한 상황에서 새로운 교장이 부임하면서 희망고등학교에서 점진적인 변화가 나타났다. 학교가 단순한 관료적 조직이 아니라, 전문적 관료제(professional bureaucracy) 성격을 가지는 조직임을 강조하면서 학교 운영 방식이 교사들의 전문성을 존중하는 방향으로 개편될 필요가 있다는 점에 구성원의 합의가 이루어졌다. 희망고등학교는 먼저 의사결정의 분권화를 추진하여 교사들이 교육과정 및 학사 운영에 보다 적극적으로 참여할 수 있도록 학년별·교과별 협의회를 활성화하였다. 특히 학년부체제를 도입하여 학년별로 학생 지도와 교육활동에 관한 교사들의 소통을 촉진하였다. 또한 학교조직의 관료적 특성과 전문적 특성 간 균형을 맞추면서 행정 절차를 간소화하여 교사의 행정업무 부담을 줄였다. 아울러 교사들에게 전문적 학습공동체(Professional Learning Community: PLC) 활동에 참여할 여건을 보장함으로써 교사들이 더 나은 수업 연구와 학생 지도에 보다 많은 시간과 노력을 집중할 수 있도록 지원하였다. 이를 통해 학생들은 다양한 학생 참여 교육 프로그램과 학생 자치활동에 참여할 수 있었다. 이런 노력으로 인해 희망고등학교는 성공적인 학교 혁신 사례로 주목받았다.

토론 질문

이 사례를 바탕으로 다음의 질문에 관한 자신의 생각을 정리한 후 다른 학생들과 토의 및 토론해 보세요.

1. 일반조직과 비교해 볼 때, 학교조직이 가지는 고유한 특징은 무엇인가?
2. 학교조직의 혁신과 성공적 운영을 위해서는 무엇이 필요한가?
3. 학교조직의 운영 현황과 실태를 어떻게 살펴볼 수 있을까?

이 사례에서 희망고등학교는 오랫동안 경직된 조직 문화, 비효율적인 의사결정 구조 그리고 낮은 학교 만족도라는 삼중고를 겪고 있었다. 학교 운영은 전통적인 관료적 조직 구조를 따랐으며, 위계적 의사결정 방식이 강하여 교사와 학생의 의견이 신속하게 반영되지 못했다. 주요 정책은 교장과 행정 부서에서 주도적으로 결정되었고, 교사들은 행정 업무 부담 속에서 보다 내실 있는 교육활동을 자율적으로 운영하기 어렵다고 느꼈다. 또한 학부모와 지역사회와의 협력 부족으로 인해 학교 운영이 일방적으로 이루어지는 경우가 많았다. 희망고등학교는 이러한 위기 상황을 해결하면서 새로운 변화를 이루어 냈는데, 주요한 성공 요인은 다음과 같다.

첫째, 희망고등학교는 단순한 관료제가 아니라 전문적 관료제(professional bureaucracy)를 강조하며, 교사들의 전문성을 존중하는 방향으로 조직을 개편하고자 하였다. 기존의 전통적 관료 구조에서는 학교 운영이 교장과 행정 부서 중심으로 이루어졌으며, 교사들의 자율성이 제한되는 경우가 많았다. 이에 희망고등학교는 교사들이 교육과정 운영과 학사 행정에서 보다 주체적인 역할을 수행할 수 있도록 자율성과 책임을 확대하는 방향으로 조직을 변화시키고자 하였다. 이를 통해, 학교 운영이 단순한 지시와 감독 체계를 넘어, 교사들이 적극적으로 참여하고 협력할 수 있는 구조로 전환하였다.

둘째, 희망고등학교는 학교 운영의 핵심 전략으로 의사결정의 분권화를 추진하였다. 기존의 위계적이고, 경직된 행정 체계를 개선하기 위해 학년별 · 교과별 협의회를 활성화하고, 학교혁신위원회를 신설하여 교사, 학생, 학부모 대표가 함께 논의하는 체계를 마련하였다. 이를 통해 학교 운영이 일부 관리자에게 집중되는 것이 아니라, 교사들이 교육과정 및 학사 운영에 보다 적극적으로 참여할 수 있도록 유도하였다. 이러한 변화는 학교조직이 보다 민주적으로 운영되는 계기가 되었으며, 구성원들이 자신의 역할과 책임을 인식하고 능동적으로 참여하도록 만들었다.

셋째, 희망고등학교는 소통과 협력 기반의 학교 운영을 강조하였다. 이를 위해 불필요한 행정 절차를 간소화하고, 교사들이 수업 연구와 학생 지도에 집중할 수 있는 환경을 조성하였다. 또한 학부모와 지역사회의 참여를 확대하기 위해 열린 회의를 정례화하고, 학부모 및 지역사회와의 협력 사업을 강화하였다. 이러한 노력은 학교 운영을 보다 개방적으로 만들고, 학교 구성원의 결속력을 높이는 데 기여하였다. 교사, 학생, 학부모 간의 원활한 소통은 학교 정책 수립의 투명성을 높였다.

넷째, 희망고등학교는 전문적 학습공동체 활동을 적극적으로 지원하여 교사들이 수업 개선을 위해 보다 적극적으로 협력할 수 있도록 유도하였다. 교사들이 개별적으로 교육과정을 운영하는 것이 아니라, 동료 교사들과 함께 연구하고 피드백을 주고받을 수 있는 기회를 제공함으로써 수업의 질을 높였다. 이를 통해 교사들은 학생의 특성과 학교의 여건에 맞는 효과적 교수법을 개발할 수 있었고, 학생들에게 질 높은 교육을 제공할 수 있는 여건을 마련하였다. 전문적 학습공동체 활동은 교사 간 협력 문화를 정착시키는 데 중요한 역할을 하였으며, 지속적인 수업 혁신을 가능하게 하는 원동력이 되었다.

1. 학교조직은 일반조직과 어떻게 다른가

1) 조직의 개념 및 특징

조직은 공동의 목표를 달성하기 위해 둘 이상의 구성원이 역할을 나누고 협력하는 구조적 체제를 의미한다(Barnard, 1938; Robbins & Judge, 2019). 한 사람이 혼자 해결하기 어려운 목표를 달성하기 위해 조직은 구성원이 공유하는 공동의 목표를 설정한다. 그리고 이런 목표를 달성하기 위해 조직은 규정이나 규칙을 통해 각 구성원이 담당하는 역할과 책임을 명확하게 구분한다. 원활한 과업 수행과 목표 달성을 위해 조직 내 구성원들은 역할과 과업을 조정하고 서로 협력한다. 특히 조직은 공동의 목표를 효율적으로 달성하기 위해 일정한 구조와 체계를 갖추고 절차에 따라 과업을 수행한다. 이런 특성은 정부기관, 기업, 학교 등 다양한 형태의 조직에서 공통으로 나타나는 특징이다.

이러한 조직은 구조적 특성에 따라 다양한 형태로 구분된다. 조직의 형태는 조직 내 권력의 명시성(공식화), 역할 분담 및 조정(집권화), 과업 관리(분화) 등 조직 구성원의 구조적 관계에 따라 다양하다. 먼저, 누가, 어떻게 조직의 과업을 담당해야 하는지를 공식화하는 정도에 따라 조직의 형태가 달라진다. 문서화된 규칙과 규정에 의해 조직 내 직무를 명시적으로 제시할 경우 공식화 정도도 높다고 볼 수 있다. 또한 조직 내 권한 배분 측면에서 집권화 정도에 따라 조직의 형태는 달라질 수 있다. 의사결정 권한이 특정한 구성원에게 집중되어 있을수록 해당 조직은 집권화 수준이 높은 조직이라고 할 수 있다. 아울러, 조직에서 과업 및 역할의 분화 정도에 따라 조직 형태 역시 달리 나타날 수 있다. 조직이 수행하는 업무가 여러 구성원에게 분할되어 수행될수록 분화 정도가 큰 조직이라고 할 수 있다. 이런 특성에 따라 같은 유형의 조직이라도 조직 구조나 형태는 다른 양상으로 나타날 수 있다.

이러한 조직 형태의 차이로 인해 조직의 관리 방식과 구성원의 참여 방식이 달라질 수 있다. Etzioni(1975)는 조직을 구성원의 운영 방식과 참여 형태에 따라 강제조직, 공리조직, 규범조직의 세 가지로 분류한다. 우선, 강제조직(coercive organization)은 구성원이 원하지 않더라도 강제로 소속되며, 엄격한 규율과 통제를 받는다. 교도소, 강제수용소, 일부 군사 조직이 이에 해당하며, 조직은 강압적 권력을 행사하고 구성원은 억압적인 방식으로 따르게 된다. 다음으로, 공리조직(utilitarian organization)은 금전적 보상과 인센티브를 제공하여 구성원을 유지하고 동기를 부여하는 조직이다. 기업, 금융기관, 상업 조직 등이 이에 속하며, 조직은 보상적 권력을 사용하고 구성원은 실리적 이익을 고려하여 조직에 순응한다. 이와 달리, 규범조직(normative organization)은 구성원이 조직의 목표와 가치를 공유하며 자발적으로 참여하는 조직이다. 학교, 종교단체, 시민단체 등이 이에 해당하며, 도덕적 · 이념적 신념을 바탕으로 운영되고 구성원의 헌신이 중요한 요소로 작용한다.

학교조직은 조직의 관리 방식과 구성원의 참여 방식에서도 일반조직과 다른 특징을 보이며, 나름의 고유한 구조적 특성을 가진다. 예컨대, 이런 일반조직과 달리 학교조직은 교육적 목적과 가치를 지향하며 학생의 성장과 학습 성과를 중시한다. 또한 학교조직은 교사, 학부모, 교육행정기관 등 다양한 이해관계자의 협력과 민주적 의사결정을 강조한다. 아울러 학교조직은 관료제적 요소와 전문적 요소가 혼합되어 있어 일정한 규칙과 절차를 준수하면서도 교육적 필요에 따라 자율성과 창의성을 강조하는 점에서 일반조직과 차이가 있다. 다음 소절부터는 학교조직의 개념과 특성을 구체화하면서 일반조직과 다른 학교조직의 특성에 관해서 보다 구체적으로 살펴보고자 한다.

2) 학교조직의 개념 및 현황

학교조직은 교육목표를 달성하기 위해 구성원들이 체계적으로 협력하는 사회적 조직이다(진동섭, 2005). 학교는 단순한 행정적 구조를 넘어 교사, 학생, 학부모, 지역사회 등 다양한 구성원이 상호작용하며 교육목표를 추구한다. 학교조직은 변화하는 교육환경 속에서 지속적으로 발전해야 하며, 이를 위해서는 자율성과 협력이 중요한 요소로 작용한다. 또한 학교는 단순한 규칙과 절차의 적용을 넘어 구성원들의 주체적인 참여와 협력을 통해 이루어지며, 교육의 질을 높이고 학생들의 성장과 발달을 지원하는 역할을 수행한다. 이런 부분을 종합해 볼 때 학교조직은 교육목표를 실현하기 위해 구성원들이 협력하고 소통하는 유기적인 체계로서, 행정 운영을 넘어 교육적 비전을 실현하는 공간으로 기능하며 지속적인 개선과 발전을 지향하는 조직이라고 볼 수 있다.

이러한 학교조직은 「초·중등교육법」에 따라 교육 단계와 설립 주체에 따라 다양한 유형의 학교로 구분할 수 있다. 먼저, 교육 단계별로 학교를 구분해 볼 때, 유치원, 초등학교, 중학교, 고등학교, 특수학교, 각종학교로 나뉜다. 유치원은 유아를 대상으로 교육을 실시하며, 초등학교는 초등교육을 담당하는 기관이다. 중학교는 의무교육과정으로 중등교육의 첫 단계를 담당하며, 고등학교는 중등교육의 상급 단계로 학생들의 다양한 진로 선택을 지원한다. 특수학교는 장애를 가진 학생들을 위한 교육기관이며, 각종학교는 특정한 교육 목적에 따라 운영되는 학교 유형이다. 특히 고등학교는 목적과 교육과정에 따라 일반고등학교, 특수목적고등학교, 특성화고등학교, 자율고등학교 등으로 세분화된다. 일반고등학교는 대학 진학을 중심으로 다양한 교육과정을 제공하며, 특수목적고등학교는 과학고, 외국어고, 국제고, 예술고, 체육고, 마이스터고 등 특정 분야의 전문 인재를 양성한다. 특성화고등학교는 직업교육 중심으로 운영되며, 특정 산업 분야의 인재 양성을 목표로 한다. 자율고등학교는 교육과정 운영의 자율성을 보장받아 창의적이고 특성화된 교육을 실시하는 학교로, 자율형 사립고와 자율형 공립고로 구분된다.

한편, 설립 주체에 따라 학교 유형을 구분하면 국립학교, 공립학교, 사립학교로 구분된다. 국립학교는 국가가 설립·운영하며, 공립학교는 지방자치단체가 설립·운영한다. 사립학교는 법인이나 개인이 설립·운영하는 형태로, 재정 운영과 교육과정에서 일정한 자율성을 가진다. 이처럼 우리나라의 학교 유형은 다양한 교육적 요구를 반영하여 세분화되어 있으며, 각 학교는 법령에 따라 운영되며 교육목표와 학생들의 특성을 고려한 맞춤형 교육을 제공하고 있다.

현재 우리나라에는 2만 개가 넘는 학교가 있다. 2024년 교육부(2024)가 발표한 교육기본통계에 따르면, 전국의 유·초·중·고등학교 수는 총 20,480개교로, 저출생 및 신도시 개발 등 다양한 요인의 영향을 받아 전년 대비 125개교 감소하였다. 이 중

유치원은 8,294개원으로 147개원 감소하였으나, 초등학교는 6,183개교로 8개교 증가하였으며, 중학교는 3,272개교로 7개교, 고등학교는 2,380개교로 1개교가 각각 증가하였다. 고등학교 현황을 유형별로 살펴보면, 대학 진학을 중심으로 다양한 교육과정을 제공하는 일반고등학교는 전국에 1,642개교가 있다. 과학고, 외국어고, 국제고, 예술고, 체육고, 마이스터고 등 특정 분야의 전문 인재를 양성하는 학교인 특수목적고등학교는 총 160개교가 있다. 직업교육을 중심으로 특정 산업 분야의 인재를 양성하는 특성화고등학교는 전국에 468개교가 있으며, 자율고등학교는 자율형 사립고와 자율형 공립고를 포함하여 총 49개교가 운영 중이다.

학교조직에는 다양한 조직 구성원이 있다. 「초 · 중등교육법」과 동법 시행령에 따르면, 학교조직은 교장, 교감, 교사, 수석교사, 보직교사, 행정직원 등 다양한 구성원으로 이루어져 있다. 각 구성원은 학교 운영과 교육활동에서 중요한 역할을 수행한다. 예컨대, 교장은 학교의 최고 책임자로서 교무를 총괄하고, 교직원을 지도 · 감독하며, 학교를 대표하는 역할을 한다. 교감은 교장을 보좌하여 학교 운영과 교육활동을 관리하고 교장이 직무를 수행할 수 없는 경우 이를 대행한다. 수석교사는 교수 · 연구 활동을 지원하고 다른 교사들의 전문성 향상을 돕는 역할을 하며, 교사는 학생들에게 직접 교육을 제공하고, 학급 담임을 맡아 생활지도와 상담을 담당한다. 또한 교무부장, 연구부장, 생활지도부장 등과 같은 보직교사는 학교 운영을 지원하며 특정 업무를 담당하는 역할을 수행한다. 행정직원은 학교의 재정 관리, 시설 운영, 문서 처리 등 행정 업무를 담당하여 학교가 원활히 운영될 수 있도록 지원한다. 이처럼 다양한 구성원들이 협력하여 학교조직이 효과적으로 운영되며 학생들에게 양질의 교육을 제공할 수 있도록 한다.

3) 학교조직의 구성 요소

학교조직은 다양한 요소가 유기적으로 작용하며 운영되는 복합적인 구조를 갖는다. Scott과 Davis(2016)는 조직을 구성하는 핵심 요소로 목표(goals), 구성원(members), 사회적 구조(social structure), 기술(technology), 환경(environment)을 제시하였는데, 이에 따라 학교조직의 특징을 살펴보면 다음과 같다.

첫째, 목표(goals)는 학교의 존재 이유를 결정하는 핵심 요소로 학업성취뿐만 아니라 인성 교육, 창의성 함양, 민주시민 양성, 진로 개발 등 다양한 교육적 가치를 포함한다. 학교의 목표는 국가 교육정책과 지역사회 요구를 고려하여 설정되며, 교과과정 운영, 평가 방식, 교육활동의 방향성을 결정하는 중요한 기준이 된다. 교육목표 설정과 관련하여 지식 중심 교육과 역량 기반 교육 간의 균형, 학교 유형별 목표 차이 등과 같은 쟁점이 존재한다(박민정, 2009).

둘째, 구성원(members)과 관련해서 학교조직은 교장, 교감, 교사, 수석교사, 보직교사, 행정직원, 학생, 학부모, 지역사회 구성원 등 다양한 주체로 이루어진다. 각 구성원은 학교의 목표를 달성하기 위해 각자의 역할을 수행하며, 학교 운영과 교육활동에 기여한다. 최근에는 교원의 역할 변화, 교장·교감의 리더십 확립, 교사의 전문성 강화, 학생·학부모의 학교 운영 참여 확대 등이 중요한 이슈로 떠오르고 있다. 특히 교사들이 교육과 연구 활동에 집중할 수 있도록 행정 업무 부담을 줄이고(이광현, 2022), 학생과 학부모가 보다 적극적으로 학교 운영에 참여할 수 있는 구조를 만들기 위한 논의가 활발하다(주영효 외, 2022).

셋째, 사회적 구조(social structure)는 학교 내 관계와 역할 분담을 결정하는 요소로, 여기에서는 학교의 공식적인 구조(부서 배치, 업무 분장 등)와 학교 문화, 규범, 관행, 구성원 간 상호작용 등을 포함한다. 학교는 교장, 교감, 교사, 행정직원 등으로 이루어진 공식적인 구조를 가지고 있지만, 동시에 교사 간 협력, 학생과의 관계, 학부모 및 지역사회와의 소통 등 사회적 네트워크가 중요한 역할을 한다. 최근에는 관료적 구조에서 자율적 운영으로의 전환, 학교 내 의사결정 과정의 민주화, 학교 간 협력 및 네트워크 구축 등이 중요한 과제로 강조되고 있다(김경년, 정지윤, 2014; 김용, 2022; 박세준, 김지선, 2022).

넷째, 학교조직에서 기술(technology)은 교수·학습 활동을 수행하는 데 필요한 방법과 도구를 의미하며, 교육과정 운영 방식, 평가 기법, 교수법, 교육행정 시스템 등을 포함한다. 특히 최근 디지털 기술과 인공지능(AI) 기반 교육 플랫폼의 도입이 확산되면서, 학교조직에서 기술의 역할이 더욱 강조되고 있다. 온라인 학습 플랫폼, 스마트 기기, 빅데이터 기반 평가 시스템 등의 활용은 교육의 질을 높이는 데 기여하며, 교수·학습의 효과성을 강화하는 중요한 요소로 작용하고 있다(강민수 외, 2023).

다섯째, 환경(environment)은 학교조직을 둘러싼 외부 요인으로, 사회적·경제적·정치적 변화에 따라 학교 운영 방식과 교육 방향을 조정하는 핵심 요소이다. 국가 교육정책과 법령, 지역사회 요구, 학부모와 학생의 기대, 산업과 기술의 변화 등은 학교조직의 의사결정과 교육과정 운영에 중요한 영향을 미친다(이승현, 함승환, 2023). 최근 저출산으로 인한 학생 수 감소, 4차 산업혁명 시대의 기술 변화, 다문화 사회로의 전환 등과 같은 사회변화가 학교 규모와 학생 특성의 변화, 교수학습방법의 변화로 이어져 학교 운영에 영향을 미치고 있다(김현미 외, 2024; 이은혜, 장인실, 2021).

4) 학교조직의 특징

학교조직은 일반적인 조직과 달리 독특한 구조적 · 운영적 특성을 가지고 있다. 조직 이론에서는 학교가 관료제적 성격과 전문적 자율성이 공존하는 이중적 성격을 지닌다고 설명한다. 이러한 특성을 이해하기 위해 다층적 운영 체계, 전문적 관료제, 조직화된 무정부, 이완결합체제 등과 같은 개념들을 이해할 필요가 있다. 여기서는 이런 이론적 논의를 토대로 학교조직의 특징을 구체적으로 살펴보고자 한다.

(1) 조직 구조 이론

Mintzberg(1979)의 조직 구조 이론은 조직이 기능적으로 구분된 다층적 운영 체계를 가진다고 설명한다. 그는 조직을 운영핵심층(operating core), 중간관리층(middle line), 최고관리층(strategic apex), 기술구조층(technostructure), 지원부서층(support staff)으로 구성된 구조로 분석하며, 각 층이 독립적이면서도 상호작용한다고 보았다. 이 이론을 학교조직에 적용하면, 운영핵심층은 실제 교육활동을 수행하는 교사들로 구성되며, 학교의 핵심 기능인 교수 · 학습을 담당한다. 중간관리층은 교감 및 학년 · 교과 부장 등으로 이루어지며, 운영핵심층과 최고관리층을 연결하며 교육과정 운영 및 행정 업무를 조율한다. 최고관리층은 학교 운영의 최종 의사결정을 담당하는 교장으로, 학교의 방향성과 주요 정책을 결정하는 역할을 한다. 기술구조층은 교육과정 개발과 평가 시스템을 담당하며, 교사 연수 및 교육 프로그램 개선을 지원하는 교육청, 연구기관의 전문가들이 포함된다. 마지막으로, 지원부서층은 학교의 원활한 운영을 위한 행정실, 급식 담당, 상담 교사 등이 속하며 학교 운영을 보조하는 역할을 한다. 이에 따르면, 학교조직은 행정적 운영과 교육적 기능이 결합된 복합적 구조를 가지며, 각 층이 효율적으로 기능할 때 학교의 운영이 원활해진다. 특히 중간관리층의 역할이 강조되는데, 이는 교육과 행정 간의 연결을 원활하게 하고 교사들의 교육활동을 효과적으로 지원하는 기능을 수행하기 때문이다. 또한 기술구조층과 지원부서층은 학교가 변화하는 교육환경에 적응하고 지속적으로 발전할 수 있도록 돕는 중요한 요소로 작용한다.

(2) 전문적 관료제 이론

전문적 관료제(professional bureaucracy) 이론에 따르면, 조직은 관료적 운영 원칙과 구성원의 전문성이 동시에 작용하는 구조를 가질 수 있다. 일반적인 관료제는 업무 수행이 명확한 규정과 절차에 의해 이루어지는 반면, 전문적 관료제에서는 조직 구성원들이 높은 수준의 전문성을 바탕으로 업무를 독립적으로 수행하며, 공식적인 규칙보다는 구성원의 전문성이 조직 운영의 핵심 요소가 된다.

이러한 개념을 학교조직에 적용하면, 학교는 관료적 성격과 전문적 성격이 공존하는 구조를 가진다. 관료적 성격은 학교가 교육부 및 교육청의 지침을 따르며, 예산 편성, 교사 배치, 시설 관리 등이 규정과 절차에 의해 운영된다는 점에서 나타난다. 또한 교장–교감–보직교사–일반교사로 이어지는 위계적 구조가 존재하며, 이를 통해 학교 운영의 체계성과 일관성이 유지된다. 반면, 학교조직의 전문적 특성은 교사들이 학문적 지식과 교수 기술을 바탕으로 교육과정을 계획하고 실행하는 데서 드러난다. 교사는 각자의 전문성을 바탕으로 교수 · 학습 활동을 수행하며, 학생 중심의 다양한 교수법을 개발하고 적용할 수 있는 자율성을 갖는다. 학교조직이 전문적 관료제의 특성을 가진다는 것은 행정적 통제와 교수활동의 자율성이 균형을 이루는 것이 중요함을 시사한다. 과도한 관료제가 강조될 경우, 학교 운영이 지나치게 경직되어 창의적인 교수활동이 위축될 가능성이 있다. 반대로 교사의 자율성이 지나치게 확대될 경우, 교육과정의 일관성이 약화되거나 평가 및 책임성이 불분명해질 가능성이 있다. 따라서 학교조직에서는 규정과 절차를 통해 운영의 안정성을 확보하면서도, 교사들에게 일정 수준의 전문적 자율성을 보장하는 방식으로 운영되어야 한다.

(3) 조직화된 무정부 이론

조직화된 무정부(organized anarchy) 이론은 Cohen 등(1972)이 제안한 개념으로, 조직이 명확한 목표나 일관된 의사결정 체계를 갖추지 못한 채 복잡한 이해관계 속에서 운영되는 특징을 가지는 조직을 설명하는 이론이다. 조직화된 무정부 조직은, ① 목표의 모호성(ambiguous goals), ② 불명확한 기술(unclear technology), ③ 유동적 참여(fluid participation)라는 세 가지 주요 특징을 가진다. 먼저, 목표의 모호성으로 인해 조직의 목표가 명확하지 않고 상황에 따라 다르게 해석될 수 있으며 구성원 간 목표에 대한 합의가 이루어지기 어려울 수 있다. 또한 불명확한 기술로 인해 조직이 업무를 수행하는 방식이 명확한 규칙이나 절차로 고정되어 있지 않고 특정 문제를 해결하는 정형화된 방법이 존재하지 않게 된다. 아울러 유동적 참여로 인해 조직 구성원들의 참여 수준이 일정하지 않으며, 시기에 따라 적극적으로 개입하기도 하고 소극적으로 참여하기도 하는 유동적 특성을 가진다.

이러한 조직화된 무정부의 특성을 학교조직에 적용하면, 학교가 일반적인 기업이나 정부 조직과 달리 목표, 운영 방식, 참여 구조가 일관되지 않은 복합적인 조직이라는 점이 강조된다. 목표의 모호성 측면에서 학교의 공식적인 목표는 '학생 교육'이지만, 실제로는 학업성취, 인성 함양, 진로 지도, 사회화 교육 등 다양한 목표가 혼재하며, 구성원마다 교육의 본질과 목적에 대한 해석이 다를 수 있다. 불명확한 기술과 관련하여 교수·학습 방법에 대한 절대적인 정답이 존재하지 않으며, 효과적인 교육 방식에 대한 명확한 기준을 마련하기 어려운 특성이 있다. 예를 들어, 강의식 수업과 프로젝트 기반 학습(PBL) 중 어느 방식이 더 효과적인지에 대한 논의를 생각해 볼 수 있다. 유동적 참여의 경우 교사, 학생, 학부모, 교육청, 지역사회 등 다양한 이해관계자가 학교 운영에 관여하지만, 이들의 참여 정도가 상황에 따라 달라지며 일관된 의사결정 과정이 유지되기 어렵다는 점을 예로 들 수 있다.

(4) 이완결합체제 이론

이완결합체제(Loosely Coupled System) 이론은 Weick(1976)이 제안한 개념으로, 조직 내 각 하위 요소가 서로 연결되어 있으면서도 독립성을 유지하는 특성을 가지는 조직을 설명하는 이론이다. 전통적인 조직 이론에서는 조직의 구성 요소들이 긴밀하게 연결되어 있으며 상위 체계의 명령이 일관되게 전달되지만, 이완결합체제에서는 조직의 하위부서들이 느슨하게 연결되어 있어 자율성을 가진 채 운영된다. 이러한 조직은, ① 하위부서 간 상호작용이 느슨하게 이루어지며, ② 한 하위부서의 변화가 전체 조직에 즉각적인 영향을 미치지 않고, ③ 다양한 운영 방식이 공존할 수 있다는 특징을 가진다. 이완결합체제는 조직 내부의 개별 단위가 독자성을 유지하면서도 전체 시스템과 연결될 수 있다는 점을 잘 설명한다.

이완결합체제의 관점에서 학교조직을 보면, 학교는 상위 조직(교육부 및 교육청)의 지침에 따라 운영되지만, 학교 내부의 각 구성 요소는 독립성을 유지하면서도 느슨하게 연결되어 있다. 교사들은 공통된 교육목표를 가지지만, 개별 교과나 학급 운영 방식은 상당한 자율성을 가지고 운영되며, 교육과정 운영, 수업 방법, 평가 방식 등이 교사마다 다르게 적용될 수 있다. 또한 학교의 학년별 · 교과별 조직도 공식적으로는 연결되어 있지만, 실제 운영에서는 각 부서나 학년 단위가 독립적으로 의사결정을 내리는 경우가 많다. 이완결합체제의 특성은 학교조직이 내부 구성원들의 자율성과 창의성을 보장하면서 점진적인 변화를 수용하는 방식으로 운영된다는 점을 시사한다.

2. 학교조직 혁신의 핵심 요인은 무엇인가

다양한 조직 이론을 통해 변화하는 교육환경 속에서 학교조직의 지속적 발전과 혁신을 설명할 수 있다. 학교조직은 단순한 관료적 운영 체계를 넘어, 환경과 상황에 따라 유연하게 대응해야 하는 특성을 가지며, 새로운 정책과 교육 혁신이 도입될 때 적절한 조직 관리 전략이 필요하다. 특히 ① 학교의 상황과 맥락, ② 학교조직의 규모, ③ 새로운 정책 및 사업 도입 여부 등을 고려하여 상황에 맞게 조직 이론을 적용하는 것이 중요하다. 이런 이유에서 조직 목표 설정, 환경 변화 대응, 조직 성장, 변화 관리 등과 관련된 주요 조직 이론을 살펴보고, 이를 학교조직 관리에 적용할 수 있는 시사점을 도출하는 것이 의미가 있다. 여기서는 조직 이론에 근거하여 학교조직의 지속적 성장과 혁신을 위한 핵심 요인을 살펴보고자 한다.

1) 학습조직 이론과 학교조직 혁신

학습조직(Learning Organization) 이론은 조직이 지속적으로 학습하고 변화함으로써 성장과 혁신을 이룰 수 있다는 점을 설명한다. Senge(1990)는 조직이 단순히 기존 방식을 답습하는 것이 아니라, 구성원들이 지속적으로 학습하고 새로운 지식을 창출하며 변화하는 환경에 능동적으로 대응하는 구조를 가져야 한다고 강조한다. 이를 위해 조직은, ① 개인적 숙련(personal mastery), ② 정신 모델(mental models), ③ 비전 공유(shared vision), ④ 팀 학습(team learning), ⑤ 시스템 사고(systems thinking)의 다섯 가지 요소를 갖추어야 한다.

이 이론을 학교조직에 적용하면, 학교는 단순한 행정 조직이 아니라 교사, 학생, 학부모가 함께 성장하는 학습공동체로 운영되어야 함을 의미한다.

첫째, 개인적 숙련과 관련해서 교사들의 지속적인 전문성 개발을 위한 체계적인 지원이 필요하다. 단순한 연수 제공이 아니라, 교사들이 실제 교육 현장에서 활용할 수 있도록 멘토링, 수업 공유, 연구 모임 활성화 등을 추진할 수 있다. 예를 들어, 신규 교사와 경력 교사를 연결하는 멘토링 시스템을 운영하거나 학교 내 '전문적 학습공동체(PLC)'를 구축하여 서로의 교수법을 공유하고 피드백하는 과정을 마련할 수 있다.

둘째, 정신 모델과 관련해서 학교 구성원들이 변화하는 교육 패러다임을 수용하는 환경을 조성할 필요가 있다. 전통적인 주입식 교육에서 벗어나 프로젝트 기반 학습(PBL), AI 기반 맞춤형 학습, 블렌디드 러닝 등을 적극적으로 도입할 필요성을 인지하고 이를 실천할 수 있는 여건을 마련할 필요가 있다. 예를 들어, 수업 운영 방식에 대한 정기적인 성찰 회의를 개최하고 새로운 교수법을 적용한 사례를 공유 및 학습한다면, 교사들이 변화에 대한 두려움을 줄이고 새로운 변화를 보다 적극적으로 수용할 수 있다.

셋째, 비전 공유와 관련해서 학교 구성원 간 공동의 비전을 설정하고 공유하는 것이 중요하다. 교사, 학생, 학부모가 학교 운영의 방향성과 교육목표를 함께 설정하고 공유하는 구조를 마련할 필요가 있다. 예를 들어, 학년 초에 학생 · 학부모 · 교사가 함께 참여하는 '학교 비전 워크숍'을 운영하여 교육목표를 논의하고 합의하는 기회를 제공할 수 있다. 이를 통해 학교 운영에 대한 신뢰를 높이고, 공동의 목표를 향해 협력할 수 있는 환경을 조성할 수 있다.

넷째, 팀 학습과 관련해서 교사들이 개별적으로 성장하는 것이 아니라 협력적 학습을 통해 함께 발전하는 팀 학습 문화를 정착시킬 필요가 있다. 이를 위해 전문적 학습공동체(Professional Learning Community: PLC)를 활성화하여 교사들이 정기적으로 모여 수업 연구와 피드백을 진행할 수 있도록 지원하는 것이 중요하다. 가령, 교사들이 팀을 이루어 같은 주제의 연구를 진행하고, 수업을 참관하며 피드백을 주고받는 구조를 도입하면, 협력을 통한 성장과 수업 혁신이 촉진될 수 있다.

다섯째, 학교 운영을 하나의 유기적 시스템으로 이해하고, 단기적 변화가 아니라 장기적인 변화를 고려하는 시스템 사고(systems thinking)가 중요하다. 즉, 교육 혁신을 도입할 때 단순한 기술 변화에 집중하는 것이 아니라, 이를 효과적으로 정착시키기 위한 교사 연수, 평가 방식 개선, 학교 문화 변화까지 포함하는 종합적 전략이 필요하다. 예를 들어, AI 기반 교육을 도입할 경우, 단순히 디지털 기기를 배치하는 것이 아니라, 교사들이 AI 활용법을 익히도록 연수를 진행하고 학생들의 학습 효과를 분석할 수 있는 평가 체계를 구축하는 방안까지 연계한 시스템적 접근 방식이 요구된다.

2) 목표설정 이론과 학교조직 혁신

목표설정 이론(Goal-Setting Theory)은 조직의 목표가 명확하고 도전적일수록 구성원들의 동기 부여와 성과 향상에 긍정적인 영향을 미친다고 설명한다(Locke & Latham, 1990). 이 이론에 따르면, 목표가 구체적이고 측정 가능하며 도전적이어야 조직 구성원들이 보다 높은 성과를 달성할 수 있다. 또한 목표 설정 과정에서 구성원들이 목표에 대한 이해와 동의를 얻고, 목표 달성을 위한 피드백과 지원이 지속적으로 제공될 때 성과 극대화가 가능하다. 이러한 원리는 개인과 조직의 성과 향상을 촉진하는 데 중요한 역할을 하며, 교육 조직에서도 목표 설정의 중요성이 강조된다.

학교조직에 이 이론을 적용하면, 명확하고 도전적인 교육목표 설정이 교사와 학생의 동기를 유발하고, 학교 성장과 발전을 촉진하는 핵심 요소가 될 수 있다.

첫째, 학교의 교육목표는 단순한 학업성취도를 넘어서 학생의 핵심 역량 개발, 창의적 문제 해결 능력 강화, 전인적 성장 등 다양한 교육적 가치를 포함해야 한다. 이를 위해 학교는 단기적 · 장기적 목표를 명확하게 설정하고, 교사와 학생이 목표를 공유하며 함께 달성할 수 있는 구조를 마련하는 것이 중요하다.

둘째, 교사들은 목표 설정 과정에서 적극적으로 참여해야 하며, 학생들에게 목표를 명확하게 전달하여 학습 방향성을 제공해야 한다. 예를 들어, 학생 개인의 학습 목표뿐만 아니라 학급 단위, 교과별 목표를 구체적으로 설정하고, 성취 수준을 점검할 수 있는 체계를 갖추는 것이 필요하다.

셋째, 학교 평가 체계를 명확하게 설계하여 교사와 학생의 성취를 지속적으로 모니터링하고 피드백을 제공해야 한다. 단순한 시험 성적이 아니라, 프로젝트 기반 학습, 수행평가, 교사와 학생 간 상호 피드백 등을 통해 목표 달성 과정을 점검하고, 개선점을 도출하는 것이 중요하다.

목표설정 이론을 학교조직에 적용하는 것은 학교의 지속적인 발전과 혁신을 위한 중요한 전략이 될 수 있다. 명확한 목표 설정을 통해 교사들은 수업을 보다 체계적으로 운영할 수 있으며, 학생들은 학습의 방향성을 명확히 인식하고 자기주도적 학습 태도를 기를 수 있다. 또한 학교경영진과 교육행정기관은 학교의 성과를 객관적으로 평가하고, 이를 바탕으로 지속적인 개선과 혁신을 추진할 수 있다. 따라서 목표설정 이론은 학교조직이 효과적으로 운영되고, 교사와 학생의 성장과 발전을 촉진할 수 있도록 하는 중요한 기제로 작용한다.

3) 상황적합 이론과 학교조직 혁신

상황적합 이론(Contingency Theory)은 조직이 정적인 구조를 갖는 것이 아니라 외부 환경 변화에 따라 유연하게 운영되어야 한다는 점을 강조한다(Lawrence & Lorsch, 1967). 상황적합 이론은 조직 운영 방식이 고정된 것이 아니라, 환경의 변화에 따라 적절한 전략을 선택해야 한다고 바라본다. 즉, 모든 조직에 동일한 운영 방식이 적용될 수 없으며, 조직이 처한 상황과 맥락에 맞게 조직 구조와 운영 방식을 조정하는 것이 중요하다.

이 이론을 학교조직에 적용하면, 학교는 획일적인 운영 방식을 따르기보다 학교 규모, 학생 구성, 지역사회 특성 등 다양한 맥락을 고려하여 유연하게 운영될 필요가 있다. 예를 들어, 대도시의 대규모 학교는 공식적인 행정 체계를 강화하고 조직 내 역할을 명확히 하는 것이 효과적일 수 있지만, 농어촌의 소규모 학교는 보다 개방적이고 자율적인 운영 방식이 요구될 수 있다. 또한 교육정책 및 제도가 변화할 때, 모든 학교에 동일한 운영 방식을 강요하는 것이 아니라, 학교의 특성에 따라 적절한 대응 전략을 마련하는 유연한 접근이 필요하다.

학교조직이 체계적 접근과 상황적응적 접근을 함께 고려할 때, 보다 효과적인 교육 운영이 가능해진다. 학교를 하나의 유기적인 시스템으로 보고 교사와 학생, 학부모, 지역사회 간의 상호작용을 강화하며, 학교 운영 방식이 환경 변화에 유연하게 대응할 수 있도록 조정하는 것이 중요하다. 이를 통해 학교는 보다 효과적으로 운영될 수 있으며, 다양한 교육환경에서 지속적인 성장과 발전을 도모할 수 있다. 따라서 학교조직이 변화하는 교육환경에 적응하면서도 교육의 본질적 가치를 유지할 수 있도록 운영 전략을 유연하게 설정하는 것이 핵심적인 과제가 된다.

4) 조직성장모델과 학교조직 혁신

조직성장모델(Organizational Growth Model)은 Greiner(1972)가 제안한 개념으로,

조직이 성장함에 따라 일정한 발전 단계를 거치며 변화하고, 각 단계에서 새로운 도전에 직면한다는 점을 강조한다. Greiner는 조직이 성장함에 따라, ① 창업 단계(creativity), ② 집단 형성 단계(direction), ③ 관리의 공식화 단계(delegation), ④ 조직 구조의 확장 단계(coordination), ⑤ 협력 강화 단계(collaboration)를 거친다고 설명한다. 조직이 처음 형성될 때는 창의적이고 유연한 방식으로 운영되지만, 규모가 커지면서 구조화된 관리 체계를 필요로 하며, 더욱 효율적인 운영을 위해 점차 협력적이고 조정된 방식으로 발전해야 한다. 이러한 과정에서 조직은 각 성장 단계마다 새로운 과제에 직면하게 되며, 적절한 대응 전략을 수립하지 못하면 조직의 발전이 정체되거나 내부 갈등이 심화될 수 있다.

학교조직에 이 이론을 적용하면, 학교 규모가 성장하고 조직이 확장됨에 따라 운영 방식 또한 변화해야 함을 의미한다. 예를 들어, 소규모 학교에서는 교사 간 자율적 협력이 가능하지만, 학교가 확대됨에 따라 보다 체계적인 운영과 의사결정 구조가 필요하게 된다. 따라서 단순한 위계적 운영 방식에서 벗어나, 교사와 행정 담당자 간 협력적 의사결정 구조로 전환할 필요가 있다. 또한 학교 성장에 따라 교사들의 행정적 부담이 커질 수 있기 때문에, 교사들이 교수·학습 활동에 집중할 수 있도록 효율적인 행정 지원 체계를 마련하는 것이 중요하다. 이를 위해 교무 행정 전담 인력을 확충하거나, 교사의 업무를 조정하여 교육활동에 집중할 수 있는 환경을 조성할 필요가 있다.

또한 학교가 성장하면서 교육 프로그램 개발과 혁신을 추진할 때, 단기적 실험이 아니라 장기적 성장과 지속 가능성을 고려한 전략이 필요하다. 교육과정 개편이나 새로운 교수법 도입이 일시적인 시도로 끝나지 않고, 지속적으로 정착될 수 있도록 장기적인 계획을 수립해야 한다. 예를 들어, AI 기반 교육활동을 도입할 경우, 단순한 기술 도입을 넘어 교사 연수, 교육과정 개편, 평가 방식 개선 등과 연계된 종합적인 변화 전략이 필요하다.

결과적으로, 학교조직이 지속적으로 성장하고 발전하기 위해서는 조직의 성장 단계에 따른 전략적 대응이 필수적이다. 초기에는 창의적이고 유연한 운영 방식이 필요하지만, 학교 규모가 확대됨에 따라 조직 구조를 정비하고 협력적 의사결정 체계를 강화하는 것이 중요하다. 이를 통해 학교는 변화하는 교육환경에 효과적으로 대응하면서도, 교사와 학생이 최상의 교육 경험을 제공받을 수 있도록 운영될 수 있다.

5) 조직문화 이론과 학교조직 혁신

Schein(2010)은 조직문화를 조직이 환경 변화에 적응하고 내부 통합을 이루기 위해 구성원들이 공유하는 기본적인 가정과 신념이라고 정의하였다. 그는 조직문화가 가시적인 구조(artefacts), 공유된 가치(values), 기본적인 가정(basic assumptions)의 세 가지 수준으로 구성된다고 설명한다. 가시적인 구조는 조직의 물리적 환경, 제도, 정책, 구성원들의 행동 양식 등 눈에 보이는 요소를 포함하며, 학교에서는 교사회의 방식, 수업 운영 체계, 학생 생활지도 규정, 교사와 학생의 상호작용 방식 등이 해당한다. 공유된 가치는 조직 구성원들이 중요하게 여기는 가치관으로, 교육 철학, 교수·학습 원칙, 협력과 소통을 중시하는 문화 등이 이에 포함된다. 기본적인 가정은 조직의 구성원들이 무의식적으로 받아들이는 근본적인 신념과 사고방식으로, 학교에서는 '모든 학생은 성장할 수 있다'거나 '교사는 학습공동체의 일원이다'와 같은 교육적 신념이 이에 해당된다.

학교조직이 지속적으로 혁신하기 위해서는 단순히 새로운 교육 프로그램을 도입하는 것이 아니라, 학교조직 문화가 변화와 혁신을 수용하는 방향으로 형성되어야 한다. 즉, 가시적인 구조뿐만 아니라 공유된 가치와 기본적인 가정까지 변화가 이루어질 때 혁신이 효과적으로 정착할 수 있다. 예를 들어, AI 기반 교육 프로그램을 도입할 경우, 기술적 도입만으로는 학교 혁신이 이루어지지 않는다. 교사들이 AI 교육의 필요성을 공유된 가치로 받아들이고, 이를 효과적으로 활용하는 방법을 학습할 수 있도록 조직문화적 변화가 함께 이루어져야 한다. 이를 위해 AI 기반 수업 모형을 개발하고 교사 연수를 실시하는 등의 가시적인 변화와 함께, 'AI는 교사를 대체하는 것이 아니라 교육적 역량을 확장하는 도구'라는 인식을 공유하고, 교사들이 기술 변화에 적응해야 한다는 신념을 형성하는 것이 중요하다.

또한 학교 혁신이 개별 교사의 노력만으로 이루어지는 것이 아니라 협력적인 문화 속에서 지속 가능하게 이루어지도록 해야 한다. 이를 위해 교사 간 협력과 학습을 강조하는 조직문화를 형성할 필요가 있다. 교사들이 정기적으로 모여 수업 연구를 진행하고, 수업 공개 및 피드백을 주고받는 문화가 정착된다면, 이는 일회성 연수가 아니라 학교의 지속적인 혁신을 이끄는 요소가 될 수 있다. 예를 들어, 전문적 학습공동체(PLC)를 운영하여 교사들이 정기적으로 협력하고 연구하는 환경을 조성하는 것이 효과적인 전략이 될 수 있다.

학생 중심의 교육 혁신이 이루어지기 위해서도 조직문화적 변화가 필수적이다. 프로젝트 기반 학습(PBL)과 같은 새로운 교육 방식을 도입하려면, 교사와 학생 모두가 기존의 학습 방식에서 벗어나 새로운 접근 방식을 수용하는 문화를 형성해야 한다. 이를 위해 수업 운영 방식에 대한 성찰과 개선의 기회를 마련하고, 교사 연수를 통해 새로운 교수법 적용 사례를 공유하며, 학생들에게도 스스로 문제를 해결하고 학습할 수 있는 환경을 제공해야 한다. 기존의 강의식 수업에서 벗어나 학생 주도 학습을 지원하는 방식으로 변화하기 위해서는 교사들이 '교사의 역할은 지식을 전달하는 것이 아니라, 학생들이 탐구하고 성장할 수 있도록 돕는 것이다.'라는 교육적 신념을 공유하는 것이 중요하다.

학교조직 혁신은 단순한 구조적 변화만으로 이루어지지 않으며, 학교 구성원들의 공유된 가치, 신념, 학습 문화가 변화해야 지속 가능성이 높아진다. 이를 위해 학교 혁신 정책을 도입할 때 조직문화적 요소를 고려해야 하며, 구성원들의 인식을 변화시키기 위한 교육과 협력의 기회를 제공해야 한다. 또한 학교의 비전과 목표를 구성원들과 공유하고, 이를 실현할 수 있도록 유기적인 변화를 이끌어야 한다. 결국, 학교조직의 혁신은 구성원들이 변화를 받아들이고 실천하는 문화가 조성될 때 성공적으로 이루어질 수 있으며, 조직문화 이론을 활용한 접근은 학교 혁신을 보다 효과적이고 지속 가능하게 만들 수 있는 중요한 전략이 될 수 있다.

워크숍 학교조직 진단하기

지금까지 학교조직 이론을 살펴보면서 학교의 지속적 성장과 혁신을 위한 방안을 논의하였다. 여기서는 이러한 논의를 바탕으로 학교조직을 진단하는 활동을 제시하였다. 자신이 졸업한 고등학교를 대상으로 학교조직을 진단하고 모교의 혁신 전략을 수립하는 워크숍 활동은 단순한 이론적 학습을 넘어, 참가자들이 직접 학교조직을 진단하고 혁신 전략을 도출하는 실습 중심의 활동을 포함하고 있다는 점에서 의미가 크다.

또한 SWOT 분석을 기반으로 혁신 전략을 수립하는 과정을 통해 참가자들은 조직 문제 해결 능력을 기르고, 실제 교육 현장에서 조직 운영의 방향성을 설정하는 데 필요한 사고력을 배양할 수 있도록 구성하였다. 워크숍은 ① 학교조직 진단 도구 개발, ② 학교조직 진단 실시, ③ SWOT 분석, ④ 혁신 전략 수립, ⑤ 발표 및 피드백의 5단계로 구성된다. 각 단계별 주요 활동은 다음과 같다.

학교조직 진단 및 컨설팅 프로젝트

1단계 학교조직 진단 도구 개발

학교조직을 효과적으로 분석하기 위해서는 체계적인 진단 기준이 필요하다. 여기서 참가자들은 학교조직을 진단하는 핵심 요소를 이해하고 교육청에서 제공하는 학교조직 진단의 주요 내용*을 분석하여 학교조직 진단의 주요 항목을 파악한다. 이를 토대로 참가자들은 졸업한 고등학교를 분석할 수 있도록 학교조직 진단 문항을 직접 개발한다.

*서울형 학교조직진단

2단계 학교조직 진단 실시

학교조직의 실질적인 운영 상황을 분석하기 위해, 참가자들은 학교조직 진단 도구를 활용하여 졸업한 고등학교의 조직을 평가하는 활동을 진행한다. 학교조직을 진단하기 위해 졸업한 고등학교의 교육과정계획서, 홈페이지, 학교의 공개 문서 등을 수집한다. 참가자들은 1단계에서 개발한 학교조직 진단 도구를 활용하여 졸업한 학교의 조직을 평가한다. 진단이 완료되면, 참가자들은 도출한 결과를 정리하고 학교조직의 강점과 개선이 필요한 사항을 정리한다. 이를 바탕으로 팀별로 모여 각자의 진단 결과를 공유하고, 학교조직 운영의 긍정적 측면과 개선해야 할 점에 대해 논의한다.

3단계 SWOT 분석 실습

학교조직의 특성과 운영 환경을 보다 명확하게 이해하기 위해, 참가자들은 SWOT 분석(Strengths, Weaknesses, Opportunities, Threats)을 활용하여 조직을 진단하는 실습을 진행한다. 이 단계에서는 학교조직의 강점과 약점을 내부 요인으로, 기회와 위협을 외부 요인으로 분석하면서 조직의 현황을 체계적으로 정리하고, 향후 개선 방향을 탐색하는 데 중점을 둔다. 참가자들은 자신이 졸업한 고등학교를 대상으로 SWOT 분석을 수행한다. 앞서 2단계에서 도출한 학교조직 진단 결과를 기반으로, 제공된 SWOT 분석 활동지를 활용하여 학교의 내부 강점과 약점을 정리하고, 외부 환경에서의 기회와 위협 요소를 분석한다.

4단계 혁신 전략 수립

여기서는 앞선 SWOT 분석 결과를 활용하여 학교조직의 강점을 강화하고 약점을 개선하며 외부 환경의 기회를 적극 활용하여 위협 요소를 최소화할 수 있는 전략을 구체적으로 도출하는 활동을 진행한다. 혁신 전략 수립은 SWOT 요소 간의 결합을 통한 전략 개발 방식을 따른다. 학교조직이 이미 갖고 있는 강점을 활용하여 외부 환경의 기회를 극대화하는 전략인 SO 전략(강점-기회 활용), 조직이 현재 가지고 있는 약점을 개선하면서 외부의 기회를 살리는 WO 전략(약점-기회 활용), 학교조직이 가진 강점을 활용하여 외부의 위협을 최소화하는 ST 전략(강점-위협 대응), 조직이 직면한 약점을 보완하여 외부의 위협을 줄이는 WT 전략(약점-위협 대응)이다. 여기서 각 팀이 SWOT 분석 결과를 바탕으로 학교조직의 혁신을 위한 전략을 구체화하는 과정을 진행한다.

5단계 결과 해석 및 피드백

학교조직의 혁신 전략을 효과적으로 수립하기 위해서는 다양한 관점에서 전략을 검토하고, 이를 보완하는 과정이 필수적이다. 이 단계에서는 각 팀이 도출한 혁신 전략을 발표하고, 참가자들 간 피드백을 주고받는 활동을 진행한다. 발표에서는 SWOT 요소 간의 관계, 구체적인 전략 수립 과정, 예상되는 효과 등을 설명하며, 학교조직이 직면한 문제를 해결하기 위해 어떤 방식으로 접근했는지를 제시한다. 발표 후에는 상호 피드백 및 토론(20분)을 진행하며, 참가자들은 서로의 전략을 평가하고 보완할 점을 논의한다. 각 팀은 타 팀의 전략을 검토하며 전략의 실행 가능성, 실질적인 효과, 추가적으로 고려해야 할 요소 등을 중심으로 피드백을 제공한다.

정리하기

지금까지 학교조직을 진단하고 혁신 전략을 수립하는 과정을 통해 학교조직의 특성과 운영 방식, 조직 진단의 필요성, 효과적인 조직 개선을 위한 전략 수립 방법을 함께 살펴보았다. 참가자들은 자신이 졸업한 학교를 대상으로 학교조직 진단 도구를 설계하고, 실제 진단을 실시한 후 SWOT 분석을 활용하여 조직의 강점과 약점, 외부 환경의 기회와 위협을 분석하였다. 또한 분석 결과를 바탕으로 학교조직의 혁신을 위한 전략을 수립하고, 팀별 발표와 피드백을 통해 전략을 더욱 구체화하는 과정을 실습하였다. 이제까지의 학습 내용을 바탕으로, 자신이 속한 학교조직을 돌아보고, 조직 운영과 혁신에 대한 자신의 생각을 정리하는 활동을 진행해 보자.

1 학교조직을 효과적으로 운영하기 위해 가장 중요한 요소는 무엇이라고 생각하십니까? 그리고 그 이유를 설명해 보세요.

※ 학습한 조직 이론 및 학교조직의 특성을 고려하여 자신의 생각을 구체화해 보세요.

'학교조직이 효과적으로 운영되기 위해서는 ________ 이(가) 가장 중요하다.'

2 학교조직의 지속적 성장과 혁신을 위해 필요한 변화는 무엇이라고 생각하십니까?

※ 학교조직의 진단과 혁신 전략 수립 과정에서 발견한 문제점과 개선 방향을 중심으로 정리해 보세요.

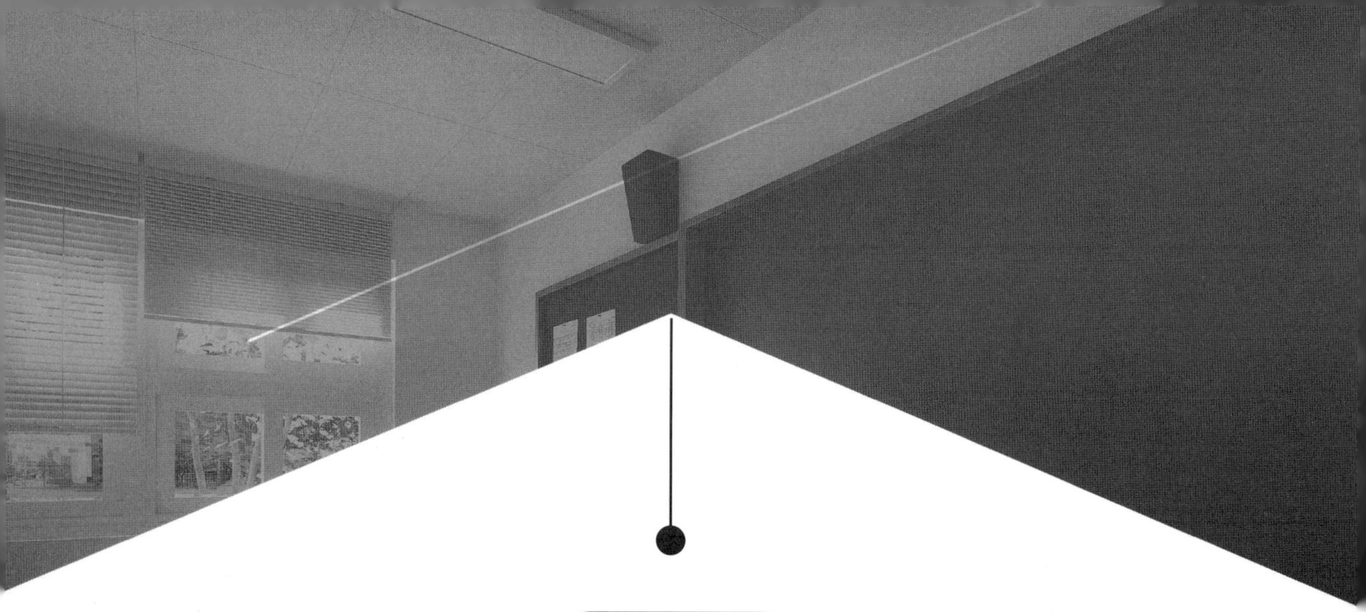

제 3 장

학교경영의 이해

1. 학교경영이란 무엇인가
2. 학교경영은 어떻게 이루어지는가

워크숍 효과적인 학교경영을 위한 기법은 무엇인가

정리하기

제 3 장 학교경영의 이해

학교는 교육목표를 설정하고 이를 달성하기 위해 다양한 자원을 조직적으로 운영하는 경영 주체이기도 하다. 전통적으로 경영은 정부가 공익을 추구하는 활동인 행정과 구별되어 왔으나, 공공 부문에서도 성과 향상을 위해 민간 경영의 원리가 도입되면서 학교경영 역시 발전해 왔다. 이에 따라 실제 학교 운영에서는 체계적인 계획 수립, 자원의 효율적 배분, 성과 평가 등의 경영 기법이 점차 활용되며, 운영 방식도 더욱 정교화되고 있다. 일반적으로 경영은 조직이 목표를 효과적으로 달성하는 과정으로 이해되며, 민간기업은 주로 이윤 극대화를 목표로 하지만, 학교는 교육적 성과를 높이고 학생들의 성장과 발전을 지원하는 데 초점을 맞춘다는 점에서 차이가 있다. 따라서 학교경영은 학교조직의 특성을 고려하여 교육목표를 효과적으로 달성하기 위한 전략적 접근이 요구된다.

최근 교육환경의 변화는 학교경영의 중요성을 더욱 부각시키고 있다. 디지털 교육 전환, 개별화 교육 강화 등으로 학생들의 학습 요구가 다양해지고 있으며, 학부모의 교육 참여 확대, 교사의 전문성 강화 요구 증가 등의 변화도 함께 나타나고 있다. 이러한 흐름 속에서 학교경영자는 학교의 특성과 교육환경을 고려한 운영 방안을 모색하고, 다양한 이해관계자와 협력하여 지속 가능한 교육환경을 구축해야 한다. 다음의 글은 한 학교장이 변화하는 교육환경 속에서 학교경영 전략을 효과적으로 적용한 사례이다. 이 사례를 읽으며 학교경영이 학교교육의 질적 향상에 어떻게 기여할 수 있는지 살펴보자.

사례

행복고등학교는 오랜 전통을 가진 명문 학교로, 대학 입시와 성적을 최우선으로 고려하는 문화를 유지해 왔다. 이로 인해 학생들의 학업성취도는 높았지만, 입시 중심의 강의식 수업에 대한 만족도는 낮은 학교이다. 그러나 최근 디지털 교육 전환의 맥락에서 학생들의 학습 방식이 다양해지고, 창의적 문제 해결력과 협업 능력을 강조하는 교육 패러다임이 확산되면서, 기존 방식만으로는 이러한 요구를 충족하기에 어려움을 겪고 있고, 학부모와 학생들에게 변화하는 교육환경에 대한 대응이 부족하다는 평가를 받고 있다. 새롭게 부임한 박 교장은 학교의 강점을 유지하는 한편, 변화하는 교육환경에 능동적으로 대응하기 위해 점진적인 혁신의 필요성을 인식하였다. 하지만 급격한 변화보다는 학교 전체가 자연스럽게 적응할 수 있도록 체계적 접근을 선택했다.

먼저, 학교가 직면한 문제를 분석하고, 교사와 학부모가 변화를 받아들일 수 있도록 공감대를 형성하는 과정이 이루어졌다. 박 교장은 정기적인 교사 협의회와 학부모 간담회를 통해 교육환경 변화에 대한 의견을 나누고, 새로운 방향을 논의하는 자리를 마련하였다. 이를 통해 학교 구성원들의 신뢰를 얻고 변화를 긍정적으로 받아들이도록 했다. 다음으로, 교사들의 교수법 개선과 전문성 향상을 지원하는 전략이 추진되었다. 박 교장은 교사들에게 다양한 교수법 연수를 자율적으로 선택하여 참여하도록 장려하였으며, 프로젝트 기반 학습(PBL), 토론 중심 수업, 플립 러닝 등 다양한 교수법 연수 프로그램을 지원하였다. 이를 통해 교사들은 기존의 강점을 유지하면서도 학생 참여형 수업을 도입할 수 있었다. 또한 연수를 마친 교사들이 학습 내용을 공유하고 실제 수업에서 활용할 수 있도록 교과협의회를 활성화하여 협력적 학습 문화를 조성했다. 또한 데이터 기반 학생 맞춤형 학습 지원을 강화하여 학습 지원이 필요한 학생을 진단 및 파악하고, 개별 맞춤형 보충 학습 및 심화 학습 기회를 제공하는 체계를 마련하였다. 이와 함께, 교사에게는 교수법 개선 방향에 대한 구체적인 피드백을 제공하고 학생에게는 자기주도 학습 역량 강화를 위한 상담 및 멘토링 프로그램을 지원하여 적극적인 학습 참여를 유도했다.

이러한 변화의 결과, 교사와 학부모들은 새로운 학습 방식의 효과를 체감하게 되었으며, 학생들 또한 학업성취도와 수업만족도가 향상되는 모습을 보였다. 교사들은 다양한 교수법을 활용할 기회를 얻었고, 학생들도 능동적인 학습 태도를 갖추게 되었다. 행복고등학교의 사례는 변화하는 교육환경 속에서 학교경영자가 학교의 특성을 고려한 운영 전략을 마련하고, 교사와 학부모와의 소통을 통해 신뢰를 형성하며, 점진적으로 변화를 실행하는 것이 중요함을 보여 준다. 또한 학교경영 과정에서 문제를 정확히 파악하고, 계획적으로 변화를 도입하며, 그 효과를 점검하고 지속적으로 보완하는 것이 성공적인 혁신을 이끄는 핵심 요소임을 시사한다.

토론 질문

이 사례를 고려해서 다음의 질문에 대한 자신의 생각을 정리해 보고, 다른 학생과 토의 및 토론해 보세요.

1. 학교경영이란 무엇인가?
2. 학교경영은 어떻게 이루어지는가?
3. 효과적인 학교경영을 위한 기법은 무엇인가?

이 사례에서 행복고등학교는 오랜 전통을 지닌 명문 학교로, 대학 입시와 성적을 중시하는 학교 문화를 유지해 왔다. 이러한 환경에서 학생들의 학업성취도는 높았으나, 수업 방식이 주로 교사 주도 강의식으로 운영되었으며, 변화하는 교육환경에 대한 대응이 미흡한 상황이었다. 그러나 최근 창의적 문제 해결력과 협업 능력을 강조하는 교육 패러다임이 확산되면서, 기존 운영 방식만으로는 학부모와 학생의 요구를 충족하기 어렵다는 문제가 발생하였다. 새롭게 부임한 박 교장은 이러한 변화를 인식하고, 학교의 강점을 유지하면서도 점진적으로 혁신을 도입할 필요성을 느꼈다. 그러나 빠른 변화를 강요하기보다는, 학교 구성원들이 자연스럽게 변화에 적응할 수 있도록 체계적인 접근을 선택했다.

첫 번째 단계로, 학교경영의 기초 단계인 문제 진단과 목표 설정이 이루어졌다. 박 교장은 학교가 직면한 문제를 객관적으로 분석하고, 변화의 필요성을 명확히 하여 단계적으로 변화를 추진할 수 있도록 준비하였다. 특히 교수 · 학습 방식의 다변화 요구와 교사의 교수법 개선 필요성을 주요 과제로 설정하고, 이를 점진적으로 해결할 수 있는 구체적인 전략을 마련하였다. 이러한 과정은 학교경영의 과정에서 체계적 기획이 중요함을 시사한다.

두 번째 단계로, 이해관계자 간 의사소통을 강화하여 공감대를 형성하는 과정이 이루어졌다. 박 교장은 정기적인 교사 협의회와 학부모 간담회를 개최하여, 교육환경 변화에 대한 의견을 공유하고, 새로운 방향을 논의하는 자리를 마련하였다. 이를 통해 교사와 학부모가 학교 혁신의 필요성을 자연스럽게 인식하도록 유도하였으며, 이러한 변화를 긍정적으로 수용할 수 있는 기반을 마련하였다. 이 과정은 학교경영에서 민주적 의사결정과 다양한 이해관계자 간 협력의 중요성을 보여 준다.

세 번째 단계로, 교육과정 운영의 효과성을 높이기 위해 교사의 전문성을 강화하는 전략이 추진되었다. 박 교장은 교사들이 자율적으로 교수법 연수를 선택하여 참여할 수 있도록 장려하였으며, 프로젝트 기반 학습(PBL), 토론 중심 수업, 플립 러닝 등 다양한 교수법을 다룬 연수 프로그램을 지원하였다. 이를 통해 교사들은 기존의 강의식 수업을 진행하면서 학생 참여형 수업을 점진적으로 도입할 수 있었다. 또한 연수를 마친 교사들이 학습한 내용을 교과협의회를 통해 공유하고, 실제 수업에서 적용할 수 있도록 하여 협력적 학습 문화를 조성하였다. 이러한 과정은 학교경영에서 교사의 전문성 개발이 교육과정 운영 및 학교 혁신과 유기적으로 연계되어야 함을 시사한다.

마지막으로, 교사의 수업 변화와 학생의 학습 성과를 함께 점검하는 평가 및 피드백 체계를 구축하여 학교 혁신의 효과성을 지속적으로 점검하였다. 박 교장은 교사의 교수법 변화가 학생들의 학업 성과 제고로 이어질 수 있도록, 학생 맞춤형 학습 지원 체계를 강화하였다. 이를 위해 학습 데이터 분석을 기반으로 학생별 학습 상태를 점검하고, 보충 학습 및 심화 학습 프로그램을 운영하였다. 동시에 교사에게는 교수법 개선 방향에 대한 피드백을 제공하여 수업 설계 및 실행이 학생 참여 확대와 성취도 제고로 연결될 수 있도록 하였다. 또한 자기주도 학습 역량 강화를 위한 상담 및 멘토링 프로그램을 도입하여, 학생들이 보다 적극적으로 학습에 참여할 수 있는 기반을 마련하였다. 이러한 접근은 학교경영에서 평가와 환류(feedback)를 통해 교육활동의 질을 지속적으로 향상시킬 수 있음을 보여 준다.

이러한 학교 혁신의 결과, 교사와 학부모들은 새로운 학습 방식의 효과를 체감하게 되었으며, 학생들의 학업성취도와 수업만족도 또한 향상되는 모습을 보였다. 교사들은 보다 유연하고 다양한 교수법을 활용할 기회를 얻었고, 학생들도 보다 적극적인 학습 태도를 갖추게 되었다. 행복고등학교의 사례는 변화하는 교육환경 속에서 학교경영자가 문제 진단, 기획, 실행, 평가의 과정을 단계적으로 거치며 전략적 의사결정을 내리는 것이 중요함을 보여 준다. 또한 효과적인 학교경영을 위해 민주적 의사소통, 교사의 전문성 개발, 교육과정 운영 개선, 평가 및 환류 체계 구축이 유기적으로 연결되어야 함을 시사한다.

1. 학교경영이란 무엇인가

1) 학교경영의 개념

학교가 교육목표를 효과적으로 달성하려면 체계적인 운영이 필요하며, 이를 실현하는 핵심 개념이 학교경영이다. 학교경영은 단순한 관리 및 운영을 넘어, 학교가 변화하는 교육환경에 능동적으로 대응하고 지속적으로 발전할 수 있도록 지원하는 체계적 · 전략적 과정이다.

학교경영을 이해하기 위해서는 행정과 경영의 차이를 먼저 살펴볼 필요가 있다.[1] 행정은 정부가 주체가 되어 공익을 추구하는 활동이며, 공권력을 바탕으로 강제성을 띠고 독점적으로 운영되는 특징이 있다. 반면, 경영은 민간기업이나 조직이 수행하는 활동으로, 이윤 극대화를 목표로 하며 경쟁을 기반으로 운영된다(진동섭 외, 2023: 18). 이러한 차이에도 불구하고, 공공 부문에서도 과학적인 경영 원리를 도입하여 성과를 높이려는 흐름이 확산되었으며, 학교경영의 개념 역시 학교행정에 경영의 원리를 적용하려는 시도에서 출발하였다. 즉, 학교경영은 학교행정을 기반으로 하면서도 보다 효과적인 교육목표 달성을 위해 경영적 접근을 적용하는 과정이라 할 수 있다. 따라서 학교경영을 단위학교에서 교육목표를 효과적으로 달성하기 위해 계획, 결정, 집행, 평가하는 일련의 과정으로 정의할 수 있다.

학교경영의 개념을 보다 구체적으로 이해하기 위해서는 학교조직의 특성을 살펴볼 필요가 있다.[2] 첫째, 학교경영은 공공성을 기반으로 한다. 기업경영이 이윤을 극대화하는 것을 목표로 한다면, 학교경영은 학생들의 학습과 성장을 지원하는 교육적 가치를 실현하는 것이 목적이다. 둘째, 학교경영은 다양한 이해관계자의 참여를 전제로 한다. 학교는 교사, 학생, 학부모, 지역사회 등 다양한 주체의 영향을 받으며, 이들이 함께 협력할 때 효과적인 교육환경이 조성된다. 셋째, 학교경영은 조직문화와 조직풍토를 반영한 의사결정이 이루어진다. 조직문화는 학교 구성원들이 공유하는 가치, 규범, 신념 등을 포함하며, 이는 학교의 혁신과 변화에 중요한 요인으로 작용한다. 이러한 특성들은 학교가 교육과정을 운영하는 기관일 뿐만 아니라, 학생의 성장을 지원하고, 교사의 전문성을 높이며, 지역사회와 협력하는 복합적인 조직임을 시사한다. 따라서 학교경영은 단순한 관리 및 운영 차원을 넘어, 학교 구성원들이 교육적 가치를 실현할 수 있도록 교육환경을 조성하고, 자원을 효율적으로 활용하며, 조직을 성장시키는 전략적이고 체계적인 과정임을 알 수 있다.

2) 학교경영에 대한 접근

학교경영을 이해하기 위해서는 과학적 관리론과 인간관계론에 대한 논의를 살펴볼

---

1 학교행정과 학교경영의 개념에 대한 상세한 설명은 제1장 '학교란 무엇인가'를 참고하기를 바란다.

2 학교조직에 관한 보다 상세한 설명은 제2장 '학교조직의 이해'를 참고하기를 바란다.

필요성이 있다. 먼저, 과학적 관리론은 20세기 초 F. W. Taylor의 연구에서 비롯되었으며 조직 운영의 효율성을 극대화하기 위해 과학적 관리와 표준화된 절차를 강조하는 접근 방식이다(조석훈, 2018). 학교경영의 맥락에서는 교사의 역할을 명확히 하고 업무를 세분화하여 효율성을 높이는 방식으로 적용될 수 있다. 예를 들어, 교사의 업무를 수업, 행정, 상담 등으로 구분하여 각자의 역할을 체계적으로 분배하고, 업무 수행 과정에서 정해진 기준에 따라 성과를 평가하는 것이 이에 해당한다. 이러한 과학적 관리론에 입각한 접근은 학교 운영의 체계성을 강화하고 자원의 활용을 극대화하는 데 기여할 수 있지만, 교육이 본질적으로 갖는 인간적인 요소를 간과할 수 있다. 즉, 학생들의 개별적 특성과 창의성을 고려하기보다는 교육을 표준화된 절차로 관리하려는 경향이 강해질 수 있다.

이와 반대로, 인간관계론은 조직 내 인간적인 요소를 강조하는 접근법으로, 1922년에서 1932년 사이에 이루어진 E. Mayo의 호손 공장(Hawthorne works) 실험에서 출발하였다. 이 실험은 본래 과학적 관리의 원리를 검증하기 위한 실험연구였으나, 공장 내 조명 수준, 노동시간, 휴식시간, 급여 등의 물리적인 조건들과 작업 성과 간 관계에 과학적 관리의 원리가 적용되지 않음을 발견하게 되었다. 오히려 작업 여건 등의 물리적인 조건들보다 조직 내 구성원의 감정, 태도 등과 같은 인간적인 요소와 조직 내 비공식 집단이 구성원들의 행동에 더 영향을 미친다는 것을 밝힌 것이다(진동섭 외, 2023). 호손 공장 실험에서부터 출발한 인간관계론적 접근은 조직의 생산성과 효과성을 높이기 위해서는 구성원의 사회적 관계와 심리적 요인이 중요한 요인으로 작용한다고 본다(박수정, 2024; 신현석 외, 2023). 학교경영에서 인간관계론은 학교 내 인간적인 요소와 관계에 주목하여 교사와 학생 간의 관계 형성, 민주적 리더십, 구성원 간의 협력과 소통을 중시하는 방향으로 이해할 수 있다. 예를 들어, 교사가 단순히 지식을 전달하는 역할에 머무르지 않고, 학생들과의 적극적인 상호작용을 통해 학습 동기를 높이며, 개별 학생의 의견과 감정에 세심하게 반응하는 태도는 인간관계론적 접근의 대표적인 사례라 할 수 있다. 또한 학교장이 교사들과의 정기적인 소통을 통해 업무 부담을 조절하고 의견을 수렴하는 과정도 인간관계론적 접근으로 볼 수 있다. 이와 같은 인간관계론적 접근은 학교의 조직 문화를 개선하고 교육의 질을 높이는 데 기여할 수 있다. 그러나 조직의 체계성과 성과 관리를 중시하는 과학적 관리론에 비해, 성과를 객관적으로 측정하거나 평가할 수 있는 명확한 기준을 설정하기 어렵다는 한계도 존재한다.

오늘날 학교경영의 맥락에서는 이 두 가지 이론의 접근을 조화롭게 활용하는 것이 중요하다. 학교 운영의 효율성과 체계성을 유지하는 동시에, 교사와 학생들의 동기와 만족도를 높이는 방식으로 학교경영에 접근할 필요가 있다. 예컨대, 두 이론의 관점을 통합한 경영 전략을 통해 표준화된 절차와 성과 평가에 기반하여 자원을 효율적으로 배분하고, 교사와 학생 간의 협력과 소통을 강화함으로써 긍정적인 조직 문화를 조성해 나간다면, 궁극적으로 변화하는 교육환경에 대응하여, 보다 효과적으로 교육목표를 달성할 수 있을 것이다.

3) 학교경영의 원리

한편, 효과적인 학교경영을 위한 기준이자 준거로써 학교경영의 원리는 중요하게 논의되어 왔다. 윤정일 등(2019)은 학교교육목표 달성을 위해 연계성, 합리성, 종합성, 참여성, 현실성의 원리가 중요함을 제시하였으며, 진동섭 등(2023: 32)은 교육행정이 추구해야 할 원리로 합법성, 민주성, 능률성, 자주성, 책무성을 제시하였다. 신현석 등(2023: 398-399)은 합법성, 자율성, 민주성, 효율성, 종합성의 원리를 제시하였다. 이와 같은 기존 학자들의 논의를 종합해 보았을 때에 효과적인 학교경영을 위한 원리를 다음과 같이 제시할 수 있다.

첫째, 민주성(democracy) 원리는 학교 구성원들의 의견이 학교 운영에 반영될 수 있도록 보장하는 것이다. 학교 내 민주적인 의사결정 구조를 통해 학교 구성원들이 적극적으로 참여할 수 있도록 하여, 학교교육의 발전을 도모할 수 있다. 둘째, 자율성과 책무성(autonomy & accountability) 원리는 학교를 자율성에 기반하여 운영하면서도, 교육적 성과에 대한 책임을 다해야 한다는 의미를 포함한다. 셋째, 효율성(efficiency) 원리는 최소한의 자원으로 최대한의 교육 효과를 달성하는 것을 의미한다. 자원의 효율적 배분은 학교교육의 질을 유지하면서도 지속 가능한 학교 운영을 가능하게 한다. 넷째, 형평성(equity) 원리는 교육 기회와 자원이 공정하게 배분될 수 있도록 보장하는 것이다. 학생들의 개별적 특성을 고려한 차별화된 지원이 이루어져야 하며, 이를 통해 모든 학생이 공정한 교육 기회를 가질 수 있도록 해야 한다.

4) 단위학교 책임경영제

최근 들어 학교의 자율성을 강조하는 단위학교 책임경영제(School-Based Management: SBM)가 확산되면서, 학교경영 방식이 변화하고 있다. SBM은 학교 운영에 대한 권한과 책임을 학교 수준으로 이양하고, 학교 내의 의사결정 권한을 구성원들이 공유함으로써 학교 자율성을 부여함과 동시에 책임을 지도록 하는 것이 핵심이다(김재웅 외, 2013: 356; 진동섭 외, 2023: 423). Luschei와 Jeong(2021)은 PISA 2015 데이터를 활용한 연구를 통해 학교 수준의 의사결정 권한과 학생들의 학업성취도 간에 긍정적인 관계가 존재함을 제시하였다. 특히 학교 자율성이 높은 국가일수록 학생들의 학업성취도가 높았으며, 이러한 경향은 OECD 국가에서 더욱 뚜렷하게 나타났다. 이는 학교의 경영 방식이 학생들의 학업과 밀접하게 관련되어 있음을 시사하며, 단위학교 수준에서의 자율적인 의사결정이 학교교육 성과에 긍정적인 영향을 미칠 수 있음을 보여 준다. 그러나 단위학교 책임경영제는 학교 수준의 자율적 의사결정 체계가 충분히 정착되지 않는 경우 여러 한계가 발생할 수 있다. 특히 학교 수준의 자율성을 실질적으로 활용할 수 있는 자원과 역량이 충분한 학교와 그렇지 않은 학교 간에는 격차가 발생할 수 있다. 또한 학부모 및 지역사회의 참여가 부족할 경우 의사결정이 관리자 중심으로 이루어질 가능성이 높아지며, 이로 인해 학교 운영의 투명성과 공공성이 저해될 우려가 있다. 따라서 단위학교 책임경영제가 효과적으로 운영되기 위해서는 학교의 자율성을 내실화하는 동시에, 학교 거버넌스 측면에서 교사, 학생, 학부모 등 다양한 교육 주체들이 적극적으로 참여할 수 있도록 구조적 장치가 마련될 필요가 있다.

이러한 맥락에서, 앞서 살펴본 박 교장의 사례는 학교경영이 단순한 행정 절차가 아니라, 학교조직의 특성과 구성원의 협력을 기반으로 이루어지는 역동적인 과정임을 잘 보여 준다. 박 교장은 학교조직의 문제를 분석하고, 개방적이고 협력적인 조직문화를 조성하며, 학교를 변화시켰다. 특히 그는 학교 운영의 주요 결정 과정에서 교사와 학부모의 의견을 적극 반영하여 민주적 의사결정을 구현하였으며, 교사들에게 교수법 개선과 전문성 향상을 위한 자율적 연수를 장려하는 등 학교 수준에서의 자율성을 강화하는 방향으로 변화를 추진하였다. 이러한 접근은 단순한 관리 중심의 행정을 넘어, 구성원들이 주도적으로 참여하고 협력하는 학교경영의 본질을 반영한 것이다. 이를 통해 박 교장의 사례는 학교경영이란 단순한 관리가 아니라, 조직을 혁신하고 구성원들의 협력을 유도하는 과정이며, 자율적이고 책임 있는 학교 운영이 효과적인 교육 성과로 이어질 수 있음을 시사한다.

2. 학교경영은 어떻게 이루어지는가

학교경영은 교육목표를 실현하기 위해 학교조직을 체계적으로 운영하는 과정으로, 기획, 실행, 평가의 순환적 과정과 다양한 활동을 포함한다. 이를 통해 학교는 교육의 질을 향상시키고 조직의 효율성을 높이며, 변화하는 교육환경에 능동적으로 대응할 수 있다. 행복고등학교 사례는 학교경영이 단순한 행정 운영이 아니라, 기획, 실행, 평가의 순환적 과정과 다양한 활동을 통해 이루어지는 복합적인 일련의 과정임을 보여 준다. 당시 행복고등학교는 학업성취 중심의 전통적인 학교 문화를 유지하고 있었으나, 변화하는 교육환경에 효과적으로 대응하기 어려운 상황이었다. 이에 박 교장은 전략적인 접근을 도입하고, 단계적인 변화 전략을 추진하였다. 특히 교사 및 학부모와의 협력을 강화하고, 교수법 개선과 맞춤형 학습 지원을 확대하며, 학사 운영의 체계성을 높이는 등의 실행 전략을 통해 학교를 경영함으로써 조직의 변화를 이끌었다.

이처럼 학교경영은, ① 과정, ② 경영 기법, ③ 활동 영역이라는 세 가지 핵심 요소를 중심으로 이루어진다. 먼저, 학교경영 과정은 기획(Plan), 실행(Implementation), 평가(Evaluation)의 순환적 구조를 통해 학교 운영이 체계적으로 이루어지고 지속적으로 발전할 수 있도록 한다. 다음으로, 학교경영 기법은 일정 관리, 목표 설정, 프로젝트 운영 등을 지원하여 학교 운영의 효율성을 높이는 데 활용된다. 마지막으로, 학교경영 활동 영역은 교육과정 운영, 교원 인사관리, 시설 및 재정 관리 등 학교 운영의 핵심 요소를 포함하며, 이를 효과적으로 조정하는 것이 중요하다. 이 절에서는 학교경영의 과정이 어떻게 구성되는지 살펴보고, 효과적인 경영 기법과 주요 활동 영역을 탐색함으로써 학교경영을 심층적으로 이해하고자 한다.

1) 학교경영의 과정

학교경영은 단순한 행정 절차가 아니라, 교육목표를 실현하기 위한 체계적인 과정이다. 학교경영이 효과적으로 이루어지기 위해서는 명확한 목표 설정과 전략적 실행 그리고 지속적인 평가와 개선이 필요하다. 이러한 학교경영 과정은 학교의 교육활동 또는 주요 과업이 이루어지는 합리적 절차로써 기획(Plan), 실행(Implementation), 평가(Evaluation)의 순환적 구조를 통해 이루어진다. 이를 통해 학교는 변화하는 교육환경에 대응하여 지속적으로 발전을 도모해 나갈 수 있다.

학교경영 과정의 첫 번째 단계인 기획(Plan)은 학교의 비전과 목표를 설정하고 이를 실현하기 위한 구체적인 전략을 수립하는 과정이다. 학교경영자는 학교가 처한 문제를 파악하고, 교육목표 및 경영목표를 설정하며, 이를 실현하기 위한 실행계획을 마련한다. 기획 과정에서는 교육과정 편성, 교원 배치, 시설 및 재정 계획 등을 포함하며, 이를 통해 학교 운영의 방향을 명확하게 설정한다. [그림 3-1]의 학교경영의 과정을 살펴보면, 가장 먼저 상황 분석 및 문제 파악에서 시작하여 교육목표 및 경영목표를 설정하고, 이를 바탕으로 경영 방침을 정하며, 조직계획과 활동계획 그리고 평가계획을 수립하는 과정까지가 기획의 일부라고 볼 수 있다. 이후에 계획에 대한 평가를 토대로 최종 계획을 수립하게 된다. 그다음으로 실행 그리고 평가의 단계를 거치게 된다. 실행과 평가 이전의 기획 과정은 학교 운영의 방향성을 결정하는 핵심적인 역할을 하며, 효과적인 실행과 평가를 위해 필수적으로 선행되어야 한다.

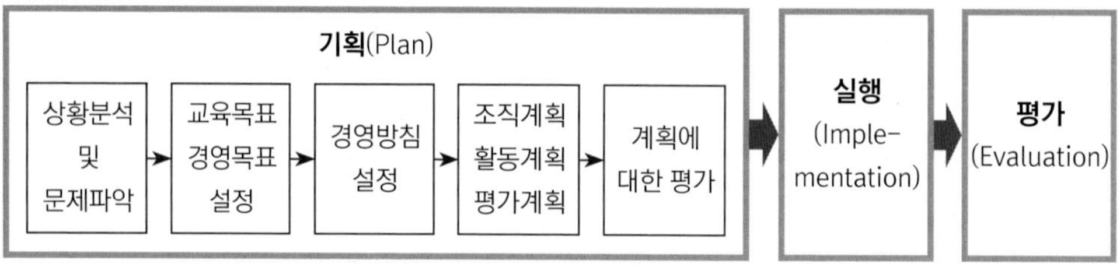

[그림 3-1] 학교경영의 과정

출처: 진동섭 외(2023), p. 419에서 수정함.

기획의 과정에서 중요한 접근 방식 중 하나는 SWOT 분석을 활용하는 것이다. SWOT 분석은 조직의 강점(Strengths), 약점(Weaknesses), 기회(Opportunities), 위협(Threats)을 분석하여 전략적 방향을 설정하는 방식으로(Learned et al., 1965), 이를 통해 학교는 내부 자원을 효과적으로 활용하고 외부 환경에 능동적으로 대응할 수 있다. 예를 들어, 특정 학교가 우수한 교사진과 혁신적인 교육 프로그램(강점)을 보유하고 있는 반면, 노후한 시설과 제한된 예산(약점)을 갖고 있다고 하자. 이 경우, 학교는 이러한 진단을 토대로 교육부의 새로운 교육과정 도입과 같은 외부 정책 변화(기회)에 능동적으로 대응하고, 예산 부족으로 인한 교육의 질 저하(위협)를 방지하기 위한 전략을 수립할 수 있다. 이처럼 SWOT 분석은 학교의 내외부 환경을 종합적으로 파악하고, 학교경영계획을 보다 체계적으로 수립하는 데 기여하는 핵심적인 기법이다.

또한 기획 과정에서 P–I–E 체제 모형을 적용하는 것이 중요하다. 기획(Plan)–실행(Implementation)–평가(Evaluation)의 순환적 구조를 기반으로 기획을 진행한다면 기획 단계에서부터 환류 과정을 염두에 두고, 체계를 갖출 수 있는 장점이 있다. 예를 들어, 학교경영의 기획은 학급경영과도 유기적으로 연계될 필요성이 있다. 즉, 학교의 경영계획이 학급 단위의 교육 실행으로 이어지고, 학급 단위에서 이루어진 교육활동의 결과가 평가되어 다시 학급경영계획과 학교경영계획에 반영되는 방식이다. 이를 통해 교육의 일관성과 체계성을 유지하면서도 지속적인 개선이 가능해진다.

일반적으로 학교경영계획은 교육 내용, 방법 등 제반 교육활동에 대한 1년 단위 계획을 수립하고, 합리적인 자원 배분을 결정하는 과정으로 수립된다. 구체적으로는 '상황분석 및 문제파악 → 교육목표 및 경영목표 설정 → 경영방침 설정 → 조직계획(교무분장 등) → 활동계획(교육과정, 교원능력 개발, 인사, 재정 등) → 평가계획→ 계획에 대한 평가' 순으로 계획을 수립하게 된다. 이 과정에서는 세부 계획 간 연계성, 계획의 합리성, 학내 구성원 참여 원리를 반영하여 학교경영계획을 체계화한다. 학교경영계획은 단순한 행정적 절차가 아니라, 지속적이고 체계적인 방향 설정을 위한 중요한 기초 작업으로, 이와 같은 기초 작업이 잘 이루어졌을 때에 실행 단계에서의 원활한 운영이 가능해진다.

두 번째 단계인 실행(Implementation)은 기획된 내용을 바탕으로 교육활동을 실천하는 과정이다. 이 단계에서는 교사가 교육과정을 운영하고, 학생을 지도하며, 학부모 및 지역사회와 협력하는 등 다양한 활동이 이루어진다. 특히 계획된 교육활동이 원활하게 실행되기 위해서는 ① 점검(모니터링), ② 자원(인적 · 물리적) 관리, ③ 조직 내 협력 체계 구축이 필수적이다.

먼저, 실행 과정에서는 교육과정 운영과 교수학습 활동이 계획대로 이루어지는지 지속적으로 점검(모니터링)한다. 이를 위해 학교는 수업 관찰, 학생의 학업성취도 분석, 교사 피드백 수집, 학부모 및 지역사회의 의견 수렴 등을 통해 교육활동이 효과적으로 이루어지고 있는지를 점검한다. 이러한 과정에서 수집된 자료는 교수학습 개선뿐만 아니라 향후 교육과정 운영 및 학교 수준의 정책 의사결정에도 중요한 기초 자료로 활용된다. 조직 자원 관리에서 인적 자원은 효율적인 업무 분장, 교원 연수, 협력적 교직 문화 조성, 멘토링 프로그램 운영 등을 통해 체계적으로 관리되어야 한다. 물리적 자원은 교육시설의 유지·보수, 교재 및 교구 활용, 예산의 합리적 배분이 적절히 이루어져야 하며, 특히 학교재정은 교육목표 달성을 위한 효율적 운용이 요구된다. 또한 실행 단계에서는 학교조직 내 다양한 부서(교무부, 연구부, 학생부 등)가 서로 협력하여 교수학습 활동을 효과적으로 지원하고, 학생과 학부모의 적극적인 참여를 유도할 필요가 있다. 이처럼 교육계획의 실행이 원활하게 이루어진다면 효율적이고 체계적인 학교경영을 실현할 수 있고, 나아가 학교교육의 효과성을 높일 수 있다.

세 번째 단계인 평가(Evaluation)는 학교경영의 성과를 점검하고, 이를 토대로 개선 방향을 설정하는 과정이다. 학교는 내부 평가와 외부 평가를 통해 운영 성과를 분석하고, 이를 바탕으로 향후 학교 운영을 개선하는 데 필요한 조치를 취한다. 내부 평가에서는 교사와 학생의 의견을 반영하여 교육과정과 운영 방식을 수정하며, 외부 평가에서는 교육청 및 지역사회의 피드백을 수렴하여 정책적 대응 및 개선 방안을 마련한다. 이 과정은 단순한 성과 측정이 아니라 지속적인 개선을 위한 피드백 과정으로 작용하며, 학교의 전반적인 발전을 도모하는 중요한 역할을 한다.

2) 학교경영의 기법

학교경영의 효과성을 높이기 위해 다양한 경영 기법이 활용되며, 이를 통해 학교는 교육목표를 보다 체계적으로 달성할 수 있다. 대표적인 기법으로는 갠트 도표(Gantt Chart), 과업평가검토기법(PERT), 목표관리기법(MBO) 등이 있다.

첫째, 갠트 도표(Gantt Chart)는 일정 계획과 진행 상황을 한눈에 비교할 수 있는 경영기법이다. 이 도표는 과업의 단위활동별 계획과 실적을 함께 표시하는 방식으로, 추진 상황을 직관적으로 파악할 수 있도록 돕는다. 이를 통해 각 업무의 일정과 진행 상태를 체계적으로 점검할 수 있으며, 작업자 및 부문별 업무 성과를 비교하는 데 유용하다(Wilson, 2003). 학교경영에서는 학사 일정 관리 및 업무 조정에 효과적으로 활용되고 있다.

다만, 계획과 실적을 비교하여 추진 상황을 파악하는 데는 효과적이지만, 예상치 못한 변화나 추진 과정에서 발생하는 문제를 즉각적으로 반영하기는 어렵다. 또한 개별 활동 간의 유기적인 관계와 상호 의존성을 명확히 이해하는 데에도 일정한 제약이 따른다. 그럼에도 불구하고, 학교경영의 맥락에서 갠트 도표는 연간 학사 일정과 주요 행사를 체계적으로 관리하고, 학급별 프로젝트나 학교 축제와 같은 활동에서 각 업무의 수행 기한을 명확하게 계획 및 설정하는 데 유용하다. 이러한 특성으로 인해 학교경영의 효율성을 높이는 중요한 기법으로 자리 잡고 있다.

둘째, 과업평가검토기법(Program Evaluation and Review Technique: PERT)은 프로젝트를 체계적으로 관리하기 위해 사용되는 기법으로, 과업의 수행 과정을 도표화하여 계획을 수립하고 실행 과정을 조정하는 데 활용된다. PERT는 프로젝트를 세부 과업으로 분할하고, 각 과정 간의 선후 관계와 인과 관계를 명확히 설정하여 최적의 공정을 설계하는 것이 핵심이다(Cook, 1966).

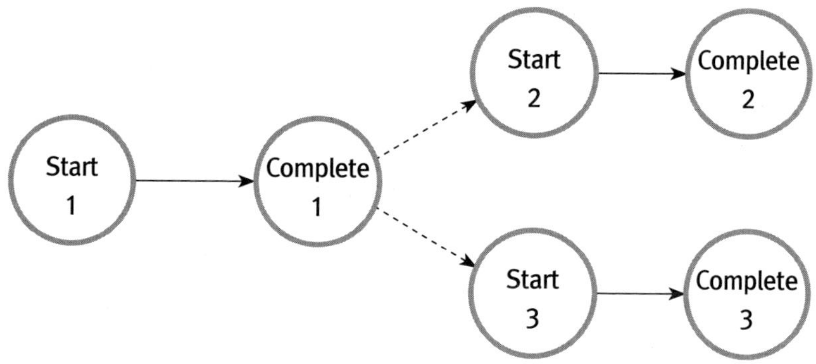

[그림 3-2] PERT 기법의 네트워크 다이어그램 예시

출처: Cook (1966), p. 18.

이 기법은 과업 간의 선후 관계를 시각적으로 표현하는 네트워크 다이어그램(network diagram)을 작성하는 것으로 시작된다. 이를 통해 프로젝트의 전체 흐름을 명확히 파악하고, 각 단계 간의 연계를 체계적으로 설계할 수 있다. 이후 각 활동의 최단, 최장, 평균 소요 시간을 분석하여 전체 일정계획을 수립하고, 이를 기반으로 과업이 효과적으로 진행될 수 있도록 조정한다. PERT 기법은 네트워크 다이어그램을 활용하여 과업 간의 종속 관계를 정밀하게 분석하며, 이를 통해 일정계획과 자원 배분을 최적화하는 데 중점을 둔다(Cook, 1966). [그림 3-2]는 PERT 기법에서 선행 활동이 완료된 후 후속 활동이 진행될 수 있는 구조를 보여 주는 네트워크 다이어그램의 기본적인 예시이다. 이를 통해 과업 간의 선후 관계를 시각적으로 명확하게 표현할 수 있다. 학교경영의 맥락에서 PERT 기법은 대규모 프로젝트 관리에 효과적으로 적용될 수 있다. 예를 들어, 교육문화제 또는 현장체험학습 등의 준비 과정에서 활용하면, 단계별 일정과 핵심 업무를 사전에 분석하여 계획을 수립할 수 있다. 이를 통해 일정 지연을 방지하고, 프로젝트의 우선순위를 설정하여 자원을 효율적으로 배분할 수 있다.

한편, 경영계획에 필요한 모든 자료를 검토하고 세부적인 계획을 수립하는 과정에서 상당한 시간이 요구되며, 일정과 과업 간의 관계를 정밀하게 분석해야 하는 점도 고려해야 한다. 하지만 이러한 특성에도 불구하고, PERT 기법은 학교경영에서 복잡한 프로젝트를 체계적으로 분석하고 관리하는 데 유용한 도구로 평가된다. 특히 계획 수립 단계에서 구성원의 자발적 참여와 협력을 유도함으로써 조직 운영의 효율성을 높이는 데 기여할 수 있다.

셋째, 목표관리기법(Management By Objectives: MBO)은 조직 구성원들이 명확한 목표를 설정하고, 이를 달성하기 위한 노력을 기울인 후 성과를 평가하는 방식으로 운영된다. MBO 기법의 핵심은 '목표 설정 → 실행 → 성과 평가 → 피드백 및 조정'의 순환 과정으로 이루어진다(Drucker, 1954). 이 기법은 학교조직과 교사의 목표 달성을 체계적으로 관리하는 데 유용하며, 목표 지향적인 학교 운영을 가능하게 한다. 먼저, 학교 전체의 교육목표와 교사 개인의 목표를 설정하고, 이를 달성하기 위한 실행계획을 수립한다. 이후, 정해진 목표에 따라 교육활동과 행정 업무가 운영되며, 일정 기간이 지난 후 성과를 평가하여 개선점을 도출하고 목표를 조정하는 방식으로 지속적인 발전을 이루게 된다.

학교경영에서 MBO 기법은 연간 교수・학습 목표 설정, 행정 업무 관리, 조직의 성과 평가 등에 활용될 수 있다. 예를 들어, 학급별 학습 목표를 수립한 후 학기 말에 학생들의 성취도를 평가하고, 평가 결과를 바탕으로 다음 학기 교육계획을 조정하는 방식으로 적용할 수 있다. 이를 위해 학교는 교직원의 역할과 책임을 명확히 하고, 이를 각자의 목표 달성을 위한 동기부여 요소로 활용할 수 있다. 다만, 계량화하기 어려운 목표나 교육의 질적 성과를 평가하는 과정에서는 목표의 조정이 필요할 수 있으며, 목표 설정 과정에서 구성원 간 의견 조율이 필수적이다. 또한 성과 평가가 단순히 결과 중심으로 진행될 경우, 과정상의 노력이 충분히 반영되지 않을 가능성도 존재한다. 이러한 점에도 불구하고, MBO 기법은 학교조직의 목표 달성을 체계적으로 지원하고, 지속적인 성과 개선을 가능하게 하는 중요한 도구로 활용될 수 있다. 특히 목표 설정 과정에서 교사와 관련 업무 담당자들이 적극적으로 참여하도록 유도함으로써 조직 전체의 책임감을 높이고, 학교의 교육목표 달성을 촉진하는 데 기여할 수 있다.

3) 학교경영 활동의 영역

학교경영은 다양한 활동 영역을 포함하며, 각각의 영역이 유기적으로 연결될 때, 원활하게 이루어질 수 있다. 학교경영 활동의 주요 영역을 조성일과 최혜영(2017: 289)은 기존 학자들의 논의를 토대로 교육목표의 설정, 교육과정의 운영, 학생 · 교직원 인사경영, 경영조직 편성, 교내 장학, 시설 · 재정 · 사무 경영, 학교-지역사회관계 등으로 구분하였다. 진동섭 등(2023: 416) 또한 학교경영의 영역을 학교경영계획, 교육과정 운영, 학생지도, 교직원 인사 및 능력 개발, 재정 관리, 시설 관리, 사무 관리, 지역사회 관계 등으로 제시하였다. 이상의 논의를 종합하여, 효과적인 학교경영을 위해 중요하게 검토되어야 할 주요 활동 영역은 요컨대, ① 교육과정 운영, ② 교원 인사관리, ③ 조직 및 사무관리, ④ 시설관리로 요약해 볼 수 있다. 이 외에도 교육환경 변화 및 정책의 변화 흐름에 대응하기 위해서는 ⑤ 교육정책의 집행 및 점검 또한 학교경영 활동의 주요 영역으로 중요하게 다루어질 필요성이 있다. 각 영역의 주요 특징은 다음과 같다.

첫째, 교육과정 운영은 학교의 교육목표를 실현하기 위해 교육과정을 편성하고 운영하는 과정이다. 학생 중심의 교육과정 운영과 다양한 교수 · 학습 방법의 도입이 핵심적인 요소로 작용한다.

둘째, 교원 인사관리는 교사의 역량 개발과 업무 환경을 최적화하기 위한 과정으로, 교사 연수 및 전문성 개발, 교원 배치 및 승진 관리, 교직원 평가 및 피드백 제공 등의 활동을 포함한다. 교원의 승진, 보수, 교육훈련 등을 체계적으로 관리하여 교육의 질을 향상시킨다.

셋째, 조직 및 사무관리는 학교의 조직 체계를 효과적으로 운영하고 행정 업무를 체계적으로 관리하는 과정이다. 학교조직의 체계적 운영, 전자 행정 시스템(NEIS) 활용, 효율적인 사무관리 및 행정 절차 간소화 등의 활동이 이루어진다. 또한 교직원, 학생, 학부모 조직을 체계적으로 운영하여 원활한 의사소통과 협력을 도모한다.

넷째, 시설관리는 학교교육을 위한 시설과 자원을 효율적으로 유지 및 관리하는 과정이다. 교지, 운동장, 학교 건물 등 교육시설의 유지 · 보수 및 안전 관리를 통해 교육환경을 안정적으로 유지한다. 시설의 이용성, 경제성, 안정성, 심미성, 융통성 등을 고려하여 관리 방안을 수립한다.

다섯째, 교육정책의 집행 및 관리는 학교교육의 효과성 제고를 위해 교육정책 또는 교육 프로그램을 시행하고, 이를 평가 및 개선하는 과정이다. 이를 통해 교육정책이 현장에서 안정적으로 시행 및 정착되도록 하고, 정책 집행 과정에서 발생하는 문제를 분석하여 개선하는 역할을 한다.

워크숍 효과적인 학교경영을 위한 기법은 무엇인가

지금까지 행복고등학교의 사례를 중심으로 학교경영의 개념과 원리를 탐색하고, 학교경영이 이루어지는 과정과 활동 영역을 살펴보면서 효과적인 학교경영의 중요성을 논의하였다. 또한 학교경영의 다양한 기법을 검토하며 변화하는 교육환경 속에서 학교가 지속적으로 혁신할 수 있는 방안을 모색하였다.

여기서는 이러한 논의를 바탕으로 학교조직을 분석하고 혁신 전략을 도출하는 활동을 제시하였다. 워크숍 1은 학교경영의 실제 맥락을 반영하여 가상의 근무학교를 설정한 후, SWOT 분석을 수행하고, SWOT 요소 간 결합을 통해 혁신 전략을 도출하는 활동으로 구성하였다. 또한 특정 조직 풍토와 문화를 가진 가상의 학교를 제시하고, 교육목표 달성을 위한 전략을 수립하는 활동을 수행하도록 하였다. 이를 통해 학습자는 학교조직과 외부환경을 종합적으로 분석하고, 그에 적합한 학교경영 전략을 탐색할 수 있다.

워크숍 2는 학교경영목표 설정과 이를 달성하기 위한 구체적인 수행 계획을 수립하는 활동을 다룬다. 활동의 핵심은 학생들의 기초학력 수준 향상을 위한 목표를 설정하고, 이를 실현하기 위한 구체적이고 실행 가능한 계획을 수립하는 것이다. 이를 위해 MBO(목표관리기법)를 활용하여 학교의 목표를 명확히 설정하고, PERT(과업평가검토기법)를 적용하여 목표 달성을 위한 세부 과업 실행 계획을 수립하는 활동을 수행한다. 활동은 두 단계로 진행된다. 첫 번째 단계에서는 구체적이고 측정 가능한 실행목표를 설정하고, 평가 기준을 마련한다. 두 번째 단계에서는 목표 달성을 위한 주요 과업을 나열하고, 과업 간 관계를 분석하여 실행계획을 수립한다. 이 과정에서는 예상 소요 시간과 문제 발생 가능성을 고려하여 실행 일정을 조정할 필요가 있다.

워크숍 1. 학교경영 전략 수립: SWOT 분석

1단계 SWOT 분석

다음은 가상의 학교조직을 기반으로 한 SWOT(강점, 약점, 기회, 위협) 분석 상황입니다. 다음 표에 주어진 강점(S), 약점(W), 기회(O), 위협(T)을 읽고, 다음 질문에 답하면서 SWOT 분석을 실시해 보세요.

SWOT 분석				
	강점(S)	• 오랜 전통의 명문학교를 지원해서 선발된 학생들로 학교에 대한 자부심이 강함 • 공교육 정상화를 위한 지역사회의 역할 기대가 큼	• 학교 변화를 추구하는 교사가 적음 • 학생회 중심의 학생자치활동이 미약함	약점(W)
	기회(O)	• 지역사회, 학부모의 교육에 대한 관심이 지대함 • 과학중점학교로 지원율이 높은 선호 학교임 • 동문들의 지원과 관심이 매우 높음	• 학생 수에 비해 교육(교실) 환경이 열악함 • 학생·학부모의 성적과 대학 진학에 대한 과도한 집착	위협(T)

1. 강점(S), 약점(W), 기회(O), 위협(T)이 학교경영에 미치는 영향을 논의하세요.
2. SWOT 요소 간의 관계를 탐색하세요.
   - 강점(S)을 활용하여 기회(O)를 극대화할 방법을 논의하세요.
   - 약점(W)을 극복하고 위협(T)에 효과적으로 대응할 전략을 고민하세요.

※ (심화) 각자 졸업한 학교의 교육과정계획서에 대해 SWOT 분석을 해 보세요.

2단계 혁신 전략 수립

SWOT 분석 결과를 바탕으로 다음의 질문에 답하면서 구체적인 혁신 전략을 도출하세요.

전략				
	SO 전략	• 강점과 기회를 활용한 성장 전략	• 강점을 활용하여 위협을 최소화하는 전략	ST 전략
	WO 전략	• 약점을 극복하고 기회를 활용하는 전략	• 약점과 위협을 극복하기 위한 개선 전략	WT 전략

1. 구체적인 혁신 전략을 도출하세요.
   - 강점과 기회를 활용한 성장 전략을 제시하세요.
   - 약점과 위협을 극복하기 위한 개선 전략을 도출하세요.
2. 실행계획을 수립하고 예상되는 어려움을 분석하세요.
   - 제안한 혁신 전략이 실제로 적용될 경우 예상되는 효과를 논의하세요.
   - 실행 과정에서 발생할 수 있는 어려움과 해결 방안을 고려하세요.

※ (심화) 각자 졸업한 학교의 교육과정계획서 SWOT 분석 결과를 토대로 혁신 전략을 수립해 보세요.

워크숍 2. 학교경영목표 설정 및 수행 계획(MBO & PERT)

다음은 학생들의 기초학력 수준을 높이기 위한 학교경영목표 설정 및 수행계획을 수립하는 과정입니다. MBO(목표관리기법)를 활용해 학교의 목표를 명확히 설정하고, PERT(과업평가검토기법)를 적용하여 목표 달성을 위한 구체적인 실행계획을 수립하는 것이 목표입니다. 다음 단계별 질문에 답하면서 학교경영목표를 설정하고, 과업 수행계획을 수립해 보세요.

1단계 학교경영목표 설정(MBO)

1. 학교의 경영목표에 따라 구체적인 실행 목표를 논의해 보세요.
   - 학교경영목표를 달성하기 위한 세부 실행 목표(예: 학생 맞춤형 학습 지원 등)
2. 목표가 구체적이고 측정 가능하도록 평가기준을 설정해 보세요.
   - 목표 달성 여부를 평가할 수 있는 구체적 기준(예: 기초학력 보통 이상 비율 학생 90% 등)

2단계 과업 수행계획 수립(PERT)

- 과업 분석: 목표 달성을 위해 수행해야 할 주요 과업을 나열한다.
- 단계 구분 및 네트워크 작성: 과업 간의 관계를 정리하고, 선후 관계를 명확히 한다.
- 소요 시간 추정: 각 과업이 완료되는 데 필요한 최단, 최장, 평균 소요 시간을 설정한다.
- 일정계획 수립: 전체 프로젝트가 원활하게 진행될 수 있도록 일정과 책임자를 지정한다.

1. 학교경영목표를 달성하기 위한 세부 과업을 도출하고, 실행 단계를 정의해 보세요.
2. 각 과업의 선후 관계를 분석하여 네트워크 다이어그램을 구성해 보세요.
3. 예상 소요 시간을 고려하여 일정계획을 수립해 보세요.
   - 실행계획이 실현될 경우, 예상되는 효과와 실행 과정에서 발생할 수 있는 문제를 함께 고려하세요.

정리하기

지금까지 행복고등학교의 사례를 바탕으로 학교경영의 개념과 원리, 학교경영이 이루어지는 과정과 활동 영역 그리고 효과적인 학교경영을 위한 기법들을 살펴보았다. 또한 SWOT 분석을 통해 학교조직을 진단하고 혁신 전략을 도출하는 활동을 수행하며, 실제 학교경영에서 적용할 수 있는 분석 및 의사결정 과정을 경험하였다.

다음의 질문을 읽고 지금까지 학습한 내용을 정리하며, 학교경영에 대한 자신의 생각을 구체화해 보자.

1 학교경영의 개념을 한 문장으로 표현해 보세요. 그리고 그 이유를 설명해 보세요.

※ 강의 시간에 학습한 학교경영 개념과 이론을 토대로 자신의 용어로 학교경영의 개념을 구체화해 보세요.

2 미래 교육환경에서 학교경영자가 갖추어야 할 가장 중요한 역량은 무엇인가?

※ 강의 시간에 학습한 학교경영 이론을 바탕으로, 미래 교육환경에 효과적으로 대응하기 위해 학교경영자가 갖추어야 할 핵심 역량을 구체화해 보세요.

제 4 장

학교 지도성의 이해

1. 지도성이란 무엇인가
2. 지도성은 어떻게 발휘되는가

워크숍 나는 어떤 유형의 지도성을 갖고 있는가

정리하기

제 4 장 학교 지도성의 이해

학교에서 지도성을 발휘해야 하는 주체는 학교장뿐만 아니라 교사 모두가 해당한다. 학교장은 학생, 교직원, 학부모, 지역사회, 교육행정기관 등 다양한 이해관계자의 요구를 반영하여 학교의 비전과 목표를 실현하는 교육적 리더이다. 교사는 학교 발전에 기여할 수 있도록 학생들에게 성공적인 학습 경험을 제공하고 교육과정 운영과 학급 관리 등 다양한 역할을 수행하는 등 지도성을 발휘한다. 학교의 성공은 학교장과 교사가 각자의 직무에서 적절한 지도성을 발휘할 때 가능하다. 따라서 학교장과 교사에게 부여된 역할과 책임을 이해하고 다양한 지도성 이론을 학습하여 지도성 역량을 함양하는 것은 중요하다고 볼 수 있다.

최근 교육환경의 급격한 변화와 함께 학교장의 역할은 단순한 행정 관리자를 넘어 교직원, 학생, 학부모 간의 조정자이자 갈등 해결자로서 더욱 복잡해지고 있다. 교육현장은 학생의 다양성 증가, 학부모의 교육 참여 확대, 교사의 권리와 책임에 대한 논의 심화 그리고 학교 폭력 및 학생 인권 문제 등 다층적인 도전에 직면하고 있다. 이러한 변화는 학교장이 학교 구성원 간의 이해관계를 조율하고 신뢰를 구축하며, 동시에 교육적 목표를 달성하기 위한 전략적 의사결정을 요구하는 상황을 만들어 낸다. 다음의 글은 한 교장선생님이 지도성을 발휘하여 학교에 변화를 가져온 사례이다. 이 사례를 읽으면서 학교교육에서 지도성이 가지는 의미와 중요성을 살펴보자.

사례 행복중학교 김성공 교장의 리더십 사례

행복중학교는 과거 열악한 시설, 교직원 간 불화, 낮은 학생 학업 수준으로 인해 학부모들의 기피 대상이었다. 특히 전임 학교장과 교사 간의 갈등은 심각하여 교사들의 무관심과 수업 소홀로 이어졌고, 이는 학생들의 학력 저하의 주요 원인이 되었다. 이러한 상황 속에서 김성공 교장은 행복중학교의 새로운 교장으로 부임하게 되었고, 학교의 문제점을 해결하기 위한 다섯 가지 경영 원칙(기본 충실, 자기 관리, 나눔, 칭찬, 희망)을 수립하였다. 그는 부임 후 한 달간의 관찰 기간을 거쳐, 특히 '기본 충실' 원칙에 따라 교실 수업을 직접 참관하며 학생들의 학습 태도를 바로잡고 교사들의 수업 참여를 독려하는 등 적극적인 행보를 보였다. 또한 '나눔'의 원칙에 따라 교무, 학년, 행정 등 각 부서에 권한을 대폭 위임하여 교사들이 책임감을 가지고 학교 운영에 참여하도록 유도하였다. 김 교장의 이러한 경영 방식은 교사들에게 다소 이례적인 방식으로 여겨질 수 있었지만, 투명한 학교경영과 인화 중심의 인간관계를 통해 큰 반발 없이 받아들여졌다. 김 교장은 스스로 기본을 지키는 모습을 보이며 교사들과 신뢰를 쌓고, 학생, 학부모, 교직원에게 맞춤형 칭찬과 희망을 전달하고자 노력하였다. 이러한 노력의 결과, 행복중학교는 6개월 후부터 서서히 변화하기 시작하여 2년 6개월 후에는 이전과는 완전히 다른 모습을 보여 주었다. 교사 간 갈등은 줄어들고 수업에 대한 헌신도는 높아졌으며, 학생들의 학업성취도 향상과 함께 학교에 대한 만족도와 자긍심 또한 크게 향상되었다.

토론 질문

이 사례를 고려해서 다음의 질문에 대한 자신의 생각을 정리해 보고, 다른 학생과 토의 및 토론해 보세요.

1. 지도성이란 무엇인가?
2. 지도성은 어떻게 발휘되는가?
3. 나는 어떤 유형의 지도성을 갖고 있는가?

이 사례에서 행복중학교는 과거 노후한 시설, 교직원 간의 불화 그리고 학생들의 낮은 학업 수준이라는 삼중고를 겪고 있었다. 전임 학교장과 교사들 사이의 극심한 갈등은 학교 운영의 파행을 초래했고, 이는 고스란히 학생들의 교육환경 악화로 이어졌다. 이러한 위기 상황을 타개하는 데 결정적인 계기가 된 것이 학교 개선에 대한 확고한 의지를 가진 김성공 교장선생님의 부임이었다. 김성공 교장선생님의 성공에는 다음과 같은 요인이 중요하게 작용하였다.

첫째, 기본에 충실한 지도성이 문제 해결의 실마리가 되었다. 김성공 교장선생님은 학교의 위기를 극복하기 위한 핵심 전략으로 '기본에 충실하자.'라는 원칙을 제시하였다. 여기서 '기본'이란 단순히 규칙을 준수하는 것을 넘어, 학교의 본질적인 기능인 교육에 집중하는 것을 의미하였다. 그는 교육과정 운영, 생활지도 그리고 학교의 청결 유지 등 교육의 기본 요소들을 재정비하는 데 힘썼다. 특히 직접 교실을 방문하여 수업 상황을 점검하고 학생들의 학습 태도를 개선하는 데 적극적으로 나섰다. 이는 교사들에게는 다소 부담스러울 수 있는 행동이었지만, 기본을 강조하는 그의 진정성을 보여 주는 동시에 학교 변화의 시작을 알리는 신호탄이 되었다. 이런 사례는 기본에 충실한 지도성이 조직의 핵심 가치에 집중하고 솔선수범을 통해 구성원들의 동참을 유도하는 효과적인 전략임을 보여 준다.

둘째, 권한 위임과 소통을 통한 신뢰 구축이다. 김성공 교장선생님은 '나누어 주자.'라는 경영 원칙에 따라 교무, 학년, 행정 등 각 부서에 권한을 대폭 위임하였다. 이는 교사들에게 책임감을 부여하고, 학교 운영에 능동적으로 참여하도록 유도하는 중요한 조치였다. 또한 투명한 학교경영과 진솔한 소통을 통해 교사들과의 신뢰를 구축하는 데에도 힘썼다. 그는 교사들의 의견을 경청하고, 학교 운영에 반영하려 노력하였으며, 칭찬과 격려를 아끼지 않았다. 이러한 노력은 교사들의 자발적인 참여를 이끌어 내고, 학교 전체에 긍정적인 변화의 바람을 불러일으켰다. 이런 사례를 통해 권한 위임은 구성원들의 역량을 강화하고 소통과 신뢰는 조직의 결속력을 다지는 핵심 요소임을 알 수 있다.

셋째, 변화를 지향하는 지도성의 발휘이다. 김성공 교장선생님의 지도성은 행복중학교에 괄목할 만한 변화를 가져왔다. 교사들은 수업에 더욱 헌신하였고 학생들의 학업성취도 또한 눈에 띄게 향상되었다. 학교에 대한 학생과 학부모의 만족도와 신뢰도 역시 크게 높아졌다. 과거 기피 대상이었던 학교는 이제 지역사회에서 인정받는 학교로 거듭났다. 이 사례는 지도자의 효과적인 지도성 발휘가 조직에 얼마나 큰 긍정적 영향을 미칠 수 있는지를 명확하게 보여 준다. 특히 기본에 충실하고 권한을 위임하며 소통과 신뢰를 중시하는 지도성의 발휘는 조직의 위기를 극복하고 새로운 변화를 이끌어 내는 데 매우 효과적임을 시사한다.

1. 지도성이란 무엇인가

지도성은 다양한 관점에서 정의되며, 이를 명확하게 한 문장으로 규정하기는 쉽지 않다. 윤정일 등(2019)에 따르면, 지도성은 직무나 직책의 속성, 개인의 특성, 실제 행위, 집단과 상황의 특성에 따라 다양하게 이해될 수 있다. 신현석 등(2015: 154)은 지도성을 "한 개인이 조직의 목적을 달성하기 위해 구성원에게 영향력을 행사하는 과정"으로 정의하였다. 지도성을 정의하는 데 있어서 조직 목적 달성이라는 합목적성과 한 개인이 구성원에게 영향력을 행사하는 과정적 속성을 강조하였다는 점이 특징적이다. 또한 김왕준 등(2024)도 "주어진 상황에서 조직의 목적을 효과적으로 달성하기 위하여 집단 구성원으로 하여금 조직 목표에 자발적으로 공헌할 수 있도록 영향력을 행사하는 것"으로 지도성의 개념을 구체화하였다. 이에 따르면, 합목적성과 과정적 속성 이외에 상황 적합성과 상호작용에 주목하여 지도성의 의미를 정의하였다는 점이 특징적이다.

이렇듯 지도성의 개념은 학자마다 다양하지만, 그간의 지도성에 관한 논의를 정리해 보면 지도성은 다음과 같은 개념적 특성을 가진다(윤정일 외, 2019: 93). 우선, 지도성은 조직의 목적을 달성하기 위해 영향력을 행사하는 집단적 과정이며, 지도자의 특성, 행위, 조직 상황과 같은 다양한 요소로 설명된다. 따라서 지도성을 규정할 때 지도자의 특성, 행위, 조직 상황 중 특정 요소만으로 설명하는 것은 지도성의 제한된 측면만을 조명할 가능성이 있다는 점에서 주의가 필요하다. 또한 지도성은 두 사람 이상의 관계에서 권력이 불균등하게 배분된 상황에서 나타나며, 지도자는 집단에 영향력을 행사할 수 있는 권력을 가지고, 추종자들은 지도자의 영향력을 수용한다는 동의를 전제로 한다. 따라서 지도성은 단순히 지도자의 개인적 역량에 국한되지 않고, 지도자와 추종자 간의 상호작용, 조직의 맥락 그리고 환경적 요인들이 복합적으로 작용하여 나타나는 다차원적이고 동적인 과정으로 이해해야 한다. 이를 통해 지도성은 조직의 목표 달성뿐만 아니라 구성원의 성장과 변화를 동시에 이끄는 중요한 역할을 한다.

이상의 내용을 토대로 여기서는 "특정한 목표를 달성하기 위해 개인 또는 집단에 영향력을 행사하는 과정으로, 지도자와 추종자 간의 상호작용, 조직적 맥락 그리고 상황적 요인이 결합하여 나타나는 복합적이고 동적인 현상"으로 지도성을 정의하고자 한다. 이러한 지도성은 조직의 목표를 효과적으로 달성하고 구성원들의 사기와 만족도를 높이는 데 핵심적인 역할을 한다. 특히 Maslow(1943), Herzberg 등(1959), Alderfer(1972)의 동기이론에서 강조된 바와 같이, 구성원들은 상위 수준의 욕구와 내적인 동기를 충족할 때 높은 성과와 만족감을 느낀다. 지도자는 이러한 욕구를 이해하고 구성원 간의 상호 협력을 촉진하며, 긍정적인 조직 문화를 조성함으로써 구성원들이 잠재력을 발휘할 수 있도록 돕는다. 이런 맥락에서 학교장의 지도성은 단순히 학교 운영을 넘어 교사들의 변화와 발달을 이끌어 내는 데 중요한 영향을 미친다.

앞에서 살펴본 김성공 교장선생님의 사례는 "특정한 목표를 달성하기 위해 개인 또는 집단에 영향력을 행사하는 과정으로, 지도자와 추종자 간의 상호작용, 조직적 맥락 그리고 상황적 요인이 결합하여 나타나는 복합적이고 동적인 현상"이라는 지도성의 개념을 명확하게 보여 준다. 우선, '열악한 시설, 교직원 간 불화, 학생들의 낮은 학업 수준'이라는 명확한 문제 상황, 즉 특정한 목표 달성이 필요한 상황적 맥락이 존재했다. 이러한 상황 속에서 김성공 교장선생님은 '기본 충실, 자기 관리, 나눔, 칭찬, 희망'이라는 다섯 가지 경영 원칙을 수립하고 이를 실천함으로써 학교 구성원들에게 영향력을 행사하였다. 특히 '나눔'의 원칙에 따른 권한 위임은 교사의 책임감과 학교 운영 참여를 유도하는 중요한 계기가 되었으며, 이는 지도자와 추종자(교사) 간의 긍정적인 상호작용을 촉진하는 결과로 이어졌다. 이러한 행복중학교의 변화 과정은 지도성이 단순한 개인의 자질이 아닌, 상황, 상호작용, 조직적 맥락이 복합적으로 작용하는 동적인 현상임을 보여 주는 사례라고 할 수 있다.

2. 지도성은 어떻게 발휘되는가

행복중학교 사례는 지도성이 개인적 특성, 행동 양식, 상황적 맥락의 상호작용을 통해 발휘되는 복합적인 현상임을 명확히 보여 준다. 당시 행복중학교는 '열악한 시설, 교직원 간 불화, 학생들의 낮은 학업 수준'이라는 심각한 문제 상황에 직면해 있었다. 이러한 상황에서 김성공 교장선생님은 '기본 충실, 자기 관리, 나눔, 칭찬, 희망'이라는 다섯 가지 경영 원칙을 제시했는데, 이는 그의 개인적 특성을 반영하는 동시에 효과적인 문제 해결을 위한 방향성을 제시하는 역할을 했다. 특히 '기본 충실'을 강조하며 직접 교실 수업을 참관하고 학생들의 학습 태도를 바로잡는 행동 그리고 '나눔'의 원칙에 따라 각 부서에 권한을 위임하는 행동은 그의 구체적인 행동 양식을 보여 준다. 이렇듯 김성공 교장선생님은 어려운 상황적 맥락을 정확하게 인식하고, 자신의 개인적 특성을 바탕으로 구체적인 행동 양식을 통해 도출한 원칙을 실천함으로써 조직의 긍정적인 변화를 성공적으로 이끌어 낸 것이다. 이렇듯 지도성은 지도자의 ① 개인적 특성, ② 행동 양식, ③ 상황적 맥락이라는 세 가지 핵심 요인에 의해 발휘된다. 여기서는 이 세 가지 요인을 중심으로 지도성에 관한 기존의 이론적 논의를 심층적으로 분석함으로써 지도성이 어떻게 발휘되는지를 살펴보고자 한다.

1) 지도성의 세 가지 요인

(1) 지도성 특성론

지도성 특성론은 지도자가 가지는 선천적인 자질과 특성에 주목하여 지도자들에게서 나타나는 공통적 자질을 규명하는 데 관심을 가져왔다. 대표적으로 Stogdill과 Coons(1957)는 재능, 성취, 책임, 참여, 지위 등 다섯 가지 영역으로 지도성과 관련한 특성을 구분하고 지능, 기민성, 판단력, 학문, 지식, 신뢰, 솔선, 인내력, 적극성, 자신감, 활동성, 사교성, 적응성, 인기 등과 같은 자질이 지도자에게 요구되는 특성이라고 설명하였다. Yukl(1989)도 지도자에게 필요한 특성과 기술을 제시하면서 상황적응력, 야망, 성취지향성, 협동성, 결단성, 신뢰성, 설득력, 자신감, 인내력, 책임감 등과 같은 특성과 인지적 기술, 상황파악 능력, 기발한 능력, 사교술과 같은 기술이 지도자에게 필요하다고 밝혔다.

지도성 특성론은 효과적인 지도자가 가지는 공통된 특성을 규명함으로써 지도자 선발과 평가의 기준을 제공하고 지도자 개발 프로그램 설계에 중요한 시사점을 제공한다는 점에서 장점이 있다. 또한 특정 상황에 관계없이 지도자에게 요구되는 보편적 특성을 강조함으로써 조직과 문화의 차이에 상관없이 적용 가능한 범용적인 지도성 요소를 제시하였다는 점도 특징적이다. 그러나 이 접근법은 지도자가 처한 상황적 맥락과 환경적 요인을 충분히 고려하지 못하고 지도자의 특성이 실제 행동으로 전환되는 과정을 설명하지 못한다는 한계가 있다. 또한 제시된 특성 간 우선순위가 명확하지 않고, 지도자와 추종자 간의 상호작용이나 집단 역동성을 간과하며, 지도성을 선천적인 자질로 치우치게 하여 학습을 통한 지도성 개발의 가능성을 축소할 위험이 있다는 점에서 한계가 있다.

(2) 지도성 행위론

지도성 행위론은 지도자의 개인적 특성보다는 성공적이고 효과적인 지도자가 하는 행위와 행동에 초점을 맞춰 지도성을 이해하려는 접근 방식으로, 지도성이 학습과 훈련을 통해 개발될 수 있다는 점을 강조한다. 이 이론은 지도자가 구성원과 조직에 미치는 영향을 분석하며 이를 토대로 효과적 지도성을 발휘하는 데 필요한 행동의 지침을 제공한다. 지도성 행위론에 대한 초기 연구는 아이오와 대학의 연구이다. Lewin 등(1939)의 연구는 지도자의 행위 유형을 권위적 지도성, 민주적 지도성, 자유방임적 지도성으로 분류하고 각 지도성의 유형에 따라 집단의 태도와 생산성에 미치는 영향력을 분석하였다. 분석 결과 민주적 지도성에 대한 선호가 높았던 반면, 공격적 행위나 냉담한 행동으로 인해 권위적 지도성은 거부감이 큰 것으로 나타났다. 자유방임적 지도성의 경우 방향성 상실과 우유부단한 행동이 관찰되었다는 점도 특징적이다. 이 연구는 지도자의 행위가 구성원의 태도에 미치는 영향을 분석하였다는 이점이 있으나, 표집 수가 적고 제한된 지역에서 10대를 대상으로 수행된 연구라는 점에서 한계가 있다(윤정일 외, 2019: 99).

지도성 행위론의 대표적인 연구로는 오하이오 주립대학교의 연구, 미시간 대학교의 연구, 관리망 이론 등이 있다. 여기서는 오하이오 주립대학교의 연구와 관리망 이론을 중심으로 살펴본다. 먼저, 오하이오 주립대학교의 연구는 효과적 지도자의 행위를 유형화하고 이런 지도자의 행동특성이 집단의 성취와 만족에 영향을 미치는지를 분석한 연구였다. 이를 위해 지도자의 행동을 배려(consideration)와 구조성(initiating structure) 등 두 가지 차원으로 구성한 '지도자행동기술척도(Leader Behavior Description Questionnaire: LBDQ)'라는 30개 문항을 개발하고 이를 통해 지도성 유형을 구분하였다. 여기서 구조성은 과업 목표를 달성하기 위해 역할과 책임을 명확히 하고 과업 수행 과정을 조직화하며 구성원들의 활동을 효과적으로 조정하려는 정도를 의미하며, 배려는 지도자가 구성원의 복지, 감정, 신뢰, 존중을 중요시하며 긍정적인 대인관계를 형성하려는 정도를 뜻한다. LBDQ 분석 결과, 구조성과 배려가 모두 높은 행동을 보일 때 효과적인 지도성을 갖추고 있다고 볼 수 있다(Halpin, 1956).

다음으로, 관리망 이론(Managerial Grid Theory)은 지도자의 행동을 과업에 대한 관심과 사람에 대한 관심으로 나누고, 9×9의 격차로 지도성의 행동을 구분하였다는 점이 특징적이다. 대표적인 지도성 유형으로 방임형(과업에 대한 관심: 1, 구성원에 대한 관심: 1), 권위형(과업에 대한 관심: 9, 구성원에 대한 관심: 1), 사교형(과업에 대한 관심: 1, 구성원에 대한 관심: 9), 중도형(과업에 대한 관심: 5, 구성원에 대한 관심: 5), 팀형(과업에 대한 관심: 9, 구성원에 대한 관심: 9) 등으로 구분하였다. 이때, 효과적인 지도성 스타일로 과업과 사람에 대한 높은 관심을 강조하는 팀형 지도성(team leadership)을 제시했다.

이렇듯 지도성 행위론은 지도자가 특정 행동을 통해 조직 목표를 달성하고 구성원들에게 긍정적인 영향을 미칠 수 있음을 강조하며, 관찰 가능하고 측정 가능한 행동을 기반으로 지도성을 분석하였다는 점에서 장점이 있다. 특히 지도자의 행동은 학습과 훈련을 통해 개선될 수 있음을 보여 주며, 지도성 개발 프로그램 설계에 유용한 틀을 제공하였다는 의의가 있다. 그러나 이 이론은 상황적 요인과 리더와 구성원 간의 상호작용을 충분히 반영하지 못하였고, 특히 조직의 맥락과 환경적 요소에 따라 지도자 행위의 효과성이 달라질 수 있다는 점을 간과하였다는 한계가 있다(윤정일 외, 2019: 103).

(3) 상황적 지도성론

상황적 지도성론은 효과적인 지도자 행위가 특정 상황에 따라 달라지며, 지도자는 주어진 상황의 특성과 구성원의 상태를 고려해서 지도성 스타일을 조정해야 한다는 점을 강조한다. 즉, 효과적인 지도성은 지도자의 개인적 특성, 지도자의 행위, 상황적 요인에 의해서 달라질 수 있다는 것이다(윤정일 외, 2019: 103). 이런 맥락에서 상황적 지도성은 구성원의 능력과 의지, 과업의 구조, 지도자의 권한 등 다양한 상황적 변수를 고려하여 지도자의 행동이 유연하게 조정될 필요가 있다는 실질적인 지침을 제공한다.

상황적 지도성론과 관련해서 대표적 이론으로 Fiedler(1964)의 상황적 지도성 이론, Hersey와 Blanchard(1988)의 상황적 지도성 이론, House(1996)의 경로-목표 이론, Reddin(1970)의 삼차원 지도성 이론 등이 있다. 여기서는 Hersey와 Blanchard(1988)의 상황적 지도성 이론과 House(1996)의 경로-목표 이론을 중심으로 상황적 지도성에 대해 살펴보고자 한다. 먼저, Hersey와 Blanchard(1988)의 상황적 지도성 이론은 지도자의 행동을 과업 중심 행동과 관계 중심 행동으로 구분하고 이런 행동이 어떤 상황에 적합한지를 분석하였다. 상황적 요소로 구성원의 성숙도를 제시하였는데, 이를 ① 구성원 개개인의 직무 수행 능력을 의미하는 직무 성숙도와 성취 욕구, ② 책임 의지를 반영한 심리적 성숙도로 설명하였다.

이 이론은 과업 중심 행동과 관계 중심 행동의 조합을 통해 지도자의 행동을 지시형(낮은 관계 지향, 높은 과업 지향), 설득형(높은 관계 지향, 높은 과업 지향), 참여형(높은 관계 지향, 낮은 과업 지향), 위임형(낮은 관계 지향, 낮은 과업 지향) 등 네 가지 유형으로 제시하였다. 이런 지도자의 행동은 구성원의 성숙도에 따라서 그 효과성이 달라진다고 보았다. 예컨대, 구성원의 능력과 동기가 모두 낮을 때에는 지시형이, 구성원의 동기만 높을 경우 설득형이, 구성원의 능력만 높을 경우 참여형이, 구성원의 능력과 동기 모두 높을 경우 위임형이 효과적이라고 설명하였다.

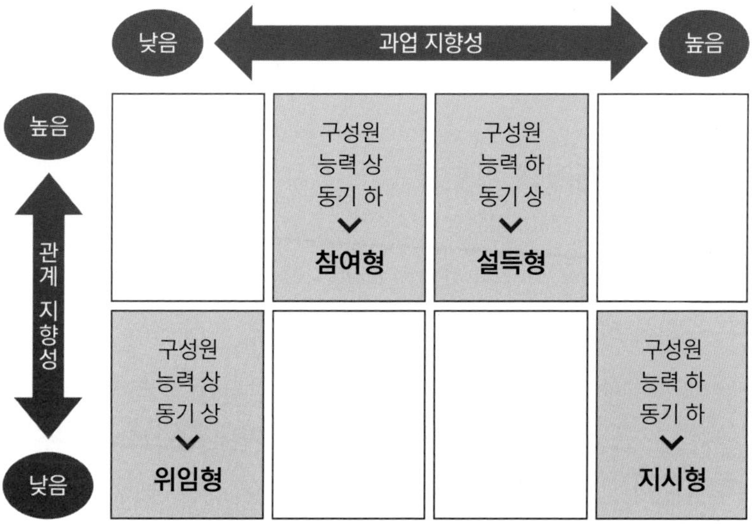

[그림 4-1] Hersey와 Blanchard(1988)의 상황적 지도성 모형

출처: 진동섭 외(2023), p. 130의 내용을 재구성함.

다음으로, 동기 이론 중 기대 이론(Expectancy Theory)과 관련한 House(1996)의 경로-목표 이론은 지도자가 과업 목적, 개인 목적, 목표 달성 경로 등에 관한 구성원의 기대에 어떤 영향을 미치는지에 관심을 둔다. 이 이론에 따르면, 지도자가 상황적 요인을 고려해서 바람직한 목표를 달성하는 데 필요한 구성원의 행동 경로를 명확히 함으로써 구성원의 보상 및 유인가에 대한 인식에 변화를 가져올 수 있다(윤정일 외, 2019: 106). 경로-목표 이론은 이런 구성원의 인식 변화로 인해 조직의 효과성이 달라진다고 설명하였다. 이때 상황적 요인으로 크게 ① 능력 및 인성, 욕구와 동기 등 구성원 특성과 ② 과업 성격, 집단 특성, 권위 체계 등 환경 특성을 고려한다.

결과적으로 이 이론은 지시적 지도성, 지원적 지도성, 참여적 지도성, 성취지향적 지도성 등 네 가지 지도성 유형을 구분하였다. 여기서 지시적 지도성은 구성원에게 무엇을 해야 하는지를 구체적으로 지도하고 규칙과 절차를 따르도록 요구하며 업무 계획을 수립하고 조정하는 형태의 지도성을 의미한다. 또한 지원적 지도성은 구성원의 욕구를 배려하고 그들의 복지에 관심을 가지고 우호적 풍토의 조성을 강조한다. 이와 달리 참여적 지도성은 구성원과의 협의를 통해 그들의 의견과 아이디어를 의사결정에 반영하는 특징이 있는 반면, 성취지향적 지도성은 도전적 목표를 제시하고 탁월한 업무 수행을 강조하며 높은 성취 기준을 달성할 것을 중시한다. 이런 경로-목표 이론은 지도성의 효과성을 과업 성취 측면이 아니라 구성원의 심리적 상태를 고려해서 동기화하는 데 초점을 맞추었다는 점에서 기존 논의와 차별성을 가진다(신현석 외, 2015: 162).

2) 학교교육 맥락에서의 지도성

지금까지 살펴본 지도성 이론은 학교조직뿐만 아니라 일반조직에서도 적용 가능한 이론들이다. 그러나 학교조직은 관료제적 특성과 전문적 특성이 공존하며, 느슨하게 결합된(loose coupling) 조직이나 조직화된 무질서 조직과 같은 독특한 구조적 특성을 가진다. 따라서 학교교육의 맥락과 실정에 맞는 지도성 이론에 대한 탐구가 요구된다. 행복중학교의 사례는 학교 맥락에서 교육지도성, 수업지도성, 교사지도성과 같은 지도성 이론을 학습하고 적용하는 것이 학교조직의 변화를 효과적으로 이끌어 내는 데 얼마나 중요한지를 보여 준다. 김성공 교장선생님이 수업 참관을 통해 수업 참여를 독려한 것은 수업지도성의 중요성을 보여 주며, 권한을 위임하여 교사들의 책임감과 참여를 유도한 것은 교사지도성의 중요성을 강조하는 사례로 볼 수 있다. 또한 나눔, 칭찬, 희망과 같은 경영 원칙은 학교 구성원 간의 긍정적인 관계 형성을 중시하는 교육지도성의 가치를 반영한다. 이런 사례를 고려해 볼 때, 행복중학교의 변화 과정은 교육지도성, 수업지도성, 교사지도성과 같이 학교 맥락에 적합한 지도성에 대한 이해가 중요하다는 점을 보여 준다.

(1) 교육지도성의 개념 및 특징

교육지도성은 교육을 위한 지도성을 의미하며 학교장과 교사와 같은 교육 관계자들이 교육의 목적 달성을 위해 발휘하는 지도성이라고 볼 수 있다(주현준, 2016). 이런 맥락에서 이종재 등(2012: 381)은 교육지도성을 "교육자가 교육자로서의 권위와 기술을 발휘하여 구성원의 배움을 자극하고 학교 또는 특정 조직을 학습공동체로 만드는 활동"이라고 정의하였다. 교육지도성은 지도성을 발휘하는 주체를 학교장뿐만 아니라 교사, 교육행정가 등 교육관계자까지 모두 아우른다는 점에서 특징적이다. 또한 교육지도성은 학교조직 내 모든 구성원의 끊임없는 학습과 배움을 지향하면서 공동체 내 학습이 구성원의 관계를 매개하고 학교 운영에도 깊이 반영되도록 하는 데 목적이 있다. 아울러 이런 목적을 달성하기 위해서 교육지도성은 교육자의 권위와 인격화된 기술이라는 수단을 활용한다.

이러한 교육지도성의 구성 요소로는, ① 자기학습, ② 목적의식, ③ 교육프로그램 개발, ④ 인간관계 능력, ⑤ 기술적 · 관리적 능력, ⑥ 문화 형성 등이 있다(이종재 외, 2012: 383-384).

첫째, 자기학습의 경우 학습의 본을 보여 타인의 학습을 자극하고 지원할 수 있다는 점에서 의미 있는 요소라고 할 수 있다. 교육지도성이 타인의 배움과 조직의 학습을 촉진하는 데 목적이 있다는 점을 고려해 볼 때, 교육지도자는 자기학습을 통해 학습의 본을 보이고 이를 활용하여 타인의 학습을 독려할 수 있다.

둘째, 목적의식은 교육지도자가 학교의 비전과 목표를 명확히 설정하고 이를 구성원과 공유함으로써 조직의 방향성을 제시하는 데 중요한 요소이다. 교육지도자는 학교의 비전 및 목적을 설정하고 구성원들과 공동의 목표를 공유하여 구성원의 목적의식을 고취하고 조직의 변화를 도모한다.

셋째, 교육프로그램 개발은 교육지도자가 구성원의 다양한 교육적 요구를 고려해서 학생의 성장과 학습을 극대화할 수 있는 효과적인 교육과정을 설계하고 운영하는 능력을 말한다. 이를 통해 교육지도자는 학생의 다양한 학습 요구를 반영하고 이를 토대로 혁신적이고 실질적인 교육활동을 구현하는 데 기여한다.

넷째, 인간관계 능력도 중요한 구성 요소이다. 인간관계 능력은 교육지도자가 구성원들의 다양한 의견을 존중하여 학교 구성원과 신뢰와 협력을 형성하며, 이와 같은 구성원 간의 긍정적인 상호작용을 통해 공동의 목표를 이루어 가는 능력이다. 지도자는 구성원들과의 인격적 결합 관계를 형성하여 구성원에게 동기를 부여하고 갈등 상황에서도 조정 능력을 발휘한다.

다섯째, 기술적 · 관리적 능력은 교육목표를 달성하기 위해 자원을 효율적으로 배분하고, 학교조직의 운영과 관리를 체계적으로 이끄는 능력을 의미한다. 교육지도자는 시설 관리, 예산 운영, 시간 계획 등 학교의 실질적 운영에서 중요한 역할을 하는데, 기술적 · 관리적 능력을 통해 보다 효율적으로 학교조직을 운영할 수 있다.

여섯째, 문화 형성은 학교 내에서 학습과 협력의 가치를 중심으로 한 긍정적인 조직 문화를 조성하는 것을 의미한다. 지도자는 건전한 학생 문화나 전문적 공동체 문화를 조성하여 공동체적 학습을 촉진하고, 구성원들이 신뢰와 존중 속에서 함께 성장할 수 있는 환경을 마련한다.

이러한 교육지도성의 구성 요소는 학교장과 교사에게 중요한 시사점을 제공한다. 학교장은 명확한 학교 비전과 목표를 설정하고 이를 구성원들과 공유함으로써 조직의 방향성을 제시하고, 학교 문화를 조성하여 긍정적인 학습 환경을 구축하는 데 중추적인 역할을 해야 한다. 또한 교사는 학생의 학습과 성장을 중심으로 한 수업과 교육프로그램 운영에서 전문성을 발휘하며, 구성원 간 신뢰와 협력을 통해 학교 공동체의 발전에 기여해야 한다. 특히 학교장과 교사는 자기학습과 성찰을 통해 학습의 본을 보이고, 인간관계 능력과 관리적 역량을 활용하여 학교 구성원들이 목표를 향해 협력할 수 있는 환경을 만들어야 한다. 이러한 교육지도성의 실천은 학교조직 내에서 학생, 교사, 행정 구성원의 학습과 성과를 극대화하며, 궁극적으로 학교교육의 질을 높이는 데 기여한다.

행복중학교 사례는 앞서 제시된 교육지도성의 구성 요소들이 학교 현장에서 어떻게 작동하고, 학교 변화를 이끌어 낼 수 있는지를 보여 주는 중요한 시사점을 제공한다. 김성공 교장선생님의 지도성은 특히 목적의식, 인간관계 능력, 문화 형성 측면에서 두드러진다. 기본 충실, 자기 관리, 나눔, 칭찬, 희망과 같은 경영 원칙은 학교의 명확한 비전과 목표를 제시하는 목적의식의 발현이며, 이를 통해 학교 구성원들에게 긍정적인 방향성을 제시했다. 또한 교사들과의 신뢰를 쌓고 맞춤형 칭찬과 희망을 전달하고자 노력한 점은 인간관계 능력의 중요성을 보여 준다. 구성원 간의 긍정적인 상호작용을 촉진하고 학교 공동체에 대한 소속감을 높이면서 권한 위임을 통해 교사들의 책임감과 참여를 유도한 것은 학교 내 협력적인 문화 형성에 기여하였다. 이는 학교 맥락에서 지도자가 교육지도성의 구성 요소들을 균형 있게 갖추고 실천하는 것이 학교 혁신에 얼마나 중요한지를 보여 주는 실증적인 사례라고 볼 수 있다.

(2) 수업지도성

학교조직에서 필요한 지도성 이론을 논의할 때 중요하게 고려해야 할 지도성 이론은 수업지도성(instructional leadership)이다. 수업지도성에 초점을 맞추어야 하는 이유는 다음과 같다.

우선, 수업지도성은 교사의 수업 전문성 신장과 효과적인 교수 전략 개발을 촉진하여 학생들의 학업성취도 향상에 직접적으로 기여한다. 또한 수업지도성은 교사들이 자신의 수업을 성찰하고 개선하도록 지원함으로써 교수 역량 강화 및 전문성 성장을 이끈다. 뿐만 아니라, 수업지도성은 교사 간의 협력과 소통을 증진시켜 긍정적인 학교 문화를 조성하고, 협력적인 학습공동체 형성을 지원한다. 이처럼 수업지도성은 학교조직의 효과성을 높이는 데 핵심적인 역할을 하므로, 학교조직에 필요한 지도성 논의의 중심 이론으로 다루어질 필요가 있다.

수업지도성은 '학교의 핵심 영역인 교수와 학습(teaching and learning)의 향상과 증진을 강조하는 특별한 형태의 지도성'을 의미한다(신현석 외, 2015: 169). 이는 학교의 교육지도자가 학교의 핵심 가치인 수업의 혁신과 변화에 초점을 맞춰 학교 내 수업 실천 활동을 촉진하여 학교 구성원의 학습을 본질적으로 우선한다는 점에서 특징적이다(김왕준 외, 2024: 183). 즉, 수업지도성은 학교의 교육목표를 효과적으로 달성하기 위해 교수 · 학습이 이루어지는 수업활동의 개선이 핵심이라고 볼 수 있다.

수업지도성의 구성요소는 학교 사명의 명확화, 수업 프로그램 운영, 학교 문화 창조의 세 가지 영역으로 구분할 수 있다(이종재 외, 2012: 367). 먼저, 학교 사명의 명확화는 학교 목표를 명확히 설정하고 이를 학교 구성원들과 공유하는 행위를 포함한다. 이는 학교의 방향성을 제시하고, 구성원들이 공동의 목표를 이해하며 협력할 수 있도록 돕는다. 다음으로, 수업 프로그램 운영은 수업장학과 평가 활동, 교육과정 조정, 학생의 성장 정도를 모니터링하는 행위를 포함하며, 이를 통해 교사의 전문성을 지원하고 학생 학습의 질을 개선하는 데 중점을 둔다. 마지막으로, 학교 문화 창조는 면학 여건을 보장하고 전문적 문화를 조성하며, 구성원에게 동기를 부여하고 학습을 촉진하는 환경을 조성하는 활동을 포함한다. 수업지도성이 높은 교육지도자는 다음과 같은 특징을 가진다. 교육지도자는 학교에서 수업과 교육과정을 조정, 통제, 장학, 개발하는 역할에 초점을 맞춘다. 또한 교육지도자는 전문성과 카리스마로 학교를 이끌며 강하고 지시적인 면모를 보인다. 수업지도성이 우수한 교육지도자는 학업성취 향상에 초점을 맞춰 과업을 수행하며, 학교 구성원에게 높은 기대를 전달하며 학업 지향적인 문화를 조성한다.

이렇듯 수업지도성은 학교장과 교사에게 수업과 학습의 질을 높이기 위한 핵심적인 방향성을 제시한다. 학교장은 학교 사명을 명확히 설정하고, 수업 프로그램 운영과 학교 문화 창조를 통해 교수 · 학습 활동의 중심에 있는 구성원들을 지원해야 한다. 이는 학업성취 향상을 목표로 수업과 교육과정을 조정하고, 교사의 전문성을 개발하며, 학습 중심의 문화를 조성하는 데 중점을 두는 지도성이 요구된다는 것을 시사한다. 교사의 경우, 수업지도성을 발휘하는 학교장의 지원을 바탕으로 자신의 전문성을 강화하고, 학습 목표 달성을 위해 교육과정 운영과 수업 및 평가 개선에 보다 적극적으로 참여해야 한다.

행복중학교 사례는 수업지도성의 중요성과 그 효과를 명확하게 보여 준다. 김성공

교장선생님이 부임 후 기본 충실의 원칙에 따라 직접 교실 수업을 참관하며 학생들의 학습 태도를 바로잡고 교사들의 수업 참여를 독려한 것은 수업지도성의 핵심 요소인 수업 프로그램 운영을 적용한 사례라고 볼 수 있다. 이는 수업의 질 개선과 교사들의 전문성 신장을 목표로 하는 적극적인 개입으로 볼 수 있다. 또한 나눔의 원칙에 따른 권한 위임은 교사들이 학교 운영에 책임감을 가지고 참여하도록 유도함으로써 수업 개선을 위한 교사들의 자발적인 노력을 이끌어 내는 효과를 가져왔다. 이는 학교 문화 창조의 중요한 부분으로 협력적이고 학습 지향적인 문화를 조성하는 데 기여했다고 볼 수 있다. 과거 행복중학교는 교사들의 수업 소홀로 인해 학생들의 학력 저하가 심각한 상황이었지만, 김성공 교장선생님이 수업지도성을 발휘한 덕분에 교사들의 수업에 대한 헌신도가 높아지고 학생들의 학업성취도 또한 향상되었다. 이는 수업지도성이 학교의 핵심 가치인 교수·학습의 질 향상에 직접적인 영향을 미치며 학교조직의 효과성을 높이는 데 중요한 역할을 한다는 점을 보여 준다.

(3) 교사지도성

교육지도성 논의에서 교사지도성은 매우 중요한 위치를 차지한다. 그간의 학교에서의 지도성 논의는 관리자의 지도성에 초점을 맞추었다면, 교사지도성은 교사 개개인이 교육 현장에서 능동적인 주체로서 발휘하는 지도성을 강조한다는 점에서 차이가 있다. 교사지도성을 주목해야 하는 이유는 다음과 같다. 우선, 교사들은 교육 현장의 변화를 주도하고 교육 혁신을 촉진하는 핵심적인 역할을 수행하는 주체이다. 아울러 교사들은 동료와의 협력 및 교육정책 참여를 통해 전문성을 신장하고 성장하며, 학교 운영 및 의사결정 과정에 적극적으로 참여하여 민주적이고 협력적인 학교 문화를 조성하는 데 기여한다. 따라서 교사지도성은 학교의 발전과 교육의 질 향상에 필수적인 요소이며, 교육지도성 논의에서 중요한 부분을 차지한다고 볼 수 있다.

그간 교사지도성은, ① 조직 차원의 역량으로 보는 관점, ② 교수·학습 역량으로 보는 관점, ③ 공동체 내 관계 역량으로 보는 관점, ④ 교사의 개인 자질로 보는 관점 등 매우 다양한 관점으로 논의되어 왔다(김병찬, 2023: 34-36). 이로 인해 교사지도성에 대한 개념 역시 다양하다. 교사지도성에 대한 다양한 학술적 논의를 종합하면서 김병찬(2023: 39)은 "교사가 교육활동 수행 과정에서 학생, 동료 교원, 학부모 등 구성원이 교육목표를 달성할 수 있도록 주도적으로 돕고, 지원하고, 안내하고, 촉진하는 힘이자 영향력"이라고 교사지도성을 정의한 바 있다. 그러면서 교사지도성에 대한 이러한 정의가 특정 교사가 아닌 모든 교사를 위한 지도성, 교사의 모든 교육활동 영역에서 필요한 교사의 기본 자질로서의 지도성, 학생의 지식 구성을 돕는 구성주의 교육 패러다임에 기반한 지도성이라는 특징을 가진다고 설명하였다.

이러한 교사지도성은 다음과 같은 성격을 가진다(김병찬, 2023: 57-81). 첫째, 교사지도성은 학교장에게 권한을 위임받아 지도성을 발휘하는 수직적 확산과 동료 교사들 사이에서 상호 영향력을 발휘하는 수평적 확산의 복합 구조 속에서 이루어지기에 분산적 지도성의 성격을 가진다. 둘째, 교사지도성은 교육활동 수행 과정에서 특정 교사가 지도성을 독점하지 않고 각각의 역할을 맡은 교사들이 상황에 맞게 지도성을 발휘하고 동료 교사들과 함께 그 결과를 공유하고 함께 책임을 지는 공유 지도성의 성격이 강하다. 셋째, 교사지도성은 외부에서 교사에게 권위를 위임하여 발생하는 지도성이 아니라 교사 스스로 지도성을 형성하고 자기 통제, 자기 조정, 자기 관리 등을 통해 교육활동을 수행하는 지도성이라는 점에서 셀프 지도성의 성격을 띤다. 넷째, 교사지도성은 교육목표를 달성하기 위해 학교 구성원을 돕고, 지원하고, 안내하고, 촉진한다는 점에서 서번트 지도성의 성격도 가진다. 다섯째, 교사지도성은 학생이나 학교 구성원이 지식과 의미를 구성하는 데 초점을 두며, 학교 구성원들과의 상호작용 과정에서 상황과 맥락에 맞게 구성된다는 점에서 구성주의 성격을 가진다.

김병찬(2023: 103-104)은 교사지도성을 설명하며 '교사지도성 발휘 모형'을 제시하고, 의식, 역량, 행동 성향의 세 가지 측면에서 이를 구체화하였다. 먼저, 교사지도성을 발휘하는 교사의 의식과 관련하여 자율의식, 책임의식, 주체의식이라는 세 가지 요소를 제시하였다. 이를 통해 교사지도성을 발휘하는 교사는 교육활동을 주체적으로 이끌고자 하는 의식이 강하며, 자신의 활동에 대해 책임을 지고, 자율적으로 과업을 수행하려는 경향이 강함을 강조하였다. 다음으로, 교사지도성을 발휘하는 힘이나 능력을 뜻하는 역량과 관련해서는 이해 역량, 소통 역량, 촉진 역량, 성찰 역량, 철학 역량 등 다섯 가지를 제시하였다. 이는 교사지도성을 발휘하는 교사가 학생이나 동료를 잘 이해하고 원활히 소통하며, 자신의 과업을 성찰하고 교육적 가치와 의미를 사고할 수 있는 역량을 갖추고 있음을 보여 준다. 마지막으로, 교사지도성을 발휘하는 행동적 속성을 의미하는 행동 성향과 관련해서는 목표지향성, 과업주도성, 공동체성, 전문성의 네 가지 요소를 도출하였다. 이는 교사지도성을 발휘하는 교사가 명확한 목표를 설정하고, 전문성을 바탕으로 과업을 주도하며, 구성원들과의 협력을 통해 문제를 해결하려는 성향이 있음을 시사한다.

앞서 살펴본 행복중학교 사례는 관리자의 지도성이 교사지도성을 어떻게 효과적으로 촉진할 수 있는지를 보여 주며, 이에 관해 중요한 시사점을 제공한다. 김성공 교장선생님은 나눔의 원칙을 통해 교사들에게 학교 운영에 대한 권한을 위임함으로써, 교사들이 자율성과 책임감을 가지고 교육활동을 주도하도록 지원하였다. 이는 교사들이 단순한 업무 수행자가 아닌 학교 운영의 주체로 참여하고 스스로 문제 해결 및 교육목표 달성을 위해 능동적으로 역할을 수행하도록 동기를 부여한 것이다. 또한 기본 충실의 원칙에 따른 수업 참관은 교사들이 자신의 수업을 성찰하고 동료와의 피드백을 통해 전문성을 신장시키는 기회를 제공하였다. 즉, 김성공 교장선생님은 권한 위임과 수업 참관을 통해 교사들의 자율의식, 책임의식, 촉진 역량, 성찰 역량을 강화하여 교사지도성을 효과적으로 촉진하였다. 이러한 사례는 관리자가 단순히 지시하고 통제하는 것이 아니라 권한 부여, 전문성 신장 지원, 협력적인 문화 조성을 통해 교사지도성을 향상시킬 수 있다는 점을 보여 준다.

워크숍 나는 어떤 유형의 지도성을 갖고 있는가

지금까지 행복중학교의 사례를 중심으로 교육지도성, 수업지도성, 교사지도성 등 다양한 지도성 개념과 이론을 살펴보면서 효과적인 학교 변화를 이끌어 내는 지도성의 중요성을 살펴보았다. 여기서는 이러한 논의를 바탕으로 자신의 지도성 유형을 탐색하는 활동을 제시하였다. 자신이 어떤 유형의 지도성을 가지고 있는지 혹은 앞으로 어떤 지도성을 함양해야 할지 고민해 보는 것은 자신의 강점과 약점을 파악하여 보다 효과적인 리더로서 성장하기 위한 발판을 마련할 수 있을 것이다.

이와 관련해서 Halpin(1957)의 지도자행동기술척도(Leader Behavior Description Questionnaire: LBDQ)를 활용해서 자신의 지도성을 측정하고 그 결과를 Blake와 Mouton(1964)의 관리망에 적용하여 지도성 유형을 탐색하는 활동을 제시하였다. 자신의 지도성 유형을 도출한 이후에 결과를 해석하고 환류하는 데 필요한 질문을 제시함으로써 자신의 지도성 유형을 성찰할 수 있도록 하였다.

지도성 진단 프로젝트

1단계 LBDQ 문항에 응답하기

다음의 문항을 읽고 동의하는 정도를 1점(낮음)에서 9점(높음) 사이의 값으로 응답해 주십시오. 구조성과 배려 영역별로 평가 점수를 평균하고 그 값을 '평균 점수' 부분에 작성해 주세요.

구분	문항	평가 점수 (1~9)
구조성	자신의 태도를 그룹에 명확히 전달한다.	
	자신의 새로운 아이디어를 그룹과 함께 실험한다.	
	철권 통치를 한다.	
	낮은 성과를 비판한다.	
	의문을 제기할 수 없는 방식으로 말한다.	
	그룹 구성원들에게 특정 작업을 할당한다.	
	수행해야 할 작업 일정을 잡는다.	
	명확한 성과 기준을 유지한다.	
	마감 기한 준수를 강조한다.	

	통일된 절차 사용을 장려한다.	
	조직에서 자신의 역할을 모든 그룹 구성원에게 명확히 알린다.	
	그룹 구성원들이 표준 규칙과 규정을 따르기를 요구한다.	
	그룹 구성원들에게 무엇이 기대되는지 알린다.	
	그룹 구성원이 최대한의 역량으로 일하도록 한다.	
	그룹 구성원들의 작업이 조정되도록 확인한다.	
	평균 점수	
배려	그룹 구성원을 위해 개인적인 호의를 베푼다.	
	그룹에 속해 있는 것이 즐겁게 느껴지도록 사소한 일들을 한다.	
	이해하기 쉽다.	
	그룹 구성원의 이야기를 들을 시간을 낸다.	
	혼자만의 행동을 한다.*	
	개별 그룹 구성원의 개인적 복지에 신경을 쓴다.	
	자신의 행동에 대해 설명하기를 거부한다.*	
	그룹과 상의하지 않고 행동한다.*	
	구성원들의 행동을 지지한다.	
	모든 그룹 구성원을 동등하게 대한다.	
	변화에 기꺼이 응한다.	
	친근하고 다가가기 쉽다.	
	그룹 구성원과 이야기할 때 그들이 편안하게 느끼도록 한다.	
	그룹이 제안한 내용을 실행에 옮긴다.	
	중요한 문제에 대해 진행하기 전에 그룹의 승인을 얻는다.	
	평균 점수	

*해당 문항은 역코딩 문항

2단계 관리망(managerial grid)에 점수 적용

배려 점수와 구조성 점수를 Blake와 Mouton의 관리망에 표시하고 Blake와 Mouton의 다섯 가지 지도성 유형 중 자신의 점수가 가장 근접한 유형을 찾습니다.

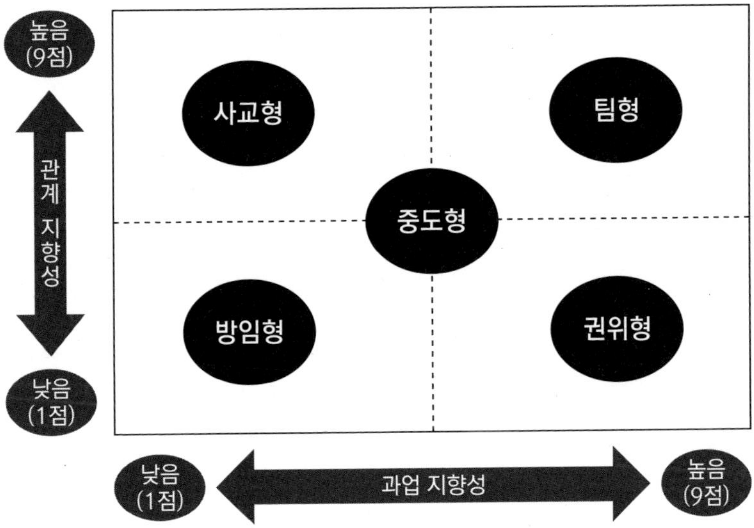

[그림 4-2] Blake와 Mouton의 5개 지도성 유형

3단계 결과 해석 및 피드백

Blake와 Mouton은 팀형 지도성이 조직의 양적 질적 개선을 도모하기에 적합하다고 설명합니다. 다음의 질문에 답하면서 자신의 지도성을 성찰하시길 바랍니다.

1. 자신의 응답 결과를 다시 살펴보았을 때, 어떤 영역과 문항에서 강점이 있다고 생각하십니까? 반대로 상대적으로 부족한 부분은 무엇이라고 생각하십니까?
2. 자신의 평소 행동 특성을 생각해 볼 때, 이런 결과가 나타나게 된 원인은 무엇이라고 생각하십니까?
3. 자신의 약점을 보완하기 위해 어떤 노력이 필요하다고 생각하십니까? 이를 위한 구체적인 행동 개선 계획은 무엇입니까?

정리하기

지금까지 행복중학교의 사례를 바탕으로 지도성의 개념과 중요성, 지도성의 작동 기제, 학교 맥락에서 주목해야 할 주요 지도성 이론, 자신의 지도성 유형 진단 등을 함께 살펴보았다. 여기서는 학습한 내용을 바탕으로 자신을 성찰하는 정리 활동을 제시하였다. 다음의 질문을 읽으면서 지금까지 학습한 내용을 정리하고 자기 자신을 돌이켜 보면서 지도성에 대한 자신의 생각을 정리해 보자.

1 지도성의 개념을 한 문장으로 표현해 보세요. 그리고 그 이유를 설명해 보세요.

※ 강의 시간에 학습한 지도성 개념과 이론을 토대로 자신의 용어로 지도성의 개념을 구체화해 보세요.

'지도성은 ______________________ 이다.'

2 리더로서 내가 속한 팀이나 공동체에서 긍정적인 변화를 이끌기 위해서는 어떤 역량이 필요하다고 생각하십니까?

※ 강의 시간에 학습한 지도성 이론을 토대로 자신을 돌아보며 필요한 역량을 구체화해 보세요.

제 5 장

학교운영위원회와 의사결정

1. 학교운영위원회의 개요
2. 교사의 의사결정 참여와 관련 쟁점
3. 학생의 의사결정 참여와 관련 쟁점

워크숍 모의 학교운영위원회 회의

정리하기

제 5 장 학교운영위원회와 의사결정

학교는 단순히 지식을 전달하는 공간을 넘어서 학생들이 민주 시민으로 성장하고, 다양한 구성원이 공동의 목표를 위해 협력하는 교육공동체이다. 이러한 학교 공동체가 교육목표를 효과적으로 달성하고 시대적 변화에 능동적으로 대응하기 위해서는 학교 운영에 관한 주요 의사결정 과정에 다양한 구성원이 참여할 필요가 있다. 전통적으로 학교의 의사결정 권한은 교장에게 집중되었으나, 최근 민주적 학교경영과 거버넌스에 대한 관심이 높아지면서 교사, 학부모, 학생 등 다양한 구성원의 참여 요구가 높아지고 있다. 교원, 학부모, 지역사회 인사, 학생 등 다양한 학교 구성원이 학교 운영의 주체로서 목소리를 내고 책임을 함께할 때, 학교교육은 보다 발전적인 방향으로 나아갈 수 있다는 것이다(Sorenson & Goldsmith, 2018). 실제로 교사의 학교경영 참여가 높을수록 교사들의 직무 만족과 학생들의 학업성취가 향상된다는 연구 결과가 있으며(윤지희, 이예슬, 2018; 이호준 외, 2019; Darling-Hammond et al., 2024), 학생 참여 역시 학생들의 자기효능감과 시민의식 함양 등에 긍정적인 영향을 미친다는 연구 결과 또한 다수 발표된 바 있다(김훈호, 이호준, 2021; Mager & Nowak, 2012; McQuillan, 2005).

이러한 배경에서 학교운영위원회는 단위 학교의 자율성을 높이고, 교육 수요자의 의견을 반영하기 위해 도입된 대표적인 제도적 장치이다(김성열, 2021). 1995년 5 · 31 교육개혁을 통해 학부모가 단순한 후원자를 넘어 '교육의 주체'로 인정받게 되면서, 이듬해부터 모든 국공립 초 · 중등학교에 학교운영위원회가 설치되어 학부모의 공식적인 학교경영 참여 통로가 마련되었다. 학교운영위원회는 학교장, 교원, 학부모, 지역사회 인사 등이 함께 학교의 주요 정책을 심의 · 자문하는 법정위원회로서, 학교 운영의 자율성을 확대하고 지역의 실정과 특성에 맞는 다양한 교육을 창의적으로 실시하기 위한 제도적 장치이다. 학교운영위원회를 통해 학교는 과거의 관료적이고 하향적인 의사결정 구조에서 벗어나, 교육 수요자인 학생과 학부모의 의견을 보다 적극적으로 반영하고, 교원의 전문성을 존중하며, 지역사회와의 협력을 강화하는 민주적인 학교 공동체로 나아갈 수 있는 기반을 마련하게 되었다(김성열, 2021). 이러한 학교운영위원회가 실제 학교 현장에서 어떻게 운용되고 있는지 다음 사례를 통하여 구체적으로 살펴보자.

사례

행복초등학교는 학생들의 예술적 감수성 함양과 정서 발달을 위해 바이올린, 첼로, 플루트, 클라리넷 중 하나의 악기를 선택하는 '1인 1 악기 배우기' 프로그램을 전교생을 대상으로 도입하기로 결정하였다. 학교장은 해당 프로그램을 통해 학생들에게 다양한 문화적 경험을 제공하고, 이를 학교의 특색사업으로 발전시키고자 하는 강한 의지를 보였다. 이를 위해 학교는 외부 전문 강사를 초빙하고, 일정 부분 학교 예산을 투입하며, 부족한 재원은 수익자 부담(학부모 부담)으로 충당하는 계획안을 마련하였다. 이 계획안이 발표되자 학교 구성원들 사이에서 다양한 의견이 제기되었다.

- 교원: 교사들은 프로그램의 취지에는 공감하였지만, 기존 방과 후 활동과의 중복 문제, 특정 악기 선호로 인한 강사 수급 어려움, 프로그램 운영 및 학생 관리에 대한 추가적인 업무 부담 증가를 우려하였다. 특히 음악 전담 교사는 정규 음악 수업과의 연계성, 교육과정 재구성의 필요성을 제기하며, 충분한 준비 기간과 협의가 부족하였음을 지적하였다.
- 학부모: 다수의 학부모는 자녀가 악기를 배울 좋은 기회라고 환영했지만, 일부 학부모들은 수익자 부담 비용(악기 구입)에 부담을 느끼며 반대 의사를 표했다. 또한 프로그램이 특정 시간대에 고정될 경우 학생들의 참여가 제약된다는 점과 악기 교육의 효과성에 대한 의문을 제기하기도 하였다. 특히 저학년 학부모들은 아이들의 발달 수준에 맞지 않는 획일적인 프로그램 운영 방식에 우려를 표하였다.
- 학생: 학생들 역시 프로그램에 대한 기대와 함께, 원치 않는 악기 배정이나 다른 활동과의 시간 중복에 대한 우려를 나타냈다. 특히 고학년 일부는 학생회를 통해 프로그램 선택의 자율성 보장을 요구하기도 하였다.

구성원 간 의견 대립으로 갈등이 심화되자, 학교장은 이를 해결하기 위해 학교운영위원회의 의견 수렴 및 심의 기능을 적극 활용하기 위해 정식 안건으로 상정하였다. 학교운영위원회 회의에는 교원, 학부모, 지역위원뿐만 아니라, 학생회 대표도 참관하여 학생들의 의견을 전달할 기회를 가졌다. 학교운영위원회에서는 다음과 같은 논의가 이루어졌다.

- 학교 측은 방과 후 악기교육 프로그램의 교육적 의의와 기대 효과, 예산 확보 계획 등을 설명하며 위원들의 이해를 구했다.

- 교원위원은 프로그램 운영의 현실적인 어려움과 교사 업무 부담 문제를 제기하며, 단계적 도입이나 희망자 중심 운영 등의 대안을 제시하였다.
- 학부모위원들은 경제적 부담 완화 방안(저소득층 지원 확대, 지자체 예산 확보 노력 등), 프로그램 시간대 다양화, 다양한 악기 선택 기회 보장 등을 요구하였다. 일부 학부모위원은 전면적인 재검토를 주장하기도 하였다.
- 지역위원은 지역 문화센터 등과의 연계 협력 가능성을 제시하며, 학교의 운영 부담을 줄이는 방안을 제안하였다.
- 참관한 학생 대표는 설문조사 결과를 바탕으로 학생들의 선호 악기와 참여 희망 시간대, 자율적 선택권 보장 등에 대한 의견을 발표하였다.

각 주체의 입장을 확인한 후 수차례의 논의 끝에, 학교운영위원회는 다음과 같은 수정안을 도출한 후 심의하였다.

1. 우선 희망 학생 및 특정 학년(예: 3, 4학년)을 대상으로 시범 운영한다.
2. 수익자 부담 비용을 최소화하기 위해 학교 예산 추가 배정 및 지자체 보조금 확보를 위해 적극 노력하며, 저소득층 학생에 대한 지원을 확대한다.
3. 강사료 절감과 교육과정 연계를 위해 외부 강사뿐만 아니라 교내 음악 교사와 교직원의 참여를 권장한다.
4. 학생들의 선호 악기를 반영하고, 다양한 참여 시간대를 설정함으로써 선택의 자율성을 확대한다.
5. 시범 운영 결과를 평가하여 향후 전면 확대 여부를 재논의한다.

토론 질문

행복초등학교 사례를 고려해서 다음의 질문에 대한 자신의 생각을 정리해 보고, 다른 학생과 토의해 보세요.

1. 학교의 의사결정 과정에 교원, 학부모, 학생의 참여가 필요한가? 필요하다면 혹은 필요하지 않다면 그 이유는 무엇인가?
2. 학교운영위원회는 이 갈등 상황에서 어떤 역할을 수행하였는가?
3. 여러분이 향후 학교운영위원회 교원위원이 된다면 이와 같은 상황에서 어떤 입장을 취할 것인가?

학교운영위원회는 학교 민주주의의 중요한 토대로서 교육공동체에 의미 있는 변화를 가져오는 동시에 새로운 과제를 안겨 주고 있다. 이어지는 절에서는 학교운영위원회의 제도적 기반과 운영 구조를 살펴본 후, 교사와 학생의 의사결정 참여 현황 및 관련 쟁점을 논의하였다. 마지막으로, 예비 교원들이 이러한 논의를 실질적으로 체험할 수 있는 모의 학교운영위원회 워크숍 활동을 제안하였다.

1. 학교운영위원회의 개요

학교운영위원회는 「초 · 중등교육법」에 근거한 법정 기구로서 우리나라의 모든 초 · 중 · 고등학교와 특수학교에 설치가 의무화되어 있다. 법 제32조에 따라 학교운영위원회는 학교 운영에 관한 중요 사항을 심의한다(학교발전기금 관련 사항은 의결). 학교운영위원회의 핵심 기능은 '심의'이지만, 그 결과는 단순한 자문에 그치지 않는다. 「초 · 중등교육법 시행령」 제61조는 학교장이 정당한 사유 없이 심의 결과를 따르지 않거나 심의 자체를 누락할 경우 관할청의 시정명령 대상이 되도록 규정함으로써, 심의 결과의 이행력을 간접적으로 확보하고 있다.

학교운영위원회는 학교장을 포함하여 학부모위원, 교원위원, 지역위원 등으로 구성되는데, 위원의 수는 5명 이상 15명 이내의 범위에서 학교의 규모 등을 고려하여 정한다(학생 수 200명 미만: 5~8인, 학생 수 200명 이상 1천 명 미만: 9~12인, 학생 수 1천 명 이상: 13~15인). 일반적으로 국 · 공립학교의 경우 학부모위원이 약 절반가량을 차지하며(40~50%), 교원위원이 30~40%, 지역위원이 10~30% 내외로 구성된다. 학부모위원은 학부모 전체회의를 통하여 투표로 선출하는 것이 원칙이지만, 학교 여건에 따라 학부모위원을 선출하기 곤란한 경우에는 학급 대표로 구성된 학부모대표회의에서 학부모위원을 선출할 수 있다. 교원위원은 교원 중에서 선출하되, 교직원 전체회의에서 무기명투표로 선출하며, 국 · 공립학교의 장은 당연직 교원위원으로 참여한다. 지역위원은 학교와 지역사회를 연결할 수 있는 인사(동문 대표, 지역단체 추천자 등)를 학부모위원 또는 교원위원의 추천을 받아 학부모위원 및 교원위원이 무기명투표로 선출한다. 위원장은 관례적으로 학부모나 지역위원 중에서 호선한다.

위원의 임기는 시도교육청의 조례나 각 학교의 운영위원회 규정에 따라 1~2년으로 상이하며, 연임이 가능하다. 학교운영위원회는 정기 회의와 필요시 임시 회의를 개최하고, 회의록을 작성하여 공개함으로써 투명성을 확보한다. 「초 · 중등교육법」 제32조에 따르면 국공립학교 학교운영위원회의 심의 사항은 학교 운영 전반에 걸쳐 있으며, 주요 내용은 다음과 같다.

- 학교헌장과 학칙의 제정 또는 개정
- 학교의 예산안과 결산
- 학교교육과정의 운영 방법
- 교과용 도서와 교육자료의 선정
- 교복 · 체육복 · 졸업앨범 등 학부모 경비 부담 사항
- 방과 후 · 방학 중 교육활동 및 수련 활동
- 공모교장 임용 및 초빙교사 추천
- 학교운영지원비의 조성 · 운용 및 사용
- 학교급식 운영 방침
- 대학입학 특별전형 중 학교장 추천
- 학교운동부의 구성 · 운영
- 학교발전기금의 조성 · 운용 및 사용(심의 · 의결)
- 학교운영에 대한 제안 · 건의 사항 및 대통령령이나 시도 조례로 정하는 사항

이러한 심의 사항들은 학교교육과 학생 복지를 포함한 전반적인 학교 운영에 영향을 미치며, 학교운영위원회가 학교 운영의 큰 방향과 세부 프로그램 모두에 관여하고 있음을 보여 준다. 다만, 학교운영위원회는 심의 기구이므로 최종 결정은 학교장의 권한이다. 그러나 학교장은 학교운영위원회의 심의 결과를 최대한 존중해야 하며, 수용하지 않을 경우 그 사유를 해당 학교운영위원회에 명확히 설명해야 한다. 이러한 구조는 학교의 자율성과 민주성을 조화롭게 조정하기 위한 제도적인 장치로 이해된다. 즉, 학교장은 교육전문가로서 최종 책임을 지니되, 주요 사안을 결정하는 과정에서는 일방적인 결정이 아니라 다양한 이해당사자의 의견을 수렴하도록 한 것이다.

학교운영위원회는 도입 이후 지속적으로 보완 · 발전되어 왔다. 초기에는 학부모의 학교 참여를 활성화하는 긍정적 효과가 두드러졌지만, 시간이 지나면서 일부 한계점도 노출되었다. 실제로 2010년대 초반, 많은 학교에서 학부모위원 선출이 형식적으로 이루어져 실질적인 참여가 이루어지지 않는 문제가 드러나기도 하였다. 당시 경기도교육청과 교육부 조사 결과에 따르면 경기도 내 전체 학교의 92%에서 무투표로 위원 선출이 이루어졌으며, 전국적으로도 94%의 학교에서 별도의 선거 없이 위원들이 선출되었다(연합뉴스, 2013. 3. 28.). 일부 학교에서는 학교운영위원회가 본래 취지를 살리지 못하고 학교장의 결정을 형식적으로 추인하는 거수기로 전락하는 사례도

종종 발견된다. 또한 일각에서는 구성원들의 참여 의식이나 전문성이 부족할 경우 학교운영위원회가 오히려 비효율과 갈등을 유발할 수 있다는 우려 또한 존재한다. 예를 들어, 최근 대전의 한 초등학교에서는 학부모위원이 "왜 나에게 인사를 하지 않느냐?"라며 교사를 질책하고, 학교 업무에 과도하게 간섭한 사건이 발생하여 교권 침해 논란이 불거지기도 하였다(충청투데이, 2024. 8. 30.).

한편, 학교 민주주의 강화와 학생 인권 증진 요구가 높아지면서, 2020년대 들어 학생회, 학부모회, 교직원회의 법적 지위를 보장하고 학생대표의 학교운영위원회 참여를 의무화하는 법률 개정안이 국회에서 논의되었다. 이는 기존 학교운영위원회의 구성과 운영 방식에 근본적인 변화를 가져올 수 있는 제안이었다. 이러한 정책 변화 시도는 학교 민주주의 증진이라는 긍정적인 목표를 지향하지만, 법제화를 통하여 획일적인 조직 운영을 강제할 경우 오히려 단위 학교의 자율성을 저해하고 학교 운영의 혼란을 야기할 수 있다는 신중론 또한 만만치 않다. 실제로 교원들을 대상으로 한 설문조사 결과, 다수의 교원이 학생회·학부모회·교직원회의 법제화와 학생의 학교운영위원회 참여 의무화에 우려를 표하였다(연합뉴스, 2021. 5. 27.).

이와 같이 학교운영위원회는 학교 공동체의 주요 의사결정을 논의하는 협의체로 기능해 왔으며, 학교 구성원의 참여를 제도화함으로써 학교경영의 민주성과 투명성을 제고해 왔다. 동시에 학교운영위원회의 운영 과정에서 여러 문제점 또한 나타났으며, 이를 완화하기 위한 노력 또한 지속적으로 이어지고 있다.

2. 교사의 의사결정 참여와 관련 쟁점

1) 교사의 의사결정 참여

교사는 교육과정의 설계자이자 실행자로서 학생들과 가장 가까이에서 소통하는 교육전문가이다. 따라서 학교 운영 및 의사결정 과정에의 교사 참여는 교육의 질과 학교 운영의 민주성 측면에서 다음과 같은 의의를 지닌다. 첫째, 교육정책의 현실 적합성과 실행 가능성을 높일 수 있다. 현장 경험과 전문성을 지닌 교사의 의견은 탁상공론을 지양하고 실제 학교 상황과 학생들의 수요에 부합하는 실효성 있는 정책 수립 및 실행에 기여할 수 있다(Ingersoll, 2007). 둘째, 교사의 전문성 신장과 주체성 강화에 기여할 수 있다. 교사는 의사결정 참여를 통해 학교 운영 전반에 대한 이해를 넓히고, 수업 개선, 교육과정 개발, 학생 생활지도 등에 자신의 전문성을 투영함으로써 책임감과 주인의식을 높일 수 있다. 이는 교사의 직무 만족도와 효능감을 높이는 요인이 되기도 한다. 셋째, 민주적인 학교 문화 조성에 이바지할 수 있다. 교사들이 자유롭게 의견을 개진하고 의사결정에 참여하는 문화는 수직적이고 관료적인 학교 문화를 개선하고, 상호 존중과 협력에 기반한 민주적인 학교 공동체 조성에 기여할 수 있다.

이러한 교사 참여의 중요성은 실제 학교 현장의 긍정적인 변화 사례들을 통해서도 확인할 수 있다. 예를 들어, 혁신학교나 자율학교에서는 교사들이 학교교육과정 개발팀이나 특색사업 기획팀 등을 꾸려 학교운영 계획을 수립하고 학교운영위원회에 이를 적극 제안하여 승인받는 경우가 많다. 교사들은 자신의 제안이 학교 정책에 반영됨에 따라 직무에 대한 주인의식과 책임감을 높일 수 있다. 이를 통해 교사들은 학교 운영의 책임 있는 파트너로 자리매김하고, 학교 전체의 분위기도 긍정적으로 변화시킬 수 있다. 윤지희와 이예슬(2018)은 초등학교에서 교사의 의사결정 권한이 강화되면 교사의 교직만족도와 효능감이 높아지고 수업 개선 활동 또한 촉진된다고 보고하였다. 요컨대 교사가 학교의 의사결정 과정에서 배제되지 않고 주도적으로 역할을 수행할 때, 교사 개인은 물론 학생들의 학습에도 긍정적인 영향이 나타난다는 것이다.

앞서 살펴본 행복초등학교 사례는 이러한 교사 참여의 중요성을 구체적으로 보여준다. 해당 사례에서 교사들은 프로그램의 취지에는 공감하면서도, 프로그램의 실행 과정에서 발생할 수 있는 현실적 문제들(기존 프로그램과의 중복, 특정 악기로의 쏠림 현상, 강사 수급 문제, 업무 부담 증가 등)을 제기하였다. 특히 음악 전담 교사는 정규 교육과정과의 연계성 및 교육과정 재구성의 필요성을 강조하면서, 충분한 준비 기간과 협의가 필요하다는 의견을 제시하였다. 이는 교사가 단순한 찬반을 넘어서, 교육 현장의 현실과 자신의 전문성을 바탕으로 학교 운영을 실질적으로 개선하는 데 기여할 수 있음을 보여 준다.

학교 현장에서는 교사의 참여를 단지 의견을 제시하는 선에서 그치는 것이 아니라, 실제 의사결정 과정에서 교사들의 전문성을 적극적으로 활용하여 학교경영에 반영할 필요가 있다. 행복초등학교 사례에서 교원들이 제시한 우려와 대안은 학교운영위원회의 심의 과정에서 중요한 역할을 수행하였다. 교원위원들이 제기한 단계적 도입이나 희망자 중심 운영 등의 대안은 최종적으로 프로그램 운영 방식을 현실적으로 개선하는 데 기여하였다.

따라서 교사가 보다 실질적이고 능동적으로 의사결정 과정에 참여할 수 있도록 제도적 · 문화적 지원이 뒷받침되어야 한다. 교사들이 부담을 느끼지 않고 자유롭게 전문적인 의견을 제시할 수 있는 분위기를 조성하고, 교사의 의견이 실제 의사결정에 반영될 수 있도록 제도적인 체계를 구축할 필요가 있다. 이를 통해 교사는 학교 운영의 주체로서 자긍심과 책임감을 가지게 되고, 학교는 보다 효율적이고 실효성 있는 교육정책과 프로그램을 운영할 수 있을 것이다.

학교운영위원회는 교사가 학교 운영에 관한 공식적인 의사결정 과정에 참여할 수 있는 대표적인 통로이다. 학교운영위원회의 교원위원은 보통 교감, 부장교사 또는 경력 교사 중에서 선출되며, 교사의 입장을 대변한다. 이 외에도 학교 내부적으로 교무회의(또는 교직원회의)라는 모든 교원이 참석하는 별도의 협의 구조가 존재하여, 학사일정이나 교내 규정 등 비교적 일상적인 결정은 교무회의에서 논의된다. 그러나 교무회의는 학교운영위원회와 달리 법적인 설치 근거나 기능이 명확히 규정되어 있지 않아, 운영 방식이 학교장 재량이나 학교 문화에 크게 좌우된다는 한계가 있다. 이로 인해 일부 학교에서는 교무회의가 학교장의 일방적인 정보 전달이나 형식적인 의견 수렴 절차에 그치는 경우도 있어 교사들의 실질적인 의사결정 참여 통로로서는 한계가 있다는 지적 또한 존재한다.

따라서 교사는 학교운영위원회를 적극적으로 활용하여 학교의 의사결정 과정에 주도적으로 참여할 필요가 있다. 이와 함께 학교 내의 다양한 협의회가 학교교육의 성과와 맺고 있는 밀접한 관련성을 고려할 때(이호준 외, 2019), 교사는 학교운영위원회뿐만 아니라 교무회의, 교과협의회, 학년협의회 등의 다양한 협의기구에도 적극적으로 참여함으로써 의사결정 주체로서의 역할을 강화해 나갈 필요가 있다.

한편, 교사 참여의 효과성을 높이기 위해서는 다음 사항에 유의할 필요가 있다. 첫째, 교사의 참여는 반드시 교사의 전문성과 경험에 기반하여야 한다. 교사가 개인적인 이해관계나 특정 집단의 이익을 우선할 경우 학교 공동체의 신뢰가 저하될 수 있다. 둘째, 교사들의 의견이 학교운영위원회 내에서 공정하고 투명하게 반영되도록 명확한 기준과 절차를 마련해야 한다. 셋째, 의사결정 과정에서의 갈등 해결과 의견 조율을 위한 건강한 소통 문화가 뒷받침되어야 한다. 이를 통해 교사들이 부담 없이 학내 의사결정 과정에 적극적으로 참여할 수 있는 기반을 마련할 수 있을 것이다.

2) 교사의 의사결정 참여 관련 쟁점

교사의 의사결정 참여를 둘러싼 최근 쟁점으로는 앞서 언급한 교직원회의 법제화 문제가 있다. 2021년 국회에 발의된「초 · 중등교육법」개정안은 학교에 학생회, 학부모회와 함께 교직원회의 설치를 의무화하고, 그 기능을 법적으로 명시하고자 하였다. 이에 대해 교원단체의 반응은 엇갈렸는데, 한국교총은 설문조사 결과를 인용하여 '교원 10명 중 7명이 교직원회의 법제화에 반대'한다고 밝혔다(연합뉴스, 2021. 5. 27.). 반대 이유로는 '학교 단위 자율기구로 운영하는 것이 바람직'하다는 의견이 가장 많았다. 이는 현행 학교운영위원회 외에 또 하나의 공식 기구가 생길 경우 오히려 학교장의 운영권이나 학교 자율성이 지나치게 침해될 수 있다는 우려에서 비롯된 것으로 풀이된다. 또한 법제화된 교직원회가 기존 학교운영위원회와 기능 및 권한이 중복되어 혼란을 야기할 수 있다는 우려도 제기되었다. 예를 들어, 교육과정 편성이나 학칙 개정과 같은 사안에서 두 기구가 상반된 결정을 내릴 경우 이를 조정할 절차가 마련되어 있지 않아 학교 운영의 비효율과 갈등을 심화시킬 수 있다는 것이다.

반면, 전교조 등 일부 단체는 교직원회 법제화에 찬성 입장을 보였다. 이는 교사들이 자율적으로 논의하고 결정한 사항을 학교운영위원회나 학교장이 공식적으로 존중하도록 할 수 있다는 기대에 따른 것이다. 가령, 교직원회에서 교사 다수가 동의한 교육과정 편성안을 학교운영위원회에 제출하면, 학교운영위원회에서도 이를 무게감 있게 받아들일 가능성이 높아진다는 논리이다. 이처럼 교사 참여의 제도화 방안을 둘러싸고도 교원의 전문적 자율 대 학교 운영의 안정성이라는 가치가 충돌하는 양상을 보인다.

결국 교사의 의사결정 참여를 위해서는 제도 개선과 함께 민주적인 학교 문화 조성이 동시에 이루어질 필요가 있다. 교사는 자신의 의견이 존중받는 경험을 통해 주인의식을 형성하고, 이는 교육에 대한 헌신으로 이어진다. 또한 교사는 학교 구성원으로서 학부모와 학생의 입장을 이해하고, 협력적인 태도를 지니는 것이 중요하다. 학교장은 교사가 안심하고 의견을 표현할 수 있는 신뢰 기반의 분위기를 조성해야 한다. 또한 공식 회의뿐만 아니라 비공식 소통 경로를 통해 교사의 제안이 실질적으로 반영되도록 노력할 필요가 있다. 이러한 여건이 갖춰질 때 교사는 행정의 수동적 집행자가 아니라 학교 변화를 이끄는 주도적 설계자로서 자리매김할 수 있다. 이는 궁극적으로 학생들의 학습환경 개선 및 학업성취 제고, 학교 혁신으로 이어질 수 있을 것이다.

3. 학생의 의사결정 참여와 관련 쟁점

1) 학생의 의사결정 참여

학생은 교육의 대상이자 학교 공동체의 핵심 구성원으로서, 학생의 의견이 의사결정에 반영되는 것은 실질적인 교육권 보장 측면에서 중요하다. 「유엔아동권리협약」 제12조도 모든 아동이 자신에게 영향을 미치는 모든 문제에 대해 자유롭게 의견을 표현할 권리를 가지며, 아동의 연령과 성숙도에 따라 그 의견이 정당하게 고려되어야 함을 명시하고 있다. 이러한 국제적 기준에 발맞춰 우리나라에서도 학생인권조례 등을 통해 학교 내의 다양한 문제에 대한 학생들의 의사결정 참여를 확대해 왔다. 그러나 전통적으로 우리나라의 학교 문화에서 학생은 의사결정의 객체로 여겨져, 학교 규칙이나 학사 일정 등 중요한 사항을 결정할 때 학생이 참여하는 경우는 드물었다. 1990년대 이전까지 학생회는 행사 진행이나 건의사항 전달 등 제한적인 역할만 수행했으며, 학교 운영에 실질적인 영향을 미치기는 어려웠다. 이러한 배경에서 「초 · 중등교육법」상 학교운영위원회 위원 자격은 성인(학부모, 교원, 지역사회 인사)으로 한정되었고, 법률 행위능력이 제한되는 미성년자인 학생은 공식 위원으로 포함되지 않았다. 이는 학교생활 관련 책임이 일차적으로 학부모에게 있다는 인식과도 맞물려 있었다.

다만, 「초 · 중등교육법 시행령」 제59조의4 제2항에 따라 학교운영위원회는 학교헌장과 학칙의 제정 또는 개정, 정규 학습시간 종료 또는 방학기간 중의 교육활동 및 수련활동, 학교급식, 그 밖에 학생의 학교생활에 밀접하게 관련된 사항 등을 심의할 때 필요하다고 인정하면 학생대표를 회의에 참석시켜 의견을 들을 수 있다. 또한 국공립학교의 학교운영위원회는 국립학교의 경우에는 학칙으로, 공립학교의 경우에는 시도 조례로 정하는 바에 따라 학생 대표가 학생의 학교생활에 관련된 사항에 대해 학생들의 의견을 수렴하여 운영위원회에 제안하게 할 수 있다(「초 · 중등교육법 시행령」 제59조의4 제3항). 이는 학생들의 학교 의사결정 참여가 제한적으로 이루어짐을 보여 준다. 실제로 2019년 기준 학교운영위원회를 개최한 전국의 국공립학교 11,660곳 중 학생들이 운영위원회에 참여한 학교는 3,485개교(29.9%)에 불과하였으며, 전체 학교운영위원회 개최 횟수 74,095회 대비 학생들이 참여한 회의는 8,728회(11.8%)에 불과해 학생들의 학교운영위원회 참여 비율이 실질적으로 매우 낮음을 알 수 있다. 그리고 학교운영위원회에 학생들이 참여하는 방법 또한 회의 참관(56.6%)이 절반 이상을 차지해 학생들의 학교운영위원회 참여가 제한적이면서도 간접적인 수준으로 이루어진 것으로 나타났다. 그리고 학교운영위원회 회의에서 학생들의 의견 제출(13%)과 안건 제안(3.3%) 비율 또한 매우 저조하여 이에 대한 개선이 필요함을 알 수 있다(에듀나인, 2020. 10. 15.).

앞서 살펴본 행복초등학교의 '1인 1 악기 배우기' 프로그램 사례는 학생의 학내 의사결정 참여가 어떤 의미를 지니며, 학교 현장에서 어떻게 실현될 수 있는지 잘 보여준다. 학생의 학교 의사결정 참여는 학생이 학교생활의 당사자로서 본인의 교육과 관련된 문제에 직접 의견을 표명할 수 있도록 보장하는 것이다. 이는 학생들이 학교생활에 보다 큰 책임감과 주인의식을 가지게 하는 유의미한 교육활동이다.

이 사례에서 학생들은 악기 배우기 프로그램에 대해 기대와 우려를 동시에 표출하였다. 특히 고학년 학생들은 학생회 차원에서 적극적으로 프로그램 선택의 자율성을 요구하였다. 이는 학생들이 학교의 주요 의사결정 과정에서 단순히 수동적인 입장에 머물지 않고, 능동적으로 의견을 개진하였음을 보여 준다. 특히 학교운영위원회가 열린 자리에서 학생대표는 학생들의 의견을 구체적으로 전달하였다. 설문조사를 통해 파악한 학생들의 선호 악기, 희망 참여 시간대, 자율적 선택권 등의 의견을 정확히 전달하여 학교운영위원회의 최종 결정 과정에 의미 있는 영향을 미쳤다. 이는 학생의 의견이 학교 의사결정 과정에서 실질적인 변화를 가져올 수 있음을 잘 보여 준다.

여러 선행 연구를 통해 확인할 수 있는 바와 같이 학생의 학내 의사결정 참여는 학생 개인의 자기효능감, 책임감, 시민의식을 높이는 데 기여한다(김훈호, 이호준, 2021; Mager & Nowak, 2012; McQuillan, 2005). 나아가, 학생의 의사결정 참여는 학교의 의사결정이 학생들의 실제적 요구를 더욱 잘 반영할 수 있도록 지원함으로써 의사결정의 현장적합성과 타당성, 수용성을 높이는 데도 기여할 수 있을 것이다.

2) 학생의 의사결정 참여 관련 쟁점

일각에서는 학부모가 학생의 입장을 대변하고 있으므로 별도의 학생 참여는 불필요하다는 주장을 제기한다. 그러나 이러한 간접 참여 방식은 학생의 실제 목소리와 다양한 아이디어를 온전히 담아내기 어려우며, 때로는 학생의 권리를 제약하는 결정으로 이어질 수 있다는 비판 또한 꾸준히 제기되었다. 특히 두발, 복장, 소지품 단속 등의 학생생활규정을 정할 때 학생의 의견이 배제되고 교사와 학부모만 참여하는 관행은 학생인권 침해라는 지적을 꾸준히 받아 왔다.

이런 맥락에서 교육감 직선제 이후 당선된 일부 진보 성향 교육감들은 학생의 학교운영 참여를 확대하기 위한 노력을 기울여 왔다. 서울, 경기 등 일부 시도교육청에서는 학생참여위원회나 학생교육의회와 같은 기구를 운영하여, 학생들이 교육정책 및 학교생활 관련 사안에 대해 직접 논의하고 교육청에 제안하는 통로를 마련하였다. 예를 들어, 서울학생참여위원회는 관내 학생 대표들이 모여 학교 규정 개선, 교육환경 개선 등에 대한 의견을 모아 교육청에 건의하는 기구로 자리 잡고 있다(서울일보, 2024. 6. 4.).

학교 단위에서도 학생회가 과거보다 활발히 운영되어, 학생회 임원들이 학교장 간담회를 정례화하여 급식, 시설, 학생자치활동 등에 대한 의견을 전달하는 경우가 점차 늘어나고 있다. 일부 학교에서는 학생회가 자체 설문조사를 실시해 학생들의 의견을 수렴한 뒤, 그 결과를 학교장이나 학교운영위원회에 제출하여 실제 정책에 반영한 사례도 있다(예: 점심시간 연장, 실내화 착용 자율화 등). 또한 학생 자치법정이나 학생참여예산제 등을 통해 학생들의 의사결정 참여 폭을 넓히는 학교들도 늘어나고 있는 추세이다.

이러한 긍정적인 변화에도 불구하고, 학생의 실질적인 의사결정 참여는 여전히 제한적인 측면이 있다. 이에 대한 대표적인 쟁점은 학교운영위원회에 학생대표를 포함시킬 것인가를 둘러싼 논쟁이다. 찬성론은 학생도 학교교육의 핵심 당사자이므로 자신의 교육환경에 대해 발언권을 가져야 하며, 학교운영위원회 참여를 통해 책임 있는 민주적 의사결정 경험을 쌓을 필요가 있다고 주장한다. 강민자와 강은숙(2022)의 사례 연구에 따르면, 전북의 한 고등학교에서 학생들을 학교운영위원회에 참여시킨 결과, 학생들의 학교 운영에 대한 이해도와 주인의식이 높아졌고, 학교 정책에 협조하는 태도도 개선되었다고 한다. 또한 국제적으로도 영국, 호주 등 일부 국가에서는 학교 운영 기구에 학생대표가 참여하여 의견을 제시하거나 제한적인 의결권을 행사하는 사례가 있으며, UNESCO 역시 학생 참여를 학교 민주주의 및 교육의 질 제고를 위한 핵심 요소로 강조하고 있음을 들어 학교운영위원회의 학생대표 참여 법제화가 필요하다고 주장한다.

이에 반해 교총 회원들을 대상으로 설문조사 결과 응답자의 70%가 학생회[1] 법제화는 물론, 학생대표의 학교운영위원회 참여를 반대한 것으로 나타났다(연합뉴스, 2021. 5. 27.). 학생의 학교운영위원회 위원 참여를 반대하는 측에서는 주로 다음과 같은 우려를 제기한다. 첫째, 학생의 미성숙함과 전문성 부족으로 인해 학교예산, 교원 인사 등 복잡하고 민감한 사안에 대해 책임감 있는 판단을 내리기 어렵다는 점이다. 둘째, 소수의 학생대표가 다양한 전체 학생의 의견을 제대로 대변하기 어렵다는 대표성의 문제이다. 오히려 특정 성향이나 소수 엘리트 학생의 입장만 반영될 수 있다는 비판이 제기된다. 아울러 회의 과정에서 다수의 성인 위원들 사이에서 학생위원이 위축되어 발언을 제대로 못 하거나, 반대로 지나치게 소수 의견을 고집하면 회의가 산만해질 수 있다는 현실론도 제기된다. 일부 보수적인 시각에서는 학생을 학교운영위원회에 포함하면 학교가 노사교섭장처럼 변질될 것이라는 우려를 표하기도 한다.

이처럼 학내 의사결정 과정에의 학생 참여 확대를 둘러싼 찬반 양론이 팽팽하게 대립하고 있지만, 전체적인 흐름은 점진적으로 학생의 목소리를 더욱 경청하는 방향으로 나아가고 있다. 교육부와 시도교육청들은 학생자치 활성화를 중요한 정책과제로 삼아, 학생회 운영 매뉴얼 배포, 학생자치 담당교사 배치, 학생 자치활동에 대한 예산 지원 등을 확대하고 있다.

한편, 학생들의 의사결정 참여 확대를 위해서는 해결해야 할 과제도 있다. 첫째, 민주적인 학생 대표 선출 시스템 구축과 역량 강화 교육이 필요하다. 학생들이 학교 운영에 참여하려면 먼저 대표성을 띤 학생 임원이 공정한 절차를 통해 선발되어야 하고, 선출된 대표에게는 학교 운영, 예산, 회의 진행 등에 대한 체계적인 교육과 충분한 정보 제공을 통해 실질적인 참여를 지원해야 한다. 학교 운영에 대한 기본 지식과 회의 절차, 의제 분석 능력을 갖추어야만 유의미한 의사결정 참여가 가능하기 때문이다. 둘째, 성인 위원들의 인식 전환이 요구된다. 학생대표의 의견을 진지하게 경청하고 동등한 파트너로 존중하려는 태도가 없다면, 학생 참여는 보여 주기식으로 흐를 수밖에 없다. 셋째, 학생 참여의 범위와 한계에 대한 사회적 합의도 필요하다. 예컨대, 학생이 학내 의사결정의 어느 정도 부분까지 관여할지, 특정 안건에 대하여 학생대표에게 표결권을 부여할지 말지는 충분한 논의를 통해 결정해야 한다. 미국의 일부 주

1 「초 · 중등교육법」 제17조(학생자치활동)는 '학생의 자치활동은 권장 · 보호되며, 그 조직과 운영에 관한 기본적인 사항은 학칙으로 정한다.'라고 명시하였다. 해당 조항에 따르면 학생회는 권장 및 보호되어야 할 협의체로 볼 수 있다.

나 유럽 국가들처럼 학생에게 의결권은 주지 않고 의견진술권만 부여하는 절충안도 고려할 수 있다. 넷째, 교사와 학부모의 지원 또한 필수적이다. 학생들이 제시한 의견이 현실성이나 법규 준수 측면에서 보완이 필요할 때 이를 도와주고, 학생대표가 받은 스트레스나 책임감을 어루만져 주는 어른들의 보살핌이 있어야만 학생 참여 또한 실질적으로 이루어질 수 있을 것이다.

요약하면, 학생의 의사결정 참여는 과거에 비해 상당히 진전된 것은 사실이지만, 공식적인 지위나 실질적인 의사결정 반영 측면에서는 여전히 부족한 부분이 많은 것 또한 사실이다. 이러한 측면에서 학교운영위원회에 학생위원의 포함 여부는 앞으로 중요한 정책 쟁점 사항이 될 것으로 보인다. 이는 단순히 학생의 회의 참석 여부를 넘어, 학생을 교육의 객체가 아닌 학교 운영의 동반자이자 능동적 주체로 인정하는 교육 패러다임의 전환과도 직결되는 문제이다. 미래 사회가 요구하는 민주시민 역량 함양이라는 측면에서도 학생의 의사결정 참여에 대해 보다 진지하고, 심도 있는 논의가 이루어져야 할 것으로 보인다.

워크숍 모의 학교운영위원회 회의

이 장에서는 예비 교사들을 대상으로 한 모의 학교운영위원회 회의에 대한 워크숍 활동을 제안한다. 다음은, 앞서 살펴본 내용들을 바탕으로, 실제 학교운영위원회 회의 과정을 역할극 형태로 경험해 봄으로써 예비교사들이 학교 의사결정 구조를 직접 체득하는 수업 연계 활동이다. 이 워크숍의 목표는 교사, 학부모, 학생, 관리자 등의 다양한 관점에서 학교 현안을 바라보고 합의 도출 과정을 연습해 보는 데 있다. 또한 이러한 실천적 학습을 통해 예비교사들은 향후 학교 현장에서 민주적 소통과 협력적 문제 해결을 주도할 수 있는 역량을 기를 수 있을 것이다.

〈시나리오 개요〉

가상의 ○○중학교를 배경으로 학교운영위원회 임시회의를 개최하는 상황을 설정한다. 안건은 "스마트폰 교내 사용 관리 방안"으로 한다. 최근 ○○중학교에서 수업 중 학생들의 스마트폰 사용이 증가하여 교사들과 학부모 사이에 규제의 필요성에 대한 논의가 있었다. 이에 학교장은 학교 구성원의 의견을 수렴하여 합리적인 방안을 마련하고자 학교운영위원회 임시회의를 소집하였다. 회의에는 교장, 교원위원 2명, 학부모위원 2명, 지역위원 1명 그리고 학생대표 1명이 참석하였다(법규상 학생대표는 공식 위원은 아니지만, 이번 회의 안건이 학생 생활과 직결된 만큼 의견수렴 차원에서 참석). 각 참가자는 다음과 같은 역할을 맡는다.

- 위원장(학부모위원 A): 회의를 주재하며 중립적으로 토의를 이끌고 각 의견을 정리한다. 2학년 자녀를 둔 학부모로, 스마트폰으로 인해 자녀의 학습 분위기가 저해되지 않기를 바라는 입장이다.
- 교장: 학교 운영 책임자로서 다양한 의견을 균형 있게 듣고 최종 결정을 조율하려 한다. 학생 지도의 실효성과 학부모 · 학생의 수용도를 모두 고려하는 입장이다.
- 교원위원 B: 생활지도부장을 맡은 교사로, 수업 중 스마트폰 사용을 엄격히 제한해야 한다는 강경한 입장을 가지고 있다(예: 등교 시 휴대폰 일괄 제출).
- 교원위원 C: 정보교육 담당 교사로, 스마트폰의 교육적 활용 가능성을 인정하지만, 소정의 통제 장치는 필요하다는 입장이다(예: 수업 시간에는 끄고, 쉬는 시간에는 사용 허용).
- 학부모위원 D: 1학년 학생을 둔 학부모로, 지나친 규제에 앞서 학생들의 자기 관리 교육이 선행되어야 한다는 입장이다. 자녀의 의견도 존중하여 규제보다는 계도 쪽에 무게를 둔다.

- 지역위원: 지역 청소년문화센터 직원으로, 스마트폰 중독 예방에 전문 지식이 있다. 외부 시각에서 학교의 교육적 조치를 지원하며, 필요시 교육프로그램 연계를 제안한다.
- 학생대표: 3학년 학생회장으로, 학생들의 자유와 편의를 고려해 쉬는 시간 및 점심시간에는 스마트폰 사용을 보장해 달라는 입장이다. 다만, 수업 시간에 방해되는 행동은 학생들도 자제하도록 노력하겠다고 약속한다.

〈워크숍 진행 단계〉

- 사전 준비: 워크숍 전주에 참가자들은 맡은 역할에 따라 사전 조사를 한다. 교원위원은 교사들의 의견을, 학부모위원은 학부모 커뮤니티 등을 통한 여론을, 학생대표는 학생들의 생각을 각각 자료 검색을 통해 파악한다. 또한 각자 근거 자료를 준비한다(예: 스마트폰이 학습에 미치는 영향에 대한 연구 자료, 다른 학교의 사례 등).
- 역할 브리핑: 워크숍 시작 시 각 참가자는 자신의 역할 설정과 입장을 2분 이내로 간단히 발표한다. 이때 ○○중학교의 맥락(예: 전교생 500명 규모, 스마트폰 소지 허용 학교, 최근 문제 사례 등)을 fact sheet로 제공하여 공통의 이해를 돕는다. 참가자들은 서로의 입장을 들으며 쟁점 사항을 파악한다(예: '등교 시 휴대폰 제출' 대 '학생 자율에 맡김' 등 대립 구도).
- 모의 학교운영위원회 회의: 위원장의 진행 아래 실제 회의처럼 토의를 한다. 먼저 학교장이 안건의 배경과 쟁점을 설명하고, 이어 위원장 주도하에 찬반 토론을 진행한다. 참가자들은 자신의 역할에 충실하면서도 토론 중 상대방에게 질문하거나 대안 제시를 할 수 있다. 예를 들어, 교원위원 B가 강력 규제를 주장하면 학생대표는 그에 따른 학생 불편을 호소하고, 교원위원 C나 지역위원이 완화된 대안을 제시하는 식이다. 학부모위원들 간에도 입장이 다를 수 있으므로 상호 토론이 발생한다. 진행자는 모든 위원이 발언할 수 있도록 조율한다.
- 의견 조율 및 합의 도출: 충분한 토론 후, 위원장은 논의된 쟁점을 정리하며 합의안을 도출하도록 유도한다. 완전한 합의가 어려울 경우 표결도 고려하지만, 가능하면 만장일치에 가까운 의견 접근을 목표로 한다. 중재안에 대해 각 역할의 참가자가 수용 가능한지 최종 의견을 말하고, 위원장이 회의록에 해당 결정 사항을 기록한다.
- 회의 평가 및 피드백: 모의 회의가 끝나면 곧바로 피드백 세션을 갖는다. 모든 참가자가 원래 본인의 실제 입장(예비교사 신분)으로 돌아와 라운드테이블 형태로 토론을 돌아보는 것이다. 다음과 같은 질문을 다룬다.

  "논의 과정에서 어려웠던 점은 무엇이었나요?"
  "어떤 설득 전략이 효과적이었나요?"
  "결과에 만족하십니까? 실제 학교에서라면 어떤 후속 조치가 필요할까요?"

또한 워크숍에서 도출된 합의안의 현실적인 실행 가능성과 예상되는 어려움, 보완점 등을 논의하며, 결정 이후의 책임 있는 실행 과정까지 고민해 본다. 그리고 참가자들에게 오늘 경험을 통해 느낀 학교운영위원회의 가치와 한계를 에세이로 작성해 보도록 함으로써, 워크숍 활동을 이론 학습과 연계하며 마무리한다.

정리하기

지금까지 행복초등학교의 사례를 바탕으로 학교운영위원회의 개요, 교사의 학내 의사결정 참여, 학생의 학내 의사결정 참여와 관련된 주요 내용 및 쟁점 사항들을 살펴본 후, 모의 학교운영위원회 활동을 예비적으로 경험하였다. 정리하기에서는 지금까지 학습한 내용을 바탕으로 자기 자신을 돌아보는 정리 활동을 제시하였다. 다음의 질문을 읽으면서 지금까지 학습한 내용을 정리하고 자기 자신을 돌이켜 보면서 구성원들의 의사결정 참여에 대한 생각을 정리해 보자.

1 학생의 의사결정 참여(학교운영위원회 및 학생회 포함)를 한 문장으로 표현해 보세요. 그리고 그 이유를 설명해 보세요.

※ 강의 시간에 학습한 학교운영위원회의 주요 내용 및 원리, 사례, 학생들의 의사결정 참여 관련 쟁점을 토대로 자신의 용어로 구체화해 보세요.

'학생의 의사결정 참여는 ［　　　　　　　　　　］ 이다.'

2 다음의 질문에 대해 스스로 생각을 정리해 보는 시간을 가져 보세요. 향후에 본인이 교직에 진출하였을 때를 떠올리면서 학내 구성원들의 의사결정 참여에 대한 생각을 정리해 보세요.

※ 강의 시간에 학습한 내용들을 토대로 자신의 미래를 상상하며 구체화해 보세요.

① 학교운영위원회의 교원위원이 된다면 어떤 방식으로 의견을 제시하고, 의사결정 과정에서의 갈등 상황을 어떻게 조정할 수 있을까요?

② 학생의 학교운영위원회 참여가 어떤 점에서 학교 운영에 긍정적인 영향을 줄 수 있다고 생각하십니까? 반대로 어떤 한계나 문제점이 있다고 생각하십니까?

③ 학교 내 의사결정에서 구성원들의 민주적 참여를 활성화하기 위하여 필요한 조건들에는 어떤 것들이 있다고 생각하십니까?

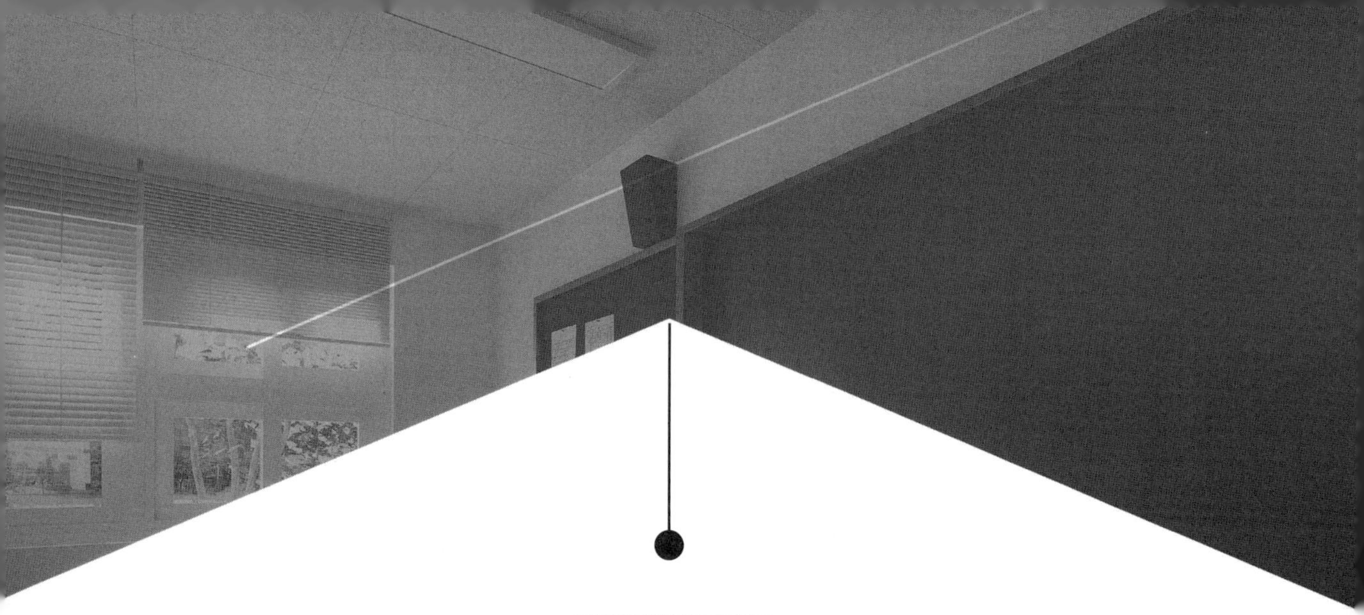

제 6 장

학교교육과 교육법

제 6 장 학교교육과 교육법

학교교육은 「헌법」과 법률에 의해 그 기본 가치와 운영 원리가 규정되며, 교실에서 이루어지는 모든 교육활동은 이러한 법적인 틀 안에서 이루어진다. 학생의 권리 보장, 교원의 전문성과 책무, 안전한 교육환경 등 학교교육의 핵심 가치는 교육법을 통해 구체화된다. 따라서 예비 교원에게 있어 교육법 학습은 단순한 법률 지식 습득을 넘어, 교육 실천의 정당성과 전문성을 동시에 확보하기 위한 토대를 마련하는 과정이라고 할 수 있다.

우선, 교육활동의 법적 근거와 정당성을 확보하기 위해 관련 법규에 대한 이해는 필수적이다. 교사는 교육 관련 법규를 이해함으로써 학생의 교육권을 실질적으로 보장하고, 법률이 허용하는 범위 내에서 교육 내용과 방법을 자율적으로 결정하여 실천할 수 있다(신현석 외, 2024). 이는 교사의 교육활동이 자의적인 판단에 의한 것이 아니라, 법적 근거에 기반한 정당한 활동임을 의미한다.

아울러 교육 관련 법(이하 교육법)에 대한 이해는 양질의 교육활동 수행을 위한 전제이기도 하다. 교육 관련 법규는 교육과정의 목표와 내용, 운영 방식에 대한 기본 틀을 제공하며, 교사가 이를 잘 이해할수록 교육과정 자체에 대한 이해도와 해석 능력 또한 높아진다. 다시 말해, 교육법에 대한 이해는 교사가 교육과정의 철학과 의도를 명확히 파악하고, 이를 교육 현장에서 창의적으로 실천하는 데 필요한 기반이 된다.

무엇보다도 교육법 학습은 학교 현장에서 발생 가능한 법적 분쟁을 예방하고, 이에 현명하게 대처할 수 있는 역량을 기르는 데 기여한다. 교육법은 교사의 신분 보장, 교육의 자유 등 권리를 명시하는 동시에, 학생 보호와 공정한 교육 등 교원의 의무 역시 규정하고 있다. 이러한 법규에 대한 이해는 예비 교사가 자신의 권리와 의무를 명확히 인식하고, 학생의 성장과 발달을 위해 책임감 있는 교사로 성장할 수 있도록 돕는다. 교육법이 실제 학교 현장에서 어떻게 적용되고 그 중요성이 어떻게 드러나는지 다음의 사례를 통하여 구체적으로 살펴보자.

사례

나눔초등학교의 김 교사는 과학 교육에 대한 남다른 열정을 바탕으로 5학년 학생들을 대상으로 교육과정과 연계한 '우리 동네 하천 생태 탐구' 프로젝트를 기획하였다. 김 교사는 학생들이 자연을 관찰하고 체험함으로써 학습 효과를 높일 수 있다는 교육적 신념을 가지고 있었고, 이에 주말을 활용하여 학교 인근 하천에서 수질 검사 및 생물 채집 활동을 계획하였다.

김 교사는 활동계획서를 작성하여 학교장의 승인을 받았고, 학부모들에게 가정통신문을 발송하여 활동의 교육적 의의를 설명하고 참가 동의서, 안전 유의사항, 비상 연락망 등을 안내하였다. 그러나 일부 학부모는 주말 활동 참여에 대한 부담과 하천 활동의 안전성에 대해 우려를 표하였다. 특히 활동에 필요한 간이 수질 검사 키트와 채집 도구 구입 비용(학생당 약 1만 원)에 경제적 부담을 호소하는 가정도 있었다. 김 교사는 학교 예산으로 일부 공용 장비를 마련하는 등의 노력을 기울였지만, 완전한 해결에는 이르지 못했다. 결국 일부 학생은 비용 문제나 안전상의 이유로 참여하지 못하였다.

활동 당일, 김 교사는 학생들의 안전을 위해 안전조끼 착용을 의무화하고 사전답사를 통해 위험 구간을 파악하였으며, 동행한 학부모 자원봉사자들과 함께 학생들의 활동 범위를 제한하고 안전 감독에 나섰다. 그럼에도 불구하고 한 학생이 물가의 이끼 낀 바위에서 미끄러져 넘어지면서 팔목에 복합 골절상을 입는 사고가 발생하였다. 김 교사는 즉시 응급조치를 실시하고 학생을 병원으로 이송하였으나 해당 학생의 부모는, ① 주말 활동의 강제성은 없었으나 사실상 참여가 강요되는 분위기였고, ② 안전 관리가 미흡하였으며, ③ 비용 부담으로 일부 학생들이 참여하지 못함에 따라 교육 기회의 형평성 측면에 문제가 있었다고 주장하며 김 교사와 학교를 상대로 「민법」 및 「국가배상법」에 따른 손해배상을 청구하였다.

토론 질문

이 사례를 참고하여 다음 질문에 대해 자신의 견해를 정리하고, 다른 학생과 토의 및 토론을 통해 의견을 공유해 보세요.

1. 내가 김 교사의 입장이었다면, 활동을 기획하는 초기 단계에서 학부모들의 안전 및 비용 부담 우려에 대해 어떻게 대응했을까?
2. 경제적 사정으로 인해 일부 학생이 교육활동에 참여하지 못하는 상황이 발생할 경우, 이를 교육 기회의 불평등으로 볼 수 있을까?
3. 교육활동 중 발생한 안전사고에 대해 교사가 모든 책임을 져야 하는가? 그렇지 않다면 교사의 책임을 어디까지 인정할 수 있을까?

이 사례를 통해 교육법에 대한 이해는 교직 수행에 있어 필수적임을 다시금 확인할 수 있다. 교육법은 학생과 교원의 권리를 보장하는 동시에, 양자 간의 조화를 도모하고, 학교에서 발생하는 다양한 상황에 대해 판단 기준을 제시해 준다. 교원들은 이러한 법적 이해를 바탕으로 학생의 교육권을 실질적으로 보장하고, 교원으로서의 교육의 자유를 균형 있게 행사하며, 학생들에게 안전하고 적절한 학습 환경을 제공할 책임을 진다. 이 장에서 다루는 내용은 교육법의 다양한 영역 중 예비 교원들이 반드시 숙지해야 할 핵심적인 사항들이다. 이에 대한 이해를 통해 앞으로 교직 현장에서 합법적이고도 의미 있는 교육활동을 펼쳐 나가길 기대한다.

1. 교육법의 기본 체계

교육법은 교육과 관련된 법규범 전체를 가리키는 용어로서, 교육이 이루어지는 환경과 주체들을 규율하는 모든 법령을 포함한다. 좁은 의미로는 1949년 제정된 최초의 교육 관계 기본법인 「교육법」을 지칭하나, 넓은 의미로는 「헌법」에 규정된 교육 조항부터 「교육기본법」 및 「유아교육법」 「초 · 중등교육법」 「고등교육법」 등의 개별 법률 그리고 시행령 · 조례 등 관련 법규를 포괄한다.

우리나라의 교육법 체계는 대한민국 「헌법」을 정점으로 하여, 교육 관련 기본법과 개별 법률들이 위계적으로 구성되어 있다. 우선, 「헌법」은 교육에 관한 기본 원칙을 제시하는데, 「헌법」 제31조에서 모든 국민의 균등한 교육을 받을 권리, 자녀의 취학 의무, 의무교육의 실시와 무상원칙, 교육의 자주성 · 전문성 · 정치적 중립성 및 대학의 자율성 보장, 평생교육 진흥 및 교육제도 법률주의 등을 명시하고 있다. 그리고 이러한 헌법 이념을 구체화한 법률이 「교육기본법」으로서, 교육에 관한 최고 일반법의 지위를 가진다. 「교육기본법」은 1997년에 제정되어 종전의 교육법을 대체한 법률로서, 교육이념(홍익인간 정신)과 교육권 보장, 교육 자주성 및 평생교육 진흥 등 교육 전반에 관한 기본적인 사항을 규정한다. 「교육기본법」을 토대로 교육 3법이라 불리는 「초 · 중등교육법」 「고등교육법」 그리고 「유아교육법」 등이 각급 학교교육의 운영과 관련된 사항을 다루고 있다.

이와 함께 사립학교의 설립과 운영에 관한 사항은 「사립학교법」에서 정하여, 사립학교가 지닌 고유한 특성과 공적 책임을 조화롭게 유지하고자 한다. 그 외에도 「평생

교육법」「특수교육법」「산업교육진흥 및 산학연협력촉진에 관한 법률」 등 다양한 교육 관련 특별법이 분야별로 존재하여 교육 기회의 확대와 다양한 교육 수요에 대응하고 있다. 이러한 법률들은 상호 유기적으로 연결되어 있으며,「교육기본법」의 이념과 원칙 하에 제정·운용됨으로써 일관된 교육법 체계를 이룬다.

가령, 한 지방자치단체가 관내 모든 중학교에 대해 파격적인 실험으로 일반 교과 수업을 줄이고 코딩교육과 인공지능(AI) 과목을 중심으로 한 자체 교육과정을 개발하여 도입하기로 결정했다고 가정해 보자. 이는 외형적으로는 시대적 흐름에 발맞춘 혁신처럼 보이지만, 교육법적 관점에서는 여러 법률과 충돌할 가능성이 크다. 우선「헌법」및「교육기본법」상 교육의 평등권을 고려할 때, 특정 지역 학생들만 국가 기준과 다른 교육 내용을 배우는 것은 교육 내용의 형평성 문제를 초래할 수 있다. 만약 이러한 정책으로 인해 해당 중학교 학생들이 상급학교 진학 등에서 불이익을 받는다면, 학생과 학부모들은 교육권 침해를 주장하며 행정소송이나 헌법소원을 제기할 가능성도 있다. 실제로 과거 평준화 제도하에서 학교 선택의 자유가 제한되는 문제를 두고 일부 학부모들이 헌법소원을 제기한 사례가 있으며, 헌법재판소는 교육정책의 입법재량과 교육평등의 가치를 고려하여 이를 합헌으로 판단한 바 있다(헌재 1995. 2. 23. 91헌마204; 헌재 2009. 4. 30. 2005헌마514). 또한「초·중등교육법」및 교육과정 관련 고시에서는 국가가 정한 기본 교육과정을 각급 학교가 준수하도록 하고 있으므로, 지방자치단체가 임의로 국가 교육과정을 변경하는 것은 교육제도 법률주의 원칙에 위배될 수 있다.

이러한 가상의 사례는 교육혁신이나 정책 실험이 이루어지더라도 법률의 테두리 안에서 추진되어야 함을 보여 준다. 교육법은 새로운 교육적 시도를 제한하는 장벽이 아니라, 학생의 권리를 보호하고 공교육의 기본 질서를 유지하기 위하여 명확한 절차와 기준을 제공하는 보호장치임을 인식할 필요가 있다.

2. 교육을 받을 권리와 평등권

1) 교육을 받을 권리의 개념 및 법적 근거

「헌법」제31조 제1항에 규정된 국민의 교육을 받을 권리는 인간과 교육의 불가분

관계를 전제로 한다. 인간이 인간답게 성장하기 위해서는 교육이 필요하고, 교육은 오직 천부적인 존엄성을 지닌 인간을 위해 존재하기 때문이다(조석훈, 2022).

교육을 받을 권리란 모든 국민이 각자의 능력과 적성에 맞는 교육을 국가와 사회에 요구할 수 있는 기본적인 권리를 의미한다. 우리 「헌법」 제31조 제1항은 "모든 국민은 능력에 따라 균등하게 교육을 받을 권리를 가진다."라고 명시하여 교육을 받을 권리를 「헌법」상 기본권으로 보장하고 있다. 이는 개인의 학습권 또는 수학권으로도 불리며, 단순히 학교에 다닐 기회를 가지는 것뿐만 아니라 인간으로서 성장하는 데 필요한 교육을 국가의 부당한 간섭 없이 향유할 자유를 포함한다(손희권, 2004).

「교육기본법」 역시 제3조(학습권)에서 "모든 국민은 평생에 걸쳐 학습하고, 능력과 적성에 따라 교육을 받을 권리를 가진다."라고 규정하여, 교육을 받을 권리가 학교교육뿐만 아니라 평생교육까지 포괄하는 개념임을 밝히고 있다. 이처럼 교육을 받을 권리는 국가에 적극적인 교육 기회 마련 의무를 부과하는 사회적 권리인 동시에, 국가 권력이 자의적으로 교육 기회를 박탈하거나 제한하는 것을 막는 자유권적 성격도 지닌다. 교육을 받을 권리 중 자유권적 성격의 구체적인 내용으로는 학습권, 학교 선택권, 교육 내용 선택 및 참여권 등이 있으며, 사회권적 성격으로는 교육 조건 정비 요구권, 무상 의무교육 등이 해당한다(신현석 외, 2024). 따라서 국가와 지방자치단체는 의무교육 제도 운영, 공교육 시설 확보, 장학금 제도 등으로 국민의 교육을 받을 권리를 실현하기 위한 여건을 조성해야 하며, 개인은 교육을 받을 권리를 침해당했을 때 사법적 구제를 받을 수 있다.

2) 교육평등권과 차별 금지

교육을 받을 권리의 핵심에는 교육에 있어서의 불합리한 차별을 받지 않는다는 평등의 원칙이 자리하고 있다(조석훈, 2022). 「헌법」 제31조 제1항의 "능력에 따라 균등하게"라는 문구는 개인의 능력이나 노력에 따른 합리적 차이를 제외하고는 성별, 종교, 사회적 신분, 경제적 사정에 따라 교육 기회가 제한되거나, 차별받지 않아야 함을 의미한다. 이는 「헌법」 제11조의 일반적 평등 조항과 결합하여 교육 분야에서 어떠한 형태의 부당한 차별도 금지함을 의미한다. 「교육기본법」 또한 제3조(학습권)를 통해 모든 국민에게 균등한 교육 기회 부여를 강조하고 있고, 제4조(교육의 기회균등 등)에서는 국가와 지방자치단체의 책무로 교육 여건의 지역 간 격차 해소를 명시하고 있다. 구체적으로 교육 현장에서는 학생 선발, 입학, 평가, 장학금 지급 등에서 차별이 없어야 하며, 특히 성별에 따른 차별이나 장애로 인한 차별은 법으로 엄격히 금지된다. 예컨대 「장애인 등에 대한 특수교육법」은 장애가 있는 학생들이 통합된 환경에서 교육을 받을 권리를 보장하고, 개별화교육계획(IEP)을 수립하여 실시하도록 규정함으로써, 장애로 인한 교육 차별을 적극적으로 시정하고 있다. 또한 최근에는 다문화가정 학생이나 북한이탈주민 청소년 등 취약계층 학생들에 대한 교육지원을 위한 법령(「다문화가족지원법」 「북한이탈주민의 보호 및 정착지원에 관한 법률」)도 정비되어, 언어 및 문화적 장벽으로 인한 새로운 형태의 교육 차별을 완화하기 위한 정책들이 시행되고 있다. 이렇듯 교육평등권은 출발선의 평등을 도모하는 방향으로 해석 · 적용되며, 모든 학생이 동등한 조건에서 자신의 잠재력을 발휘할 수 있도록 법과 제도가 뒷받침하고 있다.

3) 관련 판례 및 사례 분석

교육을 받을 권리와 관련하여 역사적으로나 법적으로 중요한 판례 중 하나는 미국의 브라운 판결이다. 1954년 미국 연방대법원은 브라운 대 토피카 교육위원회 사건(Brown v. Board of Education of Topeka, Kansas)에서 '공립학교에서 인종에 따른 학생 분리는 본질적으로 불평등하며 「헌법」에 위반된다.'라는 만장일치 판결을 내렸다. 이 판결을 통해 '분리하지만 평등하다(Seperated but equal).'라는 이전의 인종분리 정책(Plessy v. Ferguson 판결, 1896년)이 폐기되고, 비로소 흑인 학생들도 백인 학생들과 동등한 학교교육을 받을 권리를 인정받게 되었다. 브라운 판결은 전 세계에 교육평등권의 중요성을 환기한 사례로서, 법을 통한 차별 철폐와 교육권 보장의 관계를 단적으로 보여 주는 사례이다. 우리나라의 경우 인종 문제는 상대적으로 적지만, 교육평등권과 관련된 쟁점들은 다른 형태로 나타나 법적 판단을 받은 바 있다. 예를 들어, 고교평준화 제도는 학생들의 학교 선택 자유를 제한하지만, 교육 기회의 균등을 도모하는 정책으로 추진되어 왔다. 일부 학부모들은 평준화에 따른 강제 배정이 자녀의 교육을 받을 권리와 행복추구권을 침해한다며 헌법소원을 제기하였으나, 헌법재판소는 현행 평준화 정책이 「헌법」상 평등권 및 교육을 받을 권리에 반하지 않는다고 결정하였다. 그 이유는 평준화가 오히려 교육 여건의 격차를 줄여 학생 간 균등한 교육 기회를 보장하려는 조치이며, 학교 선택의 제한은 「헌법」이 보장하지 않는 사항이라는 점 등이 고려되었다는 것이다(헌재 1998. 7. 16. 98헌마428; 헌재 2009. 4. 30. 2009헌마342).

앞서 살펴본 나눔초등학교의 김 교사 사례는 '교육을 받을 권리'와 '평등권'의 중요한 측면을 잘 보여 주고 있다. 먼저, 「헌법」상 기본권인 교육을 받을 권리는 단지 학교에 출석하여 교실에서 수업을 듣는 것만을 의미하지 않는다. 이는 학생들이 각자의 능력과 적성에 따라 적절하고 다양한 교육 경험을 제공받을 권리를 포함한다. 김 교사의 '우리 동네 하천 생태 탐구' 프로젝트는 이러한 관점에서 교육을 받을 권리를 실현하려는 긍정적인 시도로 볼 수 있다. 교사는 학생들에게 실생활과 연계된 체험 학습의 기회를 제공함으로써 이론 중심의 교실 수업의 한계를 극복하고 학생의 전인적 성장과 학습 효과를 높이고자 하였다.

그러나 이 사례에서는 교육 기회의 평등한 제공이라는 또 하나의 헌법적 가치가 충돌하는 모습을 보인다. 교육에서의 평등은 단순히 동일한 교육 내용을 전달하는 것을 넘어 모든 학생이 실질적으로 동등한 조건에서 학습할 수 있어야 한다는 점을 의미한다. 이 사례에서 일부 학생들이 경제적 부담이나 안전 문제 등으로 인해 체험학습에 참여하지 못한 점은 평등권의 관점에서 엄밀하게 검토해야 할 문제이다. 특히 경제적 부담으로 인해 특정 학생이 체험학습에서 제외된 것은 「헌법」이 명시한 '능력에 따라 균등하게 교육을 받을 권리'라는 평등 원칙을 위반한 것으로 볼 여지가 있다. 국가와 학교는 경제적 여건이 교육 기회의 차별을 야기하지 않도록 보다 적극적으로 대책(affirmative action)을 마련해야 한다. 예를 들어, 학교 차원의 예산을 추가로 확보하여 학생 개개인의 비용 부담을 최소화하는 방안을 모색할 필요가 있다.

또한 안전성 문제로 인해 학생들이 교육활동에 참여하지 못한 부분도 평등권 침해로 이어질 수 있다. 학생의 안전은 교육권 실현을 위한 필수적인 전제 조건 중 하나이므로, 학교 현장에서는 학생의 안전을 최우선으로 고려한 철저한 계획과 대비책 마련이 필수적이다. 이 사례에서는 안전 지침 고지와 감독, 예방 노력이 이루어졌음에도 불구하고 학생이 부상을 입었기 때문에, 보다 철저한 사전답사 및 예방 조치를 통해 모든 학생이 안심하고 활동에 참여할 수 있도록 신뢰성을 확보할 필요가 있다.

결과적으로 학교 현장에서 교육을 받을 권리와 평등권을 실현하기 위해서는 단순히 학생들에게 형식적인 참여 기회를 제공하는 데 그치지 않고, 모든 학생이 실질적으로 평등하고 안전한 환경에서 성별, 종교 또는 사회적 신분에 관계없이 충분한 교육을 받을 수 있도록 적극적이고 구체적인 조치를 마련하는 것이 중요하다. 이 사례는 교육을 받을 권리의 실현이 형식적 평등을 넘어 실질적 평등을 지향해야 한다는 점을 명확히 보여 준다.

3. 교원의 교육의 자유

1) 교원의 교육권과 자율성

교원은 교육의 직접적인 담당자로서 교수(敎授)의 자유와 전문적 재량을 지닌다. 흔히 이를 교원의 교육의 자유 또는 수업권으로 부르는데, 학생들이 효과적으로 학습하도록 수업 내용과 교재, 교수방법을 선택하고 교육활동을 계획 · 실행할 수 있는 권한을 의미한다. 「헌법」은 제22조 제1항(학문의 자유), 제31조 제4항(교육의 자주성 · 전문성 · 정치적 중립성 보장)을 통해 교원의 교육의 자유를 보장하고 있으며, 교육 분야에서 행정 권력의 간섭을 최소화하고 교육자의 자주적인 결정을 존중할 것을 명시하고 있다(권영성, 2006; 신현석 외, 2024).

대학의 경우 학문의 자유와 대학 자치가 헌법적으로 보장됨에 따라 교수의 자유가 두텁게 보호되고 있다. 그리고 초중등 교원 또한 대학에서의 '교수의 자유와 완전히 동일할 수는 없지만' 그 전문성을 존중하여 교육과정 운영과 지도 방법에 상당한 자율권을 인정받고 있다(헌재 1992. 11. 12. 89헌마88). 이는 「교육기본법」 제5조에서도 학교 운영의 자율성을 존중하도록 규정한 데에서 알 수 있다.

예컨대, 교사는 국가 교육과정의 큰 틀 내에서 학급의 현실과 학생 특성에 맞게 수업자료를 개발하거나 다양한 교수법을 적용할 수 있으며, 학생의 창의력 계발을 위해 교육활동을 재구성할 수 있다. 이러한 재량은 교사의 전문적 판단에 기초한 것으로서 교육 효과를 높이는 데 필수적이다. 특히 교사는 학생 개개인의 필요에 대응하는 교육적 조치를 취할 수 있어야 하므로, 획일적인 지시보다는 현장의 교원에게 일정한 재량권과 창의적 실행의 자유를 부여하는 것이 현대 교육법의 지향점이다. 다만, 교원의 교육의 자유가 절대적인 것은 아니며, 그것이 보장되는 범위와 한계는 학생의 학습권 및 공공성과 조화를 이루어야 한다. 교원의 수업권은 궁극적으로 학생의 교육을 받을 권리를 실현하기 위한 수단적 성격을 갖고 있기 때문에, 헌법재판소는 "교사의 가르치는 권리를 수업권이라고 한다면 (…중략…) 학생의 수학권의 실현을 위하여 인정되는 것으로서 (…중략…) 수학권은 헌법상 보장된 기본권의 하나로서 보다 존중되어야"라고 판시한 바 있다(헌재 1992. 11. 12. 89헌마88). 즉, 교사가 자유롭게 가르칠 권리는 인정되지만 이는 어디까지나 학생의 학습권을 보장하기 위하여 존재하는 것으로서, 학생 교육에 현저히 반하는 방식으로 수업권을 주장할 수는 없다는 것이다.

2) 교육과정 운영의 자유와 제한

교원의 자율성이 가장 두드러지게 나타나는 분야는 교육과정으로 대표되는 교육 내용과 교육 방법에 관한 자율적 선택 · 결정과 관련된 것이다. 법령과 교육청 지침 등으로 정해진 국가교육과정은 각 학교와 교원이 따라야 할 기본 설계도라 할 수 있지만, 실제 학교 현장에서 교사들은 이를 탄력적으로 적용할 수 있다. 예를 들어, 교육과정 총론이 정한 교과별 시수와 목표를 충족하는 범위 내에서 교사는 수업의 세부 내용을 재구성하거나 교재를 보완할 수 있다. 또한 수업 기법에 있어서도 토론, 프로젝트 학습, 실험 등 다양한 방법을 활용하여 교수 방법 선택의 자율성을 누릴 수 있다. 다만, 이러한 교원의 교육권은 교사 개인의 자의적 선택권을 의미하는 것이 아니라, 학생의 학습권 실현을 목적으로 한 학문의 자유 차원에서 인정되는 것이다(신현석 외, 2024). 그 구체적인 내용으로는 국가가 검정한 여러 교과서 중 선택할 자유, 교육목적과 교육과정을 교육의 본질에 입각하여 재해석하고 수업 내용을 학사일정에 맞추어 적절히 분배할 자유, 단위시간마다 주제를 설정하여 다양한 교수학습 방법을 개발하고 구사할 자유 등이 있다(신현석 외, 2024; 표시열, 2008).

앞서 살펴본 나눔초등학교의 김 교사 사례는 교원의 교육의 자유를 학교 현장에서 어떻게 적용해야 하는지를 잘 보여 준다. 김 교사의 경우, 학생들의 효과적인 학습과 경험 확대를 위해 '우리 동네 하천 생태 탐구' 프로젝트를 기획하고 진행하였다. 이는 「헌법」과 「교육기본법」에서 보장하는 교원의 교육적 자율권 행사로서 바람직한 사례로 볼 수 있다. 그러나 교원의 교육의 자유는 무제한으로 인정될 수는 없다. 「헌법」과 관련 법령에서 보장하는 학생의 학습권과 안전권을 침해하지 않는 범위 내에서 이를 행사해야 한다는 제약이 존재한다. 이 사례에서 김 교사는 교육활동을 준비하는 과정에서 학교장의 승인과 학부모의 동의를 확보하는 등 기본적인 절차를 충실히 이행하였다. 이는 교원의 교육의 자유가 단순한 개인적 신념의 표현이 아니라, 교육과정의 목적과 사회적 합의에 기초하여 교육활동의 정당성을 확보해야 함을 시사한다.

그러나 실제 실행 과정에서는 비용 문제와 안전성에 대한 학부모의 우려가 제기되었다. 교원의 교육의 자유는 모든 학생이 균등하게 참여할 수 있는 환경과 안전이 확보되어야 의미가 있다. 경제적 부담이나 안전 문제로 인해 학생들이 교육활동에 온전히 참여하지 못한다면, 이는 교육의 자유를 정당하게 행사했다고 보기 어렵다. 이러한 문제점을 개선하기 위해서는 예산 지원과 같은 행정적 조치를 더욱 적극적으로 강구하고, 안전 대책을 철저히 수립하는 등의 추가적인 노력이 요구된다.

결론적으로 교원의 교육의 자유는 교사가 창의적이고 효과적인 교육을 제공할 수 있도록 보호되어야 하지만, 동시에 학생들의 안전과 평등한 참여 기회를 보장하는 방향으로 책임 있는 방식으로 행사되어야 함을 이 사례는 보여 주고 있다.

3) 교권 침해 사례와 대처 방안

최근 들어 교사의 교육활동 침해 사례가 증가함에 따라 교권 보호 문제가 중요한 사회적 이슈로 부각되고 있다. 특히 서이초 교사 사망 사건을 포함한 불행한 사건들이 반복되자 많은 교사가 학생 생활지도에 위축되고 교실에서의 교육활동이 어려움을 겪게 되었다. 이는 명백히 교원의 교육권과 교권에 대한 침해라 볼 수 있다. 교사가 법령과 학칙에 따라 교직 업무를 수행하는 과정에서 학생을 지도하거나 훈육하는 행위는 원칙적으로 정당행위에 해당하므로 형사처벌의 대상이 아니다. 그럼에도 불구하고 「아동복지법」 등 관련 법령이 확대 적용되면서 교사의 정당한 훈육조차 범죄로 인식되는 경향이 나타났다. 이에 2023년 「초·중등교육법」 제20조의2 및 동법 시행령 개정(2023. 9. 27.)을 통해 교원의 교육활동 보호를 위한 법령을 정비함으로써 교육활동 중 이루어진 정당한 학생 생활지도는 아동학대로 보지 않는다는 명시적인 규정을 마련하게 되었다. 또한 교육부와 시도교육청 차원에서 교권보호위원회 설치, 교원을 위한 법률 지원 서비스 제공, 악성 민원으로부터 교사를 보호하는 지침 마련 등의 행정적 대응도 강화하고 있다. 교사가 부당한 폭행이나 폭언 등 교권 침해를 당했을 경우 형법상 공무집행방해죄나 모욕죄 등으로 가해 학생·학부모를 처벌하는 사례도 늘어나고 있으며, 교육청에서는 피해 교원의 신속한 치유와 복직을 돕는 프로그램들을 운용 중이다. 예컨대, 한 중학교에서 학생이 수업 중 교사에게 폭력적인 언행을 할 경우, 학교장이 즉각 가해 학생을 분리조치하고, 교육지원청에 교권보호위원회

소집을 요구함과 동시에 교사에게는 적극적인 법률 자문과 상담을 지원하는 등의 조치를 취할 수 있다. 이렇듯 교권 침해 상황에서는 형사법 · 행정법상의 구제 절차가 모두 가동될 수 있으며, 교사는 혼자 고민하기보다 학교와 교육청의 공식 절차를 적극 활용하여 자신의 권리를 지킬 필요가 있다. 즉, 교원들은 교육의 자유를 남용하지 않는 한에서 법이 부여한 교육의 자유를 충분히 행사할 수 있고, 만약 부당한 간섭을 받으면 법적 대응을 통해 구제를 받을 수 있음을 인지할 필요가 있다.

4) 교원의 법적 보호와 책임

교육법은 교원에게 신분상 보호를 부여함과 동시에 직무상 책임을 요구한다. 먼저, 보호 측면에서 국 · 공립학교 교원은 「국가공무원법」과 「교육공무원법」 등에 따라 신분이 보장되고 정년까지 직위를 유지할 권리가 보장된다. 특별한 비위나 중대한 법 위반이 없는 한 일방적으로 해임되거나 강등되지 않으며, 이는 교원의 직업적 안정성이 교육의 질과 연결된다는 인식에 기초한다. 또한 사립학교 교원의 경우에도 「사립학교법」을 통해 부당한 해고나 불이익 처우로부터 보호받으며, 임용권자에 의한 징계가 남용되지 않도록 징계위원회 절차와 교원소청심사 등의 구제 수단이 마련되어 있다. 이밖에 「교원의 지위 향상 및 교육활동 보호를 위한 특별법」은 교원의 정당한 교육활동을 법적으로 보호하고 학생으로부터의 폭행 등 범죄 피해 시 가해 학생의 전학 조치, 치료비 지원 등을 규정함으로써 교원의 안전을 도모한다. 한편, 책임 측면에서, 교원은 교육자로서 지켜야 할 법률상 의무가 다수 존재한다. 대표적으로 성실 의무와 학생 보호 의무를 들 수 있다. 교원은 교육과정을 성실히 이행하고 학생을 보호하며 지도할 법적 · 윤리적 책임을 지닌다. 이에 교사가 고의로 수업을 거부하거나 직무에 소홀할 경우 징계나 손해배상책임을 질 수 있다.

아울러 교원은 학생의 인권과 존엄성을 존중해야 하므로, 학생의 신체적 · 정신적 건강을 침해하는 체벌, 언어폭력, 성희롱 등의 행위는 절대적으로 금지된다. 만일 이러한 금지 행위를 저지를 경우 형사처벌(예: 「아동학대범죄의 처벌 등에 관한 특례법」 위반, 「형법」상 폭행죄, 「아동 · 청소년의 성보호에 관한 법률」 위반 등)뿐만 아니라 교원 자격의 박탈이나 해임 등의 중징계가 뒤따를 수 있다. 또한 교원은 「교육기본법」 제14조에 따라 정치적 중립성을 지킬 의무가 있으며, 「공직선거법」 등은 현직 교원의 정당 가입이나 선거운동을 제한하여 교원들의 정치적 중립을 법적으로 요구한다. 끝으로,

교원은 지속적인 전문성 개발의 책임도 지니고 있다. 법령에 의거한 연수 이수나 자기 계발을 통해 시대에 맞는 교수 능력을 갖추고자 노력해야 하며, 이는 학생들에게 질 높은 교육을 제공하기 위한 책무이기도 하다. 이처럼 교육법은 교원에게 교육의 자유는 물론, 신분 보장의 권리와 함께 그에 상응하는 책임과 윤리 의무를 부과함으로써, 교원이 안정된 환경에서 본분을 다해 학생들을 가르칠 수 있는 여건을 조성하고 있다. 궁극적으로 교원의 교육의 자유와 교원을 위한 법적인 보호, 책임의 균형은 교직에 대한 사회적 신뢰를 높이고, 교원이 교육 주체로서 자부심을 가질 수 있도록 지원하는 기반이 될 것이다.

4. 학생 안전사고와 법적 책임

1) 학생 안전과 교육기관의 보호 의무

학교에서 학생의 안전을 지키는 것은 교육기관과 교원의 가장 기본적인 책무 중 하나이다. 법적으로 학교장은 물론 교사에게 학생에 대한 보호 · 감독 의무가 부여되어 있으며, 이는 학교교육활동 중에 학생들을 보호자 대신 돌봐야 하는 의무를 의미한다(「초 · 중등교육법」 제20조 제1항~제4항, 제30조의8, 「민법」 제750조, 제755조 등). 즉, 수업 시간이나 학교 행사 등 교육과정과 밀접한 활동을 하는 동안 학생의 생명 · 신체를 해칠 위험이 없도록 학교 차원에서 충분한 주의와 관리가 요구된다. 이러한 보호 의무는 학생의 연령과 상황에 따라 그 범위와 정도가 달라지는데, 미성숙한 유치원생이나 초등학생의 경우 유치원이나 학교에서 하교한 이후 귀가하는 순간까지 보호 의무가 부여될 정도로 폭넓게 인정된다. 예컨대, 유치원 교사는 아침에 원생이 등원한 때부터 수업을 마치고 보호자에게 안전하게 인계될 때까지 친권자에 준하는 보호감독의무를 진다는 것이 대법원 판례이다(대법원 1999. 7. 9. 선고 99다11946; 대법원 2007. 6. 28. 선고 2005다70100).

한편, 중 · 고등학생의 경우에는 일상생활에서 일정 수준의 판단 능력을 갖춘 것으로 보기 때문에 쉬는 시간이나 방과 후까지 학교의 책임을 일률적으로 묻기는 어렵다. 그러나 학교 내에서 통상적으로 발생할 수 있는, 예견 가능한 사고에 대한 최소한의 주의의무는 여전히 요구된다. 이러한 원칙하에 교육부와 시도교육청은 학교 안전

사고 예방을 위해 다양한 지침을 마련하고 있다. 매 학기 학교안전교육을 실시하여 학생들에게 생활 안전수칙을 교육하고, 실험 · 실습실, 체육 시설 등에 대한 정기 점검을 의무화하는 등 선제적 조치를 취하고 있다. 또한 학교 내 폭력이나 따돌림으로 인한 안전 문제도 중요한 영역인데, 「학교폭력예방 및 대책에 관한 법률」을 통해 각 교육지원청별로 학교폭력대책심의위원회를 설치하여 사건이 발생하면 즉각적인 보호조치를 취하도록 하고 있다. 요컨대, 현행 교육법은 신체적 사고뿐 아니라 정신적 유해 환경(예: 학교폭력)으로부터도 학생을 보호해야 할 의무를 학교와 교원에게 부과하고 있으며, 이에 소홀할 경우 학교 당국(설립 · 경영자 및 교직원)은 법적인 책임을 질 수 있다.

2) 학생 안전사고와 법적 책임(학생 · 교사 · 교육기관의 책임 구분)

학교에서 사고가 발생했을 때 누가 어떤 책임을 지는가는 사고의 원인과 경위에 따라 달라진다. 우선 학생 상호 간 사고의 경우, 한 학생의 가해행위로 다른 학생이 피해를 입었다면 가해 학생이 일차적인 책임을 진다. 「형법」상 폭행이나 상해 등으로 처벌될 수 있음은 물론, 「민법」상 불법행위에 대한 책임으로 피해자 측에 손해배상 의무를 부과한다. 다만, 가해 학생이 미성년자일 경우, 그 책임능력 유무(일반적으로 만 13~14세 기준)에 따라 부모 등 법정 감독의무자가 「민법」 제755조에 따른 감독책임을 지게 된다.

한편, 학생 사고에 교사나 학교의 과실이 인정되는 경우에는 교사 또는 교육기관이 법적 책임을 지게 된다. 교사가 맡은 학생을 제대로 감독하지 않아 발생한 사고라면, 교사는 보호의무 위반으로 인한 민사상 손해배상책임을 질 수 있다. 예를 들어, 체육 수업 시간에 교사가 자리를 비운 사이에 학생이 다툼을 벌여 부상을 당했다면, 통상 그러한 상황에서 싸움이 일어날 것을 예견하고 예방할 조치를 취하지 않은 교사에게 책임이 부여될 수 있다. 다만, 법원은 교사의 보호의무 위반 여부를 판단함에 있어 사고의 예견 가능성을 핵심 기준으로 삼고 있다. 학생의 연령, 사건이 발생한 장소와 시간, 학생들의 평소 행실 등을 종합적으로 고려하여, 사고가 발생할 개연성이 높았는데도 교사가 충분한 주의를 기울이지 않았다면 책임을 인정하지만, 반면에 사고가 돌발적이고 예측 곤란한 경우였다면 교사의 책임을 인정하지 않는다. 실제 판례를 보면, 수학여행 중 숙소에서 우발적으로 싸움이 벌어져 한 학생이 시력을 잃은 사건에서 법원은 "교사의 사전 안전교육과 지시에도 불구하고 학생들이 이를 따르지 않아 발생한 돌발적 사고로, 교사가 이를 구체적으로 예견하기 어려웠다."라는 이유로 교사의 책임을 부정하였다(대법원 1999. 2. 23. 98다53279).

학생 안전사고가 발생한 경우 학교(교원 및 학교의 설립 · 경영자)의 손해배상책임을 인정하는 데 있어 법원은 세 가지 기준을 활용한다(조석훈, 2022: 194-196). 첫째, 교육활동 및 교육활동과 밀접 불가분의 생활영역에서 일어난 사고여야 한다. 이는 교원과 학교의 보호 감독 의무를 교육활동과 관련된 영역의 사고로 제한하는 것으로서, 가령 자율학습 종료 후 1시간 정도 지난 시점에 벌어진 사고나 야구부 활동이 끝나고 귀가하던 중 배트를 휘둘러 일으킨 사고 등은 교육활동 및 이와 밀접 불가분한 생활영역에서 발생한 사고로 보지 않을 수 있다. 둘째, 사고 발생의 예측 가능성이 있어야 한다. 교사가 우연적이고도 돌발적인 사고까지 책임을 지도록 하는 것은 손해의 공평한 분담과 형평의 원칙에 반하기 때문이다. 사고 발생의 예측 가능성은 판단자에 따라 달라질 수 있는 것으로, 교육활동의 때와 장소, 가해자의 분별 능력, 가해자의 성행, 가해자와 피해자의 관계, 기타 사정 등을 고려한다. 셋째, 사고 발생이 예측 가능함에도 불구하고 교사와 학교가 사고 예방을 위한 적절한 주의의무를 게을리했어야 한다. 적절한 주의의무를 이행했음에도 불구하고 학생 안전사고가 발생한 경우라면 이는 감독의무자의 주의의무를 충실히 이행한 것으로 판단하여 손해배상책임을 물을 수 없다는 것이다. 학생 안전사고가 발생한 경우, 이상의 세 가지 요건이 모두 충족되는 경우에만 학교(교원, 학교의 설립 · 경영자)는 법적인 책임을 지게 된다.

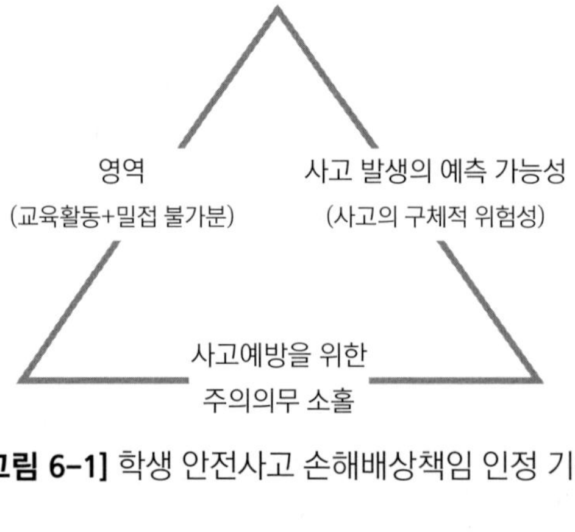

[그림 6-1] 학생 안전사고 손해배상책임 인정 기준

이처럼 교사는 세 가지 기준을 충족하는 과실이 있는 경우에 한해 민사책임을 지게

되고, 형사처벌도 과실치상 등의 요건이 충족되어야 가능하다. 교사가 공립학교 교원이라면 국가배상법이 적용되어, 발생한 손해에 대해 국가나 지방자치단체가 일단 배상책임을 지고(「국가배상법」 제2조), 이후 고의 · 중과실이 있는 경우 해당 교원에게 구상[1]할 수 있다. 사립학교라면 학교법인이 사용자로서 「민법」 제756조의 사용자배상책임을 져 피해자에게 배상한 뒤, 교사에게 상응하는 책임이 있을 때 구상하게 된다. 마지막으로, 교육기관 자체의 과실로 인한 사고도 있다. 이는 학교 시설물의 결함이나 관리 소홀로 학생이 다친 경우를 말하는데, 예컨대 노후한 학교 건물의 일부가 붕괴되어 학생이 부상을 당했다면 학교 설치 · 관리자의 과실이 인정되어 교육청 또는 학교법인이 배상책임을 진다.

요약하면, 학생 개인의 행위로 인한 손해는 그 학생(및 보호자)이, 교직원의 과실로 인한 것은 교직원 및 소속 기관이, 시설 등 학교 측 과실은 학교설립 · 경영자가 각각 책임을 부담하게 된다. 다만, 학교 안전사고의 피해자 구제를 위해 「학교안전사고 예방 및 보상에 관한 법률」에 따라 학교안전공제회에서 운영하는 학교안전공제제도가 있어, 대부분의 학생 안전사고의 피해 학생은 소송 없이도 공제회를 통해 치료비와 위로금을 보상받을 수 있다. 이는 피해 학생 구제의 실효성을 높이고 교원 개인이 모든 책임을 지는 부담을 경감하려는 제도적 장치이다.

3) 주요 판례 분석 및 대처 방안

앞서 살펴본 나눔초등학교의 김 교사 사례는 학교 현장에서 학생 안전사고가 발생했을 때 교사의 법적 책임을 어떻게 해석하고 실천해야 하는지에 대한 중요한 내용을 담고 있다. 학교장과 교사는 학생을 교육하는 동안 안전을 확보할 감독의무자로서의 책임을 부여받으며, 이는 법적 의무로서 학교 활동 중 반드시 준수해야 하는 사항이다. 특히 현장학습과 같은 외부 활동에서는 더욱 엄격한 안전 의무가 적용된다.

김 교사는 하천 탐구 프로젝트를 준비하며 안전조끼 착용 의무화, 사전답사, 학부모 자원봉사자 참여 등 일정한 안전 조치를 취하였다. 그러나 학생의 부상 사고가 발생했으므로, 학교(국공립이라면 국가 또는 지방자치단체, 사립이라면 학교법인)와 김 교사는 「민법」 또는 「국가배상법」에 따른 손해배상책임을 질 수 있다. 법원은 해당 현장학

1 타인을 위해 변제한 사람이 그 사람에 대해 반환을 청구하는 것

습이 교육활동 및 이와 밀접 불가분한 영역 내에서 이루어졌는지, 물가 이끼 낀 바위에서 미끄러질 사고 발생 가능성을 사전에 합리적으로 예측할 수 있었는지 그리고 이러한 예견된 위험을 제거하거나 최소화하기 위해 충분한 주의의무를 다하였는지 등을 종합적으로 고려하여 책임 유무를 판단할 것이다(조석훈, 2022).

학교 현장에서 학생안전사고와 관련된 사항들을 실천적으로 받아들이려면, 교사는 학생들의 외부 활동에 내재된 위험을 사전에 철저히 분석하고, 이에 따라 위험 요소를 제거하거나 최소화하는 노력을 기울여야 한다. 결과적으로 학생의 안전 확보는 교사의 기본적인 책무이며, 이를 소홀히 하여 학생이 상해를 입었을 때는 민·형사상 책임으로 이어질 수 있음을 명심해야 한다. 학교 현장에서는 이를 인식하고 학생 안전 관리 체계를 보다 면밀하고 체계적으로 갖추려는 노력을 기울일 필요가 있다.

학생 안전과 관련된 법적 분쟁에서 중요한 기준을 제시한 판례들을 살펴보면, 교원의 보호의무 범위와 한계를 설정한 사례들이 눈에 띈다. 대법원의 1999년 판결에서는 유치원생이 하원 길에 교통사고를 당한 사안에서 담임교사의 책임이 쟁점이 되었다. 이 판결에서 법원은 "유치원생의 경우 수업 종료 후 안전하게 귀가할 때까지가 교육활동과 밀접 불가분의 관계에 있으므로, 교사는 원생이 안전하게 보호자에게 인계될 때까지 친권자에 준하는 보호감독의무가 있다."라고 판단하였다(대법원 1999. 7. 9. 선고99다11946). 다만, 해당 사고에서 재판부는 교사에게 중과실이 아닌 경과실만 인정된다고 보아, 「국가배상법」 제2조 제2항에 따라 교사 개인의 배상책임은 부정하고, 사용자(공립 유치원의 설립·운영 주체)인 지방자치단체의 배상책임만 인정하였다. 이는 학생 연령이 매우 어릴수록 교사의 보호감독의무가 가중되지만, 교사 개인에게 구상 책임을 묻기 위해서는 고의 또는 중과실이 요구된다는 점을 보여 준다. 한편, 앞서 언급한 수학여행 중의 폭력사고에 관한 1999년 대법원 판결은 중·고등학생 시기에 대해서 "학교 내 생활 관계라 하더라도 통상 예견할 수 없는 돌발적 사고까지 모든 걸 책임질 수는 없다."라고 판단함으로써 교사의 보호·감독 의무 위반 과실이 있다고 보기 어렵다고 판단하여 학교 측의 손해배상책임을 인정하지 않았다(대법원 1999. 2. 23. 선고98다53279).

이처럼 판례는 교육활동 연계성, 예측 가능성과 합리적 주의의무를 중심으로 교원의 책임 유무를 가리고 있으며, 결과적으로 교원이 과도한 책임을 지지 않도록 일정한 면책의 여지를 인정하고 있다. 이러한 법리들은 현장의 교사들에게도 중요한 시사점을 준다. 즉, 교사는 평소 안전 위험을 줄이기 위해 노력해야 하지만, 법이 요구하는 수준의 주의의무를 다하였다면 예상치 못한 사고에 대한 법적 책임을 지나치게 두려워할 필요는 없다는 것이다.

학생 안전사고와 관련한 법적 문제를 줄이기 위해 우선 교원들은 자신에게 요구되는 보호의무의 범위를 정확히 이해하고, 과실로 인정될 만한 행동이나 부작위가 없도록 업무를 수행해야 한다. 예컨대, 실험실에 학생들만 남겨 두고 자리를 비우거나, 위험이 내포된 체육활동을 지도하면서 보호장구 착용을 감독하지 않는 행위 등은 법적 책임 문제로 이어질 수 있음을 유념해야 한다. 반대로 지나치게 소극적으로 행동하여 교육 효과를 떨어뜨리는 것도 바람직하지 않으므로, 합리적인 균형을 찾는 것이 중요하다. 학교 관리자 입장에서는 사고 발생 시 기관 차원의 법적 책임이 따를 수 있으므로, 평소 교직원들에게 안전 관련 지침을 주지시키고 문제가 발견되면 즉각 시정하는 관리감독 책임을 다해야 한다. 특히 학기 초나 행사 전에 위험 요소를 철저히 점검하고, 학교안전공제회 보험 가입 등 만일의 사태에 대비한 재정적 준비도 철저히 해 두어야 한다. 교육청과 학교는 사고가 발생하면 학생과 학부모에게 성실하고 투명하게 사실을 공개하고 필요한 지원을 제공함으로써 분쟁으로의 비화를 막기 위해 노력해야 한다. 이런 조치는 도의적 차원일 뿐만 아니라 향후 법적 절차에서 기관의 선의와 성실성을 입증하는 자료가 될 수 있다. 끝으로, 학생 안전은 그 중요성을 아무리 강조해도 지나치지 않으며, 법적 책임을 따져야 하는 상황 자체가 발생하지 않도록 예방 중심의 접근이 무엇보다 중요하다. 법은 사후책임을 규율하지만, 교육 현장에서는 사전 예방이 곧 최고의 법적 대비임을 명심하여 안전한 학습 환경 조성에 만전을 기해야 할 것이다.

워크숍 다음과 같은 상황에 나는 어떻게 대처해야 할까

지금까지 나눔초등학교의 사례를 중심으로 교육법의 기본 체계, 교육을 받을 권리, 교원의 교육의 자유, 학생 안전사고와 법적 책임 등 교육법의 주요 내용과 사례들을 살펴보면서 학교 현장에서 발생 가능한 법적 분쟁을 예방하고 현명하게 대처할 수 있는 방안에 대해 살펴보았다. 여기서는 이러한 논의를 바탕으로 기존의 판례들을 중심으로 그 재판 결과에 대한 워크숍 자료를 제시하였다. 이러한 워크숍 활동을 통하여 예비 교사들은 교사로서의 권리와 의무를 명확히 인식함으로써 교육활동의 법적 근거와 정당성을 확보할 수 있을 것이다.

다음은 교육을 받을 권리, 교원의 교육의 자유, 학생 안전사고와 법적 책임과 관련된 판례들을 제시한 것이다. 다음의 각 상황별로 어떤 판결이 내려졌을지 워크숍을 통해 유추해 보고, 향후 자신이 이와 유사한 상황에 직면할 경우 어떻게 대처할 것인지에 대해 토의함으로써 교육법 관련 지식과 역량을 함양시킬 수 있도록 하였다.

[사례 1] 뛰어난 수학능력을 바탕으로 의무교육 취학연령에 앞서 초등학교에 입학할 수 있는가?

청구인은 1988. 5. 25.생으로 1993. 3. 1. 현재 만 4세 9개월 된 여자 어린이로서 1991. 3.경부터 1993. 2.말까지 근 2년간 유치원에서 수학하여 집단생활을 경험하면서 언어교육과 그림, 음악, 유희, 회화, 수기 등의 표현력을 배워 왔고 한글해독은 물론 매일 일기까지 작성하는 습관을 몸에 익혀 왔기 때문에 국민생활에 필요한 기초적인 초등보통교육을 받을 만한 충분한 능력이 있다. 청구인은 1993. 3. 1.부터 시작되는 학년 초에 국민학교에 취학코자 하였으나 교육법 제96조 제1항에 의거 만 6세의 취학연령에 이르지 못하여 취학하지 못하였다. 이에 청구인은 초등학교의 취학연령을 규정한 「교육법」 제96조 제1항의 위헌확인을 구하고자 이 사건 헌법소원심판을 청구하였다.

[사례 2] 교육부의 정책을 거스르면서 체험학습을 허가할 수 있는가?

원고는 2008. 10. 14일부터 15일까지 실시된 2008년도 국가수준학업성취도평가 전날 교직원회의를 개최하여 3학년 담임교사들에게 "이 사건 학업성취도평가 응시 여부의 선택권을 학생과 학부모에게 부여할 필요가 있으므로 학업성취도평가 대신 현장체험학습을 희망하는 학생들에게 그 신청서를 제출하도록 지도하라."고 지시하였다. 이에 따라 원고는 총 15명의 학생으로부터 현장체험학습을 신청받아, 해당 학생의 담임교사로 하여금 그들의 학부모와 통화하여 동의 여부를 확인하게 한 후, 학부모의 동의를 받은 총 9명의 학생으로 하여금 현장체험학습을 하도록 허가하였다. 그 결과 원고는 8명의 학생으로 하여금 이 사건 학업성취도평가에 결시하도록 하여 사실상 그들로 하여금 평가를 거부하도록 유도하였다. 이에 피고(전라북도 교육감)는 2009. 1. 28. 원고에 대하여 정직 3월의 징계처분을 발령하였다.

[사례 3] 학교폭력(집단괴롭힘)과 관련된 학교의 보호의무 위반이 인정되는가?

피고 학생들은 2010. 4. 2.경부터 2010. 7. 20.경까지 14회에 걸쳐 다음 내용과 같이 원고를 집단적으로 따돌리며 괴롭혔음.

원고의 뒤통수를 약 5회 때리고 다른 학생과의 싸움을 유도함; 원고의 팔을 잡아 다른 학생의 얼굴을 수회 때렸고, 다른 학생의 팔을 잡아 원고를 수회 때림; 담배를 피우면서 원고를 협박하여 망을 보게 함; 원고에게 눈치게임에 참여할 것을 강요하였고, 원고가 계속 벌칙을 받도록 유도하여 원고의 이마를 손바닥으로 3회 때림; 원고에게 운동화를 내놓지 않으면 때릴 것이라고 협박하여 운동화를 빼앗음; 자고 있던 원고의 얼굴에 낙서를 하고 얼굴을 4회 때렸음

원고는 피고 학생들의 집단괴롭힘으로 인하여 학교생활에 적응하지 못하고 2010. 8. 25. ○○○○고등학교에서 자퇴하였음. 원고는 이후에도 대인관계에 두려움을 느끼고 단체생활에 적응하지 못하는 등 심리적인 고통을 겪다가 2012. 6. 28. 우울병 에피소드 진단을 받았음. 이에 원고의 모는 피고 학생들과 인천광역시 교육감, 학교의 담임교사를 대상으로 민사상 손해배상청구소송을 제기하였음.

정리하기

지금까지 나눔초등학교의 사례를 바탕으로 교육법의 개요와 기본 체계, 교육을 받을 권리, 교원의 교육의 자유 및 그에 따른 책임, 학생의 안전사고와 관련된 학교 및 교원의 법적 책임 등을 함께 살펴보았다. 여기서는 학습한 내용을 바탕으로 자신을 성찰하는 정리활동을 제시하였다. 다음의 질문을 읽으면서 지금까지 학습한 내용을 정리하고 자기 자신을 돌이켜 보면서 교육법에 대한 자신의 생각을 정리해 보자.

1 교육법의 필요성을 한 문장으로 표현해 보세요. 그리고 그 이유를 구체적으로 설명해 보세요.

※ 강의 시간에 학습한 교육법 개념, 주요 내용 및 원리들을 토대로 자신의 용어로 교육법의 필요성을 구체화해 보세요.

'교육법은 [ ] 필요하다.'

2 추후 본인이 교사가 되었을 때 교육법에 대한 이해를 심화하고, 이를 교육 현장에서 잘 활용하기 위해서는 어떠한 노력이 필요할 것인지 설명해 보세요.

※ 강의 시간에 학습한 내용들을 토대로 자신의 미래를 상상하며 구체화해 보세요.

제 7 장

학교재정의 이해

1. 학교재정 운영의 주요 가치는 무엇인가

2. 학교재정의 이론적 접근과 운용 전략

워크숍 학교회계 분석 및 평가하기

정리하기

제 7 장 학교재정의 이해

학교는 다양한 구성원이 상호작용하며 교육적 목표를 실현하는 복합적인 조직이다. 학생의 학습과 성장, 교사의 전문성 개발, 학부모와 지역사회의 협력 등 학교 운영의 모든 과정에는 재정적 뒷받침이 필수적으로 요구된다. 이런 이유에서 학교재정은 단순한 예산 편성이나 집행하는 수준을 넘어, 교육의 질을 보장하고 학교 운영의 지속 가능성을 높이기 위한 전략적 요소라고 볼 수 있다. 특히 현대 학교조직은 교육 환경의 변화에 따라 재정 운영의 복잡성이 더욱 커지고 있다. 교육의 공공성 강화, 학생 맞춤형 학습 지원 확대, 교사의 전문성 강화, 학교 시설의 현대화, 디지털 교육환경 구축 등 다양한 요구로 인해 충분한 학교 운영비의 확보, 학교예산의 적절한 배분과 효율적 집행이 더욱 중요해졌다.

학교재정을 효과적으로 운영하기 위해서는 구성원 간의 협력과 합리적인 의사결정이 필수적이며, 이 과정에서 학교재정의 구조와 운영 원리에 관한 명확한 이해는 무엇보다도 중요하다. 이 장에서는 학교재정의 개념과 주요 특징을 탐구하고 학교교육의 질적 향상을 위한 학교재정 관리 방안을 논의하고자 한다. 이를 구체적으로 논의하기에 앞서, 푸른초등학교의 사례를 살펴보자.

사례

푸른초등학교는 오랫동안 학교 예산의 불균형한 배분과 비효율적인 지출 구조로 인해 교육의 질 향상에 어려움을 겪고 있었다. 예산의 제약으로 인해 교육활동이 목적에 맞게 충분히 이루어지지 못하는 목적–수단 도치 문제가 발생하였고 학교 예산의 비효율적 지출이라는 지적이 있었다. 예를 들어, 학생들의 학습 지원을 위해 필요했던 디지털 교육 기자재 예산이나 학교생활에 어려움을 토로하는 학생들에게 실질적인 도움을 제공하기에 필요한 예산이 턱없이 부족한 반면, 사용 빈도가 낮은 행사성 사업이나 일회성 프로그램에 예산이 과도하게 배정되는 사례가 지속적으로 지적되었다. 또한 푸른초등학교는 학교행정가와 일부 관계자를 중심으로 학교예산 편성과 심의가 이루어져 학교예산 편성 및 심의 대표성 및 전문성 문제도 지적되었다. 이러한 문제를 해결하기 위해 푸른초등학교는 먼저, 학교교육의 목표에 맞춰 학교 예산 배분의 기준을 명확히 설정하고, 취약계층 학생 지원과 학교교육의 내실화에 초점을 맞춰 지출 구조를 재편하였다. 이를 위해 경제적 취약계층 학생들을 위한 학습 보조금과 방과 후 프로그램 지원을 확대하였고, 특수교육 대상 학생과 다문화가정 학생을 위한 맞춤형 교육 프로그램에 대한 재정 지원을 강화하였다. 아울러, 학교 예산의 효율적 운영을 위해 기존 예산 구조를 점검하여 불필요한 행정 지출을 줄이고, 시설과 장비의 활용도를 높이기 위해 시설 공유 시스템을 도입하였다. 이 과정에서 푸른초등학교는 학교재정 운영의 투명성을 확보하고, 예산 배분의 형평성과 효율성을 강화하기 위해 '참여예산제'를 도입하였다. 이를 통해 교사, 학부모, 학생 대표들이 직접 예산 편성을 논의하며, 지출 우선순위를 결정하는 과정에 참여할 수 있도록 하였다. 특정 영역에 예산이 과도하게 집중되는 문제를 방지하고, 실제 학교 구성원들이 필요로 하는 사업과 활동에 예산이 효율적으로 사용될 수 있도록 조정하였다. 그 결과 푸른초등학교는 학생 맞춤형 개별 지원을 강화하면서 보다 공정한 예산 배분을 실현하였다. 교사들은 교육활동에 필요한 자원을 보다 효율적으로 활용하게 되었다.

토론 질문

이 사례를 고려해서 다음의 질문에 대한 자신의 생각을 정리해 보고, 다른 학생과 토의 및 토론해 보세요.

1. 학교재정 운영에서 고려해야 할 주요 가치는 무엇인가?
2. 학교 성장과 혁신을 위한 학교재정 운용 전략은 무엇인가?
3. (워크숍) 학교재정 운용 현황을 어떻게 진단할 것인가?

이 사례에서 푸른초등학교는 오랫동안 불균형한 예산 배분과 비효율적인 지출 구조로 인해 교육의 질 향상에 어려움을 겪고 있었다. 특정 프로그램과 시설 유지에 과도한 예산이 집중되는 반면, 학생 개별 학습 지원과 교사의 전문성 개발을 위한 재원은 부족한 상황이었다. 특히 소득 수준이 낮은 가정의 학생들이 교육 프로그램에 참여하는 데 어려움을 겪고 있어 교육 형평성 문제도 지속적으로 제기되었다. 이러한 위기 상황을 해결하기 위한 푸른초등학교의 노력은 다음과 같은 몇 가지 특징을 가진다.

첫째, 푸른초등학교는 학교예산이 학교교육의 목적에 부합하는 교육활동에 편성될 수 있도록 노력하였다. 기존의 예산 편성 방식은 일회성의 행사에 관행적으로 많은 예산을 편성해 왔으며, 이로 인해 예산 제약으로 제대로 교육활동을 진행하지 못하는 목적-수단의 도치 문제를 유발하였다. 즉, 예산이 꼭 필요한 곳에 적절히 배분되지 못하는 문제가 있었다. 이에 따라 푸른초등학교는 학교 예산 배분 기준을 명확히 정리하고, 학생과 교사의 실질적 요구를 반영하는 방향으로 재편하였다. 이를 위해 경제적 취약계층 학생들을 위한 학습 보조금과 방과후 프로그램 지원을 확대하고, 특수교육 대상 학생과 다문화가정 학생을 위한 맞춤형 교육 프로그램에 대한 재정 지원을 강화하였다. 이러한 변화는 학생들의 학습 기회를 보다 공정하게 보장하는 기반이 되었다.

둘째, 푸른초등학교는 학교 예산이 한정된 자원인 만큼 불필요한 지출을 줄이고 활용도를 높이는 전략이 필요하다고 판단하였다. 이에 따라 예산 구조를 점검하여 불필요한 행정 지출을 줄이고, 이용 빈도가 낮은 시설과 장비의 활용도를 높이기 위한 시설 공유 시스템을 도입하였다. 이를 통해 예산 낭비를 최소화하면서도 교육적 효과를 극대화할 수 있도록 하였다. 또한 교사 연수 및 전문성 개발 프로그램을 내실화하여 동일 예산으로 더 많은 교사가 연수 기회를 얻을 수 있도록 개선하였다. 기존에는 일부 교사만 참여할 수 있었던 연수 프로그램을 보다 많은 교사들이 경험할 수 있도록 조정함으로써, 학교 전체의 교육 역량을 강화하는 기반을 마련하였다.

셋째, 푸른초등학교는 학교재정 운영이 일방적으로 이루어지는 것이 아니라, 교사·학부모·학생이 함께 만들어 가는 구조로 변화해야 한다고 보았다. 이를 위해 학교재정 운영의 투명성을 확보하고, 예산 배분의 형평성과 효율성을 강화하기 위해 '참여예산제'를 도입하였다. 이를 통해 교사, 학부모, 학생 대표들이 직접 예산 배분 계획을 논의하며, 지출 우선순위를 결정하는 과정에 참여할 수 있도록 하였다. 이를 통해 특정 영역에 예산이 과도하게 집중되는 문제를 방지하고, 실제 학교 구성원들이 필요로 하는 분야에 예산이 효율적으로 사용될 수 있도록 조정하였다. 또한 학부모와 지역사회의 협력을 강화하기 위해 열린 회의를 정례화하고, 예산 운영의 투명성을 높이기 위한 보고 체계를 구축하였다.

푸른초등학교는 이런 노력을 통해 보다 공정한 예산 배분이 가능해졌으며, 개별 학생에 대한 맞춤형 지원을 강화하였다. 교사들은 교육활동에 필요한 자원을 보다 효율적으로 활용할 수 있게 되었다. 또한 학교 예산이 학생 학습과 교사의 전문성 개발에 보다 효과적으로 활용됨에 따라, 학생들의 학습 환경이 실질적으로 개선되는 성과를 거두었다. 이러한 변화는 학교재정이 단순한 행정적 요소가 아니라, 교육의 질을 좌우하는 중요한 요소임을 보여 준다. 또한 푸른초등학교의 사례는 학교 예산이 학교 및 교육과정 운영을 위해 관례에 따라 집행되는 단순한 유지비가 아니라 학교가 지향하는 목표를 효과적으로 달성하는 데 전략적으로 운영될 수 있는 전략 자산임을 분명하게 보여 준다.

1. 학교재정 운영의 주요 가치는 무엇인가

1) 교육재정 개념과 중요성

학교재정은 교육재정의 하위 영역이라는 점에서 교육재정의 맥락 속에서 이해될 필요가 있다. 교육재정은 국가와 지방자치단체가 교육을 원활히 운영하고 발전시키기 위해 필요한 재원을 확보하고, 이를 효과적으로 배분・운용하는 체계를 의미한다. 이런 맥락에서 윤정일 등(2015)은 교육재정을 "국가 및 공공단체가 교육 욕구를 충족하기 위하여 필요한 수단을 조달하고 관리・사용하는 경제활동"으로 정의하면서 구체적으로 교육에 필요한 재원을 확보・배분・지출・평가하는 일련의 활동이라고 설명하였다.

교육재정은 국가와 공공단체가 공공재로서의 공적 교육을 원활하게 수행하는 데 중요한 수단이며, 궁극적으로 교육의 형평성과 질을 제고하는 데 필수적인 역할을 한다. 교육재정은 모든 학생에게 경제적 여건과 지역적 차이와 관계없이 균등하게 양질의 교육을 받을 수 있도록 지원하는 핵심 기제이며, 교육 프로그램, 교사 연수, 학교 시설 개선 등을 원활하게 추진하는 데 필요한 재원을 효율적으로 운영하여 학교교육의 효과성을 제고하는 데 중요한 역할을 한다. 이를 고려해 볼 때, 교육재정은 능력에 따라 균등한 교육 기회를 보장하여 교육의 형평성과 학생 개개인의 수월성을 강화하며, 동시에 제한된 재원을 가장 효율적으로 배분하고 운용하여 교육의 효과성과 효율성을 제고하는 핵심 기제이다.

교육재정이 교육목표를 달성하기 위한 수단적 성격을 가진다는 점을 명확하게 이해하는 것 역시 중요하다. 교육재정은 교육정책을 효과적으로 실행하고 모든 학생에게 질 높은 교육 기회를 보장하기 위한 수단적 역할을 수행한다. 교육재정이 충분히 확보되고 효율적으로 배분될 때 학교교육의 내실화, 교원의 전문성 향상, 교육환경 개선, 교육 형평성 강화 등의 목표를 실현할 수 있다. 따라서 교육재정은 교육의 목적을 달성하기 위한 핵심적인 수단이라고 볼 수 있다. 이런 이유에서 교육재정을 단순한 행정적 재원 관리가 아니라 교육적 성과를 극대화하는 전략적 수단으로 이해할 필요가 있다.

이를 고려해 볼 때, 국가가 교육재정을 통해 공적으로 교육비를 지원해야 하는 이유가 보다 명확해진다. 이는 교육재정의 의의와 중요성과도 밀접하게 관련된다.

첫째, 교육은 개인의 성장뿐만 아니라 국가의 경제적·사회적 발전에 필수적이기에 공적 성격을 가진다. 따라서 국가가 교육비를 지원하는 것은 단순한 복지 차원을 넘어, 국가의 지속 가능한 발전과 사회적 형평성을 확보하는 핵심적인 정책 수단이라고 볼 수 있다. 교육은 개인이 능력을 개발하고 가능성을 실현하는 데 도움이 될 뿐만 아니라, 국가의 전반적인 인적 자원의 질을 향상시켜 장기적으로 경제 성장과 사회 발전에 기여한다. 교육에 대한 투자는 개인적 편익과 함께 사회적 편익을 제공한다는 점에서 국가는 교육에 대한 투자를 늘려 왔다.

둘째, 교육에 대한 공공 지원은 사회적 불평등을 완화하는 데 기여한다. 경제적 여건이 열악한 가정의 학생들이 적절한 교육 기회를 갖지 못한다면, 교육 기회의 격차는 사회·경제적 불평등을 심화시키는 요인이 될 수 있다(여유진, 2008). 국가가 교육비를 지원함으로써, 모든 학생이 가정의 경제적 배경과 관계없이 균등한 교육 기회를 보장받을 수 있으며, 이를 통해 사회경제적 여건에 따른 교육격차를 완화할 수 있다. 특히 무상교육 정책, 장학금 제도, 교육 급여 지원 등의 재정적 지원은 취약계층 학생들의 학습권을 보장하는 중요한 역할을 한다.

셋째, 국가가 교육비를 지원해야 하는 또 다른 이유는 교육의 외부 효과 때문이다. 교육을 받은 개인은 더 나은 직업을 얻고 소득 수준을 높이는 등 개인적인 혜택을 누릴 뿐만 아니라, 사회 전체적으로도 생산성이 향상되고 범죄율 감소, 건강 개선, 시민의식 함양 등의 긍정적인 효과를 발생시킨다(Brewer & McEwan, 2010). 교육을 받은 시민은 민주주의 사회에서 더욱 적극적으로 참여하고, 공동체 의식을 높이며, 사회적 통합을 촉진하는 역할을 한다. 따라서 국가가 교육비를 지원하는 것은 단순히 개인에게 혜택을 제공하는 것이 아니라, 사회 전체의 발전과 지속 가능한 국가 운영을 위한 투자로 볼 수 있다.

2) 학교재정의 개념과 특징

학교재정은 교육재정과 유사하게 교육활동을 지원하는 경제활동이라는 점에서 공통점을 가지지만, 운영 범위와 역할에서 차이가 있다. 교육재정은 국가와 지방자치단체가 공적인 교육활동에 필요한 재원을 확보하고 배분 · 운용하는 전체적인 체계를 의미한다면, 학교재정은 학교가 주어진 예산을 활용하여 교육과정 및 학교 운영에 필요한 재원을 배분 및 운영하는 전반적인 과정을 의미한다. 즉, 교육재정이 국가 및 지역 차원에서 교육 재원의 확보, 배분, 운용, 평가 등을 수행하는 일련의 경제활동을 의미하는 거시적 개념이라면, 학교재정은 교육목표를 달성하기 위해 개별 학교에서 이루어지는 경제적 활동을 뜻하는 미시적 개념이라고 볼 수 있다.

이렇듯 학교재정은 학교 운영에 필요한 재원을 조달하고 활용하는 전체적인 체계를 의미한다. 학교재정과 유사한 개념으로 학교예산이 있다. 학교예산은 학교재정을 구체적으로 계획하고 집행하기 위한 수단으로, 일정 기간 학교 운영과 교육과정 수행을 위해 배정된 수입과 지출에 관한 계획을 의미한다. 즉, 학교재정이 학교 운영을 위한 재원을 조달하고 운용하는 총체적인 개념이라면, 학교예산은 이를 효과적으로 운영하기 위한 세입과 세출에 관한 구체적인 계획이라고 볼 수 있다.

이런 개념 정의를 통해 알 수 있듯이, 학교재정은 학교교육의 목표를 달성하기 위한 수단적 성격을 가진다. 학교에서 이루어지는 교육활동은 충분한 재정적 지원이 뒷받침될 때 원활하게 운영될 수 있다. 그렇기에 학교재정은 교육활동에 필요한 재원을 단순히 조달하는 수준을 넘어 우수한 교육 프로그램 운영, 교사의 전문성 강화, 양질의 교육시설 및 기자재 확보, 학생 복지 향상 등과 같은 다양한 교육적 목표를 실현하는 전략적 성격이 강하다고 볼 수 있다. 학교교육에 필요한 재원을 충분히 확보하고 효과적으로 학교재정을 운용할 때, 우수한 양질의 교육활동을 제공하여 학교교육의 질적 수준을 제고할 수 있다.

현실적으로 학교예산이 충분하지 않을 경우, 교육목표와 교육활동 간의 목적-수단 도치 현상이 발생한다. 즉, 학교가 교육목표를 달성하는 데 가장 적합한 교육활동이 아니라, 제한된 예산 범위 내에서 운영이 가능한 교육활동을 운영하게 된다는 문제가 발생한다. 예를 들어, 4차 산업혁명 시대에 대응하여 AI, VR, IoT 등 디지털 기술을 활용한 융합교육을 강화하려는 학교가 있다고 가정해 보자. 이러한 교육활동을 효과적으로 운영하기 위해서는 고성능 컴퓨터, VR 헤드셋, AI 학습 프로그램, IoT 실험 키트 등 필수적인 기자재가 필요하다. 그러나 예산 부족으로 인해 이러한 장비를 구입할 수 없는 경우, 학교는 디지털 기술을 활용한 융합교육을 계획하고도 실제로는 기존의 전통적인 강의식 수업 방식으로 운영할 수밖에 없는 상황에 놓이게 된다. 이처럼 학교재정이 충분히 확보되지 못한다면, 학교는 본래 설정한 교육목표를 실현하지 못하고 예산 제약 내에서 실행 가능한 교육활동을 운영하는 방식으로 타협하게 된다. 이런 이유에서 학교재정이 충분하지 못해 교육목표와 교육활동 간의 목적-수단 도치 현상이 발생하지 않도록 안정적이고 충분한 학교재정의 확보가 무엇보다 중요하다.

한편, 「국가재정법」과 「지방재정법」 등 관계 법령에서 제시한 재정운용의 원칙을 고려할 때, 학교재정도 나름의 운영 원칙에 따라 집행된다. 학교재정 운영 원칙은 학교재정이 투명하고 효율적으로 운영될 수 있도록 보장하는 중요한 기준이다. 관련해서 다음과 같은 몇 가지 원칙을 제시할 수 있다.

첫째, 학교회계 운영에 예산총계주의 원칙이 적용되어 학교에서 발생하는 모든 세입과 세출이 모두 예산에 포함되도록 관리해야 한다. 모든 재원을 통합하여 하나의 체계 내에서 운영함으로써 학교재정을 보다 체계적으로 관리하고 예산 운용의 투명성을 강화한다.

둘째, 단일예산주의 원칙에 따라 학교교육활동에서 소요되는 제반 비용은 하나의 학교회계에서 관리한다. 이로 인해 학교회계의 중복 집행이 방지되고, 특정 프로그램에 예산이 집중되는 문제를 해소할 수 있다. 특히 특정 교과나 활동에 과도하게 예산이 편중되지 않도록 조정함으로써 다양한 교육 프로그램을 균형 있게 운영한다는 이점이 있다.

셋째, 예산 편성 과정에서는 회계연도 독립 원칙을 준수하여, 해당 회계연도 내에서 수입과 지출을 정산한다. 이를 통해 연도별로 예산을 철저히 분리하여 운영하면서 이월된 예산의 불투명한 사용이나 과도한 지출이 발생하지 않도록 관리하도록 하였다.

넷째, 사전승인 원칙도 엄격히 적용한다. 예를 들어, 교실 개선 사업에 추가 예산이 필요하다고 판단되었을 때 학교장이 임의로 예산을 조정할 수 없으며 학교운영위원회의 심의를 거쳐 예산 변경을 승인받은 후 조정이 가능하다.

다섯째, 예산의 공개성 원칙에 따라 예산 편성과 집행 내역을 학교 홈페이지에 공개하며 학부모와 지역사회가 학교재정 운영에 대한 신뢰를 가질 수 있도록 한다.

여섯째, 한정성 원칙에 따라 승인된 예산이 정해진 용도 외에 사용되지 않도록 철저히 관리한다. 예를 들어, 교과 활동 예산이 다른 행정 비용으로 전용되지 않도록 하고, 예산 변경이 필요한 경우 반드시 학교운영위원회의 승인을 거치도록 하였다.

마지막으로, 건전 재정운영 원칙을 적용하여 불필요한 지출을 줄이고 예산을 효율적으로 활용하도록 강조한다. 기존에 개별 교과별로 따로 구입하던 학습 기자재를 공동으로 사용하도록 조정하거나 시설 유지보수 계약을 통합하여 운영함으로써 예산 절감을 이루어 내는 접근 방식이 여기에 해당한다.

3) 학교재정의 주요 가치

학교재정은 교육의 질을 결정하는 핵심 요소로, 학생들에게 균등한 교육 기회를 제공하고 학교교육의 질을 제고하는 데 중요한 역할을 한다. 재정 운용 방식에 따라 교육 기회의 형평성이 달라지고, 예산 활용의 효율성 역시 달라진다. 결과적으로 학교재정의 운영 방식은 학교교육의 운영 성과에도 직접적인 영향을 미친다. 따라서 학교재정이 지향하는 교육적 가치는 학교교육이 지향하는 교육목표를 규정하고 교육프로그램의 성격을 구체화하는 중요한 요소라고 볼 수 있다. 학교재정에서 관심을 가져온 주요한 가치는 형평성, 효율성, 자율성 등이 있다. 여기서는 형평성, 효율성, 자율성 등의 주요 가치를 중심으로 학교재정과의 관련성을 살펴본다.

(1) 학교재정과 형평성

학교재정에서 형평성(equity)은 모든 학생이 경제적 상황이나 지역적 여건과 관계없이 동등한 교육 기회를 보장받을 수 있도록 재원을 배분하는 가치로 논의해 왔다. 그렇기에 형평성은 교육의 공공성을 유지하고, 사회적 불평등을 완화하는 데 중요한 역할을 한다는 점에서 의의가 있다. 형평성은 크게 수평적 형평성(horizontal equity), 수직적 형평성(vertical equity), 적정성(adequacy)의 세 가지 개념으로 설명될 수 있다(윤홍주, 2004).

먼저 수평적 형평성은 '동일한 사람들에게 동일한 처우를 제공(equal treatment of equals)'해야 한다는 가치이다(Ladd & Goertz, 2015). 동일한 교육적 필요를 가진 학생들에게 동일한 자원이 제공되어야 한다는 점을 강조한다. 수평적 형평성에 따를 때, 학교재정은 모든 학교가 기본적인 교육 서비스를 제공할 수 있도록 균등한 예산을 배정해야 한다. 그러나 현실적으로 지역별 교육재정의 불균형으로 인해 도시와 농어촌 간 재정 격차가 발생한다.

다음으로 수직적 형평성은 '다른 사람에게 다른 처우를 제공(unequal treatment of

unequals)'해야 한다는 가치를 의미한다(Ladd & Goertz, 2015). 이는 교육적 필요가 더 큰 학생들에게 더 많은 자원을 지원하는 것이 정당하다는 가치로, 저소득층, 다문화 가정, 특수교육 대상 학생과 같이 추가적인 지원이 필요한 학생들에게 더 많은 재정적 지원이 이루어져야 한다는 원칙을 강조한다. 수직적 형평성은 이런 상황에서 사회경제적 여건이 좋지 못하거나 신체적·정신적 어려움이 있는 학생에게 더 많은 재정적 지원을 통해 그들의 교육적 필요를 충족시켜 준다는 점에서 수평적 형평성과 차이가 있다.

적정성은 '학생들이 교육 기준을 충족하는 데 필요한 자원이 충분히 제공되는가(How much is adequate to meet the standards)'에 초점을 둔다(Ladd & Goertz, 2015). 단순히 재정 배분의 공정성을 논의하는 것을 넘어, 학생들이 교육목표를 달성하는 데 필요한 재원이 충분히 보장되는지를 강조하는 가치이다. 이는 성취해야 할 교육목표에 도달하는 데 초점을 두는 가치라는 점에서 교육 형평성의 확장된 개념이라고 볼 수 있다. 다만, 현재 성취해야 할 교육목표가 무엇인지, 충분함의 판단하는 준거가 무엇인지 등 학교재정 운영 측면에서 검토해야 할 기준이 명확하지 않아 지속적인 논의가 필요하다(정설미, 이호준, 2023). 그럼에도 불구하고, 학교재정과 관련해서 교육성과를 고려한 학교재정 운용이 활성화되기 위해서는 학생이 도달해야 할 성취목표를 달성할 수 있도록 충분한 처우를 제공하는 적정성에 더 많은 관심이 필요하다.

(2) 학교재정과 효율성

학교재정에서 효율성(efficiency)은 제한된 예산을 가장 효과적으로 활용하여 교육 효과를 극대화하는 것을 의미한다. 이는 '제한된 예산하에서 교육성과를 최대화(maximize education outcomes subject to limited budget)'하는 방향으로 학교재정을 운영해야 한다는 점을 강조한다. 학교재정이 비효율적으로 운영될 경우, 불필요한 행정 비용 증가, 비효율적인 시설 유지, 효과성이 검증되지 않은 교육 프로그램에 과도한 예산 투입 등의 문제가 발생할 수 있다. 이는 궁극적으로 교육의 질적 저하를 초래할 수 있다.

학교재정에서 효율성이 중요한 이유는 학교 예산이 한정된 자원이기 때문이다. 따라서 예산이 효과적으로 활용되지 않으면 필수적인 교육활동과 학생 지원에 필요한 재원이 부족해질 수 있다. 예를 들어, 행정 비용이 과도하게 지출되거나 교육과 무관한 시설 유지비가 지나치게 많다면, 정작 필요한 교사 연수, 교구 확보, 교육 프로그램 운영과 같은 핵심 교육활동이 위축될 가능성이 크다. 이를 고려해 볼 때, 학교재정은 비용 대비 교육 효과를 극대화하는 방향으로 운용될 수 있도록 예산 집행의 우선순위를 명확히 설정하고 효과성을 지속적으로 평가하는 과정이 필요하다.

학교재정 운용의 효율성과 관련해서 예산 낭비의 최소화와 교육 프로그램에 대한 내실 있는 효과성 평가가 무엇보다 중요하다. 먼저, 학교재정에서 시설 유지비나 행정 비용이 과도하게 지출될 경우 예산 낭비 문제가 발생할 수 있으며, 이로 인해 교육활동에 대한 예산 지원이 현저하게 줄어드는 상황이 발생할 수 있다. 과도한 시설 개·보수나 효율성이 떨어지는 사업에 과도한 예산을 투입하는 경우 이는 교육 예산의 전반적인 효율성을 저해하는 요인이 된다. 다음으로, 특정 교육 프로그램이 실제로 학습 성과에 긍정적으로 기여하는지 분석하지 않은 채 지속적으로 예산이 투입되는 경우 학교재정 운용의 비효율성 문제가 발생한다. 프로그램의 성과에 대한 과학적 근거 없이 무분별하게 도입된 교육 프로그램이나 교육 효과가 낮은 사업에 지속적으로 재정을 투입한다면, 학교재정 운영의 비효율성이 심화될 수 있다.

이러한 문제를 해결하기 위해서는 학교재정 운용에 과학적 관리기법(scientific management techniques)을 도입하여 효율성을 극대화하는 방안을 강구할 필요가 있다. 학교가 추진했던 사업의 성과와 학교재정의 지출 규모에 관한 데이터를 분석하여 이불용액이 많이 발생하는 지출항목에서 불필요한 예산 낭비를 줄이고, 성과 기반 예산제도(Performance-Based Budgeting: PBB)를 활용하여 교육 효과가 입증된 프로그램에 보다 많은 재정을 투자하는 방식을 고려해 볼 수 있다. 이를 통해 불필요한 지출을 최소화하고 교육 효과성이 높은 프로그램에 집중적인 투자가 가능하며, 데이터 기반의 과학적 관리기법을 활용하여 지속적으로 학교재정 운용 방식을 개선해 나갈 필요가 있다.

(3) 학교재정과 자율성

재정 자율성은 자신의 자원과 지출에 대한 결정권의 정도를 의미하는데(이선호 외, 2019), 이를 고려해 볼 때 학교재정의 자율성(autonomy)은 각 학교가 교육청이나 정부의 과도한 통제에서 벗어나, 학교의 특성과 필요에 맞게 독립적으로 예산을 편성하고 지출할 수 있어야 한다는 점을 강조하는 가치라고 볼 수 있다. 이런 이유에서 학교재정의 자율성은 교육재정 운용의 분권화(decentralization)와 관련이 깊다. 자율성은 학교가 학교의 상황과 여건을 고려해서 자율적으로 학교재정을 관리함으로써 보다 효과적인 교육과정 및 학교 운영을 가능하게 한다. 각 학교는 학생 구성, 교육목표, 지역적 특성 등에 따라 다른 재정적 요구를 가지므로 중앙집권적인 방식으로 획일적인 예산을 배분하기보다는 학교 단위에서 자유로운 선택(freedom of choice)을 보장하는 것이 중요하다고 볼 수 있다. 예를 들어, A 학교는 구성원의 요구와 필요를 고려해서 예술 · 체육 교육을 강화할 필요가 있는 반면, B 학교는 기초학력 향상 프로그램에 집중할 필요가 있을 수 있다. 이런 상황에서 학교는 자체적인 의사결정권을 가지고 학교재정을 운용함으로써 보다 효과적으로 교육과정 및 학교를 운영할 수 있다.

학교재정에서 자율성을 확대하는 과정에서도 몇 가지 쟁점이 존재한다. 우선, 학교재정 운용의 책임성 문제이다. 학교가 독립적으로 예산을 운영할 수 있는 권한이 커지는 만큼, 예산 집행 결과에 대한 책임과 투명한 학교재정 운용을 어떻게 보장할 것인지에 대한 고민이 필요하다. 자율성이 과도하게 보장될 경우, 방만한 예산 관리로 비효율적으로 학교를 운영할 가능성이 있기에 이에 대한 관리와 감독이 필요하다. 다음으로, 학교 간 재정 관리 및 운용 역량의 격차 문제가 존재한다. 일부 학교는 재정 운영 능력이 뛰어나 효과적인 예산 집행이 가능하지만, 반대로 자율적 재정 운용 역량이 부족한 학교에서는 비효율적인 재정 운영이 이루어질 가능성이 있다. 이는 학교 간 교육 격차를 심화시킬 수 있는 요소로 작용할 수 있다. 교육청 차원에서 학교별 학교재정 운용 역량 강화를 위한 모니터링 및 컨설팅 지원이 중요하다.

2. 학교재정의 이론적 접근과 운용 전략

학교의 성장과 혁신을 효과적으로 지원하기 위해서는 학교재정을 전략적으로 운용하는 것이 필수적이다. 학교는 단순한 행정 조직이 아니라, 변화하는 교육환경 속에서 지속적으로 발전하고 혁신해야 하는 동적인 조직이기에, 이를 위해서는 교육목표에 부합하는 재정 운영이 뒷받침되어야 한다. 특히 ① 학교의 교육목표와 성장 방향, ② 학교조직의 규모 및 재정 자원, ③ 교육정책 변화와 정책 사업 도입 여부 등을 고려해서 학교재정을 계획하고 활용하는 것이 중요하다.

앞서 살펴본 푸른초등학교의 사례에서 볼 수 있듯이, 학교재정 운용 전략은 단순한 예산 배분을 넘어 학교가 변화하는 환경에 유연하게 대응하고 학교의 지속 가능한 성장을 이루는 데 기여해야 한다. 이를 위해서는 교육재정의 형평성과 효율성을 고려한 예산 배분, 자율과 책임의 조화를 이루는 재정 운용 그리고 장기적 관점에서의 안정적 예산 확보 등이 중요한 전략이 될 수 있다. 또한 교육 혁신과 정책 변화에 따라 학교의 필요가 달라지는 만큼, 예산의 탄력적 운용과 효과적인 재원 확보 전략이 요구된다. 여기서는 학교의 지속 가능한 성장과 혁신을 위한 학교재정 운용 전략을 살펴본다.

1) 공공재정 이론과 학교재정

공공재정 이론(Public Finance Theory)은 시장이 자원을 효율적으로 배분하지 못하는 시장 실패(market failure)를 해결하기 위해 정부가 개입하여 공공재를 공급하고 외부 효과를 조정하는 역할을 수행해야 한다고 설명한다(나성린 외, 2022). 이런 공공재정 이론은 교육에 대한 국가의 투자를 이해하는 이유를 명확하게 설명한다. 교육은 대표적인 공공재[1]로써, 단순한 개인적 이익을 넘어 사회 전체에 긍정적인 영향을 미치므로, 시장에만 맡겨질 경우 모든 학생이 균등한 교육 기회를 누리기 어려워진다. 이러한 이유로 정부는 의무교육 단계에서 이루어지는 학교교육의 공적 속성을 인정하고 공교육 제도하에서 일정한 연령대에 해당하는 학생들에게 균등하게 교육받을 권리를 보장한다.

공공재적 성격을 가지는 교육은 외부 효과(externalities)나 정보 비대칭(information asymmetry)으로 인해 시장 실패를 경험하게 되고, 이로 인해 비효율적인 자원 배분이 발생한다. 이런 상황에서 교육을 온전히 시장에 맡길 경우 경제적 여건이 좋은 가정의 학생들은 교육에 관한 좋은 정보를 활용해서 양질의 교육을 받을 수 있는 기회를 더 많이 갖게 되는 반면, 저소득층 학생들은 사회적 · 경제적 · 문화적 어려움으로 인해 양질의 교육을 받을 기회를 제대로 보장받기 어렵게 된다. 결과적으로 사회적 불평등이 심화될 가능성이 커진다. 이런 시장 실패를 해결하기 위해 정부는 공교육을 통해 교육에 적극적으로 개입해 왔다. 예컨대, 국가와 지방정부는 학교재정을 안정적

---

1 의무교육 단계에서 이루어지는 학교교육은 공공재로서 비경합성(non-rivalry)과 비배제성(non-excludability)이라는 속성을 가진다. 즉, 한 학생이 교육을 받는다고 해서 다른 학생이 교육받을 기회가 감소하지 않으며, 누구도 공교육에서 배제되지 않는다. 이에 반해 시장에서 공급되는 사교육은 경제적 능력에 따라 교육받을 기회가 달라지며 경우에 따라서는 경쟁을 통해 선별된 학생만 참여하기도 한다는 점에서 차이가 있다.

으로 확보하고, 형평성을 고려하여 적절하게 배분해 왔으며, 특히 저소득층 및 취약계층 학생들이 불리한 조건에서 학습하지 않도록 장학금, 무상급식, 방과후학교 등과 같은 지원을 확대해 왔다.

또한 학교교육이 가지는 외부 효과도 정부가 학교교육을 위해 재원을 투자해야 하는 중요한 이유가 된다. 교육은 긍정적 외부 효과(positive externalities)를 창출하는 대표적인 영역으로, 개인이 교육을 받을수록 생산성이 높아지고, 범죄율이 낮아지는 등 사회 전체에 긍정적인 영향을 미친다. 반면, 교육 수준이 낮아질 경우 경제 성장 둔화, 사회 불안 증가 등의 부정적 외부 효과(negative externalities)가 발생할 수 있다. 이러한 점에서 교육에 대한 정부 투자는 단순한 비용 지출이 아니라 사회적 이익을 증대시키는 장기적 투자로 인식될 필요가 있으며, 교육의 긍정적 외부 효과를 높이기 위한 정책적 접근이 필요하다. 이러한 공공재정이론에 따르면, 학교교육이 가지는 사회적 가치는 학교의 성장과 학교교육의 혁신을 위해 안정적인 재정 확보가 필수적임을 시사한다.

현재 학교재정의 가장 중요한 원천은 정부가 교부하는 지방교육재정교부금이다. 지방교육재정교부금은 지방자치단체가 운영하는 교육기관 및 교육행정기관의 재정을 안정적으로 지원하여 교육의 균형 발전과 질적 향상을 도모하는 데 목적이 있다. 그간 우리나라는 정부가 지방교육재정교부금을 통해 확보한 교육재원을 배분공식에 따라 각 교육청으로 교부금을 교부하면, 교육청은 자체 배분 공식에 따라 각 학교로 학교운영비를 교부해 왔다. 학생 수, 학급 수, 교원 수 등의 측정 항목에 공통으로 적용되는 단위비용을 반영하여 교부해야 할 금액을 산정함으로써 균등한 교육 기회를 보장하기 위해 노력해 왔다. 이러한 지방교육재정교부금은 내국세와 교육세의 일정 비율로 확보해 왔는데, 최근 급격한 경기 변동에 따라 교육재정의 규모도 큰 증감을 보였다. 결과적으로 학교의 교육활동에는 변화가 없음에도 불구하고 학교로 교부되는 학교운영비가 경기 변동에 따라 매년 달라지게 되었다(이선호 외, 2023). 학교교육 활동의 여건을 개선하고 질적 향상을 담보하기 위해서는 학교재정의 안정적 확보가 무엇보다 중요하다. 특히 교직원 인건비와 시설비와 같은 경직성 경비가 늘어나고 교육복지비와 같은 복지 수요가 커지는 동시에 유보통합, 디지털교육, 공간재구조화, 늘봄학교 등 초중등교육을 혁신하기 위한 다양한 정책 현안이 산재해 있는 상황을 고려해 볼 때, 학교재정의 안정적 확보가 중요하다고 볼 수 있다.

2) 역량접근 이론과 학교재정

Sen의 역량접근 이론(Capability Approach Theory)은 개인이 삶 속에서 선택할 수 있는 자유(capabilities)를 실질적으로 보장하는 것이 형평성을 실현하는 핵심이라고 본다(Sen, 1999). 이는 단순히 자원을 평등하게 배분하는 것을 넘어 각 개인이 교육을 통해 실질적으로 얻을 수 있는 기회와 능력 확장에 초점을 맞춘다. 이러한 관점에서 교육은 단순한 지식 전달을 넘어 학생들이 자신의 잠재력을 실현하고 미래의 선택지를 확대할 수 있도록 돕는 과정으로 볼 수 있다. Sen은 학교교육이 학생의 기능을 향상시키는 것에 더해 역량을 강화하는 데에도 주목할 필요가 있다고 설명하였다. 이런 맥락에서 교육재정은 학생이 특정한 기능을 갖추도록 지원하는 수준을 넘어, 각자의 역량을 충분히 개발할 수 있도록 지원하는 데 배분의 목적을 둘 필요가 있다. 즉, 학생에게 동일한 규모의 교육비를 지원하는 데 교육재정 배분의 초점을 두기보다는 학생들이 처한 환경과 필요에 따른 차등 지원이 무엇보다 중요하다고 볼 수 있다.

이런 맥락에서 학교재정은 학생 개개인의 교육적 필요와 환경을 고려하여 차등적으로 배분될 필요가 있다. 단순히 모든 학생에게 동일한 지원을 제공하는 것이 아니라, 사회 · 경제적으로 불리한 환경에 놓인 학생들에게 추가적인 지원을 제공함으로써 교육 기회의 불평등을 완화하는 데 초점을 맞출 필요가 있다. 이러한 접근은 수평적 형평성과 수직적 형평성의 조화를 필요로 한다. 모든 학생이 기본적인 교육을 받는 데 필요한 재원을 보장하면서도, 추가로 교육 지원을 필요로 하는 학생들에게는 더 많은 재원이 배분될 수 있도록 설계하는 것이 중요하다.

이와 함께, 적정성의 개념을 연결하여 교육재정 배분을 더욱 정교하게 설계할 필요가 있다. 적정성은 단순히 형평성을 넘어, 학생들이 교육을 통해 교육목표를 달성하는 데 충분한 자원이 제공되는지를 강조하는 가치이다. 즉, 모든 학생이 동일한 출발선에서 학습할 수 있도록 지원하는 것만으로는 충분하지 않으며, 학습 목표를 성취할 수 있도록 필요한 수준의 자원을 보장하는 것이 중요하다. 이는 특히 교육 소외 계층이나 학습 격차가 큰 학생들에게 차등적인 지원이 필요하다는 점을 시사한다.

학교재정의 배분이 적정성을 고려할 때, 단기적인 운영비 중심이 아니라 학생들의 미래 선택지를 확대할 수 있도록 지속 가능하고 전략적인 방식으로 이루어질 필요가 있다. 단순한 유지 · 보수나 시설 운영비를 지원하는 수준을 넘어, 디지털 교육 인프라 구축, 교사 연수 확대, 맞춤형 교육 프로그램 개발 등 장기적인 교육 성과를 창출할 수 있는 영역에 투자가 이루어져야 한다. 이를 고려해 볼 때, 학교재정 배분의 혁신은 단순한 평등한 분배를 넘어 학생 개개인의 학습 기회를 확대하고 교육적 형평성을 강화하는 방향으로 이루어질 필요가 있다. 기존의 일률적인 재정 배분 방식에서 벗어나, 학생 중심의 맞춤형 지원에 대한 더 많은 관심이 요구된다.

학생 맞춤형 예산 배분을 통해 학생 개개인의 교육적 필요와 환경을 고려한 지원 체계를 구축하는 것이 중요하다. 기초학력 미달 학생을 대상으로 개별 맞춤형 학습 프로그램을 운영하고, 교사 보조 인력을 추가 배치하는 방식이 효과적일 수 있다. 또한 취약계층 학생들에게 학습 기자재, 방과 후 프로그램, 심리 · 정서 지원 등의 추가적인 지원을 제공하여 교육 격차를 완화하는 방안이 고려될 수 있다. 이러한 방식은 단순한 평등을 넘어, 학생 개개인의 역량을 최대한 개발할 수 있도록 돕는 차등적 지원의 의미를 가진다.

또한 지역 및 학교 특성을 반영한 차등 예산 배분도 요구된다. 학교의 위치, 학생 구성, 지역별 교육환경 차이를 반영하여 교육재정을 조정하는 방식이 중요하다. 농어촌 지역과 도시 저소득층 밀집 지역의 학교는 상대적으로 교육 인프라가 부족할 가능성이 크기 때문에, 교사 배치 강화, 원격교육 인프라 확충, 교통비 지원 등의 추가적인 예산 배분이 필요하다. 또한 특성화고, 직업 계열 고등학교, 대안학교 등은 일반 학교와 교육과정이 다르므로, 필요에 맞는 예산 구조를 통해 맞춤형 재정을 지원하는 방안이 효과적일 수 있다. 이러한 차등적 예산 배분 방식은 지역 간 교육 격차를 완화하고, 모든 학생의 동등한 교육 기회를 확보하는 데 기여할 수 있다.

3) 신공공관리론과 학교재정

신공공관리론(New Public Management: NPM)은 1980년대 이후 정부와 공공 부문의 운영 효율성을 높이기 위해 등장한 행정 개혁 이론이다. 기존의 전통적 관료제적 행정 방식이 지나치게 경직적이고 비효율적이라는 한계를 가지면서, 보다 유연하고 성과 중심적인 행정 운영 방식이 요구되었다. 이에 따라 신공공관리론은 시장 원리와 기업경영 기법을 공공 부문에 도입하여, 공공 서비스의 질을 향상시키고 행정의 효과성을 극대화하는 방향으로 발전해 왔다.

신공공관리론의 등장은 전통적 행정의 비효율성과 신자유주의적 접근의 확산과 깊은 관련이 있다. 기존의 관료제적 행정 모델은 경직된 절차와 과도한 규제로 인해 낮은 생산성을 초래하였다. 이러한 문제를 해결하기 위해 1980년대 영국 대처(Margaret Thatcher) 정부와 미국 레이건(Ronald Reagan) 정부를 중심으로 신자유주의 경제정책이 도입되면서, 정부 개혁의 필요성이 강조되었다. 공공 부문도 민간기업처럼 성과와 효율성을 중시해야 하며, 시장 경쟁 원리를 활용하여 공공서비스의 질을 개선해야 한다는 논리가 확산되었다. 이에 따라 신공공관리론은 성과 관리, 민간 부문과의 협력, 공공 서비스 혁신을 통한 효율성 강화 등을 강조하였다.

신공공관리론의 핵심 요소는 크게 네 가지로 정리할 수 있다.

첫째, 성과 관리(performance management) 및 성과 기반 예산제도(PBB)가 강조된다. 정부 및 공공기관의 성과를 체계적으로 평가하고, 성과에 따라 자원을 배분하는 방식을 도입하는 것이다. 이를 통해 성과가 우수한 부서나 프로그램에 더 많은 예산을 할당하고, 성과 평가 결과를 예산 편성과 연계하여 운영하는 방식이 활용된다. 성과급제(pay-for-performance) 도입과 공공기관 성과 보고제 운영을 대표적인 사례로 볼 수 있다.

둘째, 시장 원리 적용 및 경쟁 촉진(marketization & competition)이 중요한 요소로 작용한다. 공공 부문에도 민간 부문의 경쟁 원리를 도입하여 효율성을 높이고, 정부가 직접 서비스를 제공하는 대신, 민간기업, 비정부기구(NGO), 준정부기관이 공공 서비스를 담당하도록 유도하는 방식이다. 이에 따라 민간위탁(privatization), 공공-민간 협력(Public-Private Partnership: PPP), 성과 계약제(performance contracts) 등의 방식이 활용되면서, 공공 부문에서도 경쟁 원리를 도입하여 서비스의 질을 높이려는 노력이 이루어진다.

셋째, 고객 중심 행정(customer-oriented public service)을 강조한다. 전통적 관료제 모델에서는 정부가 일방적으로 정책을 결정하고 시행하는 방식이 일반적이었으나, 신공공관리론에서는 공공 서비스를 정부 중심이 아닌 시민 중심으로 운영하는 것이 중요하게 다뤄진다. 이에 따라 공공서비스의 접근성을 높이기 위한 원스톱 행정 서비스, 전자정부(e-Government) 구축, 주민 참여 행정 강화 등의 방식이 도입되며, 서비스 제공자의 역할도 행정기관에서 민간 부문 및 지역사회로 확대되는 경향을 보인다.

넷째, 자율성과 책무성(autonomy & accountability) 강화가 신공공관리론의 중요한 원칙 중 하나이다. 정부 조직이 운영의 자율성을 가지되, 성과에 대한 책임(accountability)을 명확히 설정하는 것이 필수적이다. 중앙정부의 통제를 줄이고 개별 기관이나 지방정부의 재량권을 확대하는 방향으로 변화하며, 성과 계약제 도입과 공공기관의 자율 운영 보장, 지방정부 권한 강화 등의 방식을 강조한다.

신공공관리론(NPM)의 원칙을 학교재정에 반영하면, 성과 기반 재정 운영, 예산 편성의 자율성 확대, 책무성 강화를 통해 보다 효과적인 교육재정 운용 등을 고려해 볼 수 있다.

첫째, 성과 기반 예산 운영을 통한 재정 효율성 제고가 중요하다. 재정과 학교 성과를 연계하여 평가하는 성과 기반 예산제도(PBB)를 도입하면, 학교의 성과를 보다 객관적으로 측정하고 효과성이 검증된 교육 프로그램에 더 많은 교육 재원을 집중적으로 투자할 수 있다. 이를 위해서는 학업성취도뿐만 아니라 교육 혁신 노력, 지역사회와의 협력, 교육 격차 해소 활동 등을 종합적으로 반영하는 평가 지표를 마련할 필요가 있다. 다만, 성과 평가 지표가 지나치게 획일화될 경우 교육의 본질을 훼손할 가능성이 있으므로, 평가 기준을 다각화하고 학교별 특성을 반영하는 방식이 필요하다.

둘째, 예산 편성의 자율성 확대를 통한 맞춤형 교육 지원을 고려해 볼 수 있다. 기존의 중앙집권적 예산 운영 방식에서 벗어나, 학교가 교육적 필요에 따라 예산을 조정할 수 있는 체계를 구축하면, 학교별 특성에 맞는 교육 프로그램을 보다 효과적으로 운영할 수 있다. 특히 학교장이 단순한 행정 관리자가 아니라 학교 운영의 책임자로서 재정 자율권을 가지고 예산을 효율적으로 배분하는 구조를 마련하면 교육 현장의 요구를 보다 신속하게 반영할 수 있다. 이를 위해 기존의 경직된 예산 운영 방식을 보다 유연화하고, 행정 절차를 간소화하여 학교가 보다 효율적으로 예산을 활용할 수 있도록 지원할 수 있다.

셋째, 학교재정 운영의 책무성(accountability) 강화를 통한 투명성 확보가 필요하다. 교육재정 운영이 보다 신뢰성을 가지려면, 학부모와 지역사회가 예산 편성과 집행 과정에 대한 정보를 확인하고 의사결정 과정에 참여할 수 있도록 하는 참여예산제(participatory budgeting)를 마련하는 것이 중요하다. 이를 통해 예산 운영의 투명성을 높일 수 있다. 또한 학교의 예산 집행 결과를 정기적으로 평가하고, 그 결과를 바탕으로 다음 회계연도의 예산 편성에 반영하는 성과 보고 및 피드백(feedback) 체계를 내실화하면, 보다 효과적인 학교재정 운용이 가능해질 수 있다.

워크숍 학교회계 분석 및 평가하기

지금까지 교육재정 이론을 살펴보면서 학교의 지속적 성장과 혁신을 위한 학교재정 방안을 논의하였다. 학교재정의 운영 방식과 배분 구조를 분석하는 것은 학교의 지속적인 성장과 혁신을 위한 중요한 과정이다. 학교재정이 어떻게 편성되고 집행되는지를 이해하면, 교육활동의 효과성을 높이고, 예산 운용의 형평성과 효율성을 개선하는 데 기여할 수 있다. 이를 위해 본 활동에서는 학교회계 분석 및 평가를 중심으로 팀별 활동을 진행한다.

이 활동은 단순한 이론적 학습을 넘어, 참가자들이 직접 학교재정을 분석하고 평가하는 실습 중심의 과정으로 구성된다. 참가자들은 먼저, 현재 학교회계의 세입 및 세출 항목을 학습하여 학교재정을 분석하는 데 필요한 기초 지식과 용어의 개념을 학습한다. 다음으로, 학교재정 분석을 위한 주요 지표를 구안하고, 이를 활용하여 졸업한 고등학교의 학교재정을 분석하게 된다. 특히 학교알리미의 공공 데이터를 활용하여 팀별로 학교별 재정 구조, 예산 배분의 특징, 지출 패턴 등을 심층적으로 분석하고, 그 결과를 공유하는 과정이 포함된다. 학교재정 분석을 위한 지표를 구안하는 과정에서 실제 학교회계 분석보고서의 평가지표를 활용하도록 안내하여 보다 체계적인 분석이 이루어질 수 있도록 지원한다. 이를 바탕으로 참가자들은 학교재정의 운영 원리를 보다 깊이 이해하고, 효과적인 재정 운용 전략을 모색하는 과정을 경험하게 된다.

학교회계 분석 진단 프로젝트

1단계 학교회계 세입 세출 항목 학습

학교재정 분석에 앞서 활용하게 될 학교회계의 세입 및 세출 항목을 학습한다. 이를 위해 교육청의 '2024학년도 학교회계 예산편성 기본지침'의 내용을 참고하여 세입예산과 사업별 세출예산 항목을 학습한다.

주요 세입항목(장)	주요 세출항목(정책사업)
이전 수입	인적 자원 운용
자체 수입	학생복지/교육격차 해소
기타 수입	기본적 교육활동
	선택적 교육활동
	교육활동 지원
	학교 일반운영
	학교시설 확충
	학교 재무활동

2단계 학교재정 분석지표 구안

학교재정을 효과적으로 분석하기 위해 먼저 분석지표를 설정하는 과정이 필요하다. 지방교육재정알리미*에서 공개된 '학교회계 분석 종합보고서'를 찾아 해당 분석보고서에서 제시된 분석지표를 검토한다. 이를 통해 학교재정 운영을 평가할 수 있는 기준을 설정하고, 기준에 부합한 학교재정 분석지표를 설정한다.

*지방교육재정알리미 자료실

3단계 학교재정 진단 실시

설정된 분석지표를 활용하여 참가자들이 팀별로 졸업한 고등학교의 학교재정을 분석한다. 학교알리미*에서 제공하는 학교재정 현황 데이터를 기반으로 팀별로 학교의 예산 배분 구조를 분석한다. 분석 과정에서 발견된 특징을 도출하고, 인근 학교와의 비교를 통해 재정 운영의 차이점을 파악한다.

*학교알리미

4단계 학교재정 운용 개선 방안 도출

학교재정 진단 결과와 제2장에서 진행한 SWOT 분석 결과를 활용해서 학교재정 운용 전략을 수립한다. 학교의 강점(Strengths), 약점(Weaknesses), 기회(Opportunities), 위협(Threats)을 분석하고, 재정 운영의 측면에서 학교가 가진 장점과 개선점을 도출한다. SWOT 분석 결과와 학교재정 진단 결과를 바탕으로, 학교의 교육목표를 효과적으로 지원할 수 있는 재정 운용 전략을 설계한다. 교육 질 향상을 위한 우선 투자 영역을 선정하고, 재정 운용의 효율성을 높일 수 있는 방안을 마련한다.

5단계 발표 및 피드백

팀별로 학교재정 분석 결과와 개선 방안을 발표하고, 참가자 간 피드백을 주고받는 과정이다. 분석 결과를 시각적으로 정리하여 학교의 재정 운영 현황을 명확하게 제시한다. 팀별로 도출한 학교재정 개선 전략을 발표하고 보다 효과적인 재정 운용 방안을 논의한다.

정리하기

이제까지의 학습 내용을 바탕으로, 학교재정의 운영 방식과 개선 방향에 대한 자신의 생각을 정리하는 활동을 진행한다. 다음 질문을 중심으로 학교재정의 효과적인 운영과 혁신 방안을 구체화해 보자.

1 학교재정을 효과적으로 운영하기 위해 가장 중요한 요소는 무엇이라고 생각하십니까? 그리고 그 이유를 설명해 보세요.

※ 이전에 학습한 이론 및 워크숍 활동을 고려해서 자신의 생각을 구체화해 보세요.

'학교재정이 효과적으로 운영되기 위해서는 ______ 이(가) 가장 중요하다.'

2 학교의 지속적 성장과 혁신을 위해 학교재정 운용 과정에서 고려해야 할 내용은 무엇이라고 생각하십니까?

※ 학교재정 분석과 혁신 전략 수립 과정에서 발견한 문제점과 개선 방향을 중심으로 정리해 보세요.

제 8 장

학교인사행정의 이해

1. 학교에서는 교원의 충원과 신규임용이 어떻게 이루어지는가
2. 학교에서의 인사 배치는 어떻게 이루어지는가
3. 교원의 동기부여 및 사기 진작을 위한 제도는 무엇이 있는가

워크숍 교원 승진구조 개선 방안

정리하기

제 8 장 학교인사행정의 이해

학교경영의 성공은 조직에 대한 이해만으로 충분할까? 앞선 장에서 살펴본 것처럼, 학교는 단순한 개인의 집합이 아니라 체계적으로 운영되는 조직이다. 목표 달성을 위해서는 명확한 구조와 역할 분담 그리고 효율적인 시스템이 필요하다. 하지만 아무리 정교한 조직이라 해도, 결국 이를 움직이는 것은 사람이다. 교사들이 의욕을 잃고 보직을 꺼리며 우수 교원들이 학교를 떠난다면, 그 조직은 제 기능을 할 수 있을까?

학교가 교육의 중심이라면, 교사는 그 핵심을 이루는 존재이다. 그렇기에 학교 운영에서 사람을 어떻게 채용하고 배치하며 동기 부여할 것인가는 단순히 행정의 문제가 아니라, 교육의 질을 결정짓는 중요한 요소이다. 교육인사행정은 교사를 포함한 교육직원[1]의 충원과 임용, 배치, 근무 조건을 조성하는 과정을 포괄하며, 학교조직이 원활하게 운영되도록 지원하는 핵심 기능을 수행한다.

그러나 이 과정이 항상 원활하게 작동하는 것은 아니다. 기간제 교사의 증가, 보직교사 기피 현상, 교장 승진제도의 구조적 문제 등은 학교인사행정이 단순한 절차가 아니라 현실적인 고민과 딜레마를 수반하는 영역임을 보여 준다. 학교를 조직으로 바라볼 것인가, 교육공동체로 이해할 것인가? 교사 개개인의 동기와 교육의 질을 어떻게 조화롭게 운영할 것인가?

이 장에서는 학교인사행정의 핵심 이슈(교원 충원, 보직 기피, 교장 승진제도)를 중심으로, 학교가 조직으로서의 효율성과 교육공동체로서의 인간적인 요소를 어떻게 균형 있게 운영할 수 있을지 고민해 보고자 한다. 다음 제시된 사례를 통해 학교경영에서 인사행정이 가지는 의미와 중요성을 살펴보자.

---

1 교육직원은 교육과 관련된 직원 전체, 즉 국·공립학교와 사립학교에서 교육활동 등에 종사하는 자와 교육행정기관이나 교육연구기관에서 근무하는 자를 모두 포괄하는 개념이다. 이에 반해 교원은 각급 학교에서 학생을 직접 지도하고 교육하는 자를 말하며, 이 장에서 중점적으로 살펴보는 인사행정의 대상은 초·중등 학교급의 교원을 말한다.

사례 1

박 교장은 수도권의 한 공립 고등학교에서 4년째 학교를 운영하고 있다. 최근 몇 년 동안 학령인구 감소, 교사 퇴직 · 휴직 증가, 고교학점제 도입 등으로 인해 학교 내 기간제 교원의 비율이 높아지고 있다. 박 교장 역시 기간제 교사 덕분에 중국어 등 특정 과목 수업을 개설한 바 있다. 이처럼 갑작스러운 교사 공백을 메우고, 변화하는 교육환경에 대응할 수 있다는 점에서 기간제 교원의 증가는 학교 운영의 안정성을 높이는 역할을 한다.

하지만 학기가 지나며 문제점도 드러나기 시작했다. 기간제 교사들은 계약이 짧아 학생들과 신뢰 관계를 형성하기 어려웠고, 생활지도나 상담에서 한계를 느끼는 경우가 많았다. 또한 행정 업무나 보직을 맡지 않는 경우가 많아 정규 교사들에게 부담이 가중되었다. 교사들 사이에서도 '어차피 몇 달 후 떠날 사람'이라는 인식이 생겨, 학교 운영에 대한 책임감의 차이가 나타나기도 했다.

이러한 현실을 마주하며 박 교장은 고민에 빠졌다. 학교 운영의 유연성을 위해서는 일정 비율의 기간제 교원이 필요하지만, 단기 계약 중심의 운영이 지속될수록 교육의 연속성이 약화되고, 학생들의 학습 경험에도 영향을 미칠 가능성이 크다.

기간제 교원의 증가가 교원 수급의 안정성을 확보하는 데 기여하는 것은 분명하지만, 장기적으로 교육의 질에는 어떤 영향을 미칠 것인가? 또한 학생들의 입장에서 '임시 교사'가 많아지는 학교 환경은 어떤 의미를 가지게 될까? 박 교장은 이 문제에 대한 해답을 쉽게 내릴 수 없었다.

사례 2

장 교장은 학기 초부터 골머리를 앓고 있다. 학교 운영을 위해 필요한 보직교사를 배정해야 하지만, 지원자가 없기 때문이다. 올해 교무부장으로 적합한 인물은 김 교사였다. 경력도 충분했고, 학교 운영에 대한 이해도도 높았다. 장 교장은 그를 불러 조심스럽게 제안했다. 하지만 김 교사는 난색을 표했다.

"교장선생님, 죄송하지만 저도 올해는 보직을 맡기 어렵습니다. 그동안 계속 맡아 오면서 힘든 점이 많았습니다. 행정 업무가 너무 많고, 학년부장과 교무부장을 같이 맡으니 일 부담이 큽니다. 가산점이 있다지만, 승진을 목표로 하지 않는 교사들에겐 큰 의미가 없어요."

김 교사의 말은 충분히 이해가 갔다. 보직교사는 정규 수업뿐만 아니라 교무 행정, 학사 일정 조율, 평가 관리, 생활지도 업무까지 책임져야 했다. 하지만 보직 수당은 적고, 근무 환경도 크게 나아지지 않았다. 지난해에도 같은 이유로 보직을 거부하는 교사가 많았다.

보직 기피 현상은 담임교사 배정에서도 마찬가지였다. 담임을 맡으면 생활지도 부담이 커지고, 학부모 민원 응대까지 해야 한다. 특히 고학년이나 문제 학생이 많은 학급을 맡으면 교사들은 심리적 부담을 크게 느낀다. 한 교사는 솔직하게 말했다.

"솔직히 요즘 담임교사 역할이 너무 무겁습니다. 생활지도뿐만 아니라 상담 업무까지 늘어나는데, 정작 수업 준비할 시간은 부족합니다. 비담임이면 업무가 훨씬 가벼워지니 굳이 담임을 맡을 이유가 없어요."

장 교장도 교사들의 입장을 모르는 것이 아니지만, 학교 운영을 위해 누군가는 이 역할을 맡아야 한다. 업무 부담을 줄일 방안은 없는지, 보직교사와 담임교사의 역할을 더욱 효과적으로 배분할 방법은 없는지 고민이 깊어졌다. 보직과 담임을 맡을 교사가 없으면, 결국 학교 운영의 중심이 흔들릴 수밖에 없기에 장 교장의 한숨은 늘어 갔다.

사례 3

김 교사는 교직에 발을 들인 지 이제 막 3년 차에 접어든 신임 교사이다. 처음 교단에 섰을 때의 열정은 여전히 남아 있지만, 학생들을 위한 창의적인 수업을 고민하는 시간보다 문서 작업과 행정 업무를 더 많이 할수록 좋은 평가를 받는 구조에 김 교사는 의문이 들었다.

"수업을 잘하는 교사가 좋은 교사가 아닐까요?" 어느 날 교무실에서 던진 김 교사의 질문에, 오랜 경력을 가진 선배 교사는 피식 웃으며 말했다. "그건 당연한 거지만, 수업만 잘해서는 인정받기 힘들어. 보직 하나라도 맡아야 점수가 쌓이고, 행정 업무를 맡으면 평가도 좋게 받아."

김 교사는 이해할 수 없었다. 왜 교사로서 가장 중요한 '잘 가르치는 역량'이 승진과 평가의 핵심 요소가 아닐까? 그는 교실에서 학생들과 소통하고 수업의 질을 높이는 것이 자신의 가장 중요한 역할이라고 생각했지만, 현실은 달랐다. 승진과 높은 평가를 받기 위해서는 '좋은 교사'가 아니라 '행정을 잘하는 교사'가 되어야 했다. 일부 교사들은 수업보다 보직과 행정 업무를 우선시하면서도, 결과적으로 더 높은 평가를 받고 승진의 기회를 얻는 상황이 반복되고 있었다.

김 교사는 고민이 깊어졌다. "나는 학생들에게 좋은 수업을 제공하는 교사가 되고 싶지만, 그렇게 하면 결국 학교에서 인정받지 못하는 걸까?" 교직 생활이 길어질수록, 학생을 가르치는 일과 승진·평가를 위한 업무가 따로 존재하는 이 딜레마를 어떻게 해결해야 할지 갈수록 혼란스러워졌다.

토론 질문

1. 학교에서는 교원의 충원과 신규임용이 어떻게 이루어지는가?
2. 학교에서의 인사 배치는 어떻게 이루어지는가?
3. 교원의 능력개발 및 사기 진작을 위한 제도는 무엇이 있는가?

이 세 가지 사례는 학교인사행정이 단순한 절차가 아니라, 현실적인 고민과 갈등을 동반하는 문제임을 보여 준다. 기간제 교사의 증가, 보직 및 담임 기피 현상, 교사 승진제도의 구조적인 한계는 학교조직을 효율적으로 운영함과 동시에 교육공동체로서 인간적인 요소를 고려해야 한다는 과제를 던진다. 어떻게 하면 학교조직의 안정성과 교육의 본질을 조화롭게 운영할 수 있을까? 이 장에서는 이러한 문제의 해결 방안을 고민해 보고자 한다. 먼저 학교인사행정의 내용과 절차에 관해 단계별로 살펴보자.

1. 학교에서는 교원의 충원과 신규임용이 어떻게 이루어지는가

1) 기간제 교원의 임용

인사행정은 필요한 사람의 적정 수를 예측하여 모집 · 채용한 후 임용과 배치하는 과정뿐 아니라, 이후 성공적인 직무 수행을 위한 교육훈련 및 능력개발 과정을 포괄한다(백종섭 외, 2018). 단위 학교의 인사행정에서 교원 충원은 주로 기간제 교원을 통해 이루어진다.

기간제 교원은 일정한 사유에 의해 한시적으로 임용되는 교사로, 「교육공무원법」 제32조, 「교육공무원임용령」 제13조, 「국가공무원법」 제43조에 따라 규정된다. 기간제 교원은 교원의 휴직, 파견, 연수, 정직, 직위 해제, 장기 휴가 등으로 인해 후임자를 보충해야 할 때 임용될 수 있다. 또한 특정 교과의 한시적 담당이 필요하거나, 교육공무원으로서의 경력을 활용할 필요가 있을 때도 임용될 수 있다.

기간제 교원은 고등학교 이하 각급 학교에서 예산 범위 내에서 일정 기간 임용되는 교원으로, 정규 교원과 달리 교육공무원법에 따른 신분 보장 등의 규정이 적용되지 않는다. 퇴직 교원을 계약직으로 임용하는 경우를 제외하면, 기간제 교원은 관리 · 감독 직위(예: 교감, 교장 등)로 임용될 수 없다.

임용 기간은 통상 1개월 이상 1년 이내이며, 재계약은 최대 1년 단위로 이루어진다. 다만, 계약 사유가 변경될 경우, 총 4년까지 임용이 가능하다. 급여는 고정급 형태로 지급되며, 해당 교원의 호봉 범위 내에서 임용권자가 예산 사정을 고려하여 책정한다. 기간제 교원이 담임 업무를 수행하거나 6개월 이상 근무할 경우, 방학 이후에도 계약이 예정되어 있다면 교육과정 운영의 연속성을 고려하여 방학 동안 임용이 유지되며, 이에 따른 보수도 지급된다. 또한 특별한 사유가 없는 한, 기간제 교사를 임용할 때는 정식 임용 후보자(교원임용시험 합격자)를 우선으로 채용해야 한다.

2) 기간제 교원 관련 쟁점

기간제 교원의 복무규정은 정규 교원과 동일하게 「국가공무원법」 및 관련 복무규정을 준수해야 하며, 일반 교원과 유사한 업무를 수행한다. 하지만 신분 보장과 승진 기회 등에 제한이 있으며, 이로 인해 다음과 같은 두 가지 쟁점이 발생한다.

첫째, 다수의 기간제 교원이 임용시험을 준비하는 저경력 교사라는 점에서 발생하는 교사의 질 저하 문제이다. 임용시험과 학교 업무를 병행하는 과정에서 학습 시간 부족, 다양한 삶의 역할 수행, 체력 저하 등의 어려움이 발생하며, 이는 스트레스 요인으로 작용한다(민은영, 장유진, 2017). 특히 경력이 충분히 축적되지 않은 상태에서 이러한 스트레스의 누적은 교육의 질 저하로 이어질 가능성이 있다.

둘째, 기간제 교원이 정규교원과 유사한 업무를 수행함에도 불구하고 고용이 불안정함에 따라 발생하는 '비대칭성' 문제이다(손준종, 2021). 기간제 교사가 학교 현장에서 겪는 불공정한 처우의 문제는 교사 헌신, 교사 만족도 등의 직무 태도에 영향을 미

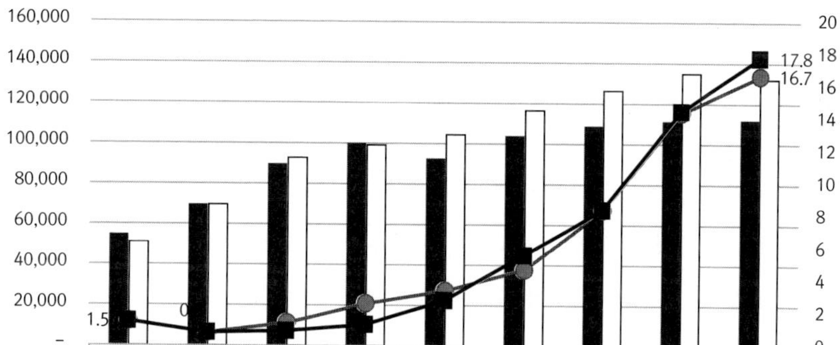

	1980	1985	1990	1995	2000	2005	2010	2015	2020
중학교 전체 교원 수	54,858	69,553	89,719	99,931	92,589	103,835	108,781	111,247	111,894
고등학교 전체 교원 수	50,948	69,546	92,683	99,067	104,351	116,411	126,423	134,999	132,104
중학교 기간제 비율	1.5	0.8	1.4	2.6	3.4	4.7	8.4	14.4	16.7
고등학교 기간제 비율	1.5	0.8	0.9	1.3	2.8	5.6	8.4	14.5	17.8

중학교 전체 교원 수 / 고등학교 전체 교원 수 / 중학교 기간제 비율 / 고등학교 기간제 비율

[그림 8-1] 연도별 중등학교 기간제 교사 비율(1980~2020) (단위: 명, %)

출처: 교육통계연보 해당 연도. 손준종(2021), p. 94의 내용을 재구성함.

칠 수 있으며, 이는 결국 교육의 질 저하 문제로 이어질 수 있다.

이러한 쟁점은 기간제 교원의 비율이 증가하는 최근 더욱 중요하게 다루어지고 있다. 1980년부터 2020년까지의 기간제 교사의 비율 변화를 나타낸 [그림 8-1]에 따르면, 1990년대 중반부터 기간제 교사의 수가 급격히 증가하였다. 이는 당시 신자유주의 기조 확산에 따른 평생고용 약화 양상이 교육정책에도 반영된 결과로 해석되며(손존중, 2021), 최근의 학령인구 감소와 교사 퇴직 · 휴직 증가와 맞물려 기간제 교원 비율이 지속적으로 확대되고 있다.

앞선 사례 1에서 살펴본 바와 같이, 기간제 교사는 학교 운영의 유연성을 확보하는데 기여하지만, 동시에 교육의 연속성과 교사의 직업 안정성을 저해할 가능성이 있다. 기존 연구에 따르면, 기간제 교원의 질을 학생 학업성취도로 측정한 결과, 학교 유형에 따라 기간제 교원 비율 증가의 영향이 다르게 나타났다(조현국, 2013; 최형재, 2014). 공립학교의 경우, 기간제 교원 비율의 증가가 학생 학업성취도에 일관되게 부정적인 영향을 미친 반면, 일부 연구에서는 사립학교의 경우 기간제 교원 비율 증가가 오히려 학생 학업성취도와 긍정적인 관계를 보였다(조현국, 2013; 최형재, 2014). 이는 사립학교의 경우 정규교원으로 전환할 여지가 많으며, 이로 인해 기간제 교원의 직무 태도가 학교 유형에 따라 다르게 나타날 수 있음을 시사한다.

기간제 교원의 비중이 높아지는 가운데, 이들의 긍정적인 직무 태도를 유도하는 방안이 마련될 필요가 있다. 김진원과 김혜숙(2019)의 연구에 따르면, 기간제 교원이 교장 · 교감과의 상호작용을 공정하게 인식할수록 교사 헌신 수준이 높은 것으로 나타났다. 이는 학교 내에서 상호 존중과 배려를 기반으로 한 관계 형성이 중요함을 보여준다. 따라서 교사 수급의 안정성을 확보면서도 교육의 질을 저하시키지 않기 위해서는 단순히 기간제 교원을 늘리는 것만이 아니라, 이들이 보다 안정적인 환경에서 학교 구성원들과 상호작용할 수 있도록 제도적 보완이 필요하다.

2. 학교에서의 인사 배치는 어떻게 이루어지는가

교원의 인사 배치는 보직교사 배정, 전보(학교 간 이동), 전직(직급 및 직렬 변경) 등이 있으나, 여기에서는 학교 단위에서 이루어지는 인사행정을 중심으로 살펴보고자 한다. 교원의 인사 배치는 교원의 역량을 효과적으로 활용하고 교육의 질을 유지하는 데 중요한 역할을 한다. 교원의 배치는 관련 법규와 행정적 절차를 따르며, 교육청과 학교의 정책적 방향에 따라 차이가 발생할 수 있다.

실제 학교 현장에서는 보직교사 기피의 문제가 발생하면서 인사 배치의 공정성과 효율성에 대한 고민이 깊어지고 있다. 앞서 사례 2에서 살펴본 장 교장은 학기 초마다 보직교사 배정으로 골머리를 앓는다. 교무부장, 연구부장 등 중요한 역할을 맡을 사람이 필요하지만, 지원자가 거의 없기 때문이다. 특히 보직을 맡게 되면 행정 업무 부담이 커지는 데 반해 보상은 크지 않아, 많은 교사가 이를 꺼리고 있다.

학교에서의 인사 배치는 이러한 현실적인 어려움 속에서 운영되고 있으며, 교원의 배치를 더욱 합리적으로 조정하는 방안이 지속적으로 논의되고 있다.

1) 보직교사 배정 기준

「초·중등교육법」 제19조 제3항에 따르면, 학교 운영의 효율성을 높이기 위해 교사 중 일부를 보직교사로 임용할 수 있다. 과거에는 「초·중등교육법 시행령」에 따라 학급 수에 따른 보직교사 정원이 명시되어 있었으나, 2013년 개정 이후 관련 조항이 삭제되었으며, 현재는 교육청별 지침에 따라 운영되고 있다. 보직교사의 명칭은 교육청과 학교장이 정하도록 규정되어 있으며, 현재 각 시도교육청은 보직교사의 명칭을 '부장'으로 통일하여 사용하고 있다. 보직교사의 구체적인 업무분장은 학교장의 재량에 따라 결정되며, 일반적으로 학교 내 보직교사에는 교무부장, 연구부장, 생활지도부장, 학년부장, 진로상담부장, 교육정보부장, 체육부장, 윤리부장, 과학교육부장, 환경부장 등이 포함된다(윤정일 외, 2024).

보직교사는 단순한 행정 지원 인력이 아니라, 학교장의 의사결정을 교사들에게 전달하고, 조직 내 원활한 협력을 이끄는 역할을 수행해야 한다. 따라서 보직교사의 임명은 경력, 자격, 학력 등을 고려하여 이루어지며, 1년 단위(3월 1일~다음 해 2월 말)로 운영되는 것이 원칙이다. 보직교사의 임용 기준으로는 교육경력을 갖추고 교과교육 또는 행정관리업무에 관한 보직교사의 임무를 성실히 수행할 수 있는 자여야 한다. 교수 중심 조직에서는 해당 보직과 관련된 교과의 자격증을 소지하고 교과교육에 대한 전문성을 갖춘 교원이, 행정 중심 조직에서는 해당 업무에 대한 경험과 전문성을 갖춘 교원이 보직교사로 임용될 수 있다(서울대학교 교육행정연수원, 2010).

2) 보직교사 기피현상

보직교사 제도는 학교 운영의 효율성과 안정성을 확보하는 데 필수적인 역할을 수행한다. 보직교사는 정규 수업 외에도 학사 행정, 생활지도, 평가 관리 등 다양한 업무를 담당하며, 학교 조직의 원활한 기능을 지원한다. 그러나 업무 부담이 과중한 데에 비해 보직을 맡는 것은 승진으로 보기 어려우며, 공식적인 보상[2] 역시 상대적으로 부족하다는 인식으로 인해 보직교사 기피 현상이 지속적으로 나타나고 있다(김유리 외, 2024; 노길명, 이재덕, 2022; 이승현 외, 2024).

> "부장을 하면 일 자체가 많고 회의도 많고 무엇보다 부서를 대표한다는 책임감도 느끼게 되잖아요. 하지만 그에 비하면 승진 점수 주는 것 외에는 무엇이 장점이냐는 말들을 하세요. 실제로 선배들이 보직교사를 하는 것도 아니다 보니, 저경력인 교사가 부장하는 경우 업무 경력이 적어 많이 힘들어하는 상황도 발생하고요."
>
> — 노길명, 이재덕(2022), p. 653.

또한 보직교사가 맡아야 할 업무의 범위에 명확한 경계가 없으며, 학교장의 재량에 따라 행정 업무가 배정되는 상황도 보직교사 기피 요인으로 작용한다.

> "부장 일이 하기 싫었던 순간은 '이게 교사의 일이야?'라는 생각이 들 때예요. 강사를 고용하는 이 외에 학생들과 관련된 일이 없다면 그게 교사의 일일까요? 축제를 하면서 아이들과 관련된 일이라면 행정적인 일이든 뭐든 자괴감이 들거나 그렇지 않거든요. 그런데 체육부장이라고 스마트 체육관 공사 업무를 하라고 하면 그건 좀 아닌 것 같아요. 교사의 업무가 아닌데 부장이라는 이유로 할 건 아니죠."
>
> — 김유리 외(2024), p. 136.

이러한 문제는 학교 운영의 안정성을 위협하는 요소로 작용하고 있다. 특히 보직교사의 기피 현상이 심화되면 특정 교사들에게 업무가 집중되거나, 경험이 부족한 교사들이 보직을 맡게 되는 경우가 발생할 수 있다. 최근 보직교사를 맡는 교사의 연령

---

2 약 20년간 월 7만 원으로 동결되어 있던 보직 수단의 경우 2024년에야 공무원 보수 인상을 통해 월 15만 원으로 상승하였다.

대가 점점 낮아지고 있으며, 2023년 기준 20~30대 교사의 보직교사 비율이 22.9%에 달하는 것으로 나타났다(조선일보, 2023. 2. 8.). 이는 저연차 교사들에게 보직 업무가 과도하게 배정되는 원인이 되고 있으며, 학교 운영에 대한 경험이 부족한 상태에서 중요한 역할을 맡게 되는 구조적 문제를 초래하고 있다(김유리 외, 2024). 더욱이 일부 연구에서는 부장이라는 보직 수행이 교직 만족도를 낮추고 교사 소진을 심화시킨다는 결과가 보고되었다(이승현 외, 2024).

이러한 문제를 해소하기 위해서는 단순한 보직 수당 인상이 아니라, 보직 업무의 효율적 분배, 행정 지원 강화, 승진 외에도 실질적인 동기를 부여할 수 있는 제도적 개선이 필요하다. 서울특별시교육청은 최근 보직교사의 근무 여건을 개선하기 위해 전보 유예 기간을 연장하고, 승진 가산점을 추가로 부여하는 등의 정책을 시행했지만, 여전히 학교 현장에서는 보직교사의 실질적인 업무 부담이 줄어들지 않는 한 지원자가 늘어나기는 어렵다는 의견이 많다(에듀프레스, 2023. 1. 24.). 이에 따라, 보직교사의 역할과 책임을 보다 명확하게 규정하고, 학교장의 재량에 의존하는 현행 업무 배분 방식을 체계적으로 정비할 필요가 있다.

3. 교원의 동기부여 및 사기 진작을 위한 제도는 무엇이 있는가

학교에서의 인사제도는 단순히 교사들을 채용하고 배치하는 것에서 끝나지 않는다. 교사들의 동기를 부여하고 사기를 높이는 일은 학교조직의 안정성과 교육의 질을 유지하는 핵심적인 과업이다. 특히 승진제도와 성과급 제도는 교원들이 적극적으로 업무에 임하도록 유도하는 중요한 인사 정책이다. 그러나 현실에서는 이러한 제도들이 교사들의 동기를 오히려 낮출 수 있는 구조적 문제를 안고 있다.

사례 3의 김 교사는 교직에 입문한 지 3년 차가 되었지만, 교사로서의 역할과 승진·평가 시스템 사이에서 점점 더 큰 괴리를 느끼고 있다. 그는 학생들과 소통하며 창의적인 수업을 고민하는 것이 교사의 가장 중요한 역할이라고 생각했지만, 승진을 위해서는 각종 행정 업무, 연구대회 참가, 논문 발표 등의 실적을 쌓아야 하는 현실을 마주했다. 이번 절에서는 교원의 승진과 성과 평가 시스템이 교사들의 교육활동에 어떤 영향을 미치는지 생각해 보자.

1) 승진제도

(1) 승진의 개념 및 기능

승진은 수직적인 상승 이동을 의미하며, 하위 직급 또는 계급에서 직무의 책임도와 비중이 높은 상위 직급 또는 계급으로 이동하는 과정을 의미한다(백종섭 외, 2018). 같은 직급 또는 계급 내에서 호봉만 상승하는 승급과 달리 승진은 조직의 관점에서 결원 보충의 수단이며, 조직 구성원의 직무 동기를 유발하고 자기발전 노력을 자극하는 수단이다. 특정한 직책에 가장 적합한 자를 선별하여 상위직으로 이동하는 승진을 결정하는 방법은 조직원들에게 바람직한 근무 형태에 대한 평가 기준이 무엇인가를 알려 주며, 이는 조직원들의 능력 수준을 높이는 데 기여할 수 있다(진동섭 외, 2023). 종합하면, 조직 차원에서 승진은 개인의 능력을 적절히 평가하여 적재적소에 배치함으로써 효율적인 인력 활용을 가능하게 하고, 개인 차원에서는 근로자의 사기를 높임으로써 효율적 목표 달성에 기여하게 한다.

교원에게 승진은 학생을 직접 가르치는 교사에서 학교 관리자로 신분이 바뀌는 것을 의미한다. 교사가 교감이, 교감이 교장이 되는 두 가지 경우로만 한정하고 있으며, 교수직(2급 정교사, 1급 정교사)과 관리직(교감, 교장)이 일원적 구조로 이어져 있다. 2012년, 교수직의 수석교사와 관리직의 교감, 교장을 구분하여 승진 체계를 이원화하려는 취지로 수석교사제가 도입되었으나, 「교육공무원법」 제29조의4에 따라 수석교사는 4년 임기 중에 교장 또는 교감 자격을 취득할 수 없도록 한다는 점에서 수석교사가 되는 것을 승진의 의미로 보기는 어렵다(신동섭 외, 2023).

(2) 승진의 기준

승진 기준은 승진에 있어 중요한 쟁점 중 하나이다. 승진 기준에 관한 논의는 크게 연공, 역량, 성과를 중심으로 이루어지며, 그 내용은 〈표 8-1〉과 같이 정리될 수 있다(이창길, 2019).

<표 8-1> 연공서열주의와 능력주의

승진 기준	내용	장점	단점
연공 (seniority)	• 공직 승진의 가장 일반적인 기준 • 계급제하에서 조직의 충성도를 기준으로 승진을 결정 • 근무 기간이나 경력, 나이 등 담당 직무와 관계없는 객관적인 정보를 활용하여 승진을 결정하는 방식	• 명확하고 구체적이며 객관적으로 비교 가능함 • 승진 탈락자의 불만이 상대적으로 적음 • 승진 시기 및 승진 여부에 대한 예측 가능성이 높음 • 조직 구성원의 조직몰입도나 조직 안정성을 높일 수 있음	• 직원들의 직무 동기를 유발하지 못하는 한계 • 우수한 역량을 가진 인재의 불만이 커지고 이직 가능성이 높음 • 집단 중심의 서열을 형성하여 위계적인 조직 문화를 만들고 직무성과를 떨어뜨릴 수 있음
역량 (competency)	• 승진을 해당 직무를 수행할 수 있는 전문 행정가를 선택하는 과정으로 이해 • 개인이 가진 역량에 따라 승진	• 승진 후 수행 직무와 개인의 역량을 연계함으로써 직무성과를 높일 수 있음 • 조직 내 우수한 인재를 존중하고 확보함으로써 개인별 역량 개발 의지와 노력을 강화할 수 있음	• 승진의 기준이 되는 역량의 개념과 범위, 측정 방법 등에 논란이 있을 수 있음 • 개인 역량과 성과와의 관계를 증명하기 어려움. 개인이 가진 역량이 뛰어나도 실현하려는 직무 의지가 낮다면 직무성과가 높아지기 힘듦
성과 (performance)	• 조직에 대한 기여도가 높은 사람이 승진해야 한다는 논리 • 향후 맡게 되는 차상위 직위의 성공적인 수행 가능성을 현재의 성과를 기준으로 판단한다는 논리	• 실질적인 성과를 낸 사람을 승진시키므로 재직자의 업무 의욕을 고취시킬 수 있음 • 승진 대상자의 수용 가능성이 높음	• 차상위 직위에서도 높은 성과를 낼 수 있을지 불명확. 직위별로 요구하는 역량을 갖추지 못할 가능성도 존재함 • 개인별 성과를 측정하는 명확하고 객관적인 기준과 내용을 제시하기 어려우며 상당한 비용이 수반됨 • 승진을 위한 개인 간 지나친 경쟁을 유발할 가능성이 있음

출처: 이창길(2019), pp. 287-289의 내용을 기반으로 재구성함.

일반적으로 승진의 세 가지 기준 중 하나만을 활용하는 경우는 드물며, 교육공무원의 경우, 「교육공무원 승진규정」에 따라 교원의 경력, 근무성적, 연수성적 등을 종합하여 승진 여부가 결정된다. 「교육공무원 승진규정」의 주요 내용은 〈표 8-2〉와 같다.

<표 8-2> 교육공무원 승진 기준 및 배점(교감으로의 승진 기준)

<table>
<tr><th colspan="2">구분</th><th>내용</th><th>만점</th></tr>
<tr><td colspan="2">경력평정</td><td>• 기본경력(최근 15년간) 64점
• 초과경력(기본경력 전 5년간) 6점</td><td>70점
(20년간)</td></tr>
<tr><td colspan="2">근무성적평정</td><td>• 근무성적평점 60점
• 다면평가점 40점</td><td>100점
(최근 5년 중 3년 택)</td></tr>
<tr><td colspan="2">연수성적평정</td><td>• 교육성적 27점
–직무연수성적: 18점(60시간 이상 직무연수 1회 연수성적 6점)
–자격연수성적: 9점
• 연구실적 3점
–전국규모 연구대회: 1.0~1.5점
–시도규모 연구대회: 0.5~1.0점
–박사: 1.5 또는 3점(직무 관련)
–석사: 1 또는 1.5점(직무 관련)</td><td>30점</td></tr>
<tr><td colspan="3">합계</td><td>200점</td></tr>
<tr><td rowspan="2">가산점</td><td>공통 가산점</td><td>• 교육부장관 지명 연구학교 근무경력: 월 0.18점 상한점 1점
• 재외국민교육기관 파견 근무경력: 월 0.15점 상한점 0.5점
• 직무연수실적: 1학점당 0.02점, 1년 0.12점 상한점 1점
• 학교폭력 예방 및 해결 등 기여 실적: 상한점 1점</td><td>3.5점</td></tr>
<tr><td>선택 가산점</td><td>〈명부작성권자가 항목 및 점수의 기준을 정할 수 있음〉
• 도서벽지 교육기관 또는 교육행정기관 근무 경력
• 농어촌교육진흥지역 학교 근무 경력
• 교육발전 또는 교육공무원의 전문성 신장 등을 위해 명부작성권자가 인정하는 경력</td><td>상한점 10점</td></tr>
</table>

출처: 진동섭 외(2023).

① 경력평정

경력평정은 교원의 승진을 위한 주요 평가 요소 중 하나로, 교직 경력을 점수화하여 승진후보자명부에 반영하는 방식이다. 이는 「교육공무원 승진규정」에 따라 정해지며, 매년 12월 31일을 기준으로 정기적으로 평가된다. 점수 산정 방식은 크게 기본경력점수와 특정 경력 가산점으로 구분된다. 기본경력점수는 매년 1점씩 누적되며, 일정 기간 이상 근무할 경우 최대 배점까지 인정된다. 예를 들어, 20년 이상 근속한 경우 최대 70점까지 부여될 수 있다.

② 근무성적평정

근무성적평정은 교원의 업무 수행 능력과 성과를 평가하는 것이다. 교감과 교장이 각각 40%와 20%의 비중으로 점수를 부여하며, 나머지 40%는 동료들의 다면평가로 구성된다. 근무성적평정과 다면평가의 총합은 승진 및 전보와 같은 인사 업무에 활용되고, 다면평가의 경우에는 추후 살펴볼 교원성과급 지급에 활용된다.

③ 연수성적평정

연수성적평정은 교원이 참여한 연수 프로그램의 성과를 평가하는 것으로, 일반연수와 자격연수의 성적을 합산하여 평정한다. 연수 실적이 우수한 교원은 승진 시 우대받을 수 있으며, 교원의 석박사 학위 취득 및 연구대회 입상 실적 등 연구 활동도 평가에 반영된다.

④ 가산점

특정 경력 가산점은 도서 · 벽지학교, 특수학교, 연구학교 등에서 근무한 경력에 대해 추가 점수를 제공하는 방식으로 운영된다. 일반적으로 도서 · 벽지학교에서 3년 이상 근무하면 1점의 가산점이 부여되며, 특수학교 근무의 경우 1~2점의 가산점이 적용될 수 있다. 이는 교원의 다양한 교육환경 경험을 인정하고, 특정 지역에서의 교원 부족 문제를 완화하기 위한 정책적 장치로 해석될 수 있다.

이 같은 평정 요소들을 종합하여 승진후보자명부가 작성되며, 이를 기반으로 교원의 승진이 결정된다.

(3) 현행 승진제도의 한계

교원의 승진제도는 교직 사회에서 중요한 동기부여 요소로 작용하지만, 현재 운영되는 방식에는 다음과 같은 여러 한계가 존재한다.

첫째, 근무성적평정의 불공정성과 주관성에 대한 우려가 있다. 현행 승진제도의 핵심 평가 요소 중 하나인 근무성적평정은 평가자의 주관성이 개입될 여지가 크고, 공정성을 확보하기 어렵다는 문제가 지속적으로 제기되고 있다(진동섭 외, 2023). 근무성적평정에서 교장과 교감이 평가자의 역할을 하며, 이들의 주관적 판단이 절대적인 영향을 미친다. 이에 따라 교사들 사이에서는 교장의 신뢰를 얻는 것이 승진의 중요한 요소가 되며, 일부에서는 관리자와의 관계 형성이 승진의 필수 요소라는 인식이 자리 잡고 있다. 이러한 평가 방식은 교사들 간의 위화감을 조성할 뿐만 아니라, 학생교육보다는 행정 업무와 조직 내 관계 형성에 초점을 맞추는 문화를 조장할 수 있다. 평가의 객관성을 보완하기 위해 동료 교사의 다면평가가 도입되었지만, 여전히 객관성을 유지하기 어렵다는 우려가 있다(진동섭 외, 2023). 이에 따라 승진 평가 과정에서 객관적이고 공정한 평가 체계를 도입해야 한다는 요구가 커지고 있다.

둘째, 승진 트랙의 단선적 구조로 인해 수업 역량보다는 행정 능력을 중시하는 구조가 있다. 현행 승진제도는 교감에서 교장으로 이어지는 단일한 승진 경로를 가지며, 교사들이 다양한 경력 개발 경로를 선택하기 어렵다는 한계가 있다. 또한 관리자로의 승진을 위해서는 보직을 맡아야 근무성적에서 높은 점수를 받을 수 있기에, 승진을 원하는 교사들은 자연스럽게 행정 업무에 집중하게 되고, 학생 지도와 교수학습 개선에 대한 관심은 상대적으로 줄어들게 될 가능성이 높다. 이에 따라, 교사로서의 전문성과 수업 역량을 강조하기보다는 행정 업무 수행을 잘하는 교사가 승진하는 결과를 초래하고 있다(최선옥 외, 2017).

셋째, 승진을 원하는 교사들은 경력평정점, 근무성적평정점, 연수성적평정점에서 만점에 가까운 점수를 받기에 승진에 있어 가산점의 중요도가 높으나, 가산점을 취득하기 위한 활동이 과연 교사의 전문성 향상과 얼마나 관계가 있는지, 또한 그 취득 기회가 모두에게 주어져 있는지 검토해 볼 필요가 있다(진동섭 외, 2023). 특히 도서벽지 교육기관 또는 교육행정기관에서의 근무 경력이나 농어촌교육진흥지역 학교 근무 경력 등이 가산점 항목에 포함되어 있지만, 현실적으로 해당 기회를 통해 가산점을 취득할 수 있는 경우는 한정되어 있다는 점에서 개선이 필요하다.

결과적으로, 현재의 제도는 학생 교육에 힘쓰는 교원의 동기 강화 및 전문성 계발을 충분히 유도하지 못한다는 한계가 있으며, 이는 교육의 질 저하로 이어질 가능성이 크다. 따라서 승진 평가 요소를 재조정하여 수업의 질과 학생 지도 역량을 더욱 강조하고, 불필요한 행정 실적 요구를 줄이는 등의 개선이 필요하다. 이어서 이러한 한계를 보완하기 위해 마련된 대안적 제도 중 수석교사제와 교장공모제를 살펴보자.

(4) 승진제도의 한계를 보완하기 위한 대안

① 수석교사제

수석교사제는 교사의 교수 · 학습 역량을 공식적으로 인정하고, 동료 교사의 수업 및 연구 활동을 지원하며 학생 교육을 담당하는 제도이다. 수석교사의 주요 역할은 교수 · 학습 지원에 있으며, 「초 · 중등교육법」 제20조 제3항에 따르면 "수석교사는 교사의 교수 및 연구 활동을 보조하고 학생 교육을 수행한다."라고 규정되어 있다. 이는 수석교사가 단순히 수업을 담당하는 것이 아니라, 동료 교사의 전문성 향상을 돕는 역할을 해야 함을 의미한다.

수석교사가 되기 위해서는 일정한 요건을 충족해야 한다. 「초 · 중등교육법」 제21조 제3항에 따르면, 15년 이상의 교육 경력(교육전문직 경력 포함)을 갖추고, 교수 · 연구 분야에서 뛰어난 능력을 보유한 교사 중 대통령령이 정하는 연수를 이수하고 검정 절차를 통과한 자에게 자격이 부여된다. 그러나 수석교사의 자격은 영구적이지 않으며, 4년마다 성과 평가와 연수 이력을 반영한 재심사를 받아야 한다. 「교육공무원법」 제29조의4에서는 평가 기준을 충족하지 못할 경우, 수석교사로서의 직무 수행과 관련된 수당 지급이 제한될 수 있다고 명시하고 있다.

수석교사는 교사의 자격 체계가 2급 정교사와 1급 정교사로 한정되는 한계를 보완하고 학교 현장의 혁신을 촉진하기 위해 도입되었다(김혜숙 외, 2024). 이 제도의 핵심 목표 중 하나는 교육행정 전문가와 교수 · 학습 전문가로 교원 직무를 이원화하는 것이었다. 그러나 실질적인 승진 체계는 여전히 단선적인 구조를 유지하고 있고, 수석교사제는 교사의 자발적인 전문성 개발 노력을 유도하지 못한다는 한계를 보인다(최선옥 외, 2017). 2011년 수석교사제 법제화 초기에는 제도 정착을 위해 비교적 많은 수석교사가 임용되었으나, 이후 점진적으로 감소하는 추세를 보였으며, 이는 수석교사제가 예상했던 것만큼 교육 현장에서 자리 잡지 못했음을 보여 준다(김혜숙 외, 2024).

수석교사제가 활성화되지 않는 주요 원인 중 하나로 제도적 지원의 부족을 꼽을 수 있다. 수석교사가 교수 · 학습을 지원하기 위해서는 적절한 권한과 환경이 조성되어야 하지만, 현실적으로 수석교사의 역할이 제한적이며 학교 내에서 충분한 영향력을 발휘하지 못하는 경우가 많다. 더불어, 수석교사로 인해 학교 내 교사 간 갈등이 촉발되기도 하는데, 평등했던 동료 교사가 수업의 전문성을 인정받아 수석교사가 되는 것에 불편함이나 경쟁심을 느끼는 경우도 보고되고 있다(김지선, 박소영, 2013). 또한 「교육공무원임용령」 제9조의8에 따르면, 학교장은 수석교사의 업무 수행을 원활히 하기 위해 평균 수업 시간을 일반 교사의 절반 수준으로 조정할 수 있는데, 수석교사의 평균 수업 시수가 줄어드는 만큼 다른 교사에게 수업과 업무 부담이 전가되는 것 역시 현장에서 해당 제도가 자리 잡는 것을 방해하는 주요 요소로 꼽힌다.[3]

② 교장공모제

교장공모제는 기존 승진제도의 한계를 보완하고 다양한 배경의 교육자가 교장직에 진출할 수 있도록 도입된 제도로, 개방적인 승진 경로를 제공한다. 과거에는 교장이 되기 위해 반드시 교감직을 거쳐야 했으나, 이 제도는 학교 구성원이 선출 과정에 직접 참여하도록 함으로써 교육자치를 강화하고, 기존 승진 체계와 별개로 교장직에 도전할 수 있는 경로를 마련하여 교원 사회 내 승진 기회를 확대하는 역할을 한다(김혜숙 외, 2024).

교장공모제의 도입 과정을 살펴보면, 1996년부터 10년 이상 임용제도 개선에 대해 '초빙교장제' '교장초빙 · 공모제' 등 다양한 논의와 시도를 거쳐 2007년 교장공모제가 자율학교를 대상으로 시범 적용되기 시작했다(임미화, 신상명, 2012). 교장공모제는 초빙형, 내부형, 개방형 세 가지 유형으로 운영되고 있다. 초빙형의 대상 학교는 일반학교이며, 「교육공무원법」 제29조의3 제1항을 근거로 교장자격증 소지자만 지원할 수 있는 유형이다. 내부형과 개방형은 「교육공무원법」 제29조의3 제2항과 「교육공무원임용령」 제12조의6 제1항을 관련 법령으로 한다. 내부형은 자율학교 혹은 자율형 공립고를 대상으로 '교장자격증 소지자' 혹은 '교육경력 15년 이상인 교육공무원 또는 사립학교 교원'을 자격 기준으로 한다. 개방형은 자율학교로 지정된 특성화 중 · 고등학교, 특목고, 예체능계고에 적용되는 유형이며, '교장자격증 소지자' 또는 '해당 학교

3 다음 동영상을 통해 수석교사제도의 운영상 한계를 이해할 수 있다. EBS 교육 대토론. "위기의 수석교사제, 대안은 없나?"(https://www.ebs.co.kr/tv/show?prodId=109801&lectId=10592339)

교육과정에 관련된 기관 또는 단체에서 3년 이상 종사한 경력이 있는 자'를 자격 기준으로 한다.

한편, 교장공모제에 대해 긍정적인 평가와 부정적 평가가 혼재되어 나타나고 있다.[4] 일각에서는 학교 구성원이 원하는 교장을 선택하도록 하는 교장공모제를 통해 구성원 간 신뢰와 협력이 강화되고, 학교의 요구에 민감하게 반응하는 교장을 발탁할 수 있다는 점을 긍정적으로 평가하였다(김이경 외, 2008).

그러나 동시에, 교장공모제가 효과적으로 작동하기 위해서 해결해야 할 몇 가지 과제를 지적하는 관점도 있다. 먼저, 특정 단체나 이익집단이 교장 선발 과정에서 모종의 영향을 미칠 가능성이 꾸준히 제기되고 있다. 교장 공모 과정에서 형성된 이익집단이 이익 극대화를 위해 '자기 사람 심기' '통제' '연합' '비방과 모함' '회피' 등의 정치적 전략을 활용할 수 있다는 것이다(임미화, 신상명, 2012). 이와 관련하여 선발 과정의 공정성에 대한 논란이 발생할 수 있으며, 따라서 교장 선발 절차가 특정 이념이나 단체의 영향을 받지 않도록 객관적이고 공정한 평가 기준을 마련하는 것이 중요하다.

또한 기존 승진제도와의 충돌 가능성도 고려해야 한다. 전통적인 승진 절차를 통해 교장이 된 사람들과 공모제를 통해 임용된 교장 간의 갈등이 발생할 수 있으며, 일부 교사들은 교장공모제가 승진 질서를 흔들고 있다고 인식할 수 있다. 따라서 공모제를 통한 교장과 기존 승진 경로를 거친 교장 간의 협력을 강화할 방안을 마련하는 것이 필요하다. 두 집단 간의 협력과 상호 이해를 촉진할 수 있는 구조를 마련하여, 교직 사회 내 불필요한 갈등을 방지해야 한다.

2) 교원성과급

(1) 교원성과급제의 개념과 운영

교원성과급제는 2001년 도입된 제도로, 교원의 성과를 평가하여 차등적으로 성과상여금을 지급하는 방식이다. 이 제도의 목적은 성과에 따른 차등 보상을 통해 교직사회에 경쟁적 요소를 도입하고, 교육의 질을 향상시키는 데 있다. 교원성과급제는 「교육공무원법」「교육공무원보수규정」「행정안전부 성과상여금 업무처리지침」 등에

4 다음 동영상을 통해 교장공모제 운영상의 쟁점을 이해할 수 있다. EBS 교육 대토론. "교장공모제 확대, 왜 논란인가?"(https://www.ebs.co.kr/tv/show?prodId=109801&lectId=10818138)

근거하여 운영되며, 지급 등급은 S, A, B의 세 단계로 나뉘어 각 등급별로 차등 지급된다.

도입 초기에는 성과상여금 지급을 위한 별도의 평가 시스템이 운영되었으나, 평가 절차의 효율성을 높이기 위해 근무성적평정의 다면평가 결과를 반영하는 방식으로 개선되었다. 이러한 변화는 성과 평가 체계를 간소화하고, 교원의 근무 실적을 보다 종합적으로 반영할 수 있도록 하는 데 기여했다. 그러나 운영 방식과 평가 기준에 대한 지속적인 논란이 제기되면서 제도의 실효성에 대한 논의가 끊이지 않고 있다.

(2) 성과급제의 효과와 논란

교원성과급제는 교원의 업무 동기를 유발하고, 학교조직의 목표 달성을 촉진하는 역할을 수행할 수 있다. 특히 기피 업무 수행에 대한 보상의 기능을 통해 교직 내 역할 분배의 형평성을 높일 수 있다는 점에서 긍정적으로 평가되기도 한다. 그러나 해당 제도는 여전히 교직 사회 내에서 갈등을 유발하는 요소로 작용하고 있으며, 교원단체들은 성과급제 폐지를 지속적으로 주장하고 있다. 특히 획일적인 운영 방식, 평가의 공정성 문제, 교직 사회 내 갈등 유발, 교직 내 경쟁이 강조되는 분위기의 조성 등의 비판들이 이어지고 있다(김달효, 2013; 변기용 외, 2018). 또한 성과 평가 기준이 실제 교육성과를 충분히 반영하지 못하는 한계 역시 존재한다. 특히 성과급 평가 기준의 약 절반이 학기 초에 이미 결정되는 투입 지표로 구성되어 있으며, 평가 항목이 대체로 객관적 지표 중심으로 구성되어 있어 교사의 주관적인 교육활동이나 창의적인 교수법이 충분히 반영되지 못하는 한계가 존재한다(이상신 외, 2019).

따라서 교원성과급제가 실질적으로 교육의 질 향상에 기여하기 위해서는 획일적인 운영 방식을 개선하고, 평가 기준을 보다 정교하게 설계할 필요가 있다. 또한 평가의 공정성을 확보하고 교직 사회 내 협력을 유도할 수 있는 방안을 모색함으로써 성과급제가 교직 사회 내 긍정적인 영향을 미칠 수 있도록 하는 제도적 개선이 필요하다.

워크숍 교원 승진구조 개선 방안

여기에서는 워크숍을 통해 교원 능력개발 및 사기 진작의 관점에서 승진구조 개선 방안을 논의해 보자. 다음은 서울특별시교육청교육연구정보원에서 2021년에 시행한 1차년도 서울교원종단연구 결과의 일부를 제시한 것이다. 현재 학교에서 일반 교사로 재직 중인 교사 1,810명에게 목표 지위를 조사한 결과, 현재 직위를 유지하겠다는 응답이 절반 이상인 것으로 나타났다. 앞서 살펴본 다양한 딜레마 사례와 결합해 볼 때, 이러한 현상이 학교 현장에 가져올 결과와 교사의 전문성 향상과 동기부여를 위한 승진제도 개선 방안에 대해 조별로 토의한 뒤 발표를 통해 생각을 나누어 보자.

<표 8-3> 서울 내 재직 교사의 목표 직위 조사 결과

목표 직위	빈도(명)	비율(%)
현재 직위 유지	1,143	63.15
수석교사	107	5.91
교육 관리직	216	11.93
교육 전문직	295	16.30
기타	49	2.71

정리하기

지금까지 학교 내 인사행정의 주요 사안에 대해 함께 살펴보았다. 교원의 충원과 신규임용, 인사 배치 그리고 교원의 동기부여 및 사기 진작을 위한 제도는 단순한 행정 절차가 아니라, 학교의 운영 방식과 교육의 질을 결정짓는 핵심 요소이다.

학교는 조직으로서의 체계를 갖추고 있지만 결국 이를 움직이는 것은 사람이다. 아무리 정교한 인사제도를 마련하더라도 교사들이 의욕을 잃고 보직을 기피하며, 우수 교사들이 학교를 떠난다면 교육의 질은 자연스럽게 저하될 수밖에 없다. 이러한 문제들을 해결하기 위해서는 학교인사행정이 단순한 절차적 효율성을 넘어 교사 개개인의 전문성을 존중하고 지속 가능한 교육환경을 조성하는 방향으로 발전해야 한다. 학교는 단순한 조직이 아니라 교육공동체이다. 교사들이 교육자로서의 본질적인 역할에 집중하고, 학생들과의 신뢰를 쌓으며 지속적으로 성장할 수 있도록 하는 인사제도가 마련될 때 학교는 비로소 안정적이고 건강한 교육환경을 유지할 수 있을 것이다. 모둠별로 다음의 질문에 대한 생각을 나누며 이번 장에서의 학습 내용을 정리해 보자.

1 인사행정의 개념과 의의를 한 문장으로 표현해 보세요.

'인사행정은 ____________________ 이다.'

제 9 장

교원학습공동체와 학습조직

1. 교원학습공동체는 무엇인가
2. 교원학습공동체는 어떤 변화를 만들 수 있을까
3. 학교경영 관점에서 학교의 학습조직화가 왜 필요하며 어떻게 이룰 수 있을까

워크숍 일선 학교의 학습조직화 전략

정리하기

제 9 장 교원학습공동체와 학습조직

학교는 사회 변화에 맞추어 지속적으로 변해 가는 곳이다. 교육의 목표는 학생들이 미래 사회에서 요구하는 역량을 갖추도록 돕는 것이며, 이에 따라 교육의 내용과 방식도 빠르게 변화하고 있다. 오늘날 학교는 단순히 정해진 지식을 전달하는 공간이 아니라, 학생들이 창의적으로 사고하고 협력하며 자기 주도적으로 성장할 수 있도록 지원하는 환경이 되어야 한다. 특히 2022 개정 교육과정에서는 자기관리 역량, 지식정보처리 역량, 창의적 사고 역량, 심미적 감성 역량, 협력적 소통 역량, 공동체 역량 등을 핵심 역량으로 강조하며 이를 실현하기 위해 교수자 중심의 강의식 수업에서 벗어나 학습자 중심의 다양한 교수 · 학습 방법이 도입되고 있다.

또한 학교 운영 방식 역시 변화하고 있다. 과거에는 교장이 중심이 되어 학교를 운영하는 방식이 일반적이었다면 이제는 교사, 학생, 학부모, 지역사회가 함께 참여하는 협력적 학교 운영이 강조되고 있다. 단위학교의 자율성을 확대하고 책임성을 강화하는 방향으로 정책이 변화하면서 학교를 하나의 공동체로 인식하는 움직임이 확산되고 있다. 하지만 제도적인 변화만으로 학교가 자연스럽게 혁신되는 것은 아니다.

교사의 전문성은 학생들의 학습 경험과 교육의 질을 결정하는 주요 요소로서, 학교 변화의 핵심 동력은 교사의 역할과 실천에 있다. 그러나 현실적으로 교사 개인이 이러한 변화를 주도하기란 쉽지 않다. 교육은 사회적 과정이며 교사의 전문성 또한 동료 교사들과의 협력을 통해 더욱 깊어지고 확장될 수 있다. 그럼에도 불구하고, 여전히 많은 학교에서는 보수적인 문화, 동료 교사와 공유 · 소통하지 않는 수업 운영, 형식적인 협력 구조가 교사들의 성장과 변화의 기회를 제한하는 요인으로 작용하고 있다. 이처럼 전통적인 학교 문화 속에서 교사의 전문성 개발이 개별적 노력에만 의존할 경우, 지속적인 성장과 교육의 질적 향상을 기대하기 어렵다.

그렇다면 교사들이 변화의 움직임을 자발적으로 만들어 갈 수 있는 여건을 어떻게 조성할 수 있을까? 이 장에서는 이 질문에 답하기 위해 '교원학습공동체'와 '학교의 학습조직화' 개념을 중심으로 논의를 전개하고자 한다. 다음 사례를 통해 학교가 어떻게 변화의 중심에서 지속적인 혁신을 이어 갈 수 있을지 생각해 보자.

사례

김 교장은 오랜 교사 생활을 거쳐 올해 행복고등학교의 교장으로 부임했다. 교사 시절, 그는 늘 전문성 개발의 기회가 부족하다는 아쉬움을 느껴 왔다. 수업을 개선하고 싶어도, 동료 교사들과 협력할 기회가 부족했고, 학교는 개별 교사의 노력에만 의존하는 분위기였다. 그러던 중 뜻이 맞는 몇몇 교사들과 함께 비공식적인 교원학습공동체를 구성했다.

그 과정은 쉽지 않았지만, 교사들이 함께 수업을 연구하고 피드백을 주고받으면서 놀라운 변화를 경험했다. 교수 · 학습법이 개선되고 교사들의 지도력이 향상되었으며, 학교 내에 민주적이고 협력적인 분위기가 자리 잡기 시작했다. 학습공동체는 점점 확장되었고, 다른 교사들도 자발적으로 참여하기 시작했다. 교사들이 함께 배우고 성장하는 과정 속에서, 학생들의 학습 경험도 보다 풍부해졌다.

그런 경험 덕분에 김 교장은 학교를 변화시키기 위해서는 개별 교사가 아닌 학교 전체가 배우고 성장하는 구조를 만들어야 한다는 확신을 가지게 되었다. 그리고 이제 그는 교장이 되어, 자신이 경험했던 교원학습공동체를 더 체계적으로 학교에 도입할 수 있는 위치에 있었다. 하지만 현실은 기대와 달랐다.

행복고등학교에 부임한 후 김 교장은 교원학습공동체를 학교에 도입하려 했지만 예상치 못한 벽에 부딪혔다. 교사들은 학습공동체에 대해 "취지는 좋지만, 현실적으로 어렵다."라며 소극적인 태도를 보였다.

> "업무가 너무 많아요. 수업 준비, 행정 업무, 학생 지도까지 하려면 시간이 부족한데, 학습공동체까지 참여하라는 건 부담이 커요."
>
> "이런 활동이 우리한테 실질적으로 도움이 될까요? 기존 방식으로도 수업하는 데 큰 문제는 없는데……."
>
> "다른 교사들 앞에서 내 수업을 공유하는 게 솔직히 부담스럽습니다. 평가받는 느낌이 들 것 같아요."

김 교장은 고민에 빠졌다. 교원학습공동체가 가져올 긍정적인 변화를 누구보다 잘 알고 있었지만, 막상 교장으로서 이를 학교에 도입하여 정착시키려 하니 새로운 어려움이 보였다. 과거에는 교사로서 직접 학습공동체를 이끌며 변화의 한가운데 있었던 그는 이제 학교 전체를 움직여야 하는 입장이었다. 고민이 깊어지던 중, 그는 '학교의 학습조직화' 개념을 접했다. 단순히 교사들에게 협력을 권장하는 것이 아니라, 학교경영 차원에서 교사들이 자연스럽게 배우고 협력할 수 있는 환경을 조성하는 것이 핵심이었다. 연구 사례를 찾아보니

학습공동체가 성공적으로 운영되는 학교들은 협력 시간이 공식적으로 보장되고 교사 평가 방식이 협력을 촉진하는 방향으로 설계되어 있었다.

김 교장은 방향을 수정하기로 했다. 교사들에게 학습공동체를 강요하기보다 학교가 먼저 변화해야 했다. 그는 공식적인 협력 시간을 확보하고 참여 교사들에게 작은 성공 경험을 제공하며 자발적인 확산을 유도하기로 했다. 하지만 여전히 고민이 남았다. "학교가 학습조직으로 기능하기 위해 가장 먼저 바뀌어야 할 것은 무엇일까?" 김 교장은 스스로에게 질문을 던지며 새로운 도전에 나섰다.

토론 질문

1. 교원학습공동체는 무엇인가?
2. 교원학습공동체는 어떤 변화를 만들 수 있을까?
3. 학교경영 관점에서 학교의 학습조직화가 왜 필요하며 어떻게 이룰 수 있을까?

1. 교원학습공동체는 무엇인가

1) 교사의 전문성 향상

교사는 어떻게 전문성을 향상시킬 수 있을까? 이는 교육 현장에서 끊임없이 논의되어 온 질문이다. 전통적으로 교사들은 도제적 접근, 학문적 접근, 반성적 접근을 통해 자신의 전문성을 개발해 왔다. 그러나 각 접근 방식에는 한계가 있으며, 이를 극복하기 위한 대안으로 공동체적 접근이 부각되고 있다(서경혜, 2013).

도제적 접근에서는 경험 많은 교사의 수업을 관찰하고 모방하는 방식을 통해 교수법을 익힌다. 이는 실천 중심의 학습을 가능하게 하지만 개별 교사의 경험에 의존하는 경향이 강해 새로운 교수법을 습득하거나 창의적인 교수 전략을 개발하는 데 어려움이 있다.

학문적 접근은 교사들이 대학이나 연수 기관에서 교육학 이론을 학습하고 이를 실천에 적용하는 방식이다. 이는 교사들에게 체계적인 지식 기반을 제공하지만, 학교 현장의 복잡한 맥락을 충분히 반영하지 못할 가능성이 있다.

반성적 접근은 교사들이 자신의 교육 실천을 성찰하고 개선하는 과정이다. 이를 통해 교사들은 수업을 깊이 이해하고 발전시킬 수 있지만, 개별 교사의 성찰에 의존할 경우 지속적인 개선이 어렵고, 동료 교사와의 협력을 통한 시너지 효과를 기대하기 어렵다.

이러한 전통적인 방식들은 각각의 강점이 있지만 교사들이 함께 학습하며 협력할 수 있는 체계적인 환경을 제공하지는 못했다. 이에 대한 대안으로 떠오른 것이 공동체적 접근이다. 공동체적 접근은 교사들이 함께 학습하고 실천을 공유하는 과정을 강조한다. 개인주의적이고 경쟁적인 학습 방식이 교육의 질적 발전을 저해한다는 비판이 제기되면서 교사들이 협력적으로 배우고 성장하는 학습공동체 개념이 확산되었다.

2) 교원학습공동체

공동체적 접근은 교사들이 함께 학습하고 실천을 공유하는 과정을 강조한다. 1980년대 초부터 해외에서는 학교개혁과 혁신, 교사 전문성 개발의 주요 기제로서 교원학습공동체가 학문적·실제적 차원에서 주목받기 시작했다(김민조 외, 2016). 교사들이 개별적으로 학습하고 수업을 개선하는 방식이 한계를 드러내면서, 교사 간 협력을 기반으로 한 공동체적 학습이 교사 전문성 개발과 교육 혁신의 중요한 요소로 자리 잡았다.

국내에서는 비교적 늦은 시기인 2000년대 중반부터 교원학습공동체와 전문적 학습공동체라는 용어가 본격적으로 논의되기 시작했고, 이후 전문적 학습공동체, 배움의 공동체, 교사학습동아리 등 다양한 형태의 유사한 모임들이 형성되었다. 이들 공동체는 모두 교사가 자신의 지식과 경험을 공유하고 협력적 학습과 실천을 통해 교육 전반을 개선하는 것을 핵심 가치로 삼는다는 공통점을 가진다는 점에서, 학습공동체라는 포괄적인 개념으로 정의할 수 있다(유성동, 김도기, 2023; 윤정 외, 2016).

2010년대에 접어들면서는 학교 내 교사 모임의 교육적 가치가 높다는 점이 인정되었고, 이를 바탕으로 교육청과 학교 단위에서 교원학습공동체를 적극적으로 지원하기 시작했다. 특히 경기도는 관내 혁신학교가 중심이 되어 자생적으로 운영되던 교원학습공동체를 '전문적 학습공동체'라는 이름으로 정책화하여 체계적으로 지원·확산한 첫 번째 사례를 만들었다. 이후 여러 시도 교육청에서도 관 주도의 학습공동체 지원 정책을 도입하며, 교사들이 보다 체계적인 환경 속에서 협력할 수 있도록 지원하는 움직임이 확산되었다. 이 정책은 보상적 수단(직무연수학점 인정)을 제공하면서 교사들의 적극적인 참여를 유도하였고, 시행 둘째 해인 2016년에는 경기도 내 초등학교의 약 80%가 학습공동체에 참여하는 성과를 거두었다(윤정 외, 2016).

경기도교육청의 '학교 안 전문적 학습공동체 직무연수 학점화 정책(2015년)'

경기도교육청은 현장 중심 교원 연수 활성화를 목표로, 2015년 2월 '학교 안 전문적 학습공동체 직무연수 학점화 계획'을 발표하였다(경기도교육청, 2015. 2. 23.). 이때, 학교 안 전문적 학습공동체는 '교사들이 동료성과 협력을 바탕으로 수업을 공동 연구하고 실천하며, 교육활동에 대해 협의하는 과정에서 함께 성장하는 학습공동체'로 정의되었다. 이 정책은 기존의 이론 중심 연수를 실천 중심 학습체제로 전환하고, 교사 개별 성장 중심의 연수를 집단 성장 중심으로 개편하는 것을 목표로 한다. 경기도교육청은 이를 통해 교사들의 전문성 개발이 학교 변화와 실천으로 연결될 수 있도록 지원하며, 향후 모든 교원 연수를 학습공동체 활성화 방향으로 개편할 것임을 밝혔다.
'학교 안 전문적 학습공동체 직무연수 학점화' 계획의 핵심은 학습공동체 활동을 직무연수로 인정하고 연수 학점을 부여하는 제도이다.

- 도내 초 · 중등 교원이 대상이며, 희망하는 교사는 누구나 학교 내 학습공동체를 구성하거나 참여할 수 있다.
- 학습공동체는 최소 3인의 교원이 등록하여 구성되며, 한 학교 내 복수의 공동체 운영이 가능하다.
- 연수시간은 연간 최소 15시간에서 최대 60시간으로 학교 여건에 맞춰 편성할 수 있다.
- 정기적인 학습공동체의 날 운영을 통해 일상적 학습을 장려하며, 수업과 연계된 연구 · 실천 활동을 중심으로 교육과정을 구성해야 한다.
- 단위학교장은 전문적 학습공동체 관리팀을 구성 · 운영하여 출결 및 연수 질 관리를 담당해야 하며, 연수시간의 80% 이상을 이수한 교사에게 학점이 부여된다(경기도교육청, 2016. 3. 17.).

이러한 흐름 속에서 교원학습공동체는 단순한 교사 연수나 개별적 반성에서 벗어나, 공동체 속에서 실천적 경험을 공유하고 협력적인 탐구를 통해 교육을 발전시키는 방식을 추구하는 개념으로 자리 잡았다.

한편, 여러 연구에서 교원학습공동체의 특징이 다음과 같이 다양하게 도출된 바 있다.

- Hord(1997): 가치와 비전의 공유, 집단적 창의성, 개인 실천의 공유, 지원적 환경, 지원적이고 공유된 리더십
- DuFour와 Eaker(1998): 미션, 비전, 가치의 공유, 공동 탐구, 협력적 팀, 실천 및 실험 지향성, 지속적인 개선, 결과 지향성
- Louis 등(1996): 규범과 가치의 공유, 학생 학습에 집중, 협력, 실천의 탈사유화, 반성적 대화
- 송경오와 최진영(2010): 리더십 공유, 비전 공유, 학생 학습에 대한 강조, 교사 협력, 전문적 탐구를 고무하는 학교 문화, 지원 환경
- 서우철(2014): 리더십 공유, 비전의 공유와 집중, 교사 상호 간 반성적 대화와 경험의 비사유화, 전문적 학습공동체 형성을 도와주는 지원 조건
- 박나실 등(2015): 평등한 상호작용과 협력, 지식 공유, 공통의 가치와 목적 공유, 끊임없는 반성과 실천 사이의 순환 노력

이러한 특징들을 종합하면, 교원학습공동체는 리더십과 공동의 비전 공유, 협력을 통한 반성적 실천, 공동 탐구 수행, 지원적인 환경 조성 등을 통해 지속적인 전문성 향상을 추구하는 공동체로 볼 수 있다.

다양한 유형의 학교 밖 교원학습공동체

교원학습공동체는 구성원의 범위에 따라 학교 안 교원학습공동체와 학교 밖 교원학습공동체로 구분할 수 있다. 학교 밖 교원학습공동체는 구성원의 잦은 교체, 학교 내 정치적 요소 및 업무 관련 이해관계 등 학교 안 학습공동체가 직면하는 어려움에서 비교적 자유롭다는 특징을 가진다(유성동, 김도기, 2023).

1. 온라인 기반 학습공동체

기술의 발전과 함께 인터넷 기반 네트워크 공동체가 활성화되면서, 교사들은 온라인을 통해 협력하고 성찰하는 기회를 확대할 수 있게 되었다. 특히 온라인 학습공동체는 시간과 공간의 제약 없이 교사들이 서로의 경험과 자원을 공유할 수 있다는 점에서 주목받고 있다(오영범, 2014).

[예: 인디스쿨] 인디스쿨은 초등교육 현장의 살아 있는 이야기와 경험을 공유하는 온라인 플랫폼으로, 전국의 교사들이 수업자료를 나누고 교육적 고민을 함께 나누는 공간으로 활용되고 있다. 이를 통해 교사들은 학교의 울타리를 넘어 보다 다양한 교육적 시각을 접하고 협력할 수 있다.

2. 지역 교육청 단위 학습공동체

지역 교육청 단위에서 운영하는 학교 간 교원학습공동체는 학교 간 협력을 촉진하고, 공동 연구 및 실천을 통해 수업 혁신을 지원하는 역할을 한다.

[예: 서울시 학교 간 학습공동체 지원(서울특별시교육청교육연구정보원, 2024)] 서울특별시교육청교육연구정보원에서는 교원의 자발적인 연구 활동을 체계적으로 지원하고, 학교 간 교원 네트워크를 구축하여 수업 혁신을 촉진하기 위해 학교 간 교원학습공동체 운영 정책을 추진하고 있다. 이 정책에서는 교사들이 공동 연구 · 공동 실천을 통해 교육과정, 수업, 평가의 질을 개선하고, 연구 성과를 공유하여 나눔 문화를 확산하는 것을 목표로 한다. 교사들은 학교와 기관을 초월하여 학습공동체를 구성하고 연구 및 실천 활동을 진행하며, 연구 결과를 학교 현장에 적용하는 것을 원칙으로 한다. 이처럼 학교 간 교원학습공동체는 교사들이 학교 내부의 한계를 넘어 보다 넓은 네트워크 속에서 협력하며 전문성을 향상시킬 수 있도록 지원하는 중요한 장으로 기능하고 있다.

2. 교원학습공동체는 어떤 변화를 만들 수 있을까

1) 교원학습공동체를 통한 변화

(1) 교사의 전문성 향상

교원학습공동체는 교사들의 수업 설계 및 운영 능력을 향상시키고, 촉진자로서의 역할을 인식하도록 돕는다(김민조 외, 2016). 교사들은 학습공동체 활동을 통해 다양한 수업 방식을 탐색하고, 동료 교사들의 피드백을 받으며 교수법을 발전시킬 기회를 갖는다. 특히 공동 연구와 실천을 기반으로 수업을 설계하는 과정에서 수업 디자인 능력과 교육적 통찰력에 대한 인식을 확대할 수 있다.

이러한 변화는 교사들이 경험하는 다양한 교육적 고민을 공유하는 과정에서 더욱 강화된다. 한 교사는 다음과 같이 이야기한다.

> "(다른 선생님들 이야기를) 듣다 보면 뭔가 나랑 똑같은 고민을 하고 있다는 생각이 들고, 그래서 같이 이야기하게 되요. 모두 나와 함께하는 사람들이 다 같이 모여서 하는 거잖아요. 같은 고민을 나누고 함께 해결한다는 것이 가장 좋은 거 같아요."
>
> — 박나실 외(2015), p. 106.

학습공동체는 교사들이 동료 교사들과 수업 아이디어를 공유하고 학생 지도 방식에 대한 고민을 나누는 장이 된다. 실제로 학습공동체 활동이 교과 지식 향상과 교수법 교환, 학생 이해에 실질적인 도움을 준다는 연구 결과도 보고된 바 있다(박채원, 2017). 또한 교사들은 학습공동체를 통해 특정 교과에 대한 전문성을 더욱 심화할 수 있다. 동료 교사들과의 협력은 교과 교육 내용을 보다 깊이 탐구하고, 새로운 교수법을 실험해 볼 기회를 제공한다. 이러한 과정은 개별 교사가 혼자 연구하고 실천하는 것보다 더 체계적이고 효과적인 전문성 개발을 가능하게 한다.

(2) 학교 문화와 협력 증진

교원학습공동체는 교사들이 학교 내에서 발생하는 구체적인 교육적 문제를 함께 해결할 수 있는 기반을 제공한다(박나실 외, 2015). 교사들은 공동체 내에서 교육과정 재구성, 학습 평가 방식 개선, 학생 지도 방법 등에 대한 아이디어를 공유하고, 이를 실천으로 연결할 수 있다. 이를 통해 교사들은 자신의 교실을 넘어 학교 전체의 교육적 방향을 함께 고민하고, 보다 협력적인 학교 문화를 조성하게 된다. 이 과정에서 교사들은 정서적 지지와 위로를 받기도 하며, 학습공동체 활동을 통해 동료 교사들과 함께 고민을 나누는 것이 심리적 안정감으로 이어지기도 한다.

> "아이가 이런 행동을 했다 이럴 때는 조금 어떻게 하면 좋을까? 내가 이렇게 해서 너무 속상했다 그랬으면 선생님들이 위로도 해 주시고 더한 아이도 있다 이렇게 해 주시면서 조금 치유를 받는다고 해야 하나 그런 점도 있고요. (…중략…) 그런 쪽은 도움을 많이 받게 되는 것 같아요."
>
> — 윤정 외(2016), p. 171.

특히 학교 안 교원학습공동체는 개별 교사의 성장뿐만 아니라 학교조직 전체의 변화로 이어질 수 있다는 점에서 더욱 의미가 있다. 교사들이 공동으로 연구하고 실천한 교육적 변화가 학교의 교육 문화와 운영 방식에 영향을 미치며, 이는 지속적인 혁신으로 이어질 수 있다. 학습공동체를 중심으로 한 교사 간 협력은 학교 내 수업 공유 문화 확산과 동료 교사 간 신뢰 강화로 이어질 수 있다. 결과적으로 교원학습공동체는 교사의 전문성 신장, 협력적 학교 문화 형성이라는 다양한 측면에서 긍정적인 변화를 유도할 수 있는 핵심적인 요인이다.

2) 교원학습공동체 운영 저해 요인

이처럼 교원학습공동체는 이상적인 운영이 이루어진다면 교사의 전문성 향상과 학교 문화 개선에 크게 기여할 수 있지만, 실질적인 운영 과정에서는 다양한 도전 과제와 저해 요인이 존재한다. 연구에 따르면, 교사들이 논의한 교원학습공동체의 운영 저해 요인은 다음과 같다(정바울, 이승호, 2017).

- 업무 과다로 인한 시간 부족: 교사들은 기존의 행정 업무와 수업 준비로 인해 학습공동체 활동을 위한 시간을 확보하는 것이 어려운 경우가 많다.
- 비전 공유의 어려움: 학습공동체 내에서 교사들이 같은 목표를 공유하지 못할 경우, 협력이 원활하게 이루어지지 않을 수 있다.
- 변화에 대한 동기 부족: 일부 교사들은 기존의 교수법을 유지하려는 경향이 강하며, 새로운 시도를 부담스럽게 느낄 수 있다.
- 관 주도의 성과주의 문화: 학습공동체가 자발적으로 운영되지 않고, 교육청의 정책적 요구로 인해 강제적으로 운영될 경우 교사들의 참여 동기가 낮아질 수 있다.
- 전문성과 리더십 부족: 학습공동체 운영을 주도할 전문적인 리더가 부재하거나, 일부 교사들이 무임승차하는 경우 협력적 분위기가 약화될 수 있다.
- 학교 내 경쟁주의적 환경: 일부 학교에서는 교사 간 협력보다는 개별 경쟁이 강조되는 분위기가 조성되어 있어, 학습공동체 활동이 활성화되기 어려운 경우가 있다.

이러한 저해 요인들은 교원학습공동체가 형식적으로 운영되거나 실질적인 성과를 내지 못하는 원인으로 작용할 수 있다. 특히 교사의 자발성이 부족한 상태에서 외부의 요구로 학습공동체가 운영될 경우, 실효성이 떨어지고 오히려 교사들에게 부담으로 작용할 가능성이 크다.

3) 교원학습공동체의 긍정적 변화의 열쇠, 교사 자발성

앞서 살펴본 바와 같이, 학습공동체가 교사의 전문성 개발 및 학교교육력 제고에 긍정적으로 작용한다는 점에 근거하여 여러 시도교육청에서는 정책적으로 학교 내 학습공동체를 활성화하고자 하였으며, 실제로 상당한 양적 성장을 이루었다고 평가

된다. 그러나 이러한 정책적 노력을 통해 학습공동체가 표면적으로 활성화되고 있는 듯해도 실제로는 실효성 없는 운영에 그칠 수 있음에 유의해야 한다.

교원학습공동체가 학교조직과 교육의 질을 개선하는 데 효과적인 도구가 될 수 있음에도 불구하고, 그 실효성은 교사의 자발성이 충분히 확보되었는가에 따라 크게 달라질 수 있다. 교사들이 내재적 동기를 바탕으로 학습공동체에 참여할 때, 공동체 활동은 단순한 행정적 요구나 연수 학점 취득을 위한 형식적인 활동이 아니라, 실질적인 배움과 실천의 장으로 기능할 수 있다. 반면, 외부의 강요나 제도적 압박에 의해 참여할 경우, 교사들은 이를 단순한 부담으로 느낄 가능성이 높다.

> "작년에 교장선생님이 학교별 이수자 명단을 보시고 우리 학교는 왜 7명밖에 안 했냐고 창피하다고 올해는 전부 다 하라는 식으로……, 교장선생님이 또 그렇게 원하신다 하고 동아리 예산은 없애고 학습공동체만 지원한다고 하니까 학년에서 어쩔 수 없이 한다고 한 거지."
>
> — 윤정 외(2016), p. 166.

> "학습공동체라는 것이 저도 처음 해 보는 것이고 뭔지 잘 모르지만 그래도 뭐 꼭 해야 되는 거다 그러면 엄청 자기 색깔 내면서 막 반대하고 이러는 사람은 많지 않아요. (…중략…) 연수학점도 인정해 준다고 하고, 그래 1학기 때 15시간 2학기 때 15시간, 30시간짜리 연수로 하면 연수는 어차피 받아야 하는 거니까. (…중략…) 연수도 되고 또 동료장학도 그걸로 된다 하니까."
>
> — 윤정 외(2016), p. 166.

이처럼 학습공동체에 대한 필요성에 공감하지 못한, 반(半)자발적 혹은 비(非)자발적 학습공동체 참여였지만, '이왕 하는 것 도움이 되는 쪽으로' 활동을 이어 가다가 학습공동체의 효용성을 인지하는 경우도 있다(윤정 외, 2016). 그러나 기존의 고립적 · 관료적인 학교 문화에 대한 교사들 스스로의 성찰과 문제의식에 기반하여 자발적으로 형성된 교원학습공동체 참여와 비교했을 때, 시간적 여유가 없다는 이유로 학습공동체 참여는 부담으로 인식되어 결국 형식적으로 운영될 여지가 많다. 또한 상급자의 강요나 정책적 요구에 의해 학습공동체 참여가 이루어질 경우, 교사들은 또 하나의 행정적 업무로 받아들이거나 관리자의 감시와 통제의 도구로 인식하게 될 수도 있다.

> "학습공동체를 하는 시간에 교감선생님이 연구실에 들어왔다. 교감선생님은 한 교사가 들고 있는 책을 조용히 들추어 보면서 교사들의 이야기를 듣다가 나간다. 연구실 문이 닫히자, 교사들은 짜증이 난다는 표정을 지었다."
>
> – 윤정 외(2016), p. 169.

결국, 교원학습공동체가 효과적으로 운영되기 위해서는 교사의 자발성이 가장 중요한 요소로 작용한다. 학습공동체 활동이 단순한 연수 기회나 행정적 요구를 충족하기 위한 수단이 아니라, 교사들이 자율적으로 협력하고 성장할 수 있는 환경 속에서 운영될 때 가장 효과적인 변화를 만들어 낼 수 있다. 이를 위해서는 학교 문화, 행정적 지원, 운영 방식 등이 자율성과 협력을 기반으로 조정될 필요가 있으며, 교사들의 내재적 동기를 지속적으로 촉진하는 것이 필수적이다. 교사의 성장과 변화가 학교 전체의 변화로 이어지기 위해서는 학습하는 조직으로서의 학교경영이 뒷받침될 필요가 있다.

3. 학교경영 관점에서 학교의 학습조직화가 왜 필요하며 어떻게 이룰 수 있을까

학교가 지속적으로 학습하고 혁신할 수 있는 구조를 갖추기 위해서는 개별 교사의 노력만으로는 한계가 있다. 교사들이 지속적으로 배우고 성장하는 환경이 조성되려면, 학교조직 전체가 학습과 성장을 지원하는 구조로 변화해야 한다. 그렇다면, 학교경영 관점에서 학교의 학습조직화는 왜 필요하며, 이를 어떻게 실현할 수 있을까? 이 절에서는 이러한 질문에 대한 답을 찾아보고자 한다.

1) 학습조직의 개념

학습조직의 개념은 지식정보사회로의 급격한 사회 변화에 대응하기 위해 등장한 것으로, 학습조직에 관한 여러 정의를 살펴보면 다음과 같다.

Senge(1990)는 학습조직을 '구성원이 진실로 원하는 결과를 만들어 내는 능력을 끊임없이 키워 가는 조직, 새롭고 진취적인 사고방식을 장려하고 가르치는 조직, 모두의 염원이 억압되지 않고 자유롭게 표출되는 조직, 구성원이 함께 배우는 방법을 끊임없이 학습하는 조직'으로 정의하였다.

Garvin(2000)은 학습조직이란 '지식을 창조 · 획득 · 전이하고, 조직이 새로운 지식과 통찰을 반영하도록 조직의 행동을 조절하는 데 능숙한 조직'으로 정의하였고, Marquardt(1996)는 '강력하고 집합적으로 학습하며 기업의 성공을 위해 지식을 보다 잘 수집하고 관리하여 이용할 수 있도록 지속적으로 변화하는 조직'으로 정의하였다.

이상의 정의들을 종합해 보면, 조직 내에서 일어나는 모든 과정을 학습의 기회로 보는 인식의 전환과, 이를 개인 및 조직의 발전 기제로 삼을 때 비로소 조직은 학습조직으로 거듭났다고 평가할 수 있다(허은정, 2011). 따라서 학습조직의 핵심은 단순히 개별 학습이 아니라, 조직 전체가 학습하는 문화와 구조를 갖추는 데 있다. 즉, 학습조직에서는 구성원들이 협력적으로 학습하고, 새로운 지식을 창출하며, 변화하는 환경에 능동적으로 대처할 수 있어야 한다.

Senge(1990: 27-35)는 학습조직을 설명하는 핵심 원리로 다음의 다섯 가지 규율을 제시했다.

① 시스템 사고(system thinking): 현상의 개별 부분이 아니라 전체를 보고 생각하는 과정
② 개인 숙련(personal mastery): 끊임없이 개인 비전을 명확히 하고 심화하며, 이를 달성하기 위해 에너지를 집약시키고 인내심을 기르며 현실을 객관적으로 보는 과정
③ 정신 모델(mental models): 세상을 이해하고 행동하는 방식에 영향을 미치는 우리 안에 깊이 각인된 가정, 일반화, 심상이나 이미지 등을 정신 모델이라 할 때, 조직에 관한 구성원의 정신 모델을 검토하고 바꾸는 과정
④ 공유된 비전(shared vision): 조직 전체가 깊이 공유하는 목표, 가치, 사명감을 통해 구성원을 결속시키는 과정
⑤ 팀 학습(team learning): 팀 차원의 학습을 통해 개별적으로 얻기 힘든 통찰을 얻는 과정

이 개념을 학교에 적용하면, 학교가 학습조직으로 기능하기 위해서는 단순한 개별 교사의 전문성 개발이 아니라, 교사들 간의 협력적 학습과 지속적인 탐구가 조직적

차원에서 이루어져야 함을 의미한다. 그러나 기존의 하향식(top-down) 교육 개혁은 이러한 목표를 충분히 달성하지 못했다. 앞서 살펴본 바와 같이, 교사들의 자생적 노력의 일환으로 등장한 교원학습공동체도 정책적 지원이 확대되면서 관 주도의 형식적인 운영에 머무르거나 추가적인 업무 부담으로 전락하는 경우가 늘어나고 있다.

이러한 문제를 해결하고 학교가 지속적인 학습과 혁신을 이루기 위해서는, 개별 교사의 학습을 넘어 학교조직 전체가 학습하는 구조로 변화하는 과정, 즉 학교의 학습조직화가 필수적이다. 학습조직화는 단순히 학습공동체를 활성화하는 것을 넘어서, 학교 운영 체계 전반을 학습을 중심으로 재구성하는 과정을 의미한다. 이를 통해 기존의 하향식 개혁이나 일회성 연수 방식이 가진 한계를 극복하고, 현장 중심의 실질적인 변화가 지속적으로 이루어질 수 있는 기반을 마련할 수 있다.

학교의 학습조직화에 대한 논의를 명확하게 이해하기 위해서는 학습조직(learning organization)과 교원학습공동체의 개념을 구분할 필요가 있다. 두 개념은 서로 밀접한 관련이 있지만, 적용 범위와 조직 운영 방식에서 차이를 가진다.

학습조직은 학교를 하나의 유기적인 학습 시스템으로 보고, 학교 구성원 전체가 지속적으로 학습하고 성장하는 것을 목표로 한다. Senge(1990)가 제시한 학습조직의 원리(시스템 사고, 개인 숙련, 정신 모델, 공유된 비전, 팀 학습)를 기반으로, 학교 구성원들이 협력적 학습을 통해 조직 전체의 변화를 도모하는 구조를 의미한다. 이 과정에서 중요한 점은, 학습조직이 교사뿐만 아니라 학교행정가, 학생, 학부모까지 포함하여 학교 운영 전반에서 학습을 촉진하는 문화가 조성되는 것이다.

반면, 교원학습공동체는 교사들 간의 협력을 바탕으로 학습과 실천을 연결하는 보다 작은 단위의 공동체 활동을 의미한다. 교원학습공동체는 교사의 수업 개선과 전문성 신장을 목표로 하며, 교사들이 자율적으로 모여 교육과정 및 수업을 연구하고, 실천한 내용을 공유하는 구조를 가진다. 이 과정은 개별 교사의 전문성을 강화하는 데 초점을 두며, 이를 통해 학습공동체가 학교 내 협력적 학습 문화를 촉진하는 역할을 수행한다.

이러한 차이를 고려할 때, 교원학습공동체는 학습조직을 구축하는 핵심 기제로 작용한다고 볼 수 있다. 교원학습공동체를 활성화하는 것은 학습조직을 형성하는 데 중요한 기초가 되며, 학습조직이 구축될수록 교원학습공동체가 더 효과적으로 운영될 수 있다. 따라서 학교가 효과적인 학습조직으로 변화하기 위해서는 교원학습공동체가 원활히 운영될 수 있도록 지원하는 동시에, 이를 학교 차원의 변화와 연계하는 노력이 필요하다.

2) 학교의 학습조직화를 위한 실천적 방안

학교의 학습조직화를 효과적으로 실현하기 위해서는 조직 내에서 지속적인 학습과 협력이 이루어질 수 있도록 체계적인 접근이 필요하다. 이를 위해 학습조직화는 학교의 운영 방식, 교사 간 협력 구조, 학습 문화 조성, 평가 및 지속적 개선 시스템 등을 포함하는 총체적 변화 과정으로 접근해야 한다. 이러한 변화를 구체적으로 실행하기 위해서는 다음과 같은 실천적 방안이 가능하다.

(1) 학교 비전과 목표 설정: 공유된 방향성 수립

학교가 학습조직으로 기능하기 위해서는 무엇보다 학교 구성원들이 공유할 수 있는 명확한 비전과 목표를 설정하는 것이 중요하다. 학습조직이 효과적으로 운영되려면, 학교가 단순한 관리 체계로 운영되는 것이 아니라 학습을 중심으로 한 조직으로서 기능해야 한다. 이를 위해서는 학교 구성원 모두가 공감할 수 있는 방향을 설정하는 것이 중요하다.

그러한 의미에서 학교 비전 수립 과정의 민주화는 의미를 갖는다. 학습조직화를 실현하기 위해 학교의 목표와 비전을 일방적으로 정하는 것이 아니라, 교사, 학생을 비롯한 학교교육 구성원이 함께 논의하는 과정이 필수적이다. 예를 들어, 교사들이 워크숍을 통해 학교가 지향해야 할 핵심 목표를 설정하고 학생과 학부모가 참여하는 협의회를 통해 조율하는 방식이 효과적일 수 있다. 이를 통해 학습조직이 형식적인 개념이 아니라 실질적인 방향성을 갖고 운영될 수 있다.

또한 학교경영진의 학습조직에 대한 적극적인 역할 역시 필요하다. 교장과 교감 등 학교 리더십이 학습조직화의 필요성에 공감하고 이를 장기적으로 실현하는 데 적극적인 역할을 해야 한다. 단순히 학습조직을 강조하는 것이 아니라, 이를 실천할 수 있는 구체적인 지원책(시간 배분, 자원 제공, 평가 방식의 개선 등)을 모색할 필요가 있다.

(2) 협력적 구조 형성: 조직적 변화 유도

학습조직화를 위한 핵심 요소 중 하나는 학교 내부의 협력 구조를 변화시키는 것이다. 기존의 수직적 의사결정 구조나 관료적인 운영 방식은 교사 간의 협력과 학습을 저해할 수 있으므로, 보다 유연하고 수평적인 협력 구조를 형성하는 것이 필요하다.

앞서 살펴본 학습공동체의 활성화는 이런 의미에서 다시 한번 그 중요성이 강조된다. 교사들이 정기적으로 만나 교육과정과 수업 방안을 논의할 수 있는 교원학습공동체는 단순한 회의나 보고 형식이 아니라, 실제로 수업 개선과 교사 성장에 기여할 수 있도록 운영되는 것이 중요하다. 교사들이 서로의 수업을 참관하고 피드백을 주고받는 공개수업 공유, 실천 연구 프로젝트 등이 이루어질 수 있도록 학습공동체 시간을 보장하는 것과 같은 구조를 마련하는 것도 한 방법이 될 수 있다.

(3) 협력적인 학습 문화 조성: 지속적인 피드백과 반성적 실천

학교가 학습조직으로 자리 잡기 위해서는 교사들이 개방적으로 학습하고 피드백을 주고받을 수 있는 문화가 필요하다. 현실적으로 많은 학교에서는 교사 간 협력이 제한적이며, 수업에 대한 피드백을 주고받는 것 자체를 부담스럽게 느끼는 경우도 많다. 따라서 협력적 학습 문화를 조성하기 위해서는 다음과 같은 노력이 필요하다.

먼저, 교사들이 새로운 교수법을 시도하는 것을 장려하기 위해서는 실패를 허용하는 학습 문화 조성에 힘쓸 필요가 있다. 이를 위해 관리자들은 교사를 평가하기보다는 교사의 성장을 지원하는 역할을 담당해야 하며, 정기적으로 수업 실험 사례를 공유하고 논의하는 장을 만들어 교사들이 새로운 교수법과 그 결과를 공유하도록 지원함으로써 실패를 성찰하고 보완하는 기회를 제공해야 한다. 이 외에도, 개별 교사들의 학습이 전체 학교로 확산될 수 있도록 교사들이 학습공동체 활동을 통해 연구한 내용을 효과적으로 공유하려는 노력이 필요하다.

워크숍 일선 학교의 학습조직화 전략

지금까지 교원학습공동체와 학교의 학습조직화에 대한 개념과 이론을 살펴보면서 협동적인 학습이 교사 개인의 전문성 향상과 조직 차원의 변화에 어떤 의미를 갖는지 논의하였다. 여기에서는 이론적 논의를 넘어 실천적인 탐색의 과정을 가져 보려 한다. 다음에 제시된 학교 현장에서 교사들이 직면하는 문제 상황을 살펴보고, 조별로 연구팀을 구성하여 실천적 전략을 기획해 보자. 이후 논의 결과를 공유하고 피드백을 주고받으며 더 발전된 방안을 모색해 보자.

미래고등학교는 최근 몇 년 동안 학습자 중심 교육을 강화하기 위해 다양한 교수법을 도입해 왔다. 그러나 여전히 일부 교사들은 강의식 수업 방식에 익숙하고, 새로운 교수법을 적용하는 데 어려움을 겪고 있었다. 이에 따라 학교에서는 교사들의 전문성을 높이고 협력적 학습 문화를 조성하기 위한 연구팀을 조직했다. 연구팀은 국어, 수학, 영어 등 교과별로 구성되었으며, 각 팀은 수업 개선을 위한 공통 관심사를 설정하고, 이를 바탕으로 프로그램을 기획하여 실천하는 방식으로 운영되었다. 연구팀의 목표는 단순한 이론 학습이 아니라, 실제 수업에서 변화가 이루어질 수 있도록 학교 현장에서 바로 적용할 수 있는 교수·학습 전략을 개발하는 것이었다. 연구팀이 본격적으로 운영되면서, 교사들은 팀 내에서 활발한 토론과 피드백을 주고받았다. 예를 들어, 국어과 연구팀에서는 학생들의 글쓰기 능력을 향상시키기 위한 협력적 글쓰기 프로그램을 개발했고, 수학과 연구팀에서는 문제 해결 중심의 학습법을 도입하여 학생들의 사고력을 높이는 방안을 모색했다. 이러한 과정에서 교사들은 팀 학습을 통해 성장하고, 연구 결과를 개별적인 전문성 향상으로 연결하는 경험을 했다. 하지만 연구팀 운영 과정에서 몇 가지 문제가 나타났다. 일부 교사들은 팀 활동이 추가적인 업무로 느껴졌으며, 구체적인 성과를 확인하기 어려웠다. 또한 연구팀이 진행한 프로그램이 실제 학생들의 학습 개선에 어떤 영향을 미치는지 평가하는 과정이 부족했다.

1. 조별로 연구팀을 구성하고, 특정 교육 문제(예: 학습 참여도 향상, 협력 학습 활성화 등)에 대한 해결 방안을 기획해 보세요.
2. 팀 학습의 성과를 개별 교사의 성장으로 연결할 수 있는 전략을 수립해 보세요.
3. 연구 결과를 공유하고, 피드백을 통해 보완할 수 있는 방안을 모색해 보세요.

정리하기

지금까지 조직적인 교사의 전문성 개발에 대한 두 가지 조직적 접근, 교원학습공동체와 학교의 학습조직화에 관해 함께 살펴보았다. 그동안 학교는 조직화된 무정부, 이완결합체제 등의 특성으로 인해 분절적이고 개별적인 관점에서 교사의 전문성 개발 활동을 바라보았다. 그러나 학교를 둘러싼 환경의 변화에 적절히 대응하기 위해서는 교사 개인의 발전을 넘어 학교조직 전체의 역량개발을 위한 노력이 필요하며, 이는 교사의 자발성과 이를 지원하기 위한 학교조직 차원의 체계적인 지원에 주목해야 함을 의미한다. 모둠별로 다음의 질문에 대한 생각을 나누며 이번 장에서의 학습내용을 정리해 보자.

1 교원학습공동체의 개념과 의의를 한 문장으로 표현해 보세요.

'교원학습공동체는 [   ] 이다.'

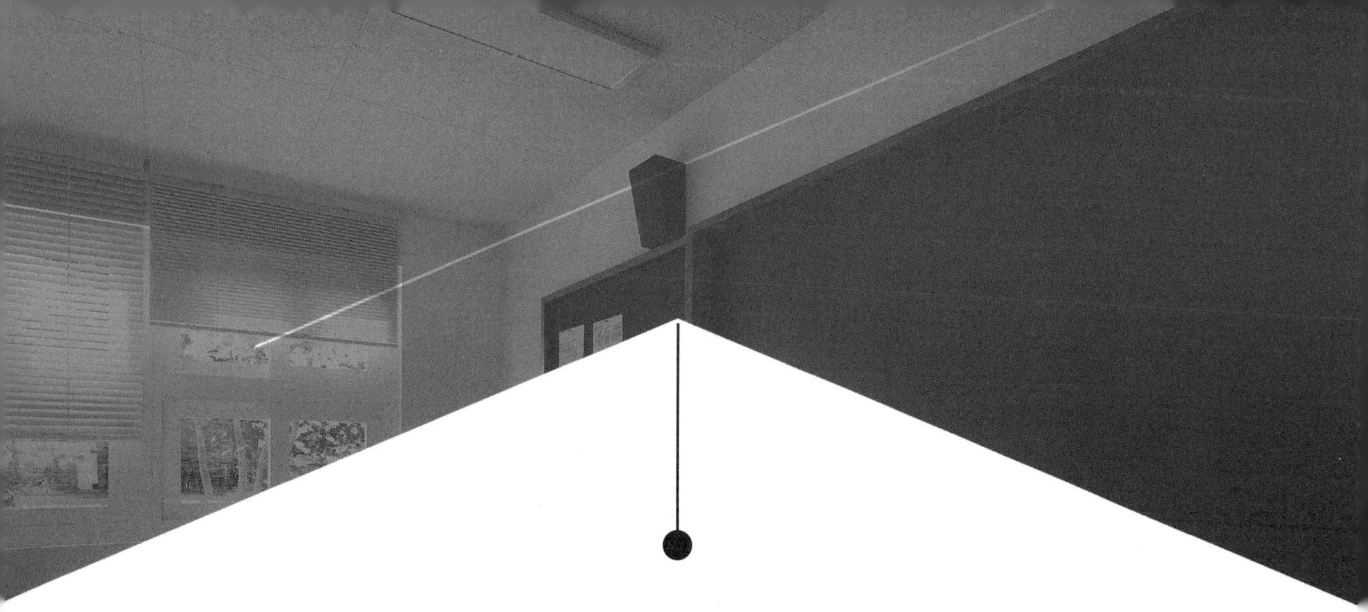

제10장

학부모 참여와 지역사회 협력

제10장 학부모 참여와 지역사회 협력

이미 잘 알려진 아프리카 속담 "한 아이를 키우기 위해 온 마을이 필요하다."는 학생들의 전인적인 성장을 위해 학교와 가정, 학교와 지역사회 간의 협력이 중요함을 강조한다. 학생들의 배움과 성장이 학교 안에서만 이루어지지 않기에 교실에서 배운 지식을 삶 속에서 적용하고 의미를 찾기 위해 교육의 장은 학교 너머 가정과 지역사회까지 확장된다. 따라서 학교는 더 이상 독립된 교육기관이 아니라, 가정과 지역사회와 긴밀하게 연결된 배움의 생태계 속에서 기능해야 한다.

학교와 학부모 및 지역사회 간의 협력은 학부모의 적극적인 학교 참여를 통해 이루어지기도 하고, 지역사회의 다양한 자원을 교육과정에 통합하는 방식으로도 확장될 수 있다. 교육공동체를 통해 학교는 물론 지역사회의 성장과 변화가 이루어질 것이라는 기대하에 각 시도교육청에서는 학교와 마을이 아이들을 함께 키우고 마을이 아이들의 배움터가 되도록 마을공동체를 구축하려는 노력을 기울이고 있다. 교육부에서도 교육을 통해 지역을 살릴 수 있다는 믿음으로 교육지구 구축과 같이 지역과 학교의 자발적인 연계와 협력을 지원하는 정책을 펼치고 있다.

그러나 현실적으로 이러한 협력이 항상 원활하게 이루어지는 것은 아니다. 학부모의 참여는 가정의 경제적 · 사회적 여건에 따라 차이가 나며, 바쁜 일상 속 학교 활동에 적극적으로 참여하기 어려운 경우도 많다. 또한 지역사회와의 협력 역시 학교의 행정적 부담, 자원과 네트워크의 부족, 지역사회 구성원 간의 기대 차이 등으로 인해 현실적으로 추진하기 쉽지 않은 것이 현실이다. 이러한 이유로 학교와 학부모, 학교와 지역사회의 협력이 오히려 학교교육의 공정성과 균형을 해칠 수 있다는 우려도 존재한다.

이 장에서는 학교와 학부모, 학교와 지역사회 협력을 바라보는 다양한 관점과 실제적 문제를 살펴보고, 바람직한 관계 형성을 위한 방안을 모색하고자 한다. 먼저, 다음의 행복중학교 사례를 통해 학교가 학부모와 지역사회와의 협력관계를 적극적으로 구축할 때 어떤 변화를 만들어 낼 수 있는지 살펴보자.

사례

경기도의 행복중학교는 한때 학생 수 감소로 폐교 위기에 처해 있었다. 하지만 2012년 부임한 이 교장은 '학교의 주인은 학생이며, 학부모와 교사가 함께 만들어 가는 공동체'라는 철학을 바탕으로 학교를 변화시키기 시작했다. 그는 학교 운영을 교장과 교사들만의 몫으로 두지 않고, 학부모와 학생이 적극적으로 참여하는 학교 자치를 강조했다.

이 교장은 학부모들이 학교교육을 이해하고 자녀의 성장 과정에 적극적으로 참여할 수 있도록 매주 목요일 학부모 교육 모임을 개최했다. 단순히 학습 방법을 전달하는 것이 아니라, 학부모 스스로와 자녀의 심리 이해, 효과적인 소통 방법, 자녀의 자존감을 높이는 법, 학부모의 역할 등에 대한 내용을 다루었다. 학부모들은 이 모임을 통해 자녀 교육에 대한 불안을 줄이고 학교의 교육 방침을 이해하며 더 적극적으로 학교 행사와 프로그램에 참여하게 되었다. 학부모 교육이 거듭될수록 학부모 간 네트워크가 형성되었고, 학부모들이 자발적으로 학교 지원 활동에 나서면서 학교와 가정 간의 협력관계가 더욱 공고해졌다.

또한 이 교장은 학교 운영에서 학생, 학부모, 교사의 소통이 핵심이라고 판단하고 교육 3주체 토론을 정기적으로 운영했다. 이 토론에서는 '학생들이 원하는 학교 문화' '학부모가 바라는 교육 방향' 등을 다룸으로써 학부모와 학생이 수동적인 존재로 머무르는 기존의 학교 운영 방식의 한계를 극복하고 모두가 함께 참여하는 민주적인 학교 문화를 만들어 가는 계기를 마련했다. 학생들은 자신들의 의견이 존중받는다는 것을 경험했고, 학부모들은 학교의 교육과정에 실질적으로 기여할 수 있었다.

이러한 노력의 결과, 행복중학교는 학부모가 학교 운영과 교육과정에 실질적으로 기여하는 모델을 만들어 냈다. 학부모들은 수업 지원, 독서 지도, 동아리 운영 등에 적극 참여하게 되었고 학생들도 자신의 학습 환경을 주체적으로 만들어 가는 경험을 하게 되었다.

또한 지역사회와의 협력도 자연스럽게 확대되었다. 학부모 네트워크를 통해 지역사회의 다양한 자원을 활용할 수 있었고 지역 인사 초청 강연, 마을 연계 프로젝트 등의 프로그램이 활성화되었다. 행복중학교는 더 이상 폐교 위기의 학교가 아닌, 지역사회와 함께 성장하는 혁신적인 교육공동체로 자리 잡게 되었다.

토론 질문

1. 학부모 참여, 지역사회와의 협력은 어떤 의미와 효과를 가질까?
2. 학교와 학부모, 학교와 지역사회 간 바람직한 협력은 어떻게 구축할 수 있을까?

행복중학교는 학교가 학부모 및 지역사회와 협력하여 교육공동체를 형성하면서 변화를 겪었고, 이러한 긍정적인 변화는 학교를 넘어 지역사회로 확장되었다. 그렇다면 학부모와 지역사회의 협력을 효과적으로 끌어내기 위해서는 어떤 노력이 필요할까? 이어서 학부모와 학교, 지역사회와 학교 간 관계를 구축하는 다양한 방식과 협력관계 구축 과정에서 직면하는 어려움을 살펴보고, 궁극적으로 바람직한 협력 방안을 모색해 보자. 이를 통해 학교가 학생들의 성장과 배움을 지원하는 공동체 구축에 어떤 역할을 담당할 수 있을지 고민해 보도록 하자.

1. 학부모의 학교 참여는 어떻게 이루어질까

이 절에서는 학부모와 학교 간의 관계를 바라보는 다양한 관점을 살펴보고자 한다. 학교와 외부 공동체가 어떻게 상호작용하는지 구조적으로 분석할 수 있는 이론적 모형을 통해 협력이 단순한 참여를 넘어 어떤 방식으로 형성·유지되는지 이해하고자 한다. 각 모형이 제시하는 특징과 한계를 바탕으로 실효성 있는 협력 방안을 모색할 수 있다. 또한 이론적 모형을 활용하면 특정 학교나 지역사회가 처한 현실에 맞는 협력 방식을 적용하는 데 유용한 시사점을 얻을 수 있다.

1) 학교와 학부모 간 관계 구축을 바라보는 다양한 관점

Erikson(2004)은 학교와 학부모의 관계 맺기 방식을 네 가지 유형으로 구분하였다. 그는 먼저, 학부모와 학교 간의 '파트너십'에 초점을 맞춘 유형을 제시하였다. 이는 현대 교육정책에서 학부모와 학교가 서로 밀접한 관계를 맺고 협력해야 한다는 요구가 강해짐에 따라 등장하였다. 이 관점에 따르면 학교는 학부모에게 더 많은 책임을 지도록 요구하는 한편, 학부모는 학교에서 공식적으로 더 큰 영향력을 행사할 수 있는 권한을 가지게 되었다고 본다. 학부모와 학교의 파트너십 관점은 가정과 학교 간의 긴밀한 협력이 학생과 사회 모두에게 긍정적인 영향을 미친다는 전제를 바탕으로 한다. 학부모와 학교가 동등한 협력관계를 맺고 함께 학생의 학습과 학교 운영을 개선하는 것을 목표로 한다. 여기에는 학부모가 교육과정에 대한 의견을 제시하고, 교사 및 학교와 긴밀히 협력하여 학생의 학습 환경을 조성하는 역할이 포함된다.

두 번째 유형은 학부모와 학교 간의 관계를 '사용자 참여' 관점에서 조명한다. 이는 학부모가 단순히 학교의 협력 파트너가 아니라, 학교 운영과 의사결정 과정에 직접적인 영향을 미칠 수 있는 '이용자'로서의 역할을 해야 한다는 관점이다. 이 관점은 학부모가 학교의 운영 및 정책 결정 과정에서 의견을 제시하고 이를 반영할 수 있도록 하는 것을 목표로 한다. 예를 들어, 학부모위원회나 학부모 협의체 등을 통해 학부모가 직접적으로 학교경영에 참여하는 기회를 제공하는 것이 이 접근법에 해당한다.

세 번째 유형은 학부모와 학교 간의 관계를 '선택' 개념을 중심으로 논의한다. 시장 중심 교육정책이 강화되면서, 학부모는 자녀의 교육과 관련해 더 많은 선택권을 갖게 되었다. 선택 원칙은 학부모가 학교를 선택할 수 있는 권리를 강조하며, 공립학교뿐만 아니라 사립학교, 대안학교 등의 선택지가 확대되는 과정에서 중요한 개념으로 자리 잡았다. 이러한 관점에 따르면 학부모는 자녀에게 적합한 교육을 받을 수 있도록 교육기관을 적극적으로 비교하고 선택하는 소비자적 역할을 한다.

네 번째 유형은 학부모와 학교 간의 관계를 '분리'해서 바라본다. 과거에는 학교와 가정이 각자의 역할을 명확히 구분하고, 서로의 영역에 간섭하지 않는 것이 일반적인 원칙이었다. 분리 원칙은 가정과 학교를 독립적인 기관으로 간주하며, 각자의 역할과 책임이 다름을 강조한다. 이러한 관점에서는 학교는 교육을 담당하고, 학부모는 가정에서 자녀를 지원하는 역할을 해야 한다고 본다.

이러한 네 가지 유형은 부모와 학교 간 관계를 다양한 방식으로 이해할 수 있도록 돕는다. Erikson(2004)은 특정 유형이 절대적으로 우월한 것은 아닐 수 있으며, 교육 환경과 정책에 따라 다양한 방식으로 조합될 수 있음을 강조한다.

그렇다면 우리나라의 맥락에서는 학부모의 학교 참여를 어떻게 바라볼까? 오래전부터 자녀 교육에 대한 학부모의 과도한 열심과 관심에 대한 부정적인 인식이 자리해 왔으며, 학교나 교사는 학교 운영, 교육활동 영역에서 학부모를 고려하지 않았고, 교육시설의 확충이나 재정 충당의 역할을 맡는 도구적 관점에서 학부모를 바라보아 왔다(류방란 외, 2015).

그러나 5·31 교육개혁 이후 수요자 중심 교육이 강조됨에 따라 법정기구인 '학교운영위원회'가 각 학교에 설치·운영되었고, 학부모 위원이 참여하게 됨으로써 학부모는 학교교육의 주체로 자리하게 된다(박수정 외, 2021). 더 나아가, 학교자율화, 학교민주주의, 학교자치 등이 주요 교육 개혁의 방향으로 자리매김함에 따라, 학부모는 학교의 의사결정과 운영에 보다 적극적으로 참여하는 위상을 얻게 되었다.

<표 10-1> 학부모 참여와의 협력적 구축을 위한 제도의 유형별 특징과 성격

구분	과거 "교육은 학교에서 교사가"	현재 "교사와 학부모가 함께하는 교육"
인식	• 치맛바람, 촌지 • 복종적, 의존적	• 교육의 동반자 • 학부모 권리 주장
관계	• 학부모 소외 • 상호 불신 • 도구적 관점	• 소통(비판) • 주체적 참여: 파트너십 • 상호 이해, 동반적 관점
특징	• 동원	• 참여
지위	• 교육의 보조자 • 재정 및 인력 지원자	• 교육의 주체 • 의사결정자, 교육자 등
조직기반	• 육성회 • 기성회 등	• 학교운영위원회 • 학부모회 등

출처: 류방란 외(2015), p. 24.

2) 학교와 학부모 간 협력을 위한 제도적 장치

학교와 학부모 간 협력을 강화하고 학부모의 학교교육 참여를 활성화하기 위한 제도적 장치는 크게 교사 상담, 학부모 모임, 교내 위원회 활동으로 구분할 수 있다(문희원, 2023).

첫째, 교사 상담은 학부모와 교사의 공통의 목표인 학생의 성장과 발달을 돕기 위해 협력하는 과정이다. 교사는 학부모에게 교육적 지원과 지침을 제공하고, 학부모는 교사와의 상담을 통해 자녀의 학습과 생활에 대한 정보를 얻어 보다 나은 교육적 환경을 조성할 수 있다(Swap, 1993). 이를 위한 대표적 제도로는 학부모 상담주간이 있다. 2010년 교육과학기술부가 발표한 학부모 상담 활성화 추진계획에 따라 도입된 이 제도는 교사와 학부모 간의 소통을 강화하고 학부모의 학교교육에 대한 이해를 증진하기 위해 운영되고 있다. 이 계획에 따르면, 모든 학교는 학기별 1회 이상 학부모 상담주간을 운영해야 하며, 담임교사는 개별 또는 집단 상담을 진행해야 한다. 맞벌이 부부를 고려하여 저녁 시간이나 주말에도 상담이 가능하도록 배려하며, 학기 초에 상담 일정을 사전 공지하여 학부모가 원하는 시간대를 선택할 수 있도록 하는 방안이 제시되었다.

<표 10-2> 학부모 참여와의 협력적 구축을 위한 제도의 유형별 특징과 성격

구분	내용
교사상담	• 대부분 개인 차원의 참여 • 관련 제도: 학기당 1회 이상의 공식적인 학부모 상담주간 운영 • 목적: 교사와 학부모 간 소통 강화 및 학생 교육에 대한 이해 증진 등을 통한 학생의 교육적 성장 유도 → 교육적 성격
학부모 모임	• 공식 조직(예: 학부모회, 녹색어머니회, 명예교사 등)+비공식 모임(예: 학급 학부모 모임) • 제도적 특징: 모든 학부모의 참여를 독려하는 학부모 자치조직 • 목적: 교육지원 및 모니터링 활동을 통한 학교교육 발전, 참여 학부모 간 친목 도모, 학부모 역량 강화 → 복합적 성격
각종 위원회	• 공식 조직(예: 학교운영위원회) • 제도적 특징: 학부모는 전체 구성원의 일부이며 일부 학부모에게만 참여기회가 부여됨 • 목적: 학교운영 전반에 관한 의사결정에 학부모를 비롯한 다양한 교육주체가 참여함으로써 교육자치 활성화 및 지역 특성에 맞는 교육 시행 → 정치적 성격

출처: 문희원(2023), p. 23.

둘째, 학부모 모임은 공식·비공식적인 형태로 존재하며, 최근에는 학부모가 교육 발전에 기여하는 주체로 인식되면서 그 역할이 더욱 확대되고 있다. 학부모회는 학교 운영에 대한 의견 제시, 교육활동 지원, 학부모 교육, 지역사회 연계 활동 등 다양한 기능을 수행한다. 또한 녹색어머니회, 명예교사회, 샤프론봉사단과 같은 산하 조직을 포함하는 경우도 많으며, 이러한 조직의 확대와 다양화로 인해 학부모회의 역할이 점점 복합적으로 변하고 있다. 최근에는 공식적인 학부모 모임인 학부모회를 법적 기구화함으로써 활성화를 도모하려는 시도들이 이어진 바 있으며, 2013년 경기도 교육청의 학부모회 조례 제정을 시작으로 대부분의 시도에서 유사한 조례를 시행하고 있다.

셋째, 교내 위원회는 학교 운영과 관련하여 학부모가 직접 참여할 수 있는 공식 기구로, 대표적으로 학교운영위원회, 급식소위원회, 학교폭력대책자치위원회 등이 포함된다. 이 중 학교운영위원회는 학부모 참여가 제도적으로 보장된 대표적인 위원회로, 「초·중등교육법」에 근거하여 운영되는 법적 기구이다. 학교운영위원회는 원래

교장에게 집중되었던 학교의 의사결정 권한을 교사, 학부모, 지역사회 구성원과 공유하여 단위학교 운영의 자율성과 효율성을 높이고 지역 특성에 맞는 교육을 실현하기 위한 목적으로 도입되었다(김성열, 1995, 2021). 1995년 시범학교를 시작으로 1996년부터는 국공립학교로 확대되었으며, 2000학년도부터는 사립학교에도 의무적으로 설치되었다. 학교운영위원회는 학부모가 학교 운영에 적극적으로 참여할 수 있는 공식적인 기구로, 학교교육에 대한 학부모의 의견이 실질적으로 반영될 수 있는 통로 역할을 한다.

3) 학교와 학부모 간 협력에서의 도전 과제

지금까지 학부모의 학교 참여를 활성화하기 위한 제도적 장치들을 살펴보았다. 그러나 실제로 학부모와 학교 간 협력관계가 원활하게 구축되기 위해서는 구조적 · 문화적 · 사회경제적 측면에서 해결해야 할 다양한 과제가 존재한다. 여기에서는 학교와 학부모 간 협력을 가로막는 주요 도전 과제를 살펴보자.

학교 밖의 다양한 구성원과 협력하여 공교육을 개선하고 지역사회의 발전이라는 공적 가치를 실현하는 과정에서 가장 중요한 과제 중 하나는 모든 참여 주체가 동일한 목표를 공유하고 있는지 확인하는 것이다. 학교, 학부모, 지역사회가 함께 교육공동체를 구축하는 과정에서 각 구성원이 서로 다른 기대와 이해관계를 가지고 있다면, 협력보다는 갈등이 발생할 가능성이 크다. 특히 '공교육의 발전'이라는 대의적 목표 아래에서 개별 주체들이 실질적으로 지향하는 바가 무엇인지 명확히 규명하는 것이 필수적이다.

이 과정에서 학부모의 참여는 특히 주목할 필요가 있다. 학부모는 공교육의 질적 향상을 바라는 동시에, 자녀가 보다 유리한 교육 기회를 얻고 학업적으로 성공하기를 기대하는 존재이다. 즉, 학부모의 참여는 공적 가치와 사적 이익이 복합적으로 얽혀 있는 특징을 가진다. 문제는 이러한 학부모 참여의 기회가 모든 학부모에게 균등하게 제공되지 않는다는 점이다. 참여의 기회가 제한적일 경우, 특정 계층의 학부모가 교육정책과 학교 운영에 더 큰 영향력을 행사하게 되며, 이는 교육의 공정성을 저해하는 요인으로 작용할 수 있다.

예를 들어, 학교운영위원회의 경우 소수의 학부모 대표만이 선출되며, 현실적으로 참여할 수 있는 학부모는 일정한 시간적 · 경제적 여유가 있는 계층에 한정되는 경우가 많다. 또한 형식적으로는 모든 학부모에게 개방된 학부모 모임이나 행사도 실제 참여 가능성은 학부모와 학생의 사회 · 경제적 배경에 따라 달라진다. 경제적으로 여유 있는 학부모는 학교 행사에 적극적으로 참여하며 학교와 긴밀한 관계를 형성할 가능성이 높지만, 맞벌이 가정이나 비정규직 노동을 하는 학부모는 시간적 제약으로 인해 참여가 어려운 경우가 많다.

실제로, 문희원(2023)의 연구에 따르면 학부모의 경제적 여건, 노동시장 참여 여부 그리고 학생의 학업성취 수준에 따라 학부모의 학교 참여 양상이 달라지는 것으로 나타났다. 전체 학부모의 소득 분포와 학교에 적극적으로 참여하는 학부모의 소득 분포를 비교한 결과, [그림 10-1]에서 확인할 수 있듯이, 전체 학부모 집단에서 소득 상위 계층이 차지하는 비중보다 실제 참여 학부모 집단에서 소득 상위 계층의 비중이 더욱 높은 것으로 나타났다.

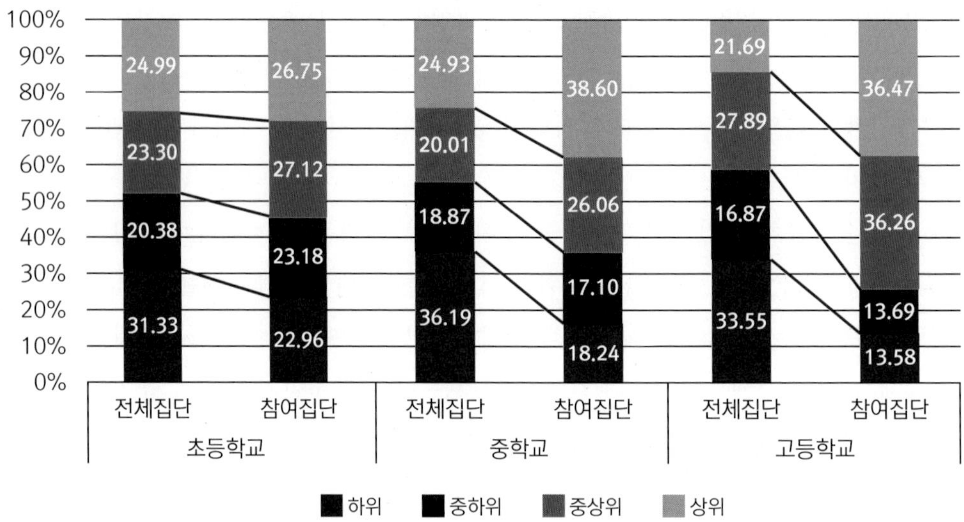

[그림 10-1] 학부모 모임에 참여하는 학부모의 소득 분포

출처: 문희원(2023), p. 91.

이는 특정 계층의 학부모가 학교의 의사결정 과정에 더 많은 영향을 미칠 가능성이 있음을 시사한다. 김병찬(2007)의 연구에서는 학교운영위원회에 대한 학부모 참여가 주로 학생 임원의 부모나 사회경제적으로 부유한 학부모를 중심으로 이루어지고 있으며, 학교운영위원회 위원들 간에만 유대가 쌓이고, 조직 밖 구성원들과는 소통이 거의 이루어지지 않는 '그들만의 리그'가 형성되었음을 보고한 바 있다. 대표성 있는 표본 자료를 바탕으로 분석을 실시한 문희원(2023)의 연구에서도 이와 유사하게, 학교교육에 적극적으로 참여하는 학부모가 고소득층에 집중될수록, 소득 상위 계층에 속하는 학생들의 학업성취가 유의미하게 상승하는 경향을 확인했다. 이는 학부모의 학교 참여가 단순히 긍정적인 효과만을 가지는 것이 아니라, 참여의 불평등이 일부 계층에게만 유리하게 작용하여 학업 격차를 심화할 가능성이 있음을 의미한다.

따라서 학부모 참여가 특정 계층에 편중되지 않도록 형평성 있는 참여 환경을 조성하는 것이 중요하다. 이를 위해 다양한 배경을 가진 학부모가 학교 운영과 교육활동에 실질적으로 참여할 수 있도록 제도적 지원과 접근성 강화 방안을 마련할 필요가 있다.

학부모의 참여 격차와 그로 인한 우려뿐만 아니라, 최근 사회적으로 논란이 되고 있는 학부모의 과도한 민원과 교권 침해 문제 역시 학교와 학부모 간 협력관계를 구축하는 데 있어 중요한 도전 과제로 작용하고 있다. 이러한 문제를 해결하고 학부모와 교사 간의 건강한 관계를 회복하는 것은 그 어느 때보다 중요한 과제가 되고 있다. 그러나 현실적으로 교사들은 학부모와의 상담 과정에서 심리적 부담을 크게 느끼며, 효과적인 의사소통에 어려움을 경험하는 경우가 많다(신혜진, 2020).

특히 일부 교사들은 학부모를 협력적 동반자로 인식하기보다는 감시자로 여기며, 불필요한 갈등을 피하기 위해 소극적인 태도를 보이거나 감정을 위장하는 방식으로 대처하기도 한다(손준종, 2012). 이러한 현상은 학부모와 교사 간 신뢰 형성을 저해할 뿐만 아니라, 궁극적으로 학교교육의 질적 향상에도 부정적인 영향을 미칠 수 있다.

종합하면, 교사와 학부모 간의 관계를 보다 협력적이고 건설적인 방향으로 발전시키기 위한 방안이 필요하다. 이를 위해 학교는 학부모와 교사의 원활한 소통을 지원하는 체계를 마련하고, 학부모 교육을 통해 상호 존중과 이해의 문화를 조성할 필요가 있다. 또한 교사들이 학부모와의 관계에서 과도한 감정적 부담을 느끼지 않도록 제도적 보호장치를 강화하는 것도 중요한 과제이다.

2. 학교와 지역사회 협력은 어떻게 이루어질까

1) 학교와 지역사회 간 관계 구축을 바라보는 다양한 관점

학교와 학부모 간 협력이 주로 학생들의 학습 환경을 개선하는 데 초점을 맞추고 있다면, 학교와 지역사회 간 협력은 그 범위를 더욱 확장하여 지역교육의 발전과 지역사회의 성장까지 포괄한다. 특히 저출산·고령화와 같은 사회적 변화로 인해 지역공동체가 약화되는 현실 속에서, 학교가 단순한 교육기관을 넘어 지역사회의 중요한 자원이 될 수 있다는 점이 강조되고 있다. 이에 따라 학교와 지역이 서로 어떻게 협력해야 하는지를 바라보는 다양한 관점이 존재한다.

Miller(1995)는 학교와 지역사회의 연계를 세 가지 방식으로 설명한다.

첫 번째는 학교를 지역사회 센터로 활용하는 접근법이다. 학교가 단순히 학생들의 학습 공간을 넘어, 지역사회 전체를 위한 교육과 서비스의 중심지가 될 수 있다는 것이다. 예를 들어, 학교 건물과 시설을 지역 주민들에게 개방하여 평생교육 강좌를 운영하거나, 건강검진, 복지 상담, 문화 프로그램을 제공하는 식이다. 이러한 방식은 학교가 지역사회의 중심 역할을 하면서 교육과 공동체 발전이 자연스럽게 연결될 수 있도록 돕는다.

두 번째는 지역사회를 학습의 장으로 활용하는 접근법이다. 학생들이 교과서 속 내용에만 머무르는 것이 아니라, 지역사회에서 직접 배우고 경험할 수 있도록 하는 방식이다. 예를 들어, 지역의 역사나 환경 문제를 조사하는 프로젝트를 진행하거나, 지역 주민들과 인터뷰하며 공동체의 문화를 기록하는 활동이 있다. 이를 통해 학생들은 단순한 지식 습득을 넘어 실제 사회 속에서 문제를 해결하는 능력을 기르게 되고, 지역사회에 대한 이해와 애착도 자연스럽게 형성된다.

세 번째는 학교 기반 기업 활동(School-Based Enterprise: SBE)을 통한 접근법이다. 학생들이 지역사회 내에서 창업과 경제활동을 직접 경험하면서 실용적인 학습을 할 수 있도록 하는 방식이다. 예를 들어, 학생들이 지역 특산물을 활용한 상품을 개발해 판매하거나, 신발 수선점이나 작은 카페를 운영하는 사례가 있다. 이러한 활동은 학생들에게 경제적 이해와 실무 능력을 키워줄 뿐만 아니라, 지역 경제에도 기여하는 효과를 낳는다.

우리나라에서도 교육의 경계를 학교 밖으로 확장하고 지역사회를 교육의 주체로 포함하려는 움직임이 활발해짐에 따라 마을교육공동체 개념이 더욱 강조되고 있으며, 이에 관한 관점 역시 다양하게 발전해 왔다. 김미향(2020)은 우리나라 맥락에서 마을교육공동체가 논의되는 방식을 세 가지 관점으로 정리하였다.

먼저, 첫 번째는 학교교육 보완적 관점이다. 마을교육공동체가 학교교육을 돕는 역할을 한다는 시각이다. 예를 들어, 지역사회가 학교와 협력하여 방과 후 프로그램을 운영하거나, 지역의 전문가들이 학생들에게 멘토링을 제공하는 방식이다. 이를 통해 학생들은 보다 다양한 학습 경험을 할 수 있지만, 지역사회가 학교교육을 지원하는 보조적 역할에 머무를 가능성이 있다.

두 번째는 평생학습사회 지향적 관점이다. 이 관점에서는 교육이 학생들만의 것이 아니라 지역사회 전체를 위한 과정으로 확장된다. 즉, 아이들뿐만 아니라 지역 주민들도 함께 배우고 성장하는 것이 중요하다는 것이다. 예를 들어, 지역 주민들이 환경보호나 전통문화 계승과 관련한 학습 모임을 운영하고, 이를 통해 지역사회 발전에도 기여하는 방식이 있다. 이 접근법은 교육이 특정 연령대에 국한되지 않고, 평생 이어지는 과정이라는 점을 강조한다.

세 번째는 사회유기체적 관점이다. 여기서는 학교와 지역사회가 별개의 존재가 아니라, 하나의 유기적인 공동체로 작동해야 한다고 본다. 즉, 교육이 단순히 학교의 역할에 그치는 것이 아니라 지역사회 전체의 성장과 연결되어야 한다는 것이다. 예를 들어, 지역 경제 활성화와 연계된 교육 프로그램을 운영하거나, 주민들이 직접 참여하는 교육 거버넌스를 구축하는 방식이 이에 해당한다. 이러한 접근은 교육을 학교 내부의 문제로 한정하지 않고, 지역사회 전체가 함께 책임지는 공동의 과업으로 바라본다.

이처럼 마을교육공동체를 바라보는 세 가지 관점은 교육이 어디까지 확장될 수 있는지를 보여 준다. 학교교육 보완적 관점은 학교 중심의 학습 환경을 강화하는 데 초점을 맞추고, 평생학습사회 지향적 관점은 교육을 전 생애에 걸친 과정으로 확장하는 데 의미를 둔다. 반면, 사회유기체적 관점은 교육과 지역사회의 발전을 하나의 통합된 시스템으로 바라보며, 공동체의 지속 가능한 성장을 목표로 한다. 실제 마을교육공동체 운영에서는 이 세 가지 관점이 상호 보완적으로 작용하며, 지역의 특성과 필요에 따라 다양한 방식으로 융합될 수 있다.

2) 학교와 지역사회 간 협력에 대한 변화 과정

우리나라에서 학교와 지역사회 간 협력을 논할 때 마을교육공동체는 중요한 의미를 갖는다. 마을교육공동체 개념에 대한 이해를 돕기 위해 양병찬(2018)이 제시한 우리나라 학교와 지역사회 간 연계·협력의 역사를 먼저 살펴보자.

먼저, 1960~1980년대에는 '지역사회학교' 운동이 활발하게 진행되었다. 이는 학교가 단순히 학생들에게 교육을 제공하는 공간을 넘어, 지역 주민들에게도 교육과 문화 활동을 지원하는 중심 기관으로 기능하도록 하는 모델이었다. 1953년 유네스코의 보고서를 계기로 확산된 이 운동은, 지역사회 발전과 생활 개선을 위해 학교 자원을 적극 활용하는 것을 목표로 삼았다. 지역 주민들은 학교 시설을 활용하여 평생교육을 받고, 학교는 지역사회의 문화 · 경제적 발전을 위해 기여하는 형태로 운영되었다.

1990년대에는 기존의 공교육 시스템에서 벗어나 다양한 교육 방식을 시도하는 '대안학교'가 등장하였다. 1995년 교육개혁안을 계기로 본격적으로 논의된 대안학교는 공교육의 획일성을 극복하고 학생 중심의 교육을 실현하기 위한 노력의 일환이었다. 대표적인 사례로는 풀무농업고등기술학교, 거창고등학교, 간디학교 등이 있으며, 이들은 학습자 중심의 민주적이고 생태적인 교육을 지향했다. 특히 대안학교는 지역사회와 긴밀하게 연계하여 지역 전문가와 자원봉사자들이 교육과정에 참여하고, 학생들은 지역사회를 배움의 장으로 활용하는 형태로 운영되었다. 하지만 대안학교가 공교육 체제 밖에서 운영되면서 제도적 한계를 가지게 되었고, 교육 혁신이 전체 공교육으로 확산하는 데에는 어려움이 있었다.

2000년대 이후에는 공교육 체제 내에서 교육 혁신을 이루기 위한 '혁신학교'와 '혁신교육지구사업'이 추진되었다. 2010년 경기도에서 시작된 혁신학교는 학생 참여 중심 교육과 지역사회 협력을 강조하는 학교 모델로, 기존의 대안학교와 유사한 혁신적 교육 방식을 공교육 안에서 실현하려는 시도였다. 혁신학교는 지역사회와의 연계를 통해 교육과정을 유연하게 운영하고, 학부모와 지역 주민이 교육과정에 참여할 수 있도록 장려했다. 이러한 혁신학교의 확대 및 일반화를 위해 2011년부터 '혁신교육지구사업'이 추진되었다. 이는 학교와 지방자치단체가 협력하여 지역 기반의 교육을 활성화하는 정책으로, 교육자치와 일반자치가 유기적으로 협력하는 새로운 모델을 제시하였다. 초기에는 교육 예산의 활용에 초점을 두었지만, 점차 지역 특성화 교육과 학교 · 지역사회 간 협력을 강화하는 방향으로 발전하였다. 이를 통해 공교육의 정상화와 지역교육 인프라 확충이 이루어졌으며, 학교교육과 지역사회 간 연계를 보다 체계적으로 구축하는 계기가 되었다.

최근에는 저출산 · 고령화로 인한 인구구조 변화와 인구 유출로 인해 수도권 인구 대비 비수도권 인구의 감소세가 지속되는 등 지역 간 불균형 심화와 지역 소멸에 대한 우려를 극복하는 방안으로 학교와 지역 간의 연계 협력을 강조하고 있다. 교육부에서도 '교육의 힘으로 지역을 살리는 교육발전 특구'라는 이름으로 지자체, 교육청,

대학, 지역 기업, 지역 공공기관 등이 협력하여 지역발전의 큰 틀에서 지역교육 혁신과 지역인재 양성 및 정주를 종합적으로 지원하는 체제를 구축하는 정책을 펼치고 있다(교육부, 2023. 12. 6.).

교육부의 교육발전특구 정책

교육부는 2024년 2월과 7월 두 차례에 걸쳐 총 56개의 시범지역을 지정하였다(교육부, 2024. 2. 28., 2024. 6. 27.). 이들 시범지역은 지역 맞춤형 교육 혁신 모델을 제시하고, 지자체와 교육청이 협력하여 지역의 공교육을 혁신하고 지역 인재 양성 및 정주 여건 기반을 마련하는 데 주력하고 있다. 예를 들어, 춘천시는 '최고의 교육도시, 에듀포레스트 춘천'을 비전으로 설정하고, 생애 전 주기 교육 시스템을 구축하여 유아 돌봄부터 초·중·고 특화 교육, 대학 연계 프로그램까지 아우르는 다양한 교육정책을 추진하고 있다. 이를 통해 지역 주민이 주도하는 마을교육돌봄공동체 운영, 원도심 학교 활성화, 글로벌 프로그램 도입 등으로 지역 교육의 질을 높이고 있다. 또한 부산 장안고등학교는 한국수력원자력 고리원자력본부와 협약을 맺어 교육과정을 설계하였으며, 전남 나주시에서는 자율형 공립고 연합체가 한국전력공사, 한전에너지공과대학교 등과 협력하여 지역 산업과 연계한 교육 프로그램을 운영하고 있다(교육부, 2024. 6. 27.). 이러한 사례들은 교육발전특구를 통해 지역의 특성과 산업 수요를 반영한 교육 혁신이 이루어지고 있음을 보여 준다. 그러나 일부 지역에서는 예산 지원 규모 축소와 시설 사업 배제 등으로 인해 정책 추진에 어려움을 겪고 있다는 지적도 있다(오마이뉴스, 2024. 9. 19.).

교육부 외에 각 시도교육청 차원에서도 자치구와 협력하여 학생들에게 지역자원을 활용한 다양한 학습경험을 제공하고자 하는 노력을 기울이고 있다.[1] 그중 서울시의 경우, 2013년부터 학교와 마을, 교육청과 자치단체가 협력하여 학교 안에 머물러 있던 교육의 공공성을 학교 밖 마을까지 확대하는 서울형혁신교육지구 정책을 추진하였다. 서울형혁신교육지구는 교육 자료실과 소통 공간을 통해 교사와 학부모, 지역 주민들이 함께 참여하고 소통할 수 있는 플랫폼을 제공함으로써 교육공동체의 활성화를 도모하였다. 다음 김 교사의 사례는 서울형혁신교육지구 정책이 교육 현장에서 교

1 본문에서 다룬 서울(서울미래교육지구) 외에도 부산(희망교육지구), 대구(대구미래교육지구), 인천(교육혁신지구), 대전(행복이음교육지구), 울산(서로나눔교육지구), 경기(미래교육협력지구), 강원(더나은교육지구), 충남(충남행복교육지구), 전북(전북교육협력지구), 전남(교육자치협력지구), 경북(경북미래교육지구), 경남(미래교육지구) 등 대부분의 시도교육청에서 지역사회와의 적극적인 소통과 협력을 꾀하기 위한 정책적 노력을 기울이고 있다.

사들의 적극적인 실천을 통해 구체적으로 구현될 수 있음을 제시한다.

서울형혁신교육지구 활동사례

○○지역에서 교사로 근무하는 김 교사는 2016년부터 혁신교육지구 사업과 함께하며 학교와 마을이 협력하는 교육의 변화를 직접 경험했다. 김 교사가 마을과 연을 맺게 된 것은 창의적 체험활동 자원 지도 작업을 하면서부터였다. ○○지역의 체험 자원을 조사하며 마을이 학생들의 배움터가 될 수 있음을 깨달았고, 교육복지 업무를 맡으며 지역사회 네트워크의 중요성을 실감했다. 2016년 ○○혁신교육지구 실무협의회에 참여하면서, 본격적으로 학교와 마을을 연결하는 교육을 고민하기 시작했다.

하지만 교사들은 마을결합형 교육과정에 쉽게 동참하지 않았다. "기존 교육과정도 벅찬데 마을까지 가르쳐야 하냐."라는 반응이 많았고, 일부는 외부 사업을 부담스러워했다. 이에 김 교사는 교사들이 직접 마을을 경험할 기회를 마련하고자 마을탐방 교사 연수를 기획했다. 처음 6명으로 시작한 연수가 5회 차에는 20명으로 늘었고, 교사들은 마을이 교육적으로 의미 있는 공간임을 직접 체험하게 되었다.

이후 학교의 변화가 시작됐다. 마을과 협력해 방학 중 돌봄 프로그램을 운영하고, 시장상인회와 MOU를 맺어 학생들의 시장 체험 활동을 기획하는 등 다양한 교육활동이 이루어졌다. 마을과 협력이 활발해지면서 학교와 마을강사 간의 이해 부족이 문제로 떠올랐다. 이를 해결하기 위해 김 교사는 마을강사를 위한 학교 이해 연수를 개설하고, 교육과정과 연계한 '마을교육과정 안내서' 제작을 시작했다. 이 자료는 마을강사에게는 교육과정의 기초를, 교사에게는 마을 프로그램 활용법을 제공하며 협력의 가교 역할을 하고 있다.

7년간 혁신교육지구와 함께하며 교사들의 인식이 바뀌었고, 학급 단위로 마을에서 수업을 진행하는 것이 자연스러운 일이 되었다. 단순한 마을 자원 활용을 넘어, 학생들이 지역사회 구성원으로서 성장하는 교육과정을 고민하는 단계로 나아가고 있다.

마을과 교육이 함께 성장할 수 있음을 경험한 김 교사는 일반자치와 교육자치의 협력 방안을 연구하기 위해 박사과정에 도전하고 있다. "혁신교육지구 사업은 우연히 시작했지만, 이제는 내 삶의 필연이 되었다." 그의 도전은 학교를 넘어, 교육과 마을이 함께 나아갈 더 큰 미래를 향하고 있다.

*주: 이 사례는 서울형혁신교육지구 활동사례 공모 수상작을 바탕으로 각색한 것임.

한편, 서울시교육청은 2023년부터는 2022 개정 교육과정 및 지자체와 지역주민 요구 등을 반영하여 새로운 형태의 협력 모델인 서울미래교육지구 사업을 추진 중에 있다(서울미래교육지구, n.d.). 새롭게 추진 중인 서울미래교육지구 사업에서는 서울시교육청과 25개 자치구가 협력하여 학교-지역사회 연계를 강화하고자 하며, 지역자원 연계 교육과정 운영, 지역자원연계 방과후·돌봄활동 통합지원, 자치구 특화사업 확대, 행정지원체계 구축 등을 주요 골자로 한다.

3) 학교와 지역사회 간 협력에서의 도전 과제

지금까지 학교와 지역사회 간 협력의 다양한 시도가 가지는 의미와 그 중요성에 대해 살펴보았다. 이러한 협력은 학생들에게 교실 안에서 배울 수 없는 경험을 제공하고, 교육의 경계를 학교 밖으로 확장함으로써 지역사회와의 유기적인 관계를 형성하는 기회를 마련한다. 학교는 지역사회라는 실제적인 삶의 공간을 활용함으로써 더욱 생생한 교육을 실현할 수 있으며, 지역사회 또한 교육의 역할을 공동으로 수행하면서 지속 가능한 발전을 도모할 수 있다. 그러나 이러한 협력은 단순히 교육의 외연을 확장하는 것에서 그치는 것이 아니라, 실질적인 효과를 내기 위해 해결해야 할 여러 과제를 동반한다.

첫째, 학교와 지역사회 간 협력이 효과적으로 이루어지기 위해서는 교사, 학생, 학부모, 지역 주민들이 협력의 필요성과 목표를 분명히 인식하는 것이 필수적이나, 실제로는 협력의 개념과 가치에 대한 이해가 부족한 경우가 많으며, 이에 따라 협력 활동이 원활하게 진행되지 못하는 상황이 발생하고 있다. 특히 일부 교사들은 학교와 지역사회 간 협력을 기존 교육과정에 추가되는 별도의 업무로 인식하며 부담을 느끼는 경우가 많다(윤혜정, 김회수, 2019). 교사들은 정규 교육과정을 운영하는 것만으로도 많은 업무 부담을 지고 있어, 마을과 연계한 활동을 또 다른 행정적 과업으로 받아들이기도 한다. 반면, 지역사회 구성원들은 교육과정의 구조나 운영 방식에 대한 이해가 부족하여 협력에 적극적으로 참여하지 못하는 경우가 많다. 이러한 인식 차이를 극복하기 위해서는 협력의 필요성과 기대 효과를 충분히 공유하는 기회가 마련되어야 한다.

둘째, 학교와 지역사회가 협력하는 과정에서 서로 기대하는 바가 다를 수 있다. 학교는 교육과정과 연계된 활동을 중요하게 여기며, 학생들에게 교과 학습과 직접적으로 연결된 경험을 제공하는 것을 우선시하는 반면, 지역사회는 보다 폭넓은 공동체 기반의 교육을 기대하며, 학생들이 지역사회 문제 해결에 직접 참여하고 공동체 구성원으로서 성장하는 과정을 중시하는 경향이 있다(강영택, 김정숙, 2012). 또한 학교는 협력 활동이 학업성취에 긍정적인 영향을 미칠 수 있도록 체계적인 교육 프로그램 내에서 운영되기를 원하지만, 지역사회는 보다 자유로운 형태의 학습과 학생 주도의 자발적인 활동을 중요하게 생각할 수 있다.

이러한 기대 차이를 좁히기 위해서는 학교와 지역사회가 협력의 목표와 방향을 명확하게 설정하고, 상호 보완적인 역할을 할 수 있도록 조정할 필요가 있다. 학교는 교육과정과 지역사회 활동이 효과적으로 결합하는 방안을 모색해야 하며, 지역사회는 학교교육의 특성을 이해하고 현실적으로 적용할 수 있는 협력 방안을 마련해야 한다. 이를 위해 정기적인 협의회를 운영하거나, 교육과정 속에서 지역사회 연계 활동을 체계적으로 반영하는 등의 노력이 필요하다. 이러한 조정 과정을 통해 학교와 지역사회 간 협력은 보다 실질적이고 지속 가능한 형태로 발전할 수 있을 것이다.

셋째, 학교와 지역사회 간 협력 프로그램이 안정적으로 운영되려면 장기적인 지원과 제도적 기반이 필수적이다. 그러나 현재 협력 사업들은 단기 공모사업 형태로 운영되는 경우가 많아 지속성이 부족하며, 이에 따라 마을교육공동체가 안정적으로 정착하기 어려운 실정이다(윤혜정, 김회수, 2019). 공모사업이 매년 갱신되는 구조 속에서 마을활동가나 지역단체들은 지속적인 재정적 불안을 느끼고 있으며, 이로 인해 장기적인 교육 프로그램을 기획하고 운영하는 데 어려움을 겪고 있다. 단기적인 사업이 반복될 경우, 일관된 교육목표를 유지하기 어렵고, 학생들의 학습 경험도 단절될 위험이 크다. 이를 해결하기 위해서는 협력 사업이 단순한 일회성 프로젝트가 아닌, 장기적인 지역 교육계획의 일부로 자리 잡을 수 있도록 정책적 지원이 필요하다.

넷째, 학교와 지역사회 간 협력 사업을 운영하는 과정에서 복잡한 행정 절차가 큰 장벽으로 작용하고 있다. 마을활동가들은 교육 행정과 관련된 문서를 작성하는 데 어려움을 겪고 있으며, 교사들 또한 학교 내에서 협력 사업을 추진하는 과정에서 필요한 행정적 지원이 부족하다고 호소하고 있다(이영희, 박시현, 2024). 협력 프로그램이 원활하게 운영되기 위해서는 예산 지원 체계가 명확하게 구축되어야 하지만, 현재는 이러한 체계가 부족하여 지속적인 운영이 어렵다는 문제점이 제기되고 있다.

특히 협력 사업이 단기 공모 형식으로 운영되는 경우가 많아 매년 새로운 사업 계획을 수립해야 하고, 이에 따라 행정적 부담이 가중되는 상황이 반복되고 있다. 이러한 구조 속에서는 장기적인 협력 모델을 구축하기 어렵고, 학교와 지역사회 간의 협력이 안정적으로 지속되기 어려운 한계를 가진다.

이러한 문제를 해결하기 위해서는 행정 절차를 보다 간소화하고, 협력 사업 운영을 위한 전담 조직이나 코디네이터를 배치하는 방안을 고려할 필요가 있다. 학교 내에서 행정 업무를 전담하는 담당자를 지정하거나, 교육청과 지방자치단체가 협력하여 행정적 지원을 보다 체계적으로 제공하는 방식도 효과적인 해결책이 될 수 있다. 또한 협력 프로그램의 예산을 안정적으로 확보할 수 있도록 정책적 지원을 강화하고, 장기적인 협력 체계를 구축하는 것이 필요하다. 이를 통해 학교와 지역사회가 보다 원활하게 협력할 수 있는 환경을 조성할 수 있을 것이다.

마지막으로, 학교와 지역사회 간 협력이 성공적으로 이루어지기 위해서는 학생들이 단순한 참여자가 아니라 적극적인 주체로서 활동할 수 있어야 한다. 그러나 현재 운영되고 있는 협력 프로그램의 상당수는 교사나 마을 강사가 주도하는 방식으로 이루어지고 있다. 이로 인해 학생들은 프로그램의 기획이나 운영 과정에서 능동적으로 참여할 기회를 갖기 어려우며, 지역사회와의 관계 형성에서도 수동적인 역할에 머물게 된다(이영희, 박시현, 2024).

예를 들어, 마을 탐방이나 지역사회 봉사활동과 같은 프로그램이 운영될 때, 학생들이 직접 활동의 방향을 설정하고 문제를 해결하기보다는, 미리 정해진 틀 안에서 제한적으로 참여하는 경우가 많다. 이러한 방식은 학생들에게 지역사회 참여의 의미를 충분히 경험하게 하지 못하며, 협력 활동이 단순한 체험 활동으로 끝날 가능성을 높인다.

이러한 한계를 극복하기 위해서는 학생들이 보다 주도적으로 활동할 수 있도록 지원하는 교육 방안이 필요하다. 예를 들어, 지역사회 문제를 탐색하고 해결책을 모색하는 프로젝트형 학습을 활성화하거나, 학생들이 지역사회 내에서 자율적으로 활동할 수 있는 기회를 확대할 수 있다. 또한 학생들이 지역사회 구성원과 협력하여 스스로 문제를 해결하는 경험을 쌓을 수 있도록 교육과정 내에서 이를 체계적으로 반영할 필요가 있다. 이를 통해 학생들은 지역사회와의 협력 속에서 자신의 역할을 인식하고, 능동적으로 사회에 기여하는 시민으로 성장할 수 있을 것이다.

워크숍 학교와 학부모, 지역사회 간 바람직한 협력은 어떻게 구축할 수 있을까

지금까지 학교와 학부모, 학교와 지역사회 간 협력의 개념과 이론을 살펴보면서 협력이 학생의 성장과 학습에 미치는 영향을 논의하였다. 여기에서는 이론적 논의를 넘어 실천적인 탐색 과정을 가져 보려 한다. 다음에 제시된 문제 상황을 살펴보고, 조별로 연구팀을 구성하여 실천적 협력 방안을 기획해 보자. 이후 논의 결과를 공유하고 피드백을 주고받으며 보다 발전된 방안을 모색해 보자.

[1] 행복초등학교는 학부모의 적극적인 참여를 독려하기 위해 다양한 학부모 참여 프로그램을 운영하고 있다. 그러나 실제 참여율은 낮으며, 주로 특정 계층(전업주부, 경제적으로 여유 있는 학부모)만이 활동에 참여하는 문제가 지속되고 있다. 맞벌이 학부모들은 시간적 여유가 부족하고, 다문화가정 학부모들은 언어적 장벽과 정보 부족으로 인해 참여가 어려운 상황이다. 학교는 학부모 참여의 저변을 확대하고, 보다 다양한 학부모가 학교교육에 기여할 수 있도록 방안을 모색하고자 한다.

[2] 미래중학교는 지역사회와 연계한 방과후 프로그램을 운영하고자 한다. 지역 도서관, 기업, 시민단체 등과 협력하여 학생들에게 다양한 학습 경험을 제공하려 하지만, 몇 가지 문제가 발생하고 있다. 우선, 학교와 지자체 간 협력 과정에서 행정 절차가 복잡하여 예산 지원이 지연되고 있다. 또한 교사들은 추가 업무 부담을 우려하여 지역사회 연계 프로그램 운영에 소극적이다. 반면, 지역사회 기관들은 학교 운영 방식에 대한 이해가 부족하여 효과적인 협력이 어려운 상황이다. 학교는 지역사회 협력을 활성화하고 지속가능성을 높이기 위한 방안을 찾고자 한다.

[3] 새빛고등학교는 지역 기업과 협력하여 직업 체험 프로그램을 운영하고자 한다. 지역사회는 실무 경험 중심의 직업교육을 강조하며, 학생들이 지역 경제와 연결될 수 있도록 돕고자 한다. 반면, 학교 측은 학생들의 대학 진학률을 고려하여 학업 중심 프로그램을 선호하고 있다. 이러한 기대 차이로 인해 프로그램 운영 방향에 대한 의견 충돌이 발생하고 있으며, 효과적인 협력 모델을 정립하는 것이 필요하다.

- 각 조는 하나의 사례를 배정받아 분석한다.
- 사례에서 나타난 주요 문제점을 파악하고, 사례의 문제를 해결하기 위한 실천적 협력 방안을 수립한다.

- 해결 방안을 구체화하기 위해 다음 질문을 고려한다.
  - 학부모 또는 지역사회 참여를 활성화하기 위해 학교가 할 수 있는 실질적인 조치는 무엇인가?
  - 협력의 지속 가능성을 높이기 위해 필요한 지원 체계는 무엇인가?
  - 기존의 행정 절차나 제도적 장벽을 어떻게 완화할 수 있을까?
  - 각 주체(학교, 학부모, 지역사회)의 역할을 조정하여 기대 차이를 좁힐 수 있는 방법은 무엇인가?

정리하기

지금까지 학교와 학부모 그리고 학교와 지역사회 간 협력의 중요성과 그 과정에서 발생하는 다양한 도전과제를 살펴보았다.

학부모의 학교 참여는 단순히 자녀의 학업을 지원하는 것을 넘어, 학교교육에 대한 이해를 높이고, 교육과정에 적극적으로 기여함으로써 보다 민주적인 학교 운영을 가능하게 한다. 또한 학교와 지역사회 간 협력은 교육의 장을 교실 밖으로 확장하여 학생들이 지역의 다양한 자원과 연계된 학습 경험을 쌓을 수 있도록 돕는다. 이러한 협력은 학생의 전인적 성장뿐만 아니라, 지역사회가 교육적 역할을 수행하며 함께 성장하는 계기가 될 수 있다는 점에서 중요한 의미를 갖는다.

그러나 현실적으로 학부모 참여는 사회·경제적 격차와 정보 접근성의 차이로 인해 불균등하게 이루어질 가능성이 있으며, 학교와 지역사회 간 협력 또한 행정적 절차의 복잡성, 협력의 기대 차이, 지속 가능성 부족 등의 어려움을 동반한다.

이러한 현실을 고려할 때, 효과적인 협력을 이루기 위해서는 각 주체가 서로의 역할을 명확히 이해하고, 협력의 구조를 체계적으로 정립할 필요가 있다. 학부모의 참여를 확대하기 위한 제도적 지원, 학교와 지역사회의 협력을 강화하기 위한 행정적 조율 그리고 협력의 지속 가능성을 보장할 수 있는 정책적 노력이 함께 이루어져야 한다. 모둠별로 다음의 질문에 대한 생각을 나누며 이번 장에서의 학습 내용을 정리해 보자.

1 학부모 학교 참여의 개념과 의의를 한 문장으로 표현해 보세요.

'학부모 학교 참여는 ______________________ 이다.'

2 지역사회와의 협력 유형과 그 의의를 한 문장으로 표현해 보세요.

'지역사회와의 협력은 ______________________ 이다.'

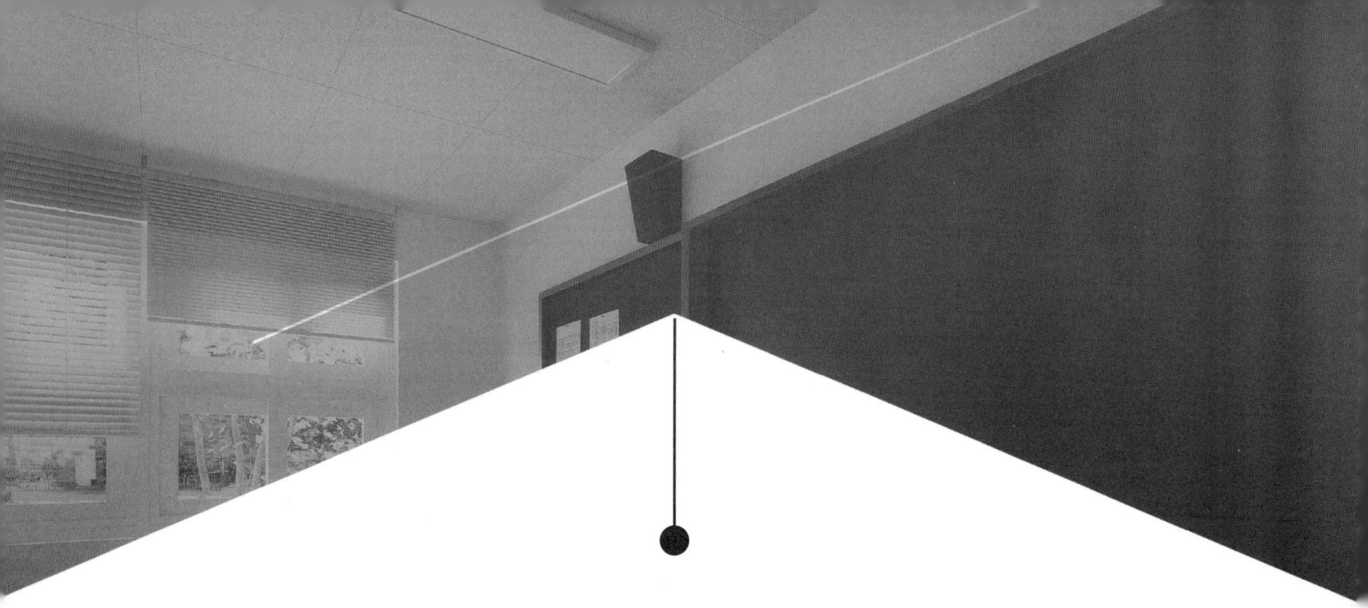

제11장

학교경영 평가

제11장 학교경영 평가

학교는 교육목표를 효과적으로 달성하기 위해 다양한 자원을 체계적으로 운영해야 한다. 이를 위해 학교경영자는 교육과정 운영, 학생의 역량 개발, 재정 및 시설 관리, 학부모와 지역사회와의 협력 등 학교 운영 전반을 고려하여 경영 전략을 수립하고 실행한다. 그러나 학교 운영이 실제로 효과적인지, 설정한 목표를 적절하게 달성하고 있는지를 평가하는 것은 어려운 일이다. 학교의 성과를 단순히 학생의 학업성취도로만 판단할 수 없으며, 교육과정 운영의 적절성, 교수·학습 방법의 효과성, 학생 지원의 질, 학교 공동체의 참여와 협력 수준 등 다양한 요소를 함께 고려해야 한다.

학교경영 평가는 학교가 설정한 목표를 얼마나 효과적으로 달성하고 있는지 객관적으로 점검하고, 이를 바탕으로 개선 방향을 모색하는 활동이다. 이는 단순히 학교경영의 결과로써 성과를 측정하는 데에서 더 나아가 학교가 교육적 책무성을 다하고 지속적으로 발전할 수 있도록 지원하는 중요한 과정이다. 효과적인 학교경영 평가를 위해서 학교경영자는 학교 운영 방식과 교육 성과를 종합적으로 분석하고, 이를 통해 보다 나은 교육환경을 조성하기 위한 전략적 의사결정을 내려야 한다.

제3장에서 살펴본 학교경영이 교육목표를 효율적이고 효과적으로 달성하기 위해 기획-실행-평가의 순환적 과정을 거친다면, 학교경영 평가는 이러한 학교경영의 결과를 평가 및 분석하고 지속적인 개선을 도모하는 과정이라 할 수 있다. 그렇다면, 학교는 어떤 방식으로 운영 성과를 평가하며, 평가 결과를 학교경영에 어떻게 반영할 수 있을까? 특히 단순히 학교 외부 평가에 의존하는 것이 아니라, 학교 구성원이 주체적으로 참여하는 학교 자체평가가 어떻게 학교 발전에 기여할 수 있을까? 이를 보다 구체적으로 이해하기 위해, 제3장에서 다룬 행복고등학교의 사례를 다시 살펴보고자 한다. 이 사례를 통해 학교경영 평가가 학교교육의 질적 향상과 지속적인 발전에 어떻게 기여할 수 있는지 탐색해 보자.

사례

행복고등학교의 박 교장은 부임 후 학교 운영의 성과를 점검하고 지속적인 개선을 이루기 위해 정기적인 학교 자체평가를 실시하였다. 외부 평가에 의존하는 것이 아니라, 학교 구성원들이 직접 운영의 강점과 개선점을 분석하고 이를 바탕으로 실질적인 변화를 이끌어 내는 것이 목표였다. 또한 보다 체계적인 평가 시스템을 구축하기 위해 학교 컨설팅을 활용하여 전문가 피드백을 받고 평가 방법을 조정하였다.

학교 자체평가는 다음 세 가지 측면에 중점을 두고 진행되었다. 첫째, 학생자치회와 협력하여 학습 환경에 대한 평가를 실시하였다. 학교에서 제공하는 학습 환경과 교육 지원이 학습에 미치는 영향을 분석하고, 학습 공간 활용도 및 교육 시설의 적절성을 평가하였다. 또한 학생들의 의견을 수렴함으로써, 학교 운영이 학생들의 실제 학습 경험을 충분히 반영하고 있는지를 점검 및 평가하는 과정이 함께 이루어졌다. 둘째, 교사 연구회를 중심으로 교육과정 운영 및 수업 방식을 평가하였다. 교사들은 학생들의 수업 참여도와 성취도를 분석하고, 수업 방식의 효과성을 점검하였다. 또한 교육과정이 학생들의 요구와 학습 목표에 맞게 적합하게 운영되고 있는지를 검토하였다. 셋째, 학부모의 의견을 보다 효과적으로 반영하기 위해 모바일 설문조사와 온라인 피드백 시스템을 활용하여 평가를 진행하였다. 학부모들은 교육과정 운영, 학생 지원 프로그램, 학교와 가정 간 협력 수준 등에 대한 설문에 응답하며, 학교 운영의 강점과 개선이 필요한 부분을 평가하였다.

학교 자체평가 결과, 박 교장이 부임 이후 도입한 교사들의 협력적 교수법과 학생 중심 학습 환경 조성이 행복고등학교에 긍정적인 변화를 가져왔다는 점이 확인되었다. 또한 학부모와의 협력이 강화되면서 가정과 학교 간의 교육적 연계도 긴밀해졌다. 그러나 일부 학생들은 새로운 수업 방식과 학습 방법에 대한 적응이 필요하다고 했으며, 교사들 간 교수법 적용에도 차이가 있었다. 박 교장은 이러한 평가 결과를 학교 구성원들과 함께 공유하였으며, 평가 결과를 반영하여 학생 맞춤형 학습 지원 강화, 교사 연수 체계화, 학부모 · 지역사회 협력 프로그램 확대 등의 개선 방안을 수립하였다. 행복고등학교의 사례는 학교 자체평가가 단순한 운영 점검이 아니라, 학교 구성원의 적극적인 참여와 피드백을 바탕으로 지속적인 개선과 발전을 이루어 나가는 과정임을 시사한다.

토론 질문

이 사례를 고려해서 다음의 질문에 대한 자신의 생각을 정리해 보고, 다른 학생과 토의 및 토론해 보세요.

1. 학교경영 평가는 무엇인가?
2. 학교경영 평가는 어떻게 이루어지는가?
3. 효과적인 학교경영 평가를 위한 방법은 무엇인가?

행복고등학교의 사례는 학교 자체평가가 단순한 운영 점검이 아니라, 학교 구성원의 적극적인 참여와 협력을 바탕으로 지속적인 개선과 발전을 도모하는 과정임을 보여 준다. 특히 평가는 학교 운영의 전반적인 요소를 단순히 진단하고 평가하는 데 그치는 것이 아니라, 평가 결과를 반영한 피드백을 통해 학습 환경 개선, 교육과정과 교수·학습 방식의 개선, 학교 공동체 협력 강화 등의 실질적인 변화를 유도하는 과정이라는 점에서 중요한 의미를 갖는다. 행복고등학교의 학교 자체평가는 세 가지 주요 측면에 초점을 두어 진행되었다.

첫째, 학습 환경 평가를 통해 학교가 제공하는 학습 환경과 교육 지원이 학생들의 학습 경험에 미치는 영향을 분석하였다. 학생자치회를 중심으로 학습 공간 활용도, 교육 시설의 적절성, 학생 지원 서비스의 효과성을 점검하고 개선 방향을 논의하였다. 이 과정에서 학생들의 의견을 수렴하여 학습 환경의 실질적인 개선이 이루어질 수 있도록 하였으며, 평가 결과를 바탕으로 시설 개선 및 학습 공간 재구성이 추진되었다. 이는 평가의 실효성을 높이기 위해서는 평가 과정에 실제 학습 환경을 이용하는 학생들의 관점을 반영하는 것과 같이 학교 내 다양한 구성원의 적극적인 참여가 필요함을 시사한다.

둘째, 교육과정 운영 및 교수·학습 방식의 효과성을 점검하였다. 교사 연구회를 중심으로 교육과정 운영이 학생들의 요구와 학습 목표에 부합하는지 평가하고, 수업 방식이 수업 참여도와 학업성취도를 향상시키는 데 효과적인지를 검토하였다. 평가 결과를 바탕으로 학생 맞춤형 학습 지원 방안을 마련하고, 교수법 개선을 위한 연수를 추가적으로 기획하여, 체계적인 교사 연수 지원 방안을 모색하였다. 이는 학교경영 평가가 단순한 성과 점검이 아니라, 환류(feedback) 체계를 구축하여 교수법의 발전과 교육과정의 지속적인 개선을 촉진하는 과정임을 시사한다.

셋째, 학부모 참여를 통해 학교 공동체가 협력하는 평가를 진행하였다. 학부모의 의견을 보다 효과적으로 반영하기 위해 모바일 설문조사와 온라인 피드백 시스템을 활용하여 평가를 수행하였다. 이를 통해 학부모들은 학교 운영과 교육 프로그램에 대한 의견을 시간과 장소의 제약 없이 자유롭게 제시할 수 있었으며, 학교는 학부모 피드백 결과를 바탕으로 학부모와 지역사회의 협력 기회를 확대하는 방향으로 개선 조치를 마련하였다. 이는 학부모와 지역사회의 참여가 학교 공동체의 협력 기반을 강화하고, 학교경영의 투명성과 책무성을 확보하는 데 중요한 역할을 한다는 점을 의미한다.

이러한 평가 결과를 반영하여, 박 교장은 학생 맞춤형 학습 지원 강화, 교사 연수 체계화, 학부모 · 지역사회 협력 프로그램 확대 등의 개선 방안을 수립하고, 지속적인 피드백과 후속 조치를 통해 평가 결과를 실질적인 학교 운영 개선으로 연결하였다. 행복고등학교의 사례는 학교 자체평가가 단순한 성과 점검이 아니라, 평가 결과를 기반으로 한 피드백 체계를 구축하여 지속적인 개선과 혁신을 도모하는 과정임을 시사한다.

1. 학교경영 평가는 무엇인가

학교는 교육목표를 효과적으로 달성하기 위해 다양한 운영 전략을 수립하고 실행하지만, 그 과정에서 운영 성과를 객관적으로 점검하고 지속적으로 개선할 수 있는 체계가 필요하다. 학교경영 평가는 학교가 설정한 목표를 얼마나 효과적으로 달성하고 있는지를 분석하고(이득기, 2010: 321), 이를 바탕으로 운영 방식을 개선하는 과정이다. 나아가 단순히 학교경영에 대한 결과 점검이 아니라, 학교의 책무성을 강화하고, 교육 프로그램의 질적 개선을 촉진하며, 전략적 의사결정을 위한 실질적인 자료를 확보하는 기능을 수행한다. 이를 통해 학교는 변화하는 교육환경에 효과적으로 대응하고, 보다 나은 교육 서비스를 제공하며, 지속적인 발전을 추구할 수 있다. 이 절에서는 학교경영 평가의 개념과 기능을 구체적으로 살펴보고, 이를 뒷받침하는 이론적 배경을 탐색하고자 한다.

1) 학교경영 평가의 개념 및 기능

학교경영 평가는 학교 운영의 효과성을 분석하고 지속적인 개선을 도모하는 과정이다. 이를 통해 학교는 교육의 질을 유지하고 향상시키며, 변화하는 교육환경에 적절히 대응할 수 있다. 또한 학교경영 평가는 학교 운영의 전반적인 과정과 성과를 다각적으로 분석하여 운영의 강점과 보완점을 파악하고, 이를 반영한 실질적인 개선을 도모하는 역할을 한다. 학교경영 평가는 크게 다음의 세 가지 기능을 수행한다.

첫째, 학교 책무성(accountability) 수행의 역할을 한다. 학교는 공공기관으로서 학생과 학부모, 지역사회, 정부에 대한 책무를 가지며, 학교경영 평가는 이러한 책무성을 유지하고 강화하는 중요한 기제로 작용한다(임연기, 2005). 이를 통해 학교가 설정한 목표를 얼마나 충실히 이행하고 있는지를 객관적으로 점검하고, 교육 서비스의 질을 객관적으로 검증할 수 있다. 책무성 강화를 위해서는 학교의 운영 현황 및 평가 결과를 공개하고, 이를 토대로 피드백을 받을 수 있는 체계를 구축하는 것이 중요하다. 이러한 노력을 통해 학교는 운영의 투명성을 확보하고, 학교교육의 질적 제고를 도모할 수 있을 것으로 기대한다.

둘째, 결과에 대한 정보 환류를 통해 학교 및 교육 프로그램의 질적 개선을 촉진하는 기능을 수행한다. 학교경영 평가는 학교 운영 과정에서의 강점과 약점을 파악하고, 이를 바탕으로 교육과정 운영, 교수법, 학습 환경을 개선하기 위한 기초 자료를 제공한다. 예를 들어, 학교의 운영 성과를 점검하고 이를 반영하는 과정에서, 교사들은 보다 효과적인 교수법을 탐색하고, 학생들의 학습 성과를 높일 수 있는 전략을 마련할 수 있다. 또한 학교경영 평가 결과를 토대로 개별 학생들의 수요를 반영한 맞춤형 교육 프로그램을 설계하거나, 학생 중심의 학습 환경을 조성하는 등 실질적인 교육 개선을 도모할 수 있다. 특히 평가를 통해 축적된 데이터는 교육과정 개편, 방과후 프로그램 개선, 맞춤형 학습 지원 체계 구축 등에 직접적으로 활용할 수 있다.

셋째, 의사결정을 위한 자료 제공 기능을 수행한다(이득기, 2010: 320). 학교경영 평가는 교육정책 수립과 의사결정 과정에서 중요한 참고 자료로 활용된다. 평가 결과를 통해 학교 운영의 강점과 개선점을 체계적으로 분석하고, 이를 바탕으로 정책적 의사결정을 내릴 수 있다. 예를 들어, 교사 연수 프로그램을 개발하거나, 학교 예산 배분 방식을 조정하는 과정에서 평가 결과가 기초 근거 자료로서 활용될 수 있다. 또한 국가 및 시도교육청 차원에서 학교교육의 질을 평가하고 지원 정책을 수립하는 데에도 학교경영 평가 결과가 반영된다. 특히 학교경영 평가는 단순히 현재 운영 상태를 진단하는 것을 넘어, 미래의 교육 방향성을 설정하고 변화하는 교육환경에 적응할 수 있도록 정책적 대응력을 높이는 역할을 한다. 학교경영 평가를 통해 학교는 보다 과학적이고 체계적인 의사결정 과정을 구축하고, 지속적으로 교육의 질을 향상시키기 위한 전략을 수립해 나갈 수 있기 때문이다.

이처럼 학교경영 평가는 학교경영 성과 측정을 넘어, 학교의 책무성을 강화하고 교육 프로그램을 지속적으로 개선하며, 합리적인 의사결정을 위한 근거 자료를 제공하는 과정이다. 이를 통해 학교는 변화하는 교육환경에 효과적으로 대응하고, 보다 나은 교육 서비스를 제공할 수 있는 체계를 마련할 수 있다.

2) 학교경영 평가의 이론적 기초

학교경영 평가는 학교의 운영 성과를 점검하고 개선하는 과정에서 다양한 이론적 토대를 기반으로 발전해 왔다. 학교는 교육목표를 달성하기 위해 다양한 운영 전략을 실행하지만, 그 과정에서 학교의 성과를 객관적으로 평가하고 개선할 수 있는 체계가 필요하다. 이러한 평가의 개념과 기능을 보다 깊이 이해하기 위해서는 학교 효과(School Effectiveness) 연구, 주인-대리인 이론(Principal-Agent Theory), 책무성 개념과 같은 이론적 논의를 고려할 필요가 있다. 이 절에서는 학교경영 평가와 관련된 주요 이론을 살펴봄으로써 학교경영 평가가 왜 필요하며, 어떤 방식으로 이루어지는지에 대해 종합적인 이해를 돕고자 한다.

첫째, 학교 효과 연구와의 관련성을 고려할 필요가 있다. 학교 효과 연구는 학교가 학생들의 학업성취와 전반적인 성장에 미치는 영향을 분석하는 연구 분야로, 학교평가와 밀접한 관련이 있다(강상진, 김현주, 2001). 1966년 콜먼 보고서(Coleman Report) 이후 다수의 학교 효과 연구들은 학생의 학업성취 수준을 학교교육의 산출물로써 논의해 왔다(강상진, 황정원, 2010). 콜먼 보고서에 따르면 학생의 학업성취도에 대해 학생의 사회경제적 배경의 영향력이 더 큰 것으로 나타났다(Coleman et al., 1966). 이와 반대로 학교교육 및 투입 자원이 학생의 학업성취수준을 높이는 데 기여한다는 연구 결과들도 제시된 바 있다(Hedges et al., 1994; Heyneman & Loxley, 1983). 학교 효과에 대한 연구는 이와 같이 학생의 인지적 영역의 발달에 주목하는 것에서 더 나아가 학생의 정의적 · 신체적 발달까지 포함하는 방식으로 발전해 왔다(Bonell et al., 2013; Knuver & Brandsma, 1993). 학교경영 평가 또한 학생들의 인지적인 영역에서의 성장뿐만 아니라, 학생들의 전반적인 성장과 학습 경험을 풍부하게 하는 데 학교가 얼마나 기여하는지를 평가하고 있다. 이와 함께 학교경영의 결과로 교육과정 운영의 적절성, 학교교육 목표와 성과, 학교조직 문화, 학교조직 구조 등 다양한 요소를 종합적으로 고려하여 평가가 이루어지고 있다(김용, 2022).

둘째, 학교 책무성은 주인-대리인 이론의 관점에서 이해할 필요가 있다. 주인-대리인 이론에 따르면, 학생과 학부모(주인)는 학교 및 교원(대리인)의 교육 서비스에 의존해야 하지만, 양자 간에는 정보의 비대칭성(Information Asymmetry)이 존재한다. 학교와 교원은 교육과정 운영 및 학생 지도에 대한 정보를 독점적으로 보유한 반면, 학생과 학부모는 이를 충분히 파악하기 어렵다. 이로 인해 교육의 질과 운영 성과를 객관적으로 확인하는 데 어려움이 발생하며, 학교에 대한 신뢰 문제로 이어질 수 있다(임연기, 2005). 따라서 학교경영 평가는 이러한 정보의 비대칭성을 완화하고, 학교가 주어진 역할을 충실히 수행하도록 유도하는 기제로 작용한다. 특히 학교경영 평가 결과는 학교가 교육적 · 행정적 의무를 성실히 수행해야 한다는 책무성을 인식하고, 교육의 질 향상과 운영 개선을 위해 지속적으로 노력하는 근거가 된다.

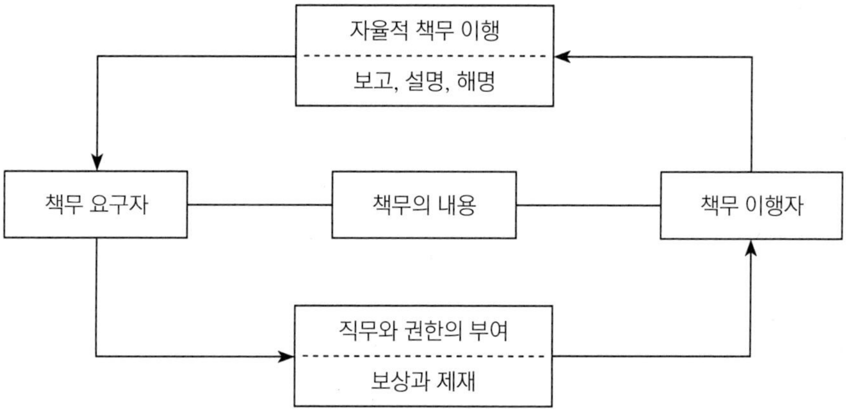

[그림 11-1] 책무성의 개념 구조

출처: 이차영(2010), p. 37.

학교 책무성은 크게 네 가지 요소, 책무 요구자(accountability holders), 책무 이행자(accountability implementers), 책무의 내용(content of accountability), 책무성 보장 기제(accountability mechanisms)로 구성된다(이차영, 2010). 학교교육의 맥락에서 책무 요구자는 학생, 학부모, 국민, 정부 등이 포함되며, 특히 정부는 책무 요구자이면서 동시에 학교 운영을 지도 · 감독하는 이중적 지위를 가진다. 책무 이행자는 교육과정을 운영하고 학생을 지도하며, 평가 결과를 바탕으로 개선하는 역할을 담당하는 학교와 교원이다. 책무의 내용은 학교가 수행해야 할 주요 책임과 성과 지표를 의미하며, 일반적으로 학업성취도, 비교과 활동, 학생의 정의적 성장 등이 포함된다.

학교경영 평가의 책무성 기제는 주인-대리인 문제를 해결하기 위한 주요 도구로 기능한다. 책무성 보장 기제는 크게 모니터링(monitoring)과 유인설계(incentive design)로 구분할 수 있다(Bruns et al., 2011). 먼저, 모니터링 기제는 정보 공개 등을 통해 학교 운영의 투명성을 높이고 대리인의 책무성을 강화하는 방식으로, 국가수준 학업성취도 평가, 기초학력 진단, 학교알리미 정보 공시 등이 이에 해당한다. 반면,

유인설계 기제는 성과 기반 보상과 추가 지원을 활용하여 학교가 지속적으로 발전하도록 유도하는 방식이다. 성과가 우수한 학교에는 인센티브를 제공하고, 개선이 필요한 학교에는 지원을 확대하여 주인-대리인 간의 이해관계를 조정한다.

이러한 이론적 논의는 행복고등학교의 사례를 통해 구체적으로 이해할 수 있다. 학교 효과성 연구의 관점에서 행복고등학교는 학업성취뿐만 아니라 학생들의 전반적인 성장과 복지를 고려한 교육 운영을 강조하고 있다. 예를 들어, 맞춤형 교육과정을 도입하여 학생들의 개별적 학습 요구를 충족시키고 있으며, 학업성취도뿐만 아니라 다양한 학습경험을 고려한 평가 체계를 운영하고 있다. 이러한 접근은 학교경영 평가에서 학생들의 전반적인 성장에 학교가 어느 정도 기여하고 있는지 중요하게 다루어질 필요가 있음을 보여 준다. 또한 주인-대리인 이론의 관점에서 행복고등학교는 학부모 및 지역사회와의 소통을 강화함으로써 정보 비대칭 문제를 해결하고자 노력하고, 학생과 학부모의 피드백을 반영한 의사결정 체계를 운영하고 있다. 이는 학교경영 평가에서 강조하는 책무성 강화의 실천적 사례라 할 수 있다.

결국, 행복고등학교 사례는 학교경영 평가가 단순한 성과 측정이 아니라 교육의 질을 개선하고, 학생, 학부모, 지역사회와의 신뢰를 구축하는 중요한 활동임을 보여 준다. 학교경영 평가는 학교 운영의 투명성과 효과성을 높이는 데 기여하며, 이를 바탕으로 학교경영자는 교육의 질 개선을 위한 구체적인 전략을 수립할 수 있다. 따라서 학교경영의 관점에서 학교경영 평가를 학교 발전을 위한 전략적 기제로써 이해하고 적극적으로 활용할 필요가 있다.

2. 학교경영 평가는 어떻게 이루어지는가

앞선 행복고등학교의 사례는 학교경영 평가가 단순한 점검의 도구가 아니라, 학교의 책무성을 강화하고, 운영 방향을 설정하며, 교육 성과를 체계적으로 분석하고 지속적인 개선을 유도하는 과정임을 보여 준다. 박 교장은 학교 운영의 성과를 체계적으로 관리하고 개선하기 위해 구조적이고 체계적인 평가 시스템을 구축하였다. 기존의 평가 방식만으로는 학교가 수행해야 할 주요 책무와 성과 지표를 종합적으로 분석하기 어렵다고 판단하였다. 이에 따라, 박 교장은 외부 전문가 및 학교 구성원의 의견을 반영하여 평가 방식을 개선하고, 객관적이고 신뢰할 수 있는 평가 체계를 구축하였다.

이후에는 학교경영 평가 결과를 바탕으로 교육과정 운영의 적절성을 검토하고, 교수·학습 방법을 개선하며, 학생 맞춤형 학습 지원을 확대하는 전략을 추진하였다. 또한 교사 연구회를 활성화하고 학부모 간담회를 정례화하는 등 다양한 책무성 보장 기제를 도입하여 학교 운영의 민주성과 효과성을 동시에 강화하였다. 이를 통해 학교는 기존의 문제점을 보완하고, 지속적으로 발전할 수 있는 기반을 마련하였다.

학교경영 평가는, ① 평가 방법, ② 평가 모형, ③ 평가의 실제를 중심으로 이해할 수 있다. 먼저, 학교경영 평가 방법은 기관 평가와 프로그램 평가로 구분되며, 평가 목적과 내용에 따라 학교 운영 전반을 점검하는 기관 평가와 특정 교육활동을 평가하는 프로그램 평가의 차이를 이해하는 것이 중요하다. 다음으로, 학교경영 평가 모형은 목표달성 모형, 의사결정 접근 모형, 체계적 접근 모형, 가치판단 모형, 참여자 만족 모형, 인증 평가 모형 등의 다양한 접근법을 포함하며, 각 모형의 특징과 기대효과를 분석하는 것이 필요하다. 마지막으로, 학교경영 평가의 실제에서는 시도교육청이 주관하는 학교경영 평가와 학교 자체평가의 절차 및 활용 방안을 살펴보고, 학교경영 평가를 보다 효과적으로 운영하기 위한 전략을 탐색하고자 한다.

1) 학교경영 평가의 방법

학교경영 평가는 학교 운영의 성과를 점검하고 개선하기 위한 중요한 과정으로, 그 방법은 기관 평가(institutional evaluation)와 프로그램 평가(program evaluation)로 구분할 수 있다. 기관 평가는 학교 운영 전반을 포괄적으로 분석하는 반면, 프로그램 평가는 특정 교육활동의 효과성을 중점적으로 평가하는 방식이다. 각 평가 방법의 주요 특징은 다음과 같다.

첫째, 기관 평가는 학교 운영 전반을 평가하는 방식이다. 주요 평가 대상은 교육과정 운영, 교수·학습 방법, 교육활동 및 교육 성과 그리고 학생 지원 체계, 행정·재정 관리 등의 학교 운영에 관한 사항이며(신현석 외, 2023), 이를 종합적으로 분석하는 것을 목표로 한다. 기관 평가는 주로 교육청, 국가기관 또는 외부 전문가 집단에 의해 이루어지며, 학교 운영의 투명성을 확보하고 책무성을 제고하는 데 중요한 역할을 한다. 예를 들어, 시도교육청에서 실시하는 학교 평가 또는 학교에서 자체적으로 실시하는 학교 자체평가가 대표적인 기관 평가 사례이다.

둘째, 프로그램 평가는 특정 교육활동이나 학습 프로그램의 효과성을 분석하는 방식이다. 기관 평가가 학교 운영 전반을 평가하는 데 초점을 맞춘다면, 프로그램 평가는 교사의 교수법 개선, 방과후 프로그램 운영, 학습 지원 프로그램, 교사 연수 등 개별 교육활동의 효과성을 검토하는 것을 목적으로 한다.

기관 평가와 프로그램 평가는 학교경영 평가에서 상호 보완적인 역할을 하며, 학교 운영의 전반적인 질적 향상을 위해 함께 활용될 필요가 있다. 기관 평가는 거시적 관점에서 학교 운영 체계를 분석하는 역할을 하며, 프로그램 평가는 미시적 관점에서 개별 교육활동의 개선점을 도출하는 기능을 수행한다. 따라서 학교는 기관 평가를 통해 운영의 방향성을 정립하고, 프로그램 평가를 활용하여 교육활동의 질적 개선을 도모하는 방식으로 평가 방법을 적절히 활용할 필요가 있다.

2) 학교경영 평가 모형

학교경영 평가는 다양한 방식으로 이루어지며, 평가 목적과 관점에 따라 여러 평가 모형이 활용된다. 평가 모형은 학교 운영의 효과성과 문제점을 보다 체계적으로 분석하고, 평가 결과를 바탕으로 적절한 개선 방안을 도출하는 데 중요한 역할을 한다. 학교경영 평가에서 활용되는 대표적인 평가 모형으로는, ① 목표달성 모형, ② 의사결정 접근 모형, ③ 체계적 접근 모형, ④ 가치판단 모형, ⑤ 참여자 만족 모형, ⑥ 인증 평가 모형이 있다. 이러한 모형들은 각각의 특징과 목적에 따라 학교경영 평가의 다양한 영역을 분석하는 데 활용할 수 있으며, 학교경영 평가의 평가 목적에 따라 타당한 평가 모형을 설정할 필요성이 있다.

첫째, 목표달성 모형(Goal Attainment Model)은 학교가 설정한 목표를 얼마나 효과적으로 달성했는지를 평가하는 모형이다(박종렬 외, 2010). 이 모형에서는 교육과정 목표, 학생의 학업성취도, 운영 성과 등을 기준으로 설정된 목표와 실제 결과 간의 차이를 분석한다. 목표달성 모형은 평가의 객관성을 확보하고, 학교가 설정한 목표가 적절하게 이행되었는지를 판단하는 데 유용하다. 그러나 목표 설정이 명확하지 않거나 목표 달성 정도 측정이 어려운 경우, 이 모형의 실효성이 저하될 수 있다.

둘째, 의사결정 접근 모형(Decision-Oriented Model)은 의사결정에 필요한 정보와 자료를 수집하고 제공하는 기능을 강조하는 평가 모형이다(박종렬 외, 2010). 이 모형에서 학교는 문제 해결과 주요 의사결정에 필요한 다양한 정보를 효과적으로 수집하고 활용하는 능력을 갖추는 것이 중요하다. 즉, 학교가 필요한 정보를 정확하게 선별하고 활용할 수 있는 역량을 갖출수록 효과적인 경영이 가능하다고 본다. 또한 이러한 정보 활용을 뒷받침할 수 있도록 물리적 · 인적 자원과 정보 관리 체계를 구축하는 것이 필수적이다. 예를 들어, 앞선 행복고등학교의 사례를 살펴보면, 박 교장은 기존 교육과정 운영 방식의 효과성을 평가하였다. 이 과정에서 학교는 교사, 학부모, 학생으로부터 수집한 다양한 데이터를 분석하여, 핵심 정보를 선별하였다. 이를 통해 필요한 자료를 확보하고, 교육과정 운영을 개선하는 데 평가 결과를 활용하였다. 이처럼 의사결정 접근 모형은 학교가 필요한 정보를 효과적으로 수집하고 활용함으로써, 합리적이고 전략적인 의사결정을 촉진하는 데 초점을 맞춘 모형이다.

셋째, 체계적 접근 모형(Systemic Approach Model)은 학교조직을 하나의 개방체제(open system)로 보고, 학교조직의 효과성이 자원 획득 능력에 의해 결정된다고 강조하는 평가 모형이다. 즉, 학교가 외부 환경과의 상호작용 속에서 필요한 자원을 얼마나 효율적으로 확보하고 활용할 수 있는가를 주요 평가 요소로 삼는다. 이 모형에서는 학교가 교육목표를 달성하기 위해 요구되는 다양한 자원을 어떻게 획득하고, 이를 운영 및 교육활동에 효과적으로 배분하는지가 핵심 평가 대상이 된다. 여기서 자원은 물리적 자원(예산, 시설, 기자재 등)뿐만 아니라, 교사, 학생, 학부모, 지역사회 등과의 관계 형성을 통한 인적 자원 및 사회적 네트워크도 포함된다. 예를 들어, 행복고등학교에서는 학생자치회, 교사 연구회, 학부모 설문조사 등을 활용하여 학습 환경과 교육 지원의 적절성을 평가하였으며, 또한 평가 결과를 통해 학교는 자원을 보다 효과적으로 활용하고, 지속적인 발전을 이루기 위한 전략을 구체화하였다. 이처럼 체계적 접근 모형은 학교를 개방체제로 인식하고, 변화하는 교육환경 속에서 지속적으로 성장하고 발전할 수 있도록 자원 확보 및 활용 능력을 평가하는 데 초점을 맞춘 모형이다.

넷째, 가치판단 모형(Value Judgment Model)은 학교의 운영 성과를 계량화된 수치로 평가하는 것이 아니라, 교육적 가치와 철학을 반영하여 평가하는 모형이다. 이 모형에서는 학교가 설정한 교육적 목표와 철학이 실제 운영에서 어떻게 구현되고 있는지를 분석하며, 정량적 평가뿐만 아니라 질적 평가도 중시한다. 예를 들어, 창의성과 협업을 강조하는 교육목표를 가진 학교라면, 이 모형을 통해 교육과정이 학생들의 창의적 문제 해결력과 협업 능력을 향상시키는 데 효과적인지를 분석하는 데 주안점을 둔다.

다섯째, 참여자 만족 모형(Stakeholder Satisfaction Model)은 평가 대상자인 학생, 교

사, 학부모 등의 만족 정도를 중심으로 학교 운영의 성과를 분석하는 방식이다(박종렬 외, 2010). 이 모형에서는 학교 구성원의 만족도를 바탕으로 운영의 질을 점검하며, 학교 공동체 내 협력을 강화하는 데 기여할 수 있다. 예를 들어, 행복고등학교에서는 학부모와 학생들을 대상으로 교육과정과 수업 방식에 대한 만족도 조사를 실시하고, 그 결과를 반영하여 교육 프로그램을 개선하였다. 이처럼 참여자 만족 모형은 학교 구성원의 기대와 요구를 반영하여 학교 운영 방향을 합리적으로 조정하는 데 기여할 수 있다.

여섯째, 인증 평가 모형(Accreditation Model)은 외부 기관이 평가를 주관하고, 일정 기준을 충족한 학교에 인증을 부여하는 모형이다. 이 모형은 평가의 신뢰성을 확보하고, 교육의 질을 보장하는 역할을 수행한다. 대표적으로 '국제 바칼로레아(IB) 인증'이나 한국대학교육협의회 병설 한국대학평가원에서 고등교육기관을 대상으로 실시하는 '대학기관 평가인증' 등이 이에 해당한다. 인증 평가를 받은 학교는 일정 수준 이상의 교육의 질을 유지하고 있다는 객관적인 근거를 갖게 되며, 이를 통해 학교의 신뢰도를 높일 수 있다.

학교경영 평가 모형은 학교의 운영 방향과 평가 목적에 따라 적절히 선택되어야 하며, 단일한 모형보다는 여러 모형을 적절히 맥락에 맞게 활용하여 학교 운영의 다양한 측면을 분석하는 것이 효과적일 수 있다. 평가 모형을 적절히 활용함으로써, 학교는 학교경영의 강점과 보완점을 보다 명확히 파악할 수 있으며, 교육의 질 개선을 위한 전략적 의사결정을 내릴 수 있다.

3) 학교경영 평가의 실제

학교경영 평가는 학교 운영의 성과를 객관적으로 분석하고, 이를 바탕으로 지속적인 개선을 도모하는 과정이다. 현재 학교경영 평가는 시도교육청이 주관하는 학교평가와 학교가 자체적으로 실시하는 자체평가로 이루어지며, 최근에는 두 평가 방식이 보다 긴밀하게 연계되는 경향을 보이고 있다.

시도교육청 학교평가는 교육 행정기관이 학교 운영 전반을 평가하는 방식으로, 학교의 책무성을 강화하고 운영의 투명성을 확보하는 역할을 한다. 일부 시도교육청을 제외하고 모든 교육청이 매년 실시하고 있으며, 평가를 통해 각 학교의 운영 성과를 점검하고, 평가 결과를 바탕으로 지원 방안을 마련하거나 필요한 경우 행정적 조치를 취한다. 일반적으로 교육과정 운영과 교수 · 학습 방법의 적절성을 검토하고, 학교의 교육활동과 교육성과를 분석하며, 학교 운영 전반이 체계적으로 이루어지고 있는지를 평가하는 방식으로 이루어져 왔다. 그러나 2018년 이후, 학교의 자율성을 존중하는 방향으로 시도교육청 학교평가 체계가 변화하면서, 주로 학교 자체평가의 방식으로 운영되고 있다(진동섭 외, 2023). 대부분의 시도교육청은 평가의 방향성과 기준을 제시하되, 개별 학교가 평가 지표와 방법을 자율적으로 결정하는 학교 자체평가를 실시하도록 유도하고 있다. 시도교육청은 학교 자체평가 결과를 활용하여 우수 사례를 공유하고, 개선이 필요한 학교가 스스로 교육의 질을 향상시킬 수 있도록 지원하는 역할을 수행한다(진동섭 외, 2023).

학교 자체평가(school self-evaluation)는 개별 학교가 자율적으로 운영하며, 학교 구성원들이 직접 참여하여 학교 운영의 강점과 개선점을 분석하는 방식이다. 자체평가는 학교 내부의 피드백을 반영하여 학교 운영을 지속적으로 개선하는 기초 자료가 된다. 주요 평가 영역으로는 교육과정 운영의 적절성과 학습 환경의 안정성을 분석하는 교육환경 평가, 학생들의 심리 · 정서 지원 및 방과후 교육활동 운영 실태를 점검하는 학생 지원 평가, 교직원 협력과 의사결정 체계를 분석하는 학교조직 및 경영 평가, 학부모 및 지역사회와의 협력 강화를 위한 학부모 및 지역사회 참여 평가 등이 포함된다. 앞선 행복고등학교의 사례는 학교 자체평가를 통해 교육과정 운영의 적절성을 점검하고, 이를 바탕으로 학생 맞춤형 학습 지원, 교원 연수 프로그램 강화, 학부모 · 지역사회 협력 프로그램 확대 등의 개선 방안을 마련한 사례이다.

이처럼 학교경영 평가는 학교 자체평가를 중심으로 운영되는 구조를 가지고 있으며, 이를 통해 학교의 책무성과 자율성을 동시에 확보할 수 있도록 발전하고 있다. 한편, 학교경영 평가의 효과성을 높이기 위해서는 명확한 기준을 갖춘 평가 체계를 구축하고, 평가 결과를 실질적인 교육 운영 개선으로 연계하는 것이 중요하다. 이를 위해서는 평가 방식의 지속적인 보완과 함께, 평가 결과가 단순한 성과 측정에 그치지 않고 학교 발전을 위한 전략적 도구로 활용될 수 있도록 하는 노력이 필요하다. 이러한 점을 고려하여 학교경영 평가가 보다 효과적으로 기능하기 위해서는 다음과 같은 발전 방향을 모색할 필요가 있다.

첫째, 학교경영 평가는 보다 장기적인 교육 발전을 지원할 수 있는 방향으로 설계될 필요가 있다. 학교 운영의 성과는 단기적인 평가만으로는 파악하기 어렵기 때문에 지속적인 평가 데이터 축적과 분석을 통해 장기적으로 학교 발전을 지원하는 평가 체계를 강화해야 한다.

둘째, 학교의 특성과 투입 조건의 차이를 고려할 수 있는 평가 체계가 필요하다. 모든 학교에 동일한 평가 기준을 적용할 경우, 지역적 특성이나 학생 배경이 다른 학교 간의 비교가 공정하게 이루어지기 어려울 수 있다. 이를 보완하기 위한 방법 중 하나로 부가가치 모형(Value-added Model)이 활용 가능하다. 부가가치 모형은 학교가 학생들의 학습에 어느 정도 기여하였는지, 학생의 초기 수준(사전 성취 수준)을 고려한 후에 학교교육과정을 통해 이루게 된 학업 향상의 정도를 분석하는 방식이다(김준엽, 2010). 이러한 부가가치 모형은 학생의 절대적인 성취 수준을 평가하는 것이 아니라, 학교의 교육적 기여도를 보다 신뢰롭고 타당하게 평가하는 데 유용하다.

셋째, 학교경영 평가는 단편적 성과 측정에 그치지 않고, 그 결과를 학교 운영 전반의 맥락 속에서 종합적으로 이해하고 해석하는 접근이 요구된다. 학생, 교사, 학교 단위의 평가가 각각 독립적으로 이루어지는 경우가 많아, 평가 결과가 종합적인 관점에서 논의되는 것이 아니라, 단편적인 데이터로만 활용될 가능성이 존재한다. 따라서 학교평가가 학교조직 전체의 발전을 위한 전략적 도구로 기능하기 위해서는 종합적이고 체계적인 평가 결과 해석 및 논의가 필요하다. 또한 환류 시스템의 강화를 통해 평가 결과가 교육과정 운영, 교수·학습 개선, 학생 지원 강화 등의 실질적인 조치로 이어지도록 해야 한다.

마지막으로, 학교경영 평가가 효과적으로 이루어지기 위해서는 학교 구성원들이 평가의 의미를 충분히 이해하고, 평가 결과를 바탕으로 학교 운영 개선에 주도적으로 참여하는 문화가 조성되어야 한다. 이를 통해 학교는 평가를 단순한 절차적 점검이 아닌 교육의 질을 향상시키는 전략적 도구로 활용할 수 있을 것이다.

워크숍 효과적인 학교경영 평가를 위한 방법은 무엇인가

지금까지 행복고등학교의 사례를 중심으로 학교경영 평가의 개념과 중요성을 탐색하며, 평가가 단순한 성과 측정을 넘어 학교 운영의 질적 향상을 위한 과정임을 논의하였다. 여기서는 이러한 논의를 바탕으로 학교경영 평가 결과를 분석하고, 이를 토대로 내년도 학교 운영 계획을 수립하는 워크숍 활동을 수행한다.

먼저 워크숍은 학교경영 평가 결과를 진단하고 평가지표의 적절성을 점검하는 과정(1단계), 이후 도출된 결과를 반영하여 내년도 학교 운영 계획을 구체적으로 수립하는 활동(2단계)으로 이루어진다. 이를 통해 학습자는 학교경영 평가 결과가 실제 운영에 어떻게 반영되는지를 이해하고, 이를 학교 발전을 위한 전략적 도구로 어떻게 활용할 수 있을지 고민해 볼 수 있다.

학교경영 평가 결과 분석 및 내년도 경영계획 수립

다음은 학교경영 평가 결과를 분석하고, 이를 반영한 내년도 학교 운영 계획을 수립하는 과정이다. 학교경영 평가는 단순한 운영 점검을 넘어, 학교의 강점과 개선 과제를 도출하고 실질적인 변화로 연결하는 것이 중요하다. 다음 단계별 질문에 답하면서 평가 결과를 진단하고, 이를 반영한 실행계획을 수립해 보자.

1단계 학교경영 평가 결과 진단 및 평가 지표 점검

다음의 학교경영 평가 결과를 검토하고, 평가 지표의 적절성과 개선이 필요한 부분을 논의해 보세요.

평가 단계	평가 영역	평가 지표	평가 결과
투입	학생 지원	학생 출석률 및 생활태도	출석률 90% 이상 유지, 일부 학생 생활 태도 지도 필요
	교육과정 운영	과목별 학생 만족도	일부 과목 만족도 낮음, 운영 방식 개선 필요
	학습 환경	학습 공간 활용도	교실 배치 효율성 낮음, 시설 개선 요구

과정	교수 · 학습 방법	수업 방식의 다양성	전반적으로 다양한 방식 활용, 일부 개선 필요
	교사 협력 체계	교사 간 협력 수준	협력 보통 수준, 연수 기회 확대 요구
	학생 지원	상담 및 진로 지도	상담 기회 부족, 학생 멘토링 필요
산출	학업성취도	성취도 향상 학생 비율	성취도 향상 학생 비율 낮음, 맞춤형 학습 지원 확대 필요
	학교만족도	학생 및 학부모 만족도	만족도 낮음

1. 학교경영 평가 결과를 바탕으로 학교 운영 개선을 위한 주요 과제를 도출해 보세요.
2. 기존 평가 기준이 학교경영을 객관적으로 평가하는 데 적절한지 논의하고, 추가적으로 필요한 지표를 탐색해 보세요.

※ (심화) 최종 완성한 학교평가 지표를 활용하여 각자 졸업한 학교에 대해 평가해 보세요.

2단계 내년도 학교경영계획 수립

1단계의 평가 결과를 반영하여 내년도 학교 경영계획을 수립해 보세요.

평가 단계	평가 영역	평가 지표	중점 개선과제
투입	학생 지원		
	교육과정 운영		
	학습 환경		
과정	교수 · 학습 방법		
	교사 협력 체계		
	학생 지원		
산출	학업성취도		
	학교만족도		

1. 학교경영목표를 달성하기 위해 새로운 지표나 수정 지표가 필요하다면 반영해 보세요.
   - 새로운 지표나 수정 지표의 필요성에 대한 근거를 마련해 보세요.
2. 평가 영역별로 중점 개선과제를 도출하고, 실행계획을 수립해 보세요.

※ (심화) 각자 졸업한 학교에 대한 평가 결과를 토대로 다음 연도 교육계획을 수립해 보세요.

정리하기

지금까지 행복고등학교의 사례를 바탕으로 학교경영 평가의 개념과 기능, 다양한 평가 방법 등을 살펴보았다. 이를 통해 학교경영 평가는 운영 성과를 객관적으로 점검하고, 평가 결과를 반영하여 실질적인 교육환경 개선과 전략적 의사결정을 지원하는 중요한 과정임을 확인하였다. 또한 워크숍 활동을 통해 학교경영 평가 결과를 분석하고, 이를 반영한 내년도 운영 계획을 수립하는 과정을 경험하였다.

다음의 질문을 읽고 지금까지 학습한 내용을 정리하며, 학교경영 평가의 의미와 역할에 대한 자신의 생각을 구체화해 보자.

1 학교경영 평가의 개념을 한 문장으로 표현해 보세요. 그리고 그 이유를 설명해 보세요.

※ 강의 시간에 학습한 학교경영 평가의 개념과 이론을 토대로 자신의 용어로 학교경영의 개념을 구체화해 보세요.

2 미래 교육환경 변화 속에서 학교경영 평가의 역할은 무엇인가요?

※ 강의 시간에 학습한 학교경영 평가 이론을 바탕으로, 급변하는 미래 교육환경에서 학교경영 평가의 역할과 그 중요성을 설명해 보세요.

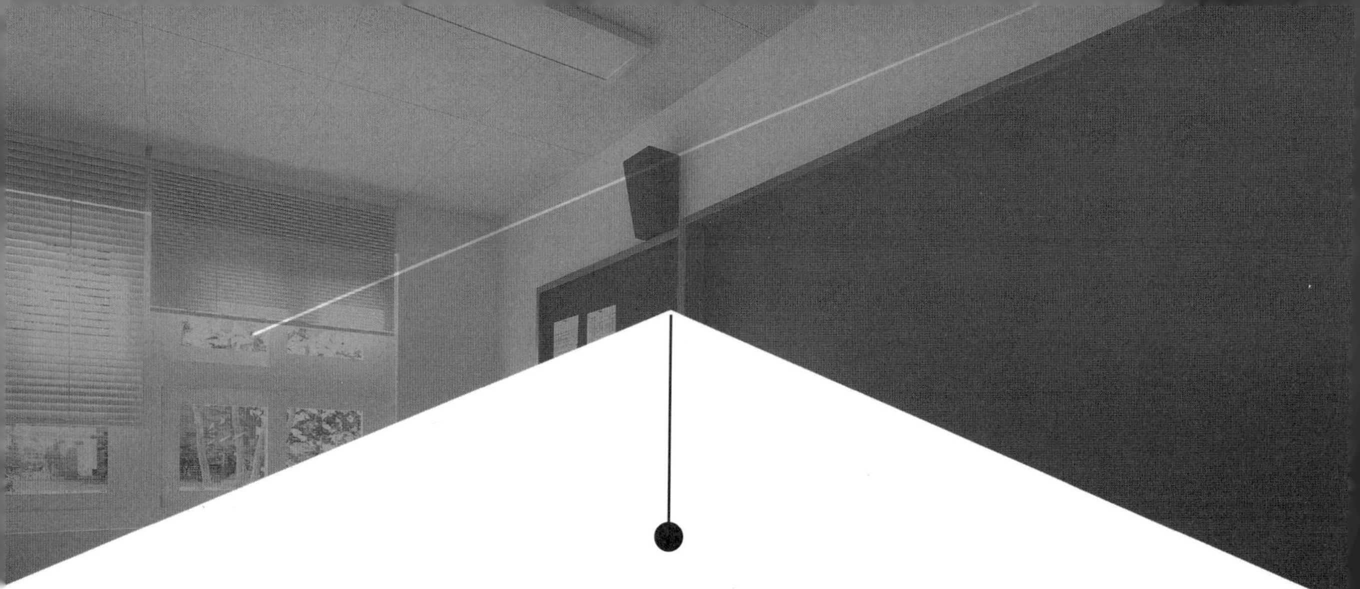

제12장

학급경영의 이해

제12장 학급경영의 이해

미국의 역사가 Henry Brooks Adams는 "교사의 영향력은 영원히 계속되며, 교사는 자신의 가르침이 어디까지 영향을 미치는지 결코 알 수 없다."라고 언급한 바 있다. 의도했든 하지 않았든, 교사는 때로 한 학생의 인생을 변화시킬 만큼 큰 영향력을 발휘한다. 저자의 경우, 뚜렷한 목표도 의지도 없이 방황하던 고등학교 2학년 시기 담임 선생님께서 "너는 잘될 거다."라는 투박한 말씀과 함께 조용히 건네주신 교사용 수업 노트가 인생의 전환점이 되었다. 여러분도 눈을 감고 학창 시절을 떠올려 보면, 언젠가 꼭 다시 찾아뵙고 싶은 유독 감사한 선생님이 한 분쯤은 계실 것이다. 모든 예비교사가 학생의 인생을 송두리째 바꿀 만큼 위대한 스승은 아니더라도, 적어도 좋은 선생님이 되기를 꿈꾼다. 학생의 성장을 촉진하는 전문적인 교육자이자, 고민과 어려움을 나눌 수 있는 따뜻한 어른으로서의 교사가 되기를 바란다.

그러나 최근 몇 년간 연일 보도되는 교권 침해 사건들을 보면, 밝은 미소로 교단에 설 수 있는 교사가 되는 것조차 쉽지 않다는 현실을 실감하게 된다. 과거보다 높은 학력과 사회경제적 배경을 가진 학부모들은 가정에 한둘뿐인 자녀의 교육에 더욱 큰 관심을 쏟으면서, 때로 교사의 권위에 도전하고 무리한 요구나 민원을 제기하기도 한다. 또한 일부 학생들이 교사에게 언어적 · 신체적 폭력을 가하는 일까지 벌어지면서 교사들의 직무 스트레스는 더욱 극심해지고 있다. 실제 TALIS 2018 조사에 따르면, 우리나라 교사들은 OECD 회원국 및 TALIS 참여국의 평균보다 상대적으로 더 높은 직무 스트레스를 경험하고 있는 것으로 나타났다(박희진, 이호준, 2021). 특히 한국 초등교사의 16%는 교직을 수행하며 극심한 스트레스를 경험했다고 응답하였으며, 주요 원인은 학부모 민원 응대나 교실 질서 유지 등 학급경영에서의 어려움이었다(한국교육개발원, 2021. 9. 29.).

학급경영은 교사의 가장 기본적이면서도 핵심적인 과업으로, 학급을 효과적으로 운영한 경험은 교사의 직무 만족도와 스트레스 수준뿐만 아니라 자기효능감에도 긍정적인 영향을 미칠 수 있다. 따라서 한 해 동안 학급경영을 안정적으로 해내는 것만으로도 교사는 교직 생활에서 보람과 자신감을 키울 수 있을 것이다. 아울러 이러한 경험은 직무 스트레스를 완화하는 데 그치지 않고, 자신의 전문성을 지속적으로 발전시키는 선순환적인 기제가 될 수 있다. 또한 교수·학습 활동과 집단생활의 가장 기본단위인 학급을 경영하는 것은 학생의 인지적·심리적·정서적 발달뿐만 아니라 학교조직 전체의 교육성과와도 긴밀하게 연결된다(송기창 외, 2021: 292).

이러한 학급경영의 중요성을 고려하여, 시도교육청과 교육연구기관은 교사의 학급경영 능력 향상과 학급 운영 혁신을 지원하기 위해 다양한 정책적 방안을 강구하고 있다. 예를 들어, 교육(지원)청은 학급경영 및 생활지도 역량 강화를 위한 교사 연수를 제공하고 있으며, 특히 경기도교육청은 유튜브 채널을 통해 학급경영의 우수 사례뿐만 아니라 실패 사례까지 다양하게 소개함으로써 실용적인 학급경영 지식을 확산하고자 노력을 기울이고 있다. 또한 한국직업능력연구원은 학급경영의 주요 영역 중 하나인 진로지도 강화를 위해 학교급별로 활용할 수 있는 진로코칭 자료를 개발·보급하고 있다.

학급경영의 방향과 실제는 소속 학교의 비전과 경영목표 그리고 교사의 교육철학 및 자기성찰에 따라 다양한 방식으로 실현될 수 있다. 그렇다면 학급경영이란 무엇이며, 어떠한 과정과 원리에 따라 이루어지는가? 학급경영에는 구체적으로 어떤 영역과 과업이 포함되는가? 또한 학급편성은 어떠한 원리에 따라 이루어지며, 학급편성에서 발생할 수 있는 주요 쟁점은 무엇인가? 이 장에서는 이러한 질문에 대한 답을 탐색하고, 주요 쟁점에 대해 논의하고자 한다.

사례 보람초등학교 정 교사의 학급경영 위기

보람초등학교에 갓 부임한 정 교사는 올해 초등학교 6학년 학급의 담임을 맡게 되었다. 부푼 기대를 안고 교단에 섰지만, 개학 첫날부터 혼란을 겪었다. 학생들과 친밀하게 지내고 싶었던 정 교사는 처음부터 규칙을 엄격하게 세우기보다는 자유로운 분위기를 주고자 했다. 그러나 일부 학생들은 이를 방종으로 받아들였고, 수업 시간에 무단으로 돌아다니거나 휴대전화를 사용하는 일이 잦아졌다. 정 교사는 처음에는 학생들의 작은 일탈을 너그럽게 넘겼지만, 점차 교사의 지시를 따르지 않는 학생이 늘어나면서 교실의 질서가 무너지기 시작했다.

며칠 지나지 않아 학급에서는 크고 작은 사건들이 발생했다. 한번은 정 교사가 수업 중 계속 떠드는 학생에게 주의를 주었으나, 그 학생은 오히려 "왜 저만 가지고 그래요?"라며 크게 반발하였다. 교실 분위기는 순간 얼어붙었고, 일부 학생들은 킥킥거리며 수군거리기 시작했다. 정 교사는 당황하여 더 강하게 꾸짖지 못하고 수업을 서둘러 마쳤다. 또 다른 날에는 몇몇 학생들끼리의 심한 갈등이 발생했는데, 정 교사는 이러한 상황이 학교폭력으로 확대될까 우려가 되었지만 어떻게 중재해야 할지 몰라 우왕좌왕하였다. 결국 물리적 싸움으로 번진 갈등은 학교생활지도 담당 교사의 개입으로 겨우 진정되었다. 그러나 이 과정에서 해당 학생들의 학부모까지 학교로 찾아와 서로 책임을 묻는 소동이 벌어졌고, 담임인 정 교사는 심한 질책을 들었다.

시간이 지날수록 학급 분위기는 점차 통제 불능으로 흐르고, 성실한 학생들마저 학습 의욕을 잃어 갔다. 결국 정 교사는 매일 수업이 끝나면 텅 빈 교실에 혼자 남아 눈물을 훔치며 자괴감에 빠지곤 했다. 학기 중반이 되어 더 이상 이대로 버틸 수 없다고 느낀 정 교사는 선배 교사와 학교 관리자에게 도움을 요청하기로 결심한다. 이제 정 교사는 무너진 학급을 바로 세우기 위해 무엇을 해야 할지 절실하게 모색하고 있다.

토론 질문

이 사례를 읽고 다음의 질문에 대한 자신의 생각을 정리해 보고 토의해 보세요.

1. 정 교사가 학급경영 위기를 겪은 이유는 무엇인가?
2. 정 교사의 학급경영이 성공적으로 이루어지기 위해 가장 보완이 필요한 요소는 무엇인가?

1. 학급경영의 개념과 의의

1) 학급경영의 개념

'학급경영(class management)'은 학교교육의 기본단위인 학급을 중심으로 교수·학습활동과 생활지도라는 주요 목표를 달성하기 위해 수행되는 다양한 활동을 포함한다(Doyle, 1986; Johnson & Bany, 1970). 학급경영은 단순한 규율 유지가 아닌, 학생의 학습 참여와 성장을 자극하고 학급의 목표를 달성할 수 있도록 학습 환경을 조성하고 생활을 지도하며, 교실 내 상호작용을 조율하는 포괄적인 개념이다(Emmer & Stough, 2001). 이러한 과정에서 교사는 하나의 작은 교육조직으로서 학급을 운영하며, 학생 개개인의 특성과 학급의 집단적 특성을 고려하여 최적의 교육환경을 조성해야 한다.

학급경영을 바라보는 관점은 시대와 연구자에 따라 다양하지만, 대체로 질서 유지, 조건 정비, 교육 경영이라는 세 가지 핵심 요소를 중심으로 논의되어 왔다. 첫째, 질서 유지는 학급 내 규칙을 설정하고, 학생들이 이를 준수할 수 있도록 지도하는 과정이다. 때로는 훈육과 동일시되기도 하지만, 본질적으로는 학생들의 문제행동을 예방하고 올바른 학급문화를 형성하는 데 초점을 둔다. 둘째, 조건 정비는 학습에 필요한 물리적 환경을 조성하고, 학급 내 교육자료와 시설을 효과적으로 배치하는 활동을 의미한다. 이는 학급의 목표 달성을 위한 내부 환경과 제반 조건을 체계적으로 조성·관리하는 과정이다. 셋째, 교육 경영은 학급을 하나의 교육조직으로 보고, 효과적인 수업 운영과 학생 지도 방안을 계획하는 활동을 포함한다. 이는 일반적인 경영학의 관점에 터하고 있으므로 학급경영을 인적·물적 자원을 효율적이고 효과적으로 운영하여 최상의 교육적 성과를 얻을 수 있도록 하는 집합적 과정으로 바라본다.

초기 학급경영에 대한 관점은 학급을 행정의 기본단위로 다소 단순하게 바라보면서 주로 질서 유지와 조건 정비에 초점을 두었으나, 점차 학급 내 활동의 체계적 과정과 역동성을 강조하는 교육 경영의 관점으로 변화하고 있다(진동섭 외, 2023: 438). 이때의 학급경영에 관한 지식은 학급의 목표를 효율적으로 달성하기 위해 인적·물적 자원을 활용하여 체계적으로 계획, 조직, 조정, 지시, 통제하는 일련의 방법론을 중심으로 논의된다. 한편, 최근에는 인터넷과 정보기술의 발달로 현직 교사의 학급경영 경험과 노하우가 활발하게 공유되면서, 학급경영에 대한 지식이 보다 실용적이고 현장 중심적인 형태로 변화하고 있다(김현수, 남유진, 2023).

앞서 소개한 정 교사의 사례는 학급경영이 규칙 설정뿐 아니라 학습 환경 조성, 생활지도, 또래 간 관계 및 상호작용 관리 등 다양한 요소를 포괄해야 함을 보여 준다. 정 교사는 학생들과의 소통을 중시하며 자유로운 분위기를 조성하고자 했으나, 명확한 규칙 설정(질서 유지)과 체계적인 환경 조성(조건 정비)을 소홀히 한 결과, 학급 운영에 어려움을 겪었다. 또한 교육목표 설정과 그에 따른 계획 및 실행(교육경영)이라는 통합적 관점이 부재하여, 학급 분위기를 효과적으로 통제하지 못하는 상황으로 이어졌다. 이 사례는 학급경영에서 핵심 영역인 규율, 환경, 교육활동의 목표 및 실행이 조화를 이루는 것이 얼마나 중요한지를 단적으로 보여 준다.

학급경영과 유사한 개념으로 학급운영과 학급관리가 있으나, 이들은 개념적으로 서로 구분된다. 학급운영은 학급 활동을 조직하고 실행하는 단계로, 학급 행사나 학생 지도 등에서 구체적인 운영 방법을 포함하는 더 실천적인 차원을 강조한다. 또한 학급관리는 학급 내 규율과 규칙을 유지하고, 학생들의 문제행동을 예방 및 해결하는 활동으로 학급경영이나 학급운영보다 좁은 개념이다. 지금까지 학급경영에 대한 학자들의 주요 견해를 다음과 같이 정리해 볼 수 있다.

① 학급경영은 학교교육활동의 기본단위인 학급을 대상으로 교육목표 달성을 위한 계획 · 조직 · 실행 · 지도 · 평가 등을 시행하는 교육활동이면서 동시에 교수 · 학습 활동과 생활지도가 효율적으로 이루어질 수 있도록 도와주는 교육지원활동이라고 할 수 있다(윤정일 외, 2021: 460).

② 학급경영은 학급을 대상으로 교육목표 달성을 위한 교육계획을 수립하고, 계획 실행에 필요한 인적 · 물적 자원을 정비하고, 계획을 실행하고, 학생을 지도하고, 교육활동을 평가하는 일련의 교육활동이다(송기창 외, 2021: 291).

③ 학급경영은 교육활동조직의 최종 단계인 학급에서 담임교사가 교육목표의 달성을 위하여 교육활동을 계획 · 조직 · 실행하는 제 활동을 의미하며, 그 궁극적인 목적은 학년별 교육과정의 목표 달성을 위한 생활지도와 교수 · 학습의 촉진이다(주삼환 외, 2023: 447).

2) 학급경영의 의의

학급경영은 학생들의 학업성취뿐만 아니라 사회적 · 정서적 성장에도 중요한 영향을 미친다. 교사의 학급경영 방식에 따라 학생들의 학습 태도, 동기 부여, 학급 분위기가 달라질 수 있으며, 이러한 요소들은 궁극적으로 교육 효과성을 결정짓는 중요한 요소로 작용한다. 특히 학급 분위기(classroom climate)는 학생들의 학습 동기 및 성취도에 영향을 미치는 주요한 요인 중 하나이다. Martin과 Baldwin(1993)의 연구에 따르면, 학급경영 방식에 따라 학급 분위기가 달라지며 이는 학생들의 참여도, 학급 내 긍정적인 관계 형성, 성취도 등과 긴밀하게 연결된다. 따라서 학생의 성장을 촉진하기 위해서는 교사가 학생과의 관계를 조율하고 학습 동기를 유발할 수 있는 상호작용적 학급경영을 실천해야 한다.

아울러 학급경영은 학생뿐만 아니라 교사에게도 중요한 의미를 가진다. 학급은 교사가 자신의 교육철학을 실천하고 성찰함으로써 전문적 지식과 기술을 지속적으로 발전시킬 수 있는 공간이다(신현석 외, 2021: 482). 교사에게 첫 학급경영은 다소 어려운 과업이 될 수 있으나, 이를 통해 자기 역량의 성찰, 새로운 학급 운영 방법, 학생을 바라보는 관점의 변화 등을 경험하면서 점차 전문성을 향상시킬 수 있다(김평국, 원정희, 2014). 성공적이고 안정적인 학급경영이 단기간에 이루어지기는 어렵다는 점에서, 교사가 학급 내에서 실천적 지식과 경험을 축적해 가는 과정은 필수적이다.

나아가 학급경영은 학교교육의 발전 및 혁신과도 직결된다. 학급은 학교교육의 기본단위로서, 효과적인 학급경영은 학교 전체의 성과를 향상시키는 데 기여할 수 있다. 무엇보다도, 교사 간 협업이 활성화되어 학급경영의 노하우가 적극 공유되는 학교 내에서는 수업 혁신과 교수·학습의 질적 개선이 더욱 촉진될 수 있다. 즉, 학급경영은 개별 교사의 활동에 국한되지 않고, 학교조직 전체의 교육 효과성을 높이는 과정과 연결된다(송기창 외, 2021: 293).

2. 학급경영의 과정과 원리

1) 학급경영의 과정

학급경영은 단순한 관리 활동이 아니라, 계획을 수립하고 실행하며 평가하고 개선하는 유기적이고 체계적인 과정이다. 이러한 맥락에서 학급경영에는 다양한 체제적 접근이 적용될 수 있다. 여기서는 전통적으로 활용되어 온 계획–실행–평가(P–I–E) 과정과 투입–과정–산출(I–P–O) 체제 모형을 중심으로 소개한다.

(1) 계획(Plan)–실행(Implementation)–평가(Evaluation) 과정

학급은 독립적인 조직이 아니라 상위조직인 학교 및 학년의 하위조직으로서, 학교교육의 목표를 달성하기 위해 유기적으로 상호작용하고 있다. 학교경영의 차원에서는 조직의 교육성과를 극대화하기 위해 가장 하위체제인 학급경영이 성공적으로 이루어질 필요가 있다. 동시에 학급경영의 차원에서는 각 학급에 맞는 운영방식을 적용하되, 상위체제인 학교경영 및 학년경영과의 일관성을 유지하여 조직의 교육성과에 기여할 필요가 있다. 이러한 학교·학년·학급 경영의 상호 관계를 다음 [그림 12–1]과 같이 나타낼 수 있다. 학교·학년·학급 경영 체제에서 계획(P)과 실행(I)은 상위체제가 하위체제의 운영 방향과 방침에 영향을 미치며, 하위체제로 갈수록 구체화된다. 반대로 평가(E)는 하위체제의 평가가 상위체제의 평가에 영향을 미친다(조성일, 최혜영, 2006: 457).

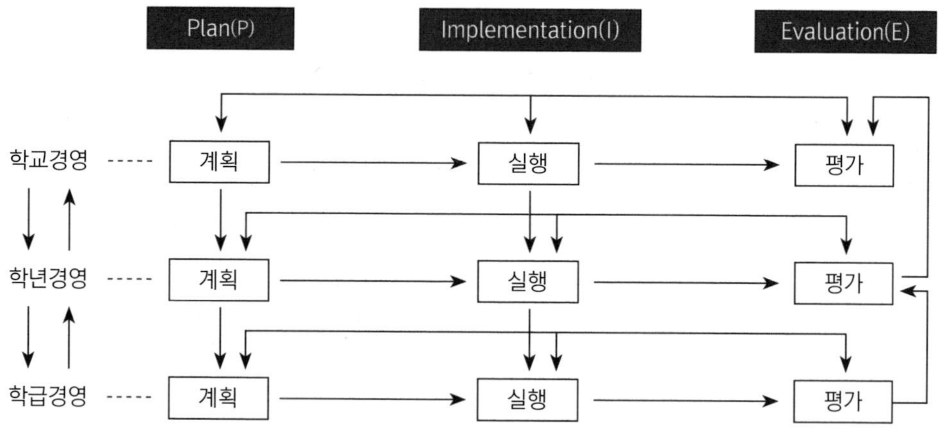

[그림 12-1] 학교 · 학년 · 학급 경영의 P-I-E 과정

출처: 조성일, 최혜영(2006), p. 456의 그림을 참고 · 수정함.

구체적으로 학급경영의 차원에서 P-I-E 과정을 살펴보면 다음과 같다.

① 계획(Plan): 학급의 목표 및 연간 계획을 체계적으로 수립하는 단계로, 학급경영 목표 및 방침 결정, 기초자료의 수집, 학급조직 및 학급환경 구성 계획 등이 포함된다(신현석 외, 2021: 486-7). 예를 들어, 학급경영의 목표는 학교 및 학년 목표와 일관성을 유지해야 하며, 학생의 개인 특성과 가정환경 등에 대한 기초자료를 토대로 설정될 필요가 있다. 또한 목표 달성을 위해 학급 내 조직과 환경을 어떻게 구성할 것인가도 함께 고려되어야 하는데, 이 과정에서 교사는 학생들의 의견을 반영하고 참여를 촉진하는 것이 바람직하다.

② 실행(Implementation): 계획된 학급 운영방침을 실행하는 단계로, 단순히 계획을 이행하는 것이 아니라 실천 과정에서 예기치 못한 변수나 환경의 변화 등을 고려하여 유연하게 조정하려는 교사의 성찰적 활동이 지속된다. 교수 · 학습 활동, 생활지도, 학생 상담, 협력 학습, 학급 행사 등이 이 단계에서 이루어진다.

③ 평가(Evaluation): 학급경영의 효과를 분석하고 이후 학급경영 개선을 위한 자료로 활용하는 과정이다. 이 단계에서는 설정한 목표의 달성 여부를 평가하고, 원인을 분석하여 향후 학급경영 개선방안을 모색해야 한다. 평가 대상과 영역을 먼저 명확하게 설정하고, 그 준거와 기준에 따라 체계적으로 평가가 이루어질 필요가 있으며, 무엇보다 평가 결과를 환류하여 학급경영의 질적 개선에 활용하는 것이 중요하다.

정 교사의 경우, 학급경영계획 수립 단계부터 상당한 어려움을 겪었다. 처음 담임을 맡았을 때 연간 학급경영계획을 충분히 준비하지 못한 채 학기를 시작하면서, 학급 운영의 방향성과 규칙이 명확히 서지 않았던 것이다. 만약 정 교사가 개학 전에 학생들의 기본적인 특성과 요구를 파악하고 학급 목표와 규칙을 학생들과 함께 설정하는 등 체계적인 계획 수립을 했다면 초기 혼란을 줄일 수 있었을 것이다. 그러나 준비 부족으로 시행착오를 겪은 지금, 정 교사는 뒤늦게나마 학급 상황을 진단하고 문제 해결을 위한 계획을 재정비하고자 한다. 이는 P–I–E 과정에서 평가 단계에 해당하는 작업으로, 정 교사가 현재 겪는 문제들을 분석하고 원인을 파악한 뒤 남은 기간의 학급 운영 전략을 조정하는 과정이라고 볼 수 있다. 이처럼 예기치 못한 문제가 발생했을 때도 끊임없이 성찰하고 대응 전략을 수정해 나가는 것이 필요하다.

(2) 투입(Input)-과정(Process)-산출(Output) 체제 모형

학급경영의 I–P–O 체제 모형은 앞의 P–I–E 과정과 유사하게 체제적 관점을 기반으로 하며, 학급이 학교나 지역사회와 같은 상위체제와 지속적으로 상호작용한다고 가정한다(권기욱, 이향옥, 2007: 5). 이 모형은 학급경영 과정의 다양한 요소를 투입–과정–산출의 단계로 이해함으로써, 학급경영을 하나의 시스템으로 파악하는 데 유용하다. 특히 투입과 산출의 관계를 분석하는 효율성 및 효과성 분석에 적용할 수 있어 학급경영의 성과를 체계적으로 평가하는 데 활용될 수 있다.

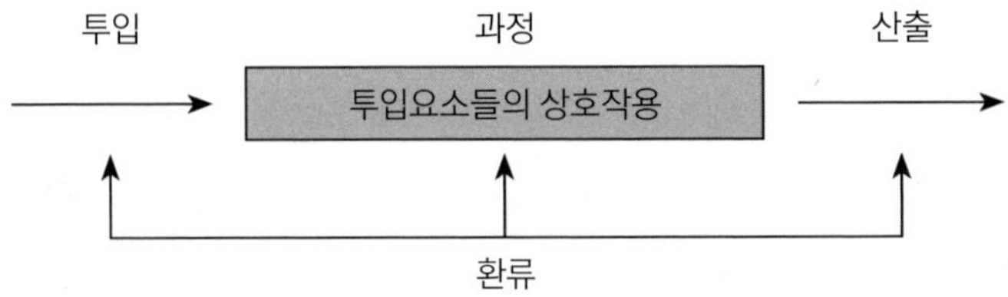

[그림 12-2] I-P-O 체제 모형

출처: 권기욱, 이향옥(2007), p. 6.

구체적으로 학급경영의 차원에서 I–P–O 체제 모형을 살펴보면 다음과 같다.

① 투입(Input): 학급의 교육목표를 달성하기 위한 요소로, 여기에는 교육과정, 교사, 학생, 물리적 환경 및 자원 등이 포함될 수 있다. 교사의 경우, 교육철학, 경력,

교수법 관련 전문성 등이 주요한 요소이다. 학생의 경우, 인지 및 심리 · 정서 발달 수준과 사회경제적 배경과 같은 개인 특성뿐만 아니라 학급 규모나 남녀 구성 등과 같은 집단 특성도 주요한 요소가 된다. 아울러 교과서 및 교사용 지도서, 학습활동 자료, 디지털 학습 도구, 책상과 의자 등의 기자재도 투입 요소에 포함될 수 있다.

② 과정(Process): 학급 내에서 이루어지는 다양한 교수 · 학습 활동과 생활지도를 포함한다. 예를 들어, 강의식 수업과 협력 학습, 학생 중심 프로젝트 활동, 특별활동, 학급 내 규칙 운영, 생활지도 및 상담 등이 있다.

③ 산출(Output): 학급경영의 결과로, 학생들의 학업성취도 변화, 심리적 · 정서적 발달, 학급문화 등 다양한 측면에서 그 성과를 분석해 볼 수 있다. 학급경영의 궁극적인 목표는 학생들이 긍정적인 학습 경험을 통해 성장할 수 있도록 돕는 데 있다.

이 P-I-E 과정과 I-P-O 체제 모형은 보통 학급경영의 1년 단위 운영에서 계획을 수립하고 실행한 후, 목표 대비 결과를 평가하고 피드백하는 접근 방식이다. 이러한 모형은 학급경영의 기본 절차와 구조를 체계적으로 설명하는 데 매우 유용한 관점을 제공한다. 그러나 다른 한편으로는 학급경영 기간을 일정한 단위로 분절적으로 인식하는 한계를 가진다. 학급은 매년 새롭게 운영되지만, 교사의 학급경영 역량과 기술은 개별 학급 단위를 넘어 생애 전반에 걸쳐 지속적으로 성장하고 변화한다. 이에 학급경영을 체제적 관점에서 분석하는 연구뿐만 아니라, 교사의 생애적 관점에서 학급경영 지식과 역량이 어떻게 발전하는지를 탐색하는 질적 연구들도 점차 축적되고 있다(김평국, 원정희, 2014; 정금현, 장홍재, 2005).

2) 학급경영의 원리

학급경영의 원리는 학급경영의 방향과 목표, 구체적인 운영 지침을 아우르는 근본적인 규칙이다. 따라서 학급경영의 원리가 분명하게 정립되고, 교사의 교육철학과 학급경영에 일관되게 반영되었을 때 학급이 안정적으로 운영될 것으로 기대할 수 있다. 학급경영의 원리는 학자에 따라 다양하게 제시되었다. 최희선(2001: 279-280)은 자유의 원리, 협동의 원리, 노작의 원리, 창조의 원리, 흥미의 원리, 요구의 원리, 접근의 원리, 발전의 원리를 제시하였다. 박병량과 주철안(2012: 458-459)은 교육적 학급경영, 학생 이해의 학급경영, 민주적 학급경영, 효율적 학급경영의 원리를 제시하였다. 또한 서울특별시교육청교육연구정보원(2012: 113)은 타당성의 원리, 민주성의 원리, 효율성의 원리, 현실성의 원리, 전문성의 원리, 통합성의 원리를 제시하였다. 그리고 송기창 등(2021: 293-294)은 교사의 관점에서 민주성 및 타당성의 원리, 자주성의 원리, 합리성의 원리, 효율성의 원리, 통합성의 원리와 학생의 관점에서 학습자 자유 및 개별성의 원리, 사회성 및 접근의 원리, 창의적 사고 촉진의 원리, 학습 참여 및 흥미 제고의 원리, 성장의 원리로 구분하여 제시하였다. 이상을 종합하여 가장 주요한 학급경영의 원리를 제시하면 다음과 같다(서울특별시교육청교육연구정보원, 2012: 113; 진동섭 외, 2023: 439-440).

① 타당성의 원리: 학급경영은 상위 교육기관의 시책 및 교육 운영 방향, 사회적 요구, 학생의 특성과 요구 등에 비추어 타당하고 일관성이 있어야 한다.
② 민주성의 원리: 학급경영은 민주주의 가치와 절차에 부합해야 한다. 교사와 학생은 권위와 책임을 공유하며, 학급은 학생 및 학부모의 협조와 이해를 바탕으로 운영되어야 한다.
③ 효율성의 원리: 학급경영은 최소의 노력(투입)으로 교육목표 달성(산출)을 극대화할 수 있도록 해야 하며, 지속적인 평가와 개선 노력이 이루어져야 한다.
④ 통합성의 원리: 학급경영의 모든 과업이 교육목적의 달성을 위해 통합적으로 이루어져야 한다. 다양한 요구, 원리, 과업들의 상호 연계가 모순되지 않도록 교과 지도, 생활지도, 특별활동 등이 통합 운영되어야 한다.

3. 학급경영의 영역 및 과업

학급경영의 영역 및 과업은 이를 바라보는 관점에 따라 다양하게 구성되며, 특히 학급전담제를 채택하고 있는 초등학교와 교과전담제를 채택하고 있는 중등학교 간에 뚜렷한 차이가 나타난다. 초등학교에서는 대부분의 교과를 담임교사가 직접 지도하기 때문에 교과 지도가 학급경영에서 차지하는 비중이 큰 반면, 중등학교에서 담임교사는 특정 과목만을 담당하므로 교과 지도는 학급경영에서 상대적으로 적은 비중을 차지한다. 이러한 구조적 차이로 인해 담임교사의 역할과 책임은 초등학교에서 더욱 강조되며, 실제 학급경영에 관한 논의도 초등학교 현장을 중심으로 이루어져 온 경향이 있다. 이에 다수의 문헌에서는 교과 지도와 수업 활동을 학급경영의 주요 영역 중 하나로 다루고 있다(송기창 외, 2021: 295). 여기서는 이러한 차이를 고려하여 초등학교와 중등학교 교사를 모두 포괄하는 관점에서 학급경영의 주요 영역과 과업을 살펴본다.

1) 학급경영계획의 수립

학급경영계획은 학급목표 설정, 운영방침 수립, 학생 특성 파악, 학급조직 구성, 환경 조성 계획 등을 포함한다. 학급경영계획은 단순한 사전 준비를 넘어, 한 해 동안 학급 운영의 지향점과 운영 원칙을 명확히 설정하는 역할을 하며(진동섭 외, 2023: 440), 이러한 과정은 학급 내 질서를 형성하고 학습 및 생활지도를 체계적으로 실행하는 기초가 된다. 학급경영계획 수립의 주요 과정은 다음과 같다.

① 목표 및 방침 설정: 학급경영목표는 학교교육목표 및 학년목표와 일관성을 유지해야 하며 학생의 개인 특성, 가정환경, 지역사회 특성을 고려하여 설정되어야 한다.

② 학생 및 학급 조사: 학생 개별 특성과 집단의 특성을 분석하고, 학급의 전체적인 분위기를 파악하여 이를 반영한 운영 계획을 수립해야 한다.

③ 운영방침 공유: 학급 목표와 방침을 학생 및 학부모와 공유하여 학급 내 모든 구성원이 공동의 방향을 설정하도록 돕는다.

앞선 사례에서 정 교사는 학급경영계획을 충분히 수립하지 못한 탓에, 학급 운영 초기부터 여러 어려움에 직면하였다. 또한 학급 목표 및 방침의 설정 과정에서 학생들의 특성을 사전에 충분히 파악하지 않았으며, 설정한 운영방침을 학생·학부모와 명확히 공유하는 절차를 가지지 않았다. 이로 인해 학급 구성원들은 공동의 규범이나 목표의식을 형성하지 못한 채 출발하였고, 이는 곧 학급 내 질서의 붕괴로 이어졌다. 이 사례는 학급경영계획 단계에서 명확한 지향점 설정과 충분한 소통이 이루어지지 않으면, 학급 전체 운영이 불안정해질 수 있음을 보여 준다. 따라서 정 교사는 늦었지만 지금이라도 학급의 목표와 규칙을 재정비하여 학생들과 공유하고, 학부모에게도 학급 운영 방향을 설명함으로써 운영방침을 새롭게 조율할 필요가 있다.

2) 집단조직

학급은 하나의 작은 사회로, 그 안에서 학생들은 다양한 소집단을 형성하여 학습하고 생활한다. 이러한 집단 경험을 통해 학생들은 사회적 상호작용을 배우고 심리적·정서적으로 성숙해지며, 협력하는 태도를 기르게 된다. 따라서 학생들의 원만한 관계 형성과 학습 환경 조성을 위해서는 적절한 집단의 조직과 배치가 필수적이다. 특히 학급 임원의 선출, 자치회 조직, 학급 부서별 활동 등은 학급 구성원들이 학급 운영에 적극적으로 참여하도록 할 뿐만 아니라, 민주시민으로서 덕목을 함양할 수 있도록 한다는 교육적 의미를 가진다(주삼환 외, 2023: 451). 학급 내 집단조직의 편성·운영 과정에서는 담임교사와 학생들이 모두 참여하는 민주적 절차를 따르는 것이 바람직하다.

① 소집단 조직: 학급 임원을 선출하거나 자치회를 구성하면, 학생들의 자율성과 책임감을 높이는 데 도움이 된다. 또한 학급 내 협력적 학습을 촉진하기 위해 다양한 형태의 소집단 활동을 구성할 필요가 있다.

② 책임 배분: 학급 내 다양한 부서를 조직하고, 부서원들에게 역할을 배정하면 학생들이 학급 운영에 보다 주체적으로 참여할 수 있다. 마찬가지로 학급의 자치활동을 활성화하기 위해서도 학생들에게 역할과 책임을 배분하는 것이 중요하다.

정 교사의 학급에서는 공식적인 집단 조직과 역할 분담이 이루어지지 않아, 문제가 더욱 악화되었다. 정 교사는 학급 초기에 자치회를 조직하지 않았고, 학생들에게도 학급 내에서의 역할을 별도로 부여하지 않았다. 그 결과 일부 학생들이 비공식적인 영향력을 행사하며 학급 분위기를 좌우하게 되었고, 다수의 학생이 학급에 대한 책임감이나 소속감을 느끼지 못했다. 요컨대, 리더십의 부재로 인해 규칙을 무시하는 학생들이 주도권을 장악하고, 이는 교사의 통제력을 더욱 약화시키는 결과로 이어졌다. 이 사례는 학급 운영에 있어 민주적 리더십 구조의 마련과 학생들의 주체적 참여가 얼마나 중요한지를 보여 준다. 만약 정 교사가 자치회를 통해 권한과 책임을 적절히 배분하고 학생들과 함께 학급 규칙을 수립했다면, 문제를 일으키는 학생들도 일정 부분 공식적 규범의 테두리 안에서 행동했을 가능성이 있다.

3) 학생 지도

학생 지도는 학급경영의 핵심 요소로, 학생의 학업성취뿐만 아니라 정서적 · 사회적 성장을 지원하는 데 중점을 둔다. 효과적인 학생 지도는 개별화된 지원, 학생의 자율성 증진, 문제행동에 대한 예방적 접근 등을 포함하여, 이를 통해 학생들이 적극적이고 긍정적인 학급문화를 형성해 갈 수 있도록 유도한다(Jones & Jones, 2016). 학생 지도의 하위 요소 구분은 연구자의 관점에 따라 다양하게 구분될 수 있다. 일반적으로 학생 지도는 교수 · 학습지도, 생활지도, 진로지도, 체험활동 및 특별활동 지도 등을 포함하며, 일부는 생활지도에 진로지도나 인성 지도를 포함하기도 한다. 여기서는 가장 핵심 영역이라 할 수 있는 교수 · 학습지도와 생활지도에 관해 간략하게 소개한다.

① 교수 · 학습지도: 학생들이 학습 목표를 효과적으로 달성할 수 있도록 지원하는 과정이다. 학습 목표를 명확히 설정하고 점진적으로 지원(scaffolding)하며, 개별 학습자의 인지적 · 정서적 · 동기적 요인을 고려한 맞춤형 지도를 제공하는 것이 가장 이상적이다. 필요한 경우 학습 부진 학생을 위한 보충 학습이나 우수한 학생을 위한 심화 학습의 기회를 적절히 제공하여 격차를 줄인다.

② 생활지도: 「초 · 중등교육법 시행령」 제40조의3(학생생활지도)에서는 생활지도의 분야를 "학업 및 진로, 보건 및 안전, 인성 및 대인관계, 그 밖에 학생생활과 관련되는 분야"로 규정하고 있다. 이는 생활지도가 학생들의 학업뿐만 아니라 일상생활과 성장 과정 전반에 걸쳐 이루어지는 폭넓은 지원활동임을 의미한다. 즉, 광의의 정의로서 생활지도는 학교 내 모든 교육활동을 포함한다고 할 수 있다. 반면, 협의의 정의로서 생활지도는 주로 규칙과 규율에 기반하여 학생의 문제행동을 예방하거나 교정하는 활동을 의미한다. 일반적으로 학교 현장에서는 생활지도의 영역으로 인성지도, 학교폭력예방교육, 진로교육의 세 가지가 중점적으로 이루어지고 있다.

정 교사의 사례에서는 학생 생활지도의 어려움이 특히 두드러졌다. 정 교사는 반복적으로 규칙을 위반하는 일부 학생들을 지도하는 과정에서 일관된 태도를 유지하지 못했고, 문제 상황에 대한 초기 대응이 미흡하여 학부모의 거센 항의에 직면하게 되었다. 만약 정 교사가 예방 중심 생활지도의 원리를 적용하여, 학생들과 사전에 행동 규칙을 협의하고 위반 시의 결과를 명확하게 안내했더라면 상황은 보다 긍정적으로 전개되었을 가능성이 크다. 또한 이러한 학급의 혼란은 교수·학습지도의 효과를 저해하고, 학생 간 학습 격차를 심화시켰을 우려도 있다. 따라서 정 교사는 문제행동을 보이는 학생들을 대상으로 학업성취 수준을 점검하고, 방과후 보충지도나 개별 상담 등을 통해 학습지도 차원에서도 보다 적극적으로 개입할 필요가 있다.

4) 학급환경 관리

학급환경 관리는 학생들의 학습 효과 제고와 정서적 안정을 도모하는 활동이다. 학급환경은 물리적 환경과 심리·사회적 환경으로 구분할 수 있다. 물리적 환경에는 학생들이 쾌적한 환경에서 생활할 수 있도록 하는 교실 내 자리 배치, 조명·소음·온도 조절, 학습자료 정리 등을 포함한다. 심리·사회적 환경은 교실 내 상호 존중, 긍정적인 학습 분위기, 협력적 문화 등을 포함한다. 이는 학급경영이 효과적이고 안정적으로 이루어질 수 있도록 하는 가장 기본적인 활동으로, 교사는 이러한 요소들을 종합적으로 고려하여 관리할 필요가 있다.

① 물리적 환경 관리: 개별·조별·토론형 등 자리 배치, 조명 및 소음 관리, 온도 조절 및 환기, 학습자료 및 교구 정리, 게시판 활용 등
② 심리·사회적 환경 관리: 구성원 간 긍정적인 관계 구축, 격려와 피드백을 통한 긍정적인 학습 분위기 조성, 협업과 배려, 관용과 존중의 문화 형성 등

5) 가정 및 지역사회 연계

학급경영에서 가정 및 지역사회와의 연계는 교육 효과를 극대화할 수 있는 중요한 영역이다. 학부모와의 적극적인 소통과 협력을 통해 신뢰와 공동의 목표를 공유할 수 있으며, 이를 토대로 학생의 학습 및 생활지도를 강화할 수 있다. 또한 지역사회와

의 연계는 지역 내 교육자원(도서관, 박물관, 대학 등)을 효과적으로 활용하고 학생들에게 다양한 학습 경험을 제공하는 역할을 한다. 이를 위해 학부모 상담, 학부모 참여수업, 가정통신문, 지역사회 교육 프로그램 운영 등을 활용할 수 있다. 무엇보다 교사가 학급을 둘러싼 다양한 주체와 개방적이고 협력적인 관계를 형성하는 것이 중요하다.

① 학부모 상담 및 협력 강화: 정기적인 상담 및 소통 채널 운영, 학부모 참여 수업 및 자원봉사 운영, 가정통신문 및 온라인 플랫폼 활용 등
② 지역사회 연계 및 교육 자원 활용: 지역 도서관 · 박물관 · 미술관 · 청소년센터 · 대학 방문, 지역사회 멘토링 프로그램 운영, 지역 전문가 초청 등

앞선 사례에서 정 교사가 겪은 어려움은 학급 내부 요인에만 국한되지 않는다. 정 교사는 학부모와의 적극적인 소통을 충분히 고려하지 못하였고, 그 결과 문제 상황 발생 시 학부모로부터 불신과 반발을 초래하였다. 만약 정 교사가 사전에 학급 운영 계획을 학부모에게 설명하고 학생의 생활을 공유하며 지속적으로 의견을 나누는 소통을 실천했다면, 학부모도 문제 상황에서 교사와 함께 해결책을 모색하려는 태도를 보였을 가능성이 크다. 또한 정 교사는 학교 안팎의 자원을 활용하는 데에도 소극적인 모습을 보였다. 예컨대, 교내 전문상담교사와의 협업이나 학교 밖 Wee 프로그램과의 연계를 통해 위기 학생을 지원할 수 있었음에도 이러한 지원체계를 적절히 활용하지 못하였다. 학급경영은 교실을 넘어서 가정 및 지역사회와의 연계와 협력이 병행될 때, 위기 상황에서도 보다 안정적인 지원 체계를 확보할 수 있다.

4. 학급편성의 원리와 쟁점

1) 학급편성 기본 원리

학급은 학습집단이라는 표면적인 기능뿐만 아니라 생활집단이라는 잠재적인 기능을 포함하는 조직이므로(김훈호, 2016), 학급을 편성하는 과정은 단순한 학생의 배치가 아니라 학생의 학업적 발달과 사회적 관계 형성을 촉진할 수 있는 방향으로 이루

어져야 한다. 따라서 학급편성은 학생들의 공통점과 개인차, 교육적 요구, 사회적 관계 등을 종합적으로 고려해야 한다. 학급편성의 원리란 학급을 구성하는 과정에서 추구해야 할 가치와 방향으로, 학자마다 이에 대한 견해가 다양하다. 여기서는 진동섭 등(2023: 441–442)이 제시한 타당성의 원리, 개인차의 원리, 적정화의 원리, 참여의 원리를 중심으로 학급편성의 기본 원리를 살펴보고자 한다.

① 타당성의 원리: 학급편성은 교육목적을 달성하는 데 적합한 방식으로 구성되어야 하며, 전인적 발달의 관점에서 지적 · 정의적 · 신체적 영역이 균형 있게 발달할 수 있도록 구성해야 한다.

② 개인차의 원리: 학생 개개인의 능력과 사회 · 정서적 특성을 존중해야 하며, 서로 다른 학생들이 학급 내에서 협력과 조화를 이루면서도 개별적인 성장 기회를 제공할 수 있도록 구성해야 한다.

③ 적정화의 원리: 학급편성은 학생의 개별성을 존중하면서도 사회적 발달에 필요한 적정한 학급 규모를 유지하는 것이 중요하다. 학급 규모는 교육활동 전반에 영향을 미치며, 특히 교사의 교육활동과 상호작용의 질을 결정하는 핵심 요소 중 하나이다. 예를 들어, 우명숙(2017)은 학생 수가 25명을 초과하는 대규모 학급에서는 생활지도와 관련한 교사효능감이 유의미하게 낮아지며, 이로 인해 교육활동이 상대적으로 어려울 수 있음을 밝혔다.

④ 참여의 원리: 학급편성 과정에 학생들의 의견과 특성을 반영할 필요가 있으며, 학급 내 조직을 편성할 때도 학생들이 스스로 조직을 구성하고 운영할 수 있도록 해야 한다.

2) 학급편성의 근거

우리나라의 학급편성은 관련 법령을 기반으로 이루어지며, 그중 가장 중요한 근거는 「초 · 중등교육법 시행령」이다. 해당 시행령에 따르면, 초 · 중등학교의 학급편성은 원칙적으로 학년과 학과가 같은 학생으로 구성해야 하며, 필요한 경우 복식학급 운영도 가능하다. 또한 학교의 학급 수 및 학급당 학생 수는 교육감이 정하며, 이에 따라 교육감은 학년도별로 학생배치계획을 수립하여 게시하고 있다.

「초·중등교육법 시행령」 내 학급편성 관련 법령

제46조(학급편성) 법 제24조 제3항의 규정에 의한 학교의 학급편성은 같은 학년, 같은 학과로 하여야 한다. 다만, 학교의 장은 교육과정의 운영상 특히 필요한 경우에는 2개 학년 이상의 학생을 1학급으로 편성할 수 있다.

제51조(학급수 · 학생수) 학교의 학급수 및 학급당 학생수는 교육감이 정한다. 이 경우 다음 각호의 1에 해당하는 자는 학생수에 포함하지 아니할 수 있다. 〈개정 2005. 9. 29.〉

1. 유급생
2. 제82조 제3항 제2호 및 제3호에 해당하는 자
3. 재입학 · 전학 또는 편입학하는 자
4. 「국가유공자 등 예우 및 지원에 관한 법률」에 의한 국가유공자의 자녀
5. 기타 지역실정에 따라 교육감이 정하는 자

제52조(학생배치계획) 교육감은 그가 관할하는 학교에 학생을 적절하게 배치할 수 있도록 학년도별로 학생배치계획을 수립하여야 한다.

[전문개정 2013. 10. 30.]

서울특별시교육청(2024)의 중학교 학생배치계획을 살펴보면, 학생배치는 지역별 균형을 고려하여 적정한 학교 및 학급 규모를 결정하고 학년도별 학생 수의 변동요인을 종합적으로 검토하는 과정임을 알 수 있다. 교육감은 이러한 일련의 과정을 통해 학급당 학생 수, 학교 신설 및 학급 증설 · 축소, 학교 통폐합 등의 대책을 수립한다. 특히 최근에는 저출산에 따른 학생 수 감소에 대비하고 주거 개발 및 인구 이동에 따른 학교 배치를 적기에 반영하여, 교육격차를 완화하고자 하는 노력을 강화하고 있다.

서울특별시교육청 2024~2028학년도 중학교 학생배치계획

〈기본개념〉

- 지역별 균형 있게 적정한 학교 및 학급 규모를 정하고, 학년도별 학생 수를 조사 · 추정하여 시설 현황과 주거 개발 등 변동 요인의 종합 검토를 통해,
- 학교 신설 및 학급 증설(축), 학급당 학생 수 및 학구(배정) 조정, 학교 형태(체제) 변경, 통폐합, 이전 등의 학생 배치 대책을 수립하는 과정 또는 결과

〈일반기준〉

- 전반적인 저출산에 따른 학생 수 감소 대비 학생 및 학교(학급) 균형 배치
- 교육지원청의 학생 수 예측도 제고로 학교(학급) 적정 계획
- 주택 개발 및 인구 이동에 따른 학교급별 배치 대책 적기 반영

※ 교육격차 완화, 과밀학급 해소 및 학급당 학생 수 감축 추진

이상의 근거에 따라 각 학교 및 학급에 적정한 학생 수가 결정되면, 이후 학교 내에서 학급별 학생 배치 절차가 진행된다. 대부분의 학교는 학생들을 무작위로 배치하고자 하지만, 원만한 학급 분위기 형성과 학급 간 균형을 위해 학생들의 학업성취 수준, 교우관계, 적응도 등 다양한 요소를 고려한 조정 과정이 이루어진다. 아울러 공정한 학급편성을 위해 교사 · 학생 · 학부모의 다양한 의견을 청취하고, 이를 최대한 반영하고자 노력한다.

워크숍 학급편성의 쟁점

학급편성 방식은 학생들의 학업성취와 사회적 관계 형성에 영향을 미치는 중요한 요소로, 어떤 기준으로 학생들을 배치할 것인가를 둘러싸고 다양한 논의가 이루어지고 있다. 일부에서는 학생들의 능력이나 특성을 고려하여 보다 효율적인 학습 환경을 조성해야 한다고 주장하는 반면, 학급 내 다양한 배경과 역량을 가진 학생들이 어우러질 수 있도록 해야 한다는 입장도 있다. 또한 두 가지 접근을 절충하여 균형을 맞추려는 시도도 존재한다. 이처럼 학급편성은 교육적 효과뿐만 아니라, 학생 간 학습 기회와 상호작용 그리고 공정성과 형평성의 문제까지 포괄하는 중요한 쟁점으로 지속적인 논의가 필요한 부분이다. 여기서는 학급편성과 관련한 쟁점을 살펴보고, 그에 대한 의견을 서로 나누어 보자.

쟁점 1 동질 학급 vs. 이질 학급

학급편성 방식은 학습 효과와 사회적 관계 형성에 중요한 영향을 미치는 요소로, 동질 학급과 이질 학급의 장단점에 대한 논의가 지속되어 왔다. 동질 학급은 유사한 학업성취 수준의 학생들을 한 학급에 배치하여 수업 운영의 효율성을 높이고, 맞춤형 교육을 제공할 수 있다는 점에서 긍정적으로 평가된다. 그러나 학급 간 위계 구조를 형성하여 경쟁을 심화시키고, 하위 그룹 학생들의 학습 동기를 저하시킬 위험이 있다. 또한 다양한 학습자 간 협력학습 기회를 제한하여 사회적 상호작용을 통한 긍정적 외부 효과(spillover effect)를 저해할 수 있다는 지적도 있다(김달효, 2011). 반면, 이질 학급은 다양한 수준의 학생들을 함께 배치하여 협력학습과 사회적 기술 함양을 촉진할 수 있다는 장점이 있다. 하지만 학생 간 학습 수준의 차이가 클 경우, 교사의 수업 운영이 어려워지고 상위 학습자가 학습이 느린 학생을 도와야 하는 부담을 느낄 가능성도 존재한다.

이러한 논쟁은 한국에서도 주요한 교육 이슈로 떠올랐는데, 2000년대 초반 도입된 수준별 이동수업이 대표적인 사례이다. 특히 수학과 영어 과목에서 학업성취도를 높이기 위한 방안으로 시행되었으나, 그 효과에 대한 연구결과는 엇갈린다. 일부 연구에서는 수준별 이동수업이 학습성취와 자기조절학습력을 높이는 효과가 있다고 보고하였지만(김은영, 김주후, 2009), 다른 연구에서는 수준별 수업이 하위 그룹 학생들의 학습 동기를 저하시킬 수 있으며, 학업성취도에 미치는 효과가 미미하다고 분석했다(김소영, 2011; 성열관, 2008; 황여정, 2008). 이처럼 학급편성 방식은 단순한 학업성취 향상뿐만 아니라, 학생들의 정서적 안정과 사회적 통합까지 고려해야 하는 복합적인 문제이다. 학급편성

목적과 원리를 고려했을 때, 동질 학급과 이질 학급 중 어느 방식이 더욱 적절한가?

쟁점 2 단식 학급 vs. 복식 학급

학령인구 감소와 지역 간 교육 불균형이 심화됨에 따라, 농어촌 및 벽지에 위치한 학교들은 기존 학급 운영 체제를 유지하기 어려운 현실에 놓이고 있다. 이에 따라 효율적인 학급편성과 교육의 질을 유지하기 위한 대안으로 복식 학급 운영에 대한 논의가 확대되고 있다. 기존 단식 학급은 동일 학년의 학생들로 구성되어, 교사가 특정 학년의 교육과정에 집중할 수 있고, 학생들이 자신의 발달 단계에 맞는 교육을 받을 수 있다는 장점이 있다. 그러나 학생 수가 적은 학교에서는 운영 측면에서 인적 · 물적 자원의 활용이 비효율적일 수 있다.

반면, 복식 학급은 인접 학년의 학생들을 한 학급으로 편성하여 운영하는 방식으로, 운영 측면에서 인적 · 물적 자원의 효율성을 높일 수 있다. 또한 다양한 연령의 학생들이 함께 학습함으로써 상호 학습과 협력이 촉진될 수 있다는 장점이 있다. 그러나 교사는 동시에 여러 학년의 교육과정을 지도해야 하므로 수업 준비와 진행에 어려움을 겪을 수 있으며, 학생들의 발달 단계에 적합한 교육 및 돌봄 제공이 상대적으로 부족할 수 있다. 이에 따라 복식 학급 운영만이 최선의 대안이 아니라는 인식이 확산되면서, 일부 교육청은 복식 학급 편성 기준을 지속적으로 완화해 오고 있다. 예컨대, 경상북도교육청은 2018년까지 두 개 학년의 학생 수가 10명 이하일 경우 복식 학급을 운영하도록 했으나, 2022년에는 이 기준을 6명 이하로 조정하였다. 그 결과, 2018년 278개였던 복식 학급 수는 2022년 157개로 약 44% 감소하였다(경상북도의회, 2022. 11. 22.). 이처럼 단식 학급과 복식 학급의 편성은 각각 장단점이 있는바, 어느 방식이 더욱 적절한가?

정리하기

1 학급경영이란 무엇인지 한 문장으로 정의해 보세요. 그리고 그 이유를 설명해 보세요.

'학급경영은 [ ] 이다.'

2 자기 성찰 활동: 다음의 질문에 대해 스스로 생각을 정리해 보세요.

미래 학급담임으로서 학급경영의 여러 영역 가운데 자신이 강점을 가진 영역과 보완이 필요한 영역은 무엇이라고 생각합니까? 또한 약점으로 인식되는 영역을 극복하기 위해 어떤 노력을 기울일 수 있습니까?

제13장

학급경영의 실제

제13장 학급경영의 실제

교사의 역할과 영향력을 가볍게 여기는 사회적 풍조가 확산되고 있지만, 유능한 교사(effective teacher)는 분명 학생들에게 어떤 변화를 불러일으킨다. 학급은 교사의 교육적 역량과 실천이 가장 밀도 있게 구현되는 현장이다. 유능한 교사는 첫 만남에서부터 학생 개개인에 대한 중요한 정보를 빠르게 파악하며, 학급 운영을 위한 규칙과 절차를 명확하게 전달한다. 또한 수업 시간에 학생들이 무엇을 배우고 어느 목표에 도달해야 하는지 체계적으로 안내한다. 치밀한 연구와 철저한 계획을 바탕으로, 이처럼 매일매일 준비된 자세로 여유롭게 학생들을 대하는 교사는 그 존재 자체로 학생들에게 모범이 되고 내면의 변화를 이끈다.

아울러 성공적인 학급경영은 교사 자신의 교육적 신념과 방법에 대한 확신을 부여하며, 이는 곧 교직에 대한 지속 가능한 헌신과 성장을 촉진하는 계기가 된다. 학급경영 과정에서 마주하게 되는 학생의 다양한 특성과 교육적 상황은 교사로 하여금 끊임없는 자기 성찰과 전문성 향상을 요구하며, 이는 개인적 · 직업적 성장으로 이어질 수 있다. Schön(1983)이 제시한 성찰적 실천(reflective practice) 개념을 적용해 보면, 교사는 현장에서 직면한 문제를 지속적으로 되돌아보고 반성함으로써 자신의 교수법과 접근 방식을 개선해 나갈 수 있다. 이러한 과정은 교사를 점차 교육 전문가로 변화시키는 기반이 된다. 결국 교실 안에서는 모두가 교사이자 학생이며, 교사의 이러한 성장은 학생의 변화와도 긴밀하게 연결되어 있다(Fullan, 2007).

앞서 제12장에서는 학급경영의 기본 개념과 과정 및 원리 등을 폭넓게 이해하였다. 이러한 기초를 바탕으로 이 장에서는 유능한 교사가 되기 위한 실천적 과정에 초점을 두고 더욱 구체적으로 학급경영을 살펴보고자 한다. 학기 초 교사는 무엇을 계획하고, 어떤 원칙을 세우며, 어떤 전략을 실행해야 하는가? 교수 · 학습지도와 생활지도라는 핵심 영역에서는 구체적으로 무엇을 어떻게 실천해야 하는가? 학생과 학부모와는 어떤 방식으로 관계를 형성하는 것이 가장 효과적일까? 이 장에서 이러한 질문에 대한 답을 탐색하고, 주요 쟁점에 대해 논의하고자 한다.

사례 기쁨중학교 임 교사의 민주적 학급경영: 이상과 현실 사이에서

기쁨중학교의 임 교사는 올해 중학교 2학년의 담임을 맡았다. 아직 경험은 부족하지만, '학생들과 눈높이를 맞추는 따뜻한 교사' '명령보다 질문을 던지는 교사' '학생들이 스스로 주인이 되는 학급을 만드는 교사'가 되는 것이 목표이다. 이를 위해 임 교사는 민주적 학급경영의 철학과 이론서를 꾸준히 읽었고, 여러 선배 교사들의 사례도 참고하여 학급 운영방침을 수립했다. 학기 초 임 교사가 일단 실행하고자 한 대표적 실천 내용은 다음과 같다.

- 월요일 서클(circle) 활동: 매주 월요일, 학생들이 원형으로 둘러앉아 대화하는 시간을 가진다. 학생들은 주말 동안의 경험을 공유하거나 서로의 안부를 묻기도 하며, 학급 행사 및 공통의 주제에 관해 이야기를 나눈다. 이때 모든 학생이 자유롭게 의견을 개진하며, 평등한 발언 기회를 가질 수 있도록 한다.
- 학생 자치회의 운영: 학생들이 학급의 운영에 주체적으로 참여할 수 있도록 학생 자치회의를 활성화한다. 학생들은 학급 규칙을 직접 정하고, 필요할 경우 개정을 논의할 수 있다. 또한 학생들이 학급 행사 기획에 적극적으로 참여하며, 학급 역할 분담제를 도입하여 학급 운영의 일부를 책임진다. 교사가 모든 것을 주도하기보다는 학생들이 자율적으로 문제를 해결하고 의사결정을 내릴 수 있도록 조력자의 역할을 수행한다.
- 열린 온라인 게시판 운영: 오프라인뿐만 아니라 온라인에서도 학생들이 자유롭게 의견을 나눌 수 있도록 학급 온라인 게시판을 운영한다. 이 게시판은 교사와 학생 간 그리고 학생들 간의 소통을 활성화하는 창구 역할을 하며, 오프라인에서 다소 소극적인 학생들도 자신의 의견을 편안하게 표현할 수 있도록 한다. 또한 진로나 교우관계 등에 고민이 있는 학생이 편안하게 상담을 요청할 수 있도록 교사만 확인할 수 있는 비공개 게시판을 운영한다.
- 협력 학습 프로젝트 활동: 학생들이 서로 협력하고 주도적으로 학습할 수 있는 환경을 조성하기 위해 협력 학습 프로젝트를 도입한다. 이를 위해 임 교사의 담당 교과목인 과학 과목에서 '실생활 문제를 함께 탐구하고 해결하는 과학 수업'이라는 큰 목표를 제시하였다. 학생들이 그룹을 구성하여 특정 주제에 대해 함께 연구하고 해결책을 모색하며, 결과물을 제작하여 발표하는 방식으로 진행된다.

초기에는 반응이 나쁘지 않았다. 학생들은 임 교사가 기존 교사들과 다르다는 점에 신선함을 느꼈고, 적극적으로 참여하는 학생도 생겨났다. 그러나 시간이 지날수록 임 교사는 고민이 깊어졌다. 학급 자치와 서클 활동은 점차 일부 학생들만의 참여 공간이 되었고, 학습 시간을 침해한다는 불만도 나왔다. 자치회의 결정이 특정 학생들의 이익을 편들고 있다는 지적도 있었고, 온라인 게시판은 일부 학생들의 익명성을 이용한 감정 표출로 갈등을 유발하기도 했다. 기대했던 협력 학습 프로젝트 활동도 실행 과정에서 몇 가지 어려움에 직면했다. 일부 모둠에서 주제 선정과 역할 분담을 두고 의견 충돌이 발생하여 교사가 중재에 나서야 했으며, 처음 해 보는 프로젝트라 예정보다 시간이 초과되어 진도를 조절해야 하기도 했다. 무엇보다 "학생들의 자율을 존중하되, 어떻게 질서를 세우고 기준을 마련해야 하는가?"라는 근본적인 질문 앞에서 임 교사는 혼란을 느꼈다. 규칙을 지키지 않는 학생에게 엄격하게 대응하자니 민주적 원칙과 충돌하는 것 같았고, 관대하게 넘기자니 전체 질서가 무너지는 기로에 서게 된 것이다.

토론 질문

이 사례를 읽고 다음의 질문에 대한 자신의 생각을 정리해 보고 토의해 보세요.

1. 임 교사가 간과했거나 준비가 부족했던 요소는 무엇이었을까? 여러분이 임 교사라면 지금 시점에서 학급을 안정시키기 위해 어떤 실천을 가장 먼저 시작할 것인가?
2. 학생의 자율성과 책임을 강조하면서도 교사로서 학급 내 질서와 기준을 세우는 역할은 어떻게 조화롭게 수행될 수 있을까?

1. 학급경영의 첫걸음

학급경영은 교사의 교육철학과 전문성이 구체적인 구조와 관계 속에 구현되는 복잡한 실천의 과정이다. 그 출발점에서 가장 중요한 것은 계획 수립과 첫 관계 형성 그리고 학급조직의 구조화라는 세 가지 기초 작업이다. 여기서는 이를 학급경영의 첫걸음이라 명명하며, 각 요소를 이론적 · 실천적으로 살펴보고자 한다.

1) 학급경영계획의 수립: 구조적 설계와 맥락 반영

학급경영계획은 교사의 개인적인 교육철학과 학교의 비전 및 교육목표를 연결하고, 학생들의 고유한 특성을 반영하여 연간 운영방침을 설정하는 일련의 계획 수립 과정이다. 학급경영계획은 일반적으로 다음과 같은 절차를 따른다(신현석 외, 2023; 진동섭 외, 2023).

(1) 학생 및 환경 진단

학기 초 학생의 기초학력, 정서 및 행동 특성, 가족 배경 등 학생 개별 자료를 수집·분석하고, 교실 환경과 자원 등의 조건을 점검한다. 이때 교사는 NEIS(교육행정정보시스템)를 활용하여 학생 관련 데이터를 종합적으로 검토하고, 이를 토대로 기초학력 지원이 필요한 학생이나 생활지도가 필요한 사례를 선별할 수 있다. 이는 이후의 수업 설계, 소집단 구성, 상담 계획에 반영되며 학급 운영의 현실적 토대를 마련하는 데 필수적이다. 임 교사의 사례에서 협력학습 프로젝트 활동을 도입하기 전에 미리 학생들의 학업성취도와 교내외 프로젝트 활동 경험 등을 파악한다면, 적절한 학생 그룹 조직과 과제 수준 설정 등에 도움이 될 수 있다.

NEIS(교육행정정보시스템)를 활용한 학급실태 초기 진단

NEIS를 활용한 학급실태 초기 진단은 학급경영계획 수립의 객관적 근거가 되며, 학생 개별 맞춤형 지도 및 학부모 소통의 기초 자료가 된다. 이를 효율적으로 활용할 수 있도록 각 시도교육청은 NEIS 업무 매뉴얼과 NEIS 권한 관리 지침 등을 배포하고 있다. 담임교사가 NEIS에서 확인·활용할 수 있는 정보는 다음과 같다.

- 학생 인적 정보: 성명, 생년월일, 주소, 보호자 연락처, 기초적인 가정환경 정보
- 출결 및 건강 정보: 최근 1~2년간의 출결 상태, 학생건강기록부
- 학업성적 및 기초학력 정보: 전년도 성적 요약, 교과별 평가 결과, 필요시 기초학력 향상 대상자 선정 이력 확인 가능
- 생활기록부 정보: 교과학습 발달 사항, 행동특성 및 종합의견, 담임교사 및 교과교사 의견, 상담기록, 상벌 기록 및 기타 특이사항

(2) 학급경영의 목표 설정

학급경영의 목표는 학교 및 학년 교육목표와 일관성을 유지하되, 학생의 발달 단계, 지역적 특성, 교사의 교육관을 반영해야 한다. 이를 위해 앞선 단계에서 실시한 학생 및 환경 진단 결과를 목표 수립의 근거 자료로 활용할 수 있다. 또한 학급경영의 목표는 단순히 이상적인 방향을 제시하는 데 그치지 않고, 실제 실행과 점검이 가능한 수준에서 구체화해야 한다. 예를 들어, 임 교사의 사례에서도 목표를 월별, 학기별, 학년별로 세분화할 필요가 있으며, "학생들의 자율성을 높인다."라는 모호한 표현보다는 "모든 학생이 학급회의에서 월 1회 이상 발언하도록 한다."와 같이 구체적인

행동 수준으로 설정하는 것이 바람직하다. 이는 의사결정이 특정 학생들에게 집중되는 것을 예방하는 데에도 도움이 된다.

(3) 운영방침 및 실행계획 수립

학급경영의 목표를 달성할 수 있도록 수업, 생활지도, 특별활동 등 영역별 운영방침과 세부 실행계획을 구성한다. 그리고 학급의 운영방침은 학생과 학부모가 공통의 이해를 가질 수 있도록 다양한 방식으로 공유되어야 한다. 학생들과는 입학 첫 주 오리엔테이션 활동, 학급 운영 안내지 제작, 규칙 만들기 워크숍 등을 통해 방침을 함께 점검하고 약속하는 과정을 가진다. 학부모에게는 학기 초 가정통신문, 오리엔테이션, 온라인 커뮤니케이션 플랫폼 등을 통해 운영방침을 안내하고, 정기적 상담이나 학부모 설명회를 통해 학교-가정 간 협력을 유도한다. 이는 학급경영의 일관성과 구성원 간 신뢰 형성의 기초가 된다.

(4) 평가 및 환류 계획 마련

학급 운영의 평가 기준과 방법, 피드백 및 조정 절차를 사전 구상한다. 이때 평가 및 환류 계획은 단발적인 연말 평가에 그치지 않고, 학기 전반에 걸쳐 지속적이고 순환적으로 운영되어야 한다. 학급의 분위기, 규칙 실행 여부, 수업과 생활지도의 효과성 등을 점검하고 학생의 의견, 동료의 조언, 교사의 자기 성찰 등을 종합적으로 검토하는 다중 피드백 구조가 마련되어야 한다. 이러한 상시적 환류 체계는 학급을 살아 있는 공동체로 유지하는 데 핵심적인 기제로 기능하며, 학급 운영이 일방적인 계획 이행이 아닌 유연하고 반응적인 조정 과정이 될 수 있도록 한다.

이러한 절차에 근거해 보았을 때, 사례 속 임 교사는 전반적으로 1단계인 '학생 및 환경 진단'과 4단계인 '평가 및 환류 계획 마련'을 소홀히 하고 바로 실행단계에 진입하였다. 특히 학생들의 성향이나 갈등 가능성, 집단 역학에 대한 충분한 분석 없이 자율 활동을 설계한 결과, 학급 자치와 협력 구조가 소수의 학생에게 집중되고 다수의 학생은 소외감을 경험하게 되었다. 또한 활동의 효과나 문제점을 평가하고 조정할 수 있는 체계가 미리 설계되어 있지 않았기 때문에, 실행 이후 문제 상황에 유연하게 대응하지 못했다. 이는 학급경영계획이 단순한 문서 작성이 아니라 학생 집단의 맥락을 파악하고, 구체적인 전략을 구상하는 교육적 설계 과정임을 잘 보여 준다.

2) 학생과의 첫 만남: 기대, 관계, 공동체의 형성

새 학년 첫날, 교사가 무엇을 준비하고 실행하는지가 이후 1년 동안 학급경영의 성패를 좌우한다고 해도 과언이 아니다. 즉, 첫 만남은 교사와 학생의 관계 형성에 결정적인 시기로, 이때 형성된 교사에 대한 첫인상은 이후 교사-학생 상호작용과 수업 참여도, 생활지도 수용성 등에 지속적인 영향을 미칠 수 있다(중앙대학교 한국교육연구소, 2019). 따라서 학생들과의 첫 만남을 앞두고 다음의 세 가지 요소를 철저히 준비한다면, 한 해 동안 효과적인 교육활동과 원만한 관계 형성을 위한 든든한 밑거름이 될 것이다.

① 긍정적인 기대 제시: 학급의 규범과 문화에 대한 교사의 철학을 구체적으로 표현함으로써 학생들이 학교생활을 예측할 수 있도록 하고 안정감을 준다. 또한 학생 개개인과 학급에 대한 긍정적이고 높은 기대를 표현함으로써 학생들의 동기를 제고한다. 이때 기대는 학생들의 학업성취도와 같은 교육표준(standard)에 대한 기대뿐만 아니라 앞으로 학급에서의 생활과 경험 전반에 대한 기대를 포함한다. 학생들은 교사가 기대하는 만큼 성장하고 배운다.

② 상호 존중 기반의 관계 설정: 교사의 이름, 성격, 교육관, 특성 등을 학생들에게 공식적으로 소개할 수 있도록 준비한다. 또한 학생 개개인의 이름을 빠르게 기억하고, 첫 대화에서 존중의 태도를 보여 주는 것이 이후 신뢰 형성에 결정적이다. 일반적으로 첫 만남에서는 학생들의 관심이 담임교사에게 집중되는데, 함께 생활하는 친구들에게도 관심을 가지고 친숙해질 수 있도록 서로 소개하는 시간을 마련하는 것이 좋다.

③ 공동체 신호 주기: 학급이라는 공간이 '함께 살아갈 곳'이라는 의미를 전달할 수 있는 의례(예: 공동 학급목표 만들기, 명패 만들기, 서클 활동 등)를 마련한다.

3) 학급조직의 구성: 민주적 구조 설계와 책임의 분산

학급조직은 교사의 업무 분담을 위한 것이 아니라, 학생들이 학급 공동체의 일원으로 성장하고 소속감을 형성할 수 있는 사회적 참여의 장치이다. 최근 교육사회학 연구에서는 학생이 학급 내 의사결정 과정에 참여할수록 학교 만족도, 책임감, 사회적 기술이 향상된다고 보고하였다(김성준, 2021). 따라서 민주적 학급조직은 단순히 임원을 선출하는 것을 넘어 다음의 절차에 따라 운영되어야 한다.

① 역할의 다양화와 의미 부여: 학급 임원뿐만 아니라 환경부, 봉사부, 체육부 등 실질적 활동이 가능한 자치부서를 구성하고, 역할마다 고유의 책임과 권한을 명시한다.
② 선출 및 배정의 공정성: 공개 지원, 투표, 순환 담당 등 다양한 방식으로 임무를 배정해 구성원 전체가 납득할 수 있게 한다.
③ 정기 운영 및 피드백 구조 마련: 학급회의, 운영일지, 활동 발표 시간 등을 통해 활동이 형식에 그치지 않고 학습 기회로 이어지도록 한다.

사례 속 임 교사는 자치회의 운영을 강조했지만, 그 구성이 불균형하고 갈등 시 중재 구조가 부족했기 때문에 일부 학생이 의견을 독점하고 다수 학생이 소외되는 현상이 나타났다. 이는 학급조직이 충분한 준비 없이 형식적으로 도입되는 경우, 오히려 관계의 위계를 강화하고 학생의 자율성과 책임성을 저해할 수 있음을 보여 준다.

2. 학급경영의 중심 잡기

학급경영은 학급 단위에서 이루어지는 교육활동 전반의 계획과 운영을 의미하며, 주로 교수 · 학습지도(수업경영)와 생활지도(행동경영)의 두 축으로 이루어진다. 교수 · 학습지도는 효과적인 수업 운영과 학습 환경 조성을 통해 학생들의 학업 목표 달성을 지원하는 활동을 말하고, 생활지도는 학생들의 바람직한 행동 형성과 학교생활 적응을 도와주는 생활지도 활동을 가리킨다. 이 둘은 학급경영의 핵심 영역으로서 상호 보완적이며 통합적으로 이루어져야 한다. 여기서는 교수 · 학습지도와 생활지도의 이론적 기반과 주요 실천 방법을 알아본다.

1) 교수 · 학습지도

교수 · 학습지도는 학급경영에서 교사가 수업을 설계 · 실행하고 지속적으로 개선하는 영역을 말한다. 이는 효과적인 학습을 위해 환경을 조성하고, 다양한 교수방법을 적용하며, 수업을 성찰하고 환류하는 일련의 과정을 포함한다. 효과적인 수업을 위해서는 먼저 교수 · 학습 환경의 체계적인 조성이 선행되어야 하며, 이는 물리적 공간부터 심리적 분위기까지 학습에 영향을 미치는 다양한 요소를 포함한다. 학습 환경이 뒷받침되었다면, 구체적으로 교수 · 학습 방법을 설계하고 실행하는 것이 중요하다. 예컨대, 수업의 성공은 무엇을 가르칠지(교육과정과 학습목표)와 어떻게 가르칠지(교수방법)에 달려 있다. 여기서는 이러한 교수 · 학습지도의 세부적인 전략과 방법을 살펴본다.

(1) 교수 · 학습지도를 위한 환경 조성

효과적인 수업을 위해서는 먼저 학급 환경의 체계적 조성이 필요하다. 학급 환경은 물리적 공간부터 심리적 분위기까지 학습에 영향을 미치는 다양한 요소를 포함한다. 특히 모둠 구성과 교실 공간 배치, ICT 기기 활용과 같은 요소들은 학생들의 상호작용과 몰입도를 결정짓는 중요한 조건이다.

① 모둠 구성 및 집단 편성: 학습 목표에 따라 이질적 모둠(학업능력, 성향 등이 다양한 학생들로 구성)이나 동질적 모둠을 전략적으로 조직할 수 있다. 연구에 따르면 적절히 구성된 협동학습 모둠은 학생들의 사회적 상호작용을 촉진하고 학습 효과를 높일 수 있다. 예를 들어, Johnson(1981)의 고전적 연구는 협동적인 목표 구조와 학생 간 상호작용이 경쟁이나 개별 학습보다 다양한 과목에서 학업성취를 높인다고 보고하였다. 다만, 모둠 내 역할 분담과 개별 책무성을 확보해야 모든 학생이 적극적으로 참여한다. 교사는 활동 전에 모둠 구성원들이 역할(예: 조장, 기록자, 발표자 등)을 정하도록 안내하고, 각자의 기여도가 평가에 반영되도록 설계해야 한다. 이러한 구조는 협동학습에서 흔히 제기되는 무임승차 문제를 예방하고 참여도를 높여 준다.

② 수업 공간 정비: 교실의 물리적 배치는 수업의 상호작용 방식을 좌우한다. 좌석을 전통적으로 강의자 쪽을 향해 일렬 배치하면 교사는 강의에 치중하기 쉽고 학생들의 참여 활동은 줄어든다는 단점이 있지만 그만큼 정보를 전달하는 데 효율적일 수 있다. 반면, 원형이나 U자형 배치처럼 학생들이 서로 마주 보는 구조는 토론과 협력학습을 활성화할 수 있다. 현실적으로는 임 교사처럼 주기적으로 원

형으로 둘러앉는 시간(예: 월요일 서클 활동)을 가지거나, 필요에 따라 책상 배치를 조정함으로써 학생 중심의 공간을 마련할 수 있다.

③ ICT 기기 구비 및 디지털 환경 조성: 최근 컴퓨터, 태블릿, 스마트보드와 같은 ICT 기기가 학습 환경의 일부가 되고 있다. 프로젝터나 스마트보드를 활용한 시각자료를 활용하여 학생의 이해를 도울 수 있고, 실시간 투표 앱이나 학습용 SNS를 통해 쌍방향 수업을 구현할 수 있다. 특히 온라인 학급 커뮤니티나 토론 게시판을 운영하면, 면대면 수업에서 적극적으로 목소리를 내기 어려워하던 내성적인 학생들의 수업 참여를 촉진하고 다양한 의견 교류를 활성화할 수 있다. 임 교사는 온라인 게시판을 활용해 학생들이 자유롭게 의견을 나누도록 하고, 개인적인 고민은 비공개 상담이 가능하도록 함으로써 학생들의 심리적 안전감과 소통을 증진하고자 하였다. 다만, 온라인 소통 과정에서 학생 간의 갈등이나 무분별한 표현 등 부정적인 상황이 발생하지 않도록 주기적인 디지털 윤리 교육을 실시할 필요가 있다. 이와 관련하여 방송통신위원회에서 운영하는 디지털 윤리 사이트(https://디지털윤리.kr)의 교육자료를 활용할 수 있다.

이와 같이 교수 · 학습지도를 위한 환경을 체계적으로 구축하면, 수업의 목표에 따라 학생들이 자연스럽게 상호작용하고 몰입할 수 있는 토대가 마련된다. 따라서 교사는 수업의 목적과 활동의 성격을 고려하여 물리적, 사회적, 기술적 환경을 전략적으로 설계하고 준비하는 노력이 필요하다.

(2) 교수 · 학습지도의 실제적 방법

학습 환경이 뒷받침되었다면, 이제 구체적인 교수 · 학습 방법을 효과적으로 설계하고 실행하는 일이 중요하다. 수업의 성패는 '무엇을' 그리고 '어떻게' 가르칠 것인가에 달려 있으므로, 학생 특성과 교육과정을 고려하여 수업 목표를 명확하게 설정하고 이에 적합한 수업 방식과 전략을 설정하여 체계적으로 적용하는 노력이 필요하다.

① 수업 목표의 명료화: 명확한 수업 목표의 설정은 효과적인 교수 · 학습지도의 출발점이다. 무엇을 배우고자 하는지가 분명하게 제시될 때, 교사와 학생 모두 수업의 방향성을 공유하고 나아갈 수 있다. 학습목표는 단순한 활동 목록이 아닌 학생들의 수업 후 획득할 지식과 기능, 태도를 구체적으로 서술해야 한다. 앞서 사

례에서 임 교사는 학년 초 과학 수업의 큰 목표로 '실생활 문제를 함께 탐구하고 해결하는 과학 수업'을 제시하였다. 이후에도 해당 목표와 매 프로젝트 수업 시간의 작은 목표를 명확하게 알려 주어, 학생들이 무엇을 배우고 어떤 결과물을 만들어야 하는지 일관되게 인지할 수 있도록 할 필요가 있다.

② 국가 및 학교교육과정의 반영: 교사가 교수 · 학습지도를 설계할 때 국가 및 학교교육과정의 방향 및 비전과 정합성을 유지할 필요가 있다. 이는 앞서 제12장에서 제시한 바와 같이 체제적 관점에서 학급경영이 상위 조직과 일관성을 지녀야 함을 의미한다. 예를 들어, 2022 개정 교육과정은 디지털 전환, 기후변화, 인구구조 변화 등 미래 사회변화에 필요한 기초소양과 핵심 역량을 강조하며, 학생들이 포용성과 창의성을 갖춘 주도적인 사람으로 성장하도록 하는 비전을 제시하고 있다(교육부, 2021. 11. 24.). 따라서 교사는 수업 목표와 설계 단계에서 이러한 핵심 역량을 명확히 설정하고, 교과 간 융합, 실생활과의 연계, 학생 선택권 확대, 디지털 리터러시 강화 등을 적극 반영하여 교수 · 학습 활동을 구성해야 한다. 또한 이 과정에서 올해 학교교육과정의 중점 추진 방향과 특성, 지역사회 환경 등을 함께 고려함으로써 보다 체계적이고 통합적인 교육 경험을 학생들에게 제공하는 것이 필요하다.

③ 다양한 수업 방식의 적용 및 교수전략 활용: 학생의 특성과 학습 내용의 성격에 적합한 수업 방식을 적절히 활용하는 것은 교수 · 학습지도의 핵심적인 부분이다. 특정 교수법을 일관되게 고수하기보다는 학습 목표와 상황에 따라 직접교수법, 협동학습, 프로젝트 학습, 토의 · 토론학습, 탐구학습, 디지털 기반 수업 등 다양한 방법을 혼합하여 활용할 때 학습효과를 극대화할 수 있다. 예를 들어, 기본 지식이나 기술 습득이 우선인 경우 직접교수법을 활용하여 명확하고 구조화된 설명을 하는 것이 학생들이 개념을 빠르고 정확하게 습득하도록 할 수 있다. 반면, 문제 해결 능력이나 고차원적 사고력이 필요한 주제에 대해서는 학생들이 직접 가설을 세우고 탐구하며, 자료 분석과 토론을 수행하는 안내된 탐구학습(guided discovery learning)이 효과적이다(Simamora & Saragih, 2019). 즉, 교사는 직접교수와 탐구학습 간 균형을 유지하며 상호보완적으로 운영할 수 있어야 한다.

④ 수업결과의 평가와 환류: 효과적인 교수 · 학습 활동은 반드시 명확한 평가 과정과 밀접하게 연계되어야 한다. 교사는 학생의 학습 이해도와 성취 수준을 확인하

기 위해 형성평가와 총괄평가를 적절하게 활용할 필요가 있다. 형성평가는 한 차시의 수업과 관련하여 학생들의 이해 수준을 즉시 점검하고 즉각적인 피드백을 제공하여 학습 결손을 신속하게 보완하는 데 활용된다. 반면, 총괄평가는 학습 단원이 마무리된 후 학생들의 전반적인 성취도를 평가하여 교육과정의 목표 달성 정도를 점검하기 위해 활용된다. 한편, 평가 결과를 바탕으로 보다 적합한 수업 내용과 방법을 분석하고, 이를 다음 수업의 설계에 반영하는 환류의 과정이 필수적이다. 평가 결과의 체계적인 분석과 환류는 교수·학습지도의 지속적인 질적 향상을 이루는 핵심 전략이다.

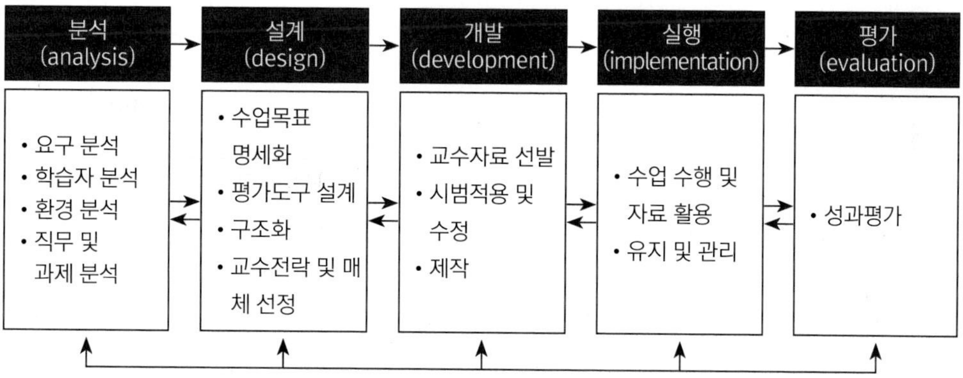

[그림 13-1] ADDIE 교수설계 모델

출처: Dick et al. (2008), p. 285.

이와 같이 수업을 체계적으로 설계하고 개발하는 일련의 과정을 단계별로 제시한 교수설계 모형은 학자에 따라 다양하게 제안되어 왔으며, 그중 가장 대표적인 예로 [그림 13-1]의 ADDIE 모형이 있다. 앞서 소개한 임 교사는 과학 교과에서 모둠을 구성하여 협력 학습 프로젝트 활동을 진행하였다. 이러한 교수·학습 방식은 학생들이 지식을 깊이 있게 이해하고, 비판적 사고력과 의사소통 능력을 신장하는 데 도움이 된다. 그러나 일부 모둠에서는 역할 분담의 불균형, 의견 충돌, 시간 관리의 어려움 등 협력 학습 프로젝트 특유의 문제가 나타났다. 이 교수설계의 절차와 전략에 비추어 볼 때, 임 교사는 먼저 학생들의 학업성취 수준과 프로젝트 활동 경험을 분석하고, 프로젝트 활동에 익숙하지 않은 학생들을 고려하여 수업 목표의 수준을 조정하며 탐구 주제와 활동을 구체화할 필요가 있다. 또한 교사는 초기에 팀 구성과 역할 분담을 명확히 하고 중간 점검을 통해 진행 상황을 관리하며, 개인별 기여도를 반영한 평가 방식을 적용함으로써 학생들의 참여도를 높일 수 있다. 다음 〈표 13-1〉은 교수·학습지도가 잘 이루어지는 교실의 주요 특징을 정리한 것으로, 체계적이고 질 높은 수업을 설계하는 데 유용한 참고 자료가 될 수 있다.

<표 13-1> 교수·학습지도가 잘 이루어지는 교실의 네 가지 특징

특징	유능한 교사	유능하지 못한 교사
1. 학생의 많은 학습활동 참여	• 학생들이 학습활동을 한다.	• 교사가 가르친다.
2. 학생들의 뚜렷한 학습 활동 기대	• 학생들은 모든 과제가 수업의 목적에 적합한 것이라는 것을 알고 있다. • 학생들은 모든 시험이 수업의 목적에 적합하다는 것을 알고 있다.	• 교사는 이렇게 말한다. "3장을 읽고 내용에 대해서 이해하도록 하세요. 3장에 언급한 모든 내용에 대해서 시험을 치를 것입니다."
3. 시간 허비가 거의 없고, 소란이나 혼동이 없음	• 교사는 자신이 계획한 일정과 절차에 맞춰 수업을 진행한다. • 교사는 수업을 곧바로 시작한다. • 교사는 과제를 게시판에 올린다.	• 교사는 규칙을 만들고, 교사의 기분에 따라 벌을 준다. • 교사는 출석을 부르며 시간을 헛되이 보낸다. • 학생들은 과제에 대해서 반복해서 질문한다.
4. 학습활동에 집중이 가능한 편안하고 즐거운 교실 분위기	• 교사는 수업 진행이 익숙해질 때까지 모든 수업절차를 연습하는 데 시간을 투자한다. • 교사는 학생들을 어떻게 집중시키는지 알고 있다. • 교사는 학생들의 실적을 어떻게 칭찬하고 용기를 주는지 알고 있다.	• 교사는 미리 수업을 연습하지 않는다. • 교사는 고함을 지르고 교실 전등을 껐다 켜기를 반복한다. • 교사는 일반적인 칭찬 용어를 사용하거나 칭찬을 전혀 하지 않는다.

출처: Wong & Wong (1991), p. 113.

기초학력 지원 정책 사업

기초학력 지원은 모든 학생이 최소한의 학업성취 수준을 달성할 수 있도록 돕는 교육적 개입으로, 학습 격차 해소와 교육기회의 평등 보장을 목적으로 한다. 학습부진 학생들은 학습 결손이 장기간 누적되고, 학습뿐만 아니라 비학습적 요인이 복합적 원인으로 작용할 가능성이 높으므로 담임교사의 세심한 지도가 요구된다. 우리나라는 '수업 내 지원' '학교 내 지원' '학교 밖 지원'이라는 3단계 기초학력 안전망을 구축하고 있으며, 촘촘한 지원이 이루어질 수 있도록 다양한 기초학력 지원 사업을 수행하고 있다. 학급에 기초학력 지원이 필요한 학생이 있다면 국가기초학력지원센터(https://k-basics.org)와 전국 시도교육청의 기초학력지원센터를 통해 기초학력 학습자료와 전문적인 진단 및 도움을 받을 수 있다.

[그림 13-2] 국가기초학력지원센터 홈페이지 화면

2) 생활지도

생활지도는 학생들의 일상생활과 성장 과정 전반을 지원하는 광범위한 활동으로, 긍정적인 학급문화를 형성하는 데 핵심적이다. 새 학년이 시작되면 담임교사는 학생들의 바람직한 인성과 안전한 학교생활을 위해 다양한 생활지도 계획을 마련한다. 일반적으로 생활지도는 인성지도, 학교폭력 예방교육, 진로교육의 세 가지 영역이 중점적으로 이루어진다. 학급 규칙 설정과 개별 면담 등의 인성지도를 통해 학생들의 기본 생활 습관과 공동체 의식을 기르고, 학교폭력 예방교육을 통해 안전하고 협력적인 학급 분위기를 조성하며, 진로교육을 통해 개별 학생의 특기와 적성에 따른 성장을 돕는다. 여기서는 각 영역과 관련한 최신 이론과 연구에 기반하여 실천적 지도 방안을 탐색한다.

(1) 인성지도

학년 초 인성지도는 건강하고 긍정적인 학급문화를 구축하는 출발점이다. 특히 학생들이 스스로 올바른 생활 습관을 기를 수 있도록 학급 규칙을 마련하고, 일관되게 적용하는 것이 중요하다. 학급 규칙은 학생들의 자발적인 참여를 통해 정하는 것이 효과적이다. 학생들이 규칙 결정 과정에 참여하면 규칙의 의미를 깊이 이해하고 준수하려는 동기가 높아진다. 다만, 최근 학교심리학에서는 교사의 일관된 구조화(structured consistency)가 교실 내 심리적인 안정감을 높이는 핵심 요인 중 하나로 분석되고 있다. 예를 들어, Cheon 등(2020)의 연구에서는 교사가 자율성을 지원하면서도 구조화된 환경을 제공할 때, 학생들의 동기와 참여도가 향상된다는 결과를 제시한 바 있다. 따라서 학생들의 의견을 반영하여 다 함께 학급 규칙을 정하되, 교사는 규칙이 교육적 가치와 실현 가능성 측면에서 적절한지 점검하고 학생들이 바람직한 행동을 체득할 수 있는 단계적인 가이드를 제공할 필요가 있다. 임 교사의 사례에서 자치활동을 통해 학생들이 자율적으로 규칙을 수립하도록 하고 있다. 이 과정에서 규칙이 학급의 교육적 방향과 일치하는지, 학교생활 규정과 상충하는 부분은 없는지 교사가 전체적인 관점에서 조정하고, 규칙이 일관되게 지켜지고 있는지를 정기적으로 점검할 필요가 있다.

효과적인 학급 규칙의 수립과 실행 전략

민주적 관계는 무조건적인 자율이 아니라 일관된 기준과 규율이 공존하는 가운데 형성될 수 있다. 교사가 학생의 자율성을 지원할 때도 명확한 구조화가 동반되지 않는다면 학생들은 혼란을 느낄 수 있으므로, 효과적인 규칙을 수립할 수 있도록 교사가 적절하게 개입하도록 한다. 이와 관련하여 Wong과 Wong(1991: 188−201)이 제시한 학급 규칙의 수립과 적용 방안을 참고해 볼 수 있다.

- 광범위한 행동을 포함하는 일반적인 규칙과 특정한 행동을 포함한 세부적인 규칙을 함께 고려하여 수립한다. 예를 들어, '교실을 깨끗하게 한다.'라는 일반적인 규칙과 '하교 전 책상 위를 깨끗하게 치운다.'라는 세부적인 규칙을 함께 세운다.
- 가급적 규칙에는 긍정적인 언어를 사용한다. 하지만 때로 부정적인 언어를 사용한 규칙이 더 직접적이고 논란의 여지가 없게 만들기도 한다. 예를 들어, '악담 · 욕 금지' '물건을 던지지 않기' 등의 표현을 사용하는 것이 더 효과적일 때도 있다.

• 학생이 규칙을 위반한 경우에는 즉시 경고를 주고, 규칙 준수 여부에 따라 적절한 보상 또는 처벌을 적용할 수 있다. 단 수업 중이라면 다른 학생들에게 방해가 되지 않도록 해당 학생에게 일단 경고를 주되, 가급적 수업의 흐름을 멈추지 않고 나머지 학생들이 학습 활동을 계속 이어 갈 수 있도록 한다.

규칙 수립 후에는 학교상담을 통해 개별 학생의 특성과 요구를 파악하고 적극적으로 지원하는 것이 중요하다. 학교상담은 학급의 모든 학생을 대상으로 문제가 발생하거나 심화되지 않도록 예방하는 데 중점을 두며, 학생 개인의 발달 단계에 따라 차별화되면서도 종합적인 지원을 제공하는 활동이라 할 수 있다(문진철, 2025: 305-306). 교사는 학교상담을 생활지도의 기초를 마련하기 위한 학생 이해 및 조사 활동으로 활용할 수 있으며, 나아가 학생이 자신을 이해하고 행동을 개선하며 의사결정 능력을 키우도록 돕는 교육적 활동으로도 활용할 수 있다.

한편, 「교원의 학생생활지도에 관한 고시」에서는 학생의 문제행동에 대응하는 생활지도 방법의 하나로 '상담'을 명시하고 있다. 이 고시에서는 상담을 '학교의 장과 교원이 학생 또는 보호자와 학생의 문제를 해결해 나가는 일체의 소통활동'으로 정의한다. 이는 문제가 있는 학생을 대상으로 하는 일반적인 상담의 개념에 가까우며, 주로 학생 문제의 개선 및 치료에 초점을 둔다. 이 경우 교사뿐만 아니라 학교 내 전문상담교사, Wee프로젝트 관련 센터, 지역 내 유관기관 등과 협력하여 상담이 이루어질 수 있다.

「교원의 학생생활지도에 관한 고시」(교육부고시 제2023-34호)

최근 학생과 학부모에 의한 교권 침해 문제가 심화되고, 교사의 권위가 약화되면서 생활지도에 어려움이 커지고 있다. 이에 따라 교육부는 2023년 9월 「교원의 학생생활지도에 관한 고시」를 제정하였다. 이 고시에 따르면, 초·중등학교 교원이 명시된 기준에 따라 학생생활지도를 수행할 경우 이는 법령과 학칙에 근거한 정당한 교육활동으로 인정된다. 해당 고시는 학생의 문제행동을 지도하는 절차를 조언, 상담, 주의, 훈육, 훈계 등의 단계로 구분하여 제시하고 있다. 보다 자세한 내용은 국가법령정보센터[https://www.law.go.kr/행정규칙/교원의 학생생활지도에 관한 고시/(2023-34,20231029)]에서 확인할 수 있다.

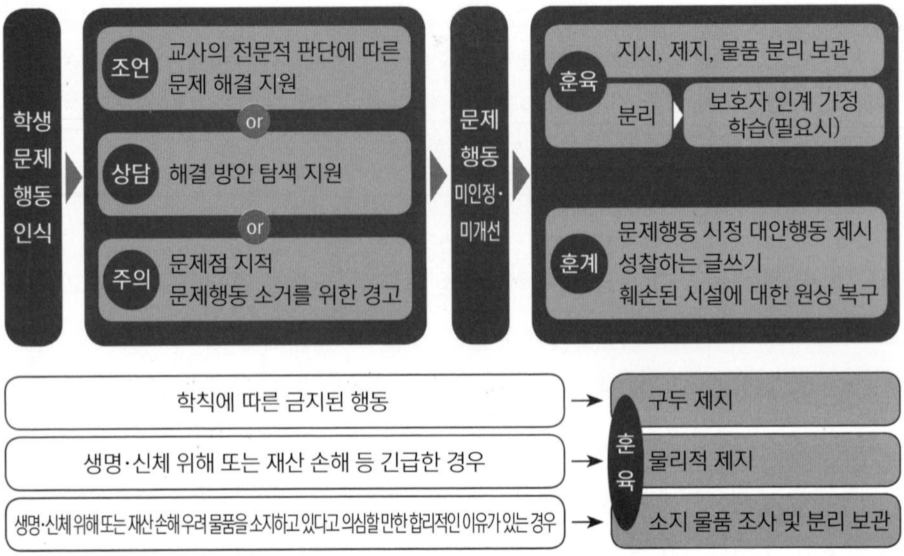

[그림 13-3] 문제행동에 대한 생활지도 절차

출처: 교육부, 이화여자대학교 학교폭력예방연구소(2025)에서 재인용함.

(2) 학교폭력 예방교육

「학교폭력예방 및 대책에 관한 법률」(약칭: 학교폭력예방법) 제2조(정의)에 따르면, 학교폭력이란 "학교 내외에서 학생을 대상으로 발생한 상해, 폭행, 감금, 협박, 약취 · 유인, 명예훼손 · 모욕, 공갈, 강요 · 강제적인 심부름 및 성폭력, 따돌림, 사이버 폭력 등에 의하여 신체 · 정신 또는 재산상의 피해를 수반하는 행위"를 의미한다. 이처럼 학교폭력은 피해 학생에게 신체 · 정신 또는 재산상의 피해를 줄 뿐만 아니라 학급 구성원 모두의 안전과 심리적 안정을 저해할 수 있다는 점에서 학교폭력 예방교육은 상시적으로 이루어져야 할 생활지도의 핵심이다. 특히 학기 중반 이후로 학생들 간 교류가 많아지면서 갈등 상황이나 따돌림이 발생할 수 있으므로, 담임교사는 예방 차원의 교육활동을 계획적으로 실행해야 한다. 학교폭력 예방교육의 주요 내용으로는 서로의 다름을 이해하고 존중하는 태도 형성, 공감 능력 증진, 갈등 해결 방법 교육 등이 있다. 이를 위해 다음과 같은 전략들을 활용할 수 있다.

① 감정 표현 보드 운영: 학급 칠판 한쪽에 학생들이 오늘의 감정을 자유롭게 표현할 수 있는 보드를 설치한다. 학생들은 아침에 교실에 들어오면서 자신의 감정 상

태를 표시하거나, 간단한 메시지를 남길 수 있다. 교사는 매일 이를 확인하고 불안하거나 우울한 표시를 한 학생과 자연스럽게 상담 기회를 가진다.

② 비밀친구 활동: 흔히 '마니또'라는 이름으로 알려져 있으며, 학교폭력을 예방하고 친사회적 분위기를 조성하기 위해 교육부와 교육청에서도 권장하는 생활지도 방법이다. 이 활동은 학생들이 무작위로 비밀 친구를 정하고 상대방 몰래 도움을 주거나 친절을 베푸는 방식으로 이루어진다. 일정 기간 후에는 서로의 비밀친구를 밝히고, 그간의 경험과 소감을 함께 나누는 시간을 가진다.

③ 또래지킴이 활동: 학급 내에서 갈등이 생겼을 때 학생들이 자율적으로 중재할 수 있도록 '또래지킴이' 학생들을 훈련하여 운영한다. 지킴이 학생들은 갈등 조정, 적극적인 경청, 공감대 형성 등 훈련을 받으며 교사의 지도하에 학급 내 경미한 갈등을 직접 중재한다. 학생들의 책임감과 갈등 해결 능력이 증진되며, 교사의 개입 없이도 자율적으로 갈등관리가 이루어질 수 있다.

④ 긍정 강화 시스템: 학생들의 부정적인 행동이나 감정을 제거하려 노력하기보다는 학생들의 바람직한 행동을 격려하고 강화함으로써 긍정적 행동의 빈도를 늘리고, 자연스럽게 부정적 행동을 예방하는 것이 더 효과적이다. 기존의 생활지도가 주로 잘못된 행동에 초점을 두고 교정에 중점을 둔 것과 달리, 긍정 강화 시스템은 학생들이 자발적으로 바람직한 행동을 실천하도록 유도한다는 점에서 차별화된다. 구체적으로, 학급 내에서 친구에게 친절하게 대하거나, 협력적 행동을 하거나, 규칙을 잘 준수하는 등 긍정적 행동을 한 학생에게 포인트나 작은 보상을 제공한다. 이러한 보상은 반드시 물질적 보상일 필요는 없으며, 학생들의 내적 동기와 성취감을 높일 수 있는 긍정적 피드백이나 공개적 칭찬 등 사회적 보상으로 구성하는 것이 좋다.

임 교사의 사례에서는 일부 학생들이 학급 자치 활동과 서클 활동을 주도하고, 온라인 게시판을 통해 갈등이 발생하며 학급 분위기가 점차 부정적으로 변화하는 문제가 나타났다. 이러한 갈등이 표면화되기 전에 학생들 간의 관계를 세심하게 관찰하고 적절한 시기에 개입하는 것이 중요하다. 이를 위해 임 교사는 앞서 제시한 학교폭력 예방교육 전략을 적극 활용할 필요가 있다. 예컨대, 감정 표현 보드를 활용해 학생 개개인의 정서 상태를 관찰하고 상담을 병행하거나, 비밀친구 활동 및 또래지킴이 활동을 도입하여 학생들 간 자연스러운 교류와 협력을 촉진하는 방법이 효과적일 수 있다. 이를 통해 갈등이 확대되기 전에 학생들 스스로 문제를 해결할 수 있는 기회를 제공하는 것이 바람직하다. 특히 온라인 게시판에서의 갈등은 사이버폭력[1]으로 발전할 가능성이 높으므로 각별한 주의가 필요하다. 따라서 사전에 예방교육을 실시하고, 필요하다면 익명 게시판을 실명제로 전환하는 등 적극적인 조치를 취해야 한다.

학교폭력이 발생하지 않도록 예방하는 것이 가장 이상적이지만, 그럼에도 불구하고 학교폭력이 발생한 경우에는 교사가 신속하게 초기 대응을 하고 공정하게 사안을 처리하여 피해를 최소화하는 것이 중요하다. 우리나라는 학교폭력 예방 및 대책에 관한 사항을 「학교폭력예방 및 대책에 관한 법률」과 동법 시행령에 규정하여 관련 제도를 운영하고 있다. 그리고 교육부와 각 시도교육청은 『학교폭력 사안처리 가이드북』을 발간하여 교사들에게 구체적이고 명확한 학교폭력 사안처리 방법을 제공함으로써 학교폭력 처리의 공정성과 신뢰성을 제고하고자 노력하고 있다. 다음 [그림 13-4]는 2024년 교육부와 이화여자대학교 학교폭력예방연구소가 공동 발간한 『학교폭력 사안처리 가이드북』 내 '학교폭력 사안처리 흐름도'로서, 학교폭력 발생 시 처치 절차와 구체적인 대응 방법을 단계별로 상세하게 안내하고 있다.

학교폭력의 발생 사실이나 그 예비 · 음모 등을 인지한 경우, 교원은 학교폭력 신고 의무에 따라 이를 학교장에게 보고하고 해당 학부모에게 알려야 한다(법 제20조). 아울러 학교폭력 발생 시 가장 우선으로 이루어져야 하는 조치는 피해 학생에 대한 보호이다. 학교장은 사건 인지 즉시 피해 학생의 반대의사 등 특별한 사정이 없다면 가해자와 피해 학생을 분리해야 하며, 피해 학생이 긴급보호를 요청하는 경우 학내외 전문가에 의한 심리상담 및 조언, 일시보호, 치료 및 치료를 위한 요양, 학급교체 등의 조치를 실시할 수 있다(법 제16조). 이후 학교폭력 전담기구 또는 소속교원에 의한 사실 확인, 교육(지원)청의 학교폭력 사안 접수 보고, 조사관의 사안조사 등 일련의 조치가 이루어지게 된다. 이 과정에서 교사는 추후 불필요한 분쟁을 예방하기 위해 학교에서 조치한 내용을 반드시 문서로 기록해 둘 필요가 있으며, 그 밖에도 다음과 같은 사항들에 유의해야 한다(교육부, 이화여자대학교 학교폭력예방연구소, 2024: 13).

---

1 「학교폭력예방 및 대책에 관한 법률」 제2조(정의)에서는 사이버폭력을 정보통신망(「정보통신망 이용촉진 및 정보보호 등에 관한 법률」 제2조 제1항 제1호의 정보통신망)을 이용하여 학생을 대상으로 발생한 따돌림과 그 밖에 신체 · 정신 또는 재산상의 피해를 수반하는 행위로 정의한다.

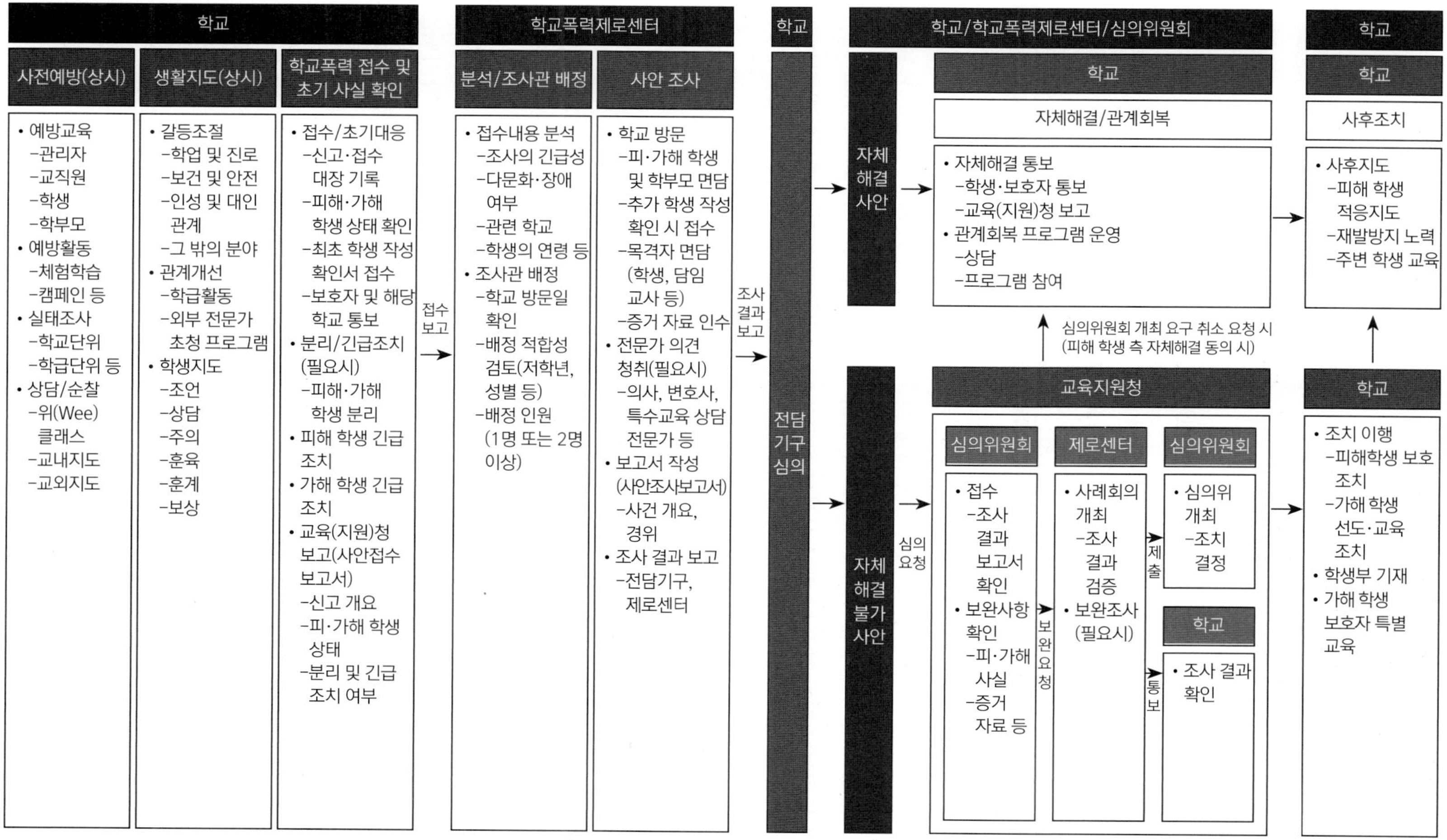

[그림 13-4] 학교폭력 사안처리 흐름도

출처: 교육부, 이화여자대학교 학교폭력예방연구소(2024), p. 8에서 재인용함.

① 학교폭력 사안이 발생한 경우, 공정하고 객관적인 자세를 끝까지 견지하고, 적극적인 자세로 학교폭력 사안처리를 위해 노력한다.
② 학생과 학부모의 상황과 심정에 대한 이해와 공감을 통해 신뢰를 형성하고, 불필요한 분쟁이 추가적으로 발생하지 않도록 한다.
③ 학교폭력 사안조사 시에는 관련 학생들을 분리하여 조사하고, 축소 · 은폐하거나 성급하게 화해를 종용하지 않도록 한다.
④ 학교폭력 사안조사는 가능한 한 수업시간 이외의 시간을 활용하고, 부득이하게 수업시간에 할 경우에는 별도의 학습기회를 제공하도록 한다.
⑤ 학교폭력대책심의위원회 결정 전까지는 피해 학생, 가해 학생을 단정 짓지 말고 관련학생이라는 용어를 사용한다.
⑥ 전담기구 사안조사, 학교폭력 전담 조사관의 조사 및 학교폭력대책심의위원회 조치 결정 시 관련 학생 및 보호자에게 의견진술의 기회를 제공하여야 한다.
⑦ 성범죄 관련 사안을 인지한 경우, 예외 없이 수사기관에 즉시 신고한다.
⑧ 동일한 사안에 대하여 재심 성격의 학교폭력대책심의위원회는 개최하지 않는다.

(3) 진로교육

진로교육은 학생들이 자신의 흥미와 적성을 탐색하고 미래 방향을 설계할 수 있도록 지원하는 학급경영의 중요한 영역이다. 특히 발달 단계상 중 · 고등학교는 학생들이 다양한 직업 세계를 접하며 자기 이해 과정을 통해 진로를 구체적으로 고민하는 시기로, 진로교육의 필요성과 의미가 더욱 크다. 이에 2015년 「진로교육법」 제정을 계기로 초 · 중등학교에 진로전담교사가 배치되었으며, 특정 학년이나 학기에 진로체험을 중심으로 교육과정을 집중적으로 운영하는 '진로교육 집중학년 · 학기제'를 실시할 수 있게 되었다. 이에 중학교 단계에서는 자유학기제를 활용하여 진로지도가 이루어지고 있으며, 최근 고교학점제 도입에 따라 고등학교 단계에서도 학생 개인별 진로 및 학업설계를 위한 지도와 지원의 중요성이 더욱 커지고 있다. 이러한 진로교육을 효과적으로 운영하기 위해서는 단계적이고 체계적인 지도 절차를 수립하고 실행하는 것이 필수적이다. 여러 연구와 정책 자료는 진로교육의 과정을 자기이해–진로탐색–진로설계의 연속적이고 순환적인 구조로 제시하고 있다(교육부, 한국교육과정평가원, 2023).

① 자기이해(self-understanding): 자기이해는 진로교육의 출발점으로, 학생이 자신의 흥미, 적성, 가치관, 성격, 강점과 약점 등을 탐색하며 자기 자신에 대해 보다 깊이 있게 알아 가는 단계이다. 이는 단순한 흥미 검사지나 진로심리검사의 결과를 해석하는 것을 넘어, 자신이 무엇을 좋아하고 중요하게 생각하는지, 어떤 환경에서 잘 몰입하고 성취감을 느끼는지를 스스로 인식하는 과정이다.

② 진로탐색(career exploration): 진로탐색은 자기이해를 바탕으로 다양한 직업세계와 진로 관련 정보를 접하고, 실제 경험을 통해 자신의 관심 분야를 좁혀 가는 과정이다. 학생들은 이 단계에서 일과 직업의 의미, 변화하는 직업 세계의 흐름, 다양한 직업군과 관련된 활동 등을 접하며, 자신의 특성과 어떤 분야가 잘 맞을 수 있는지 구체적으로 탐색해 나간다. 특히 자유학기제나 진로집중학기에 이 단계의 탐색 활동이 집중적으로 운영되며, 진로체험활동, 직업인 특강, 진로 박람회, 기업 현장 방문 등이 대표적인 사례로 활용된다. 이 단계의 목표는 학생들이 막연한 진로 희망에서 벗어나, 구체적인 정보와 체험을 바탕으로 자신의 진로 가능성을 탐색하고 비교해 보며, 나에게 맞는 분야는 무엇인지 감각적으로 체득하는 데 있다.

③ 진로설계(career planning): 진로설계는 탐색 결과를 바탕으로 자신만의 진로목표를 설정하고, 그에 이르기 위한 구체적인 계획을 수립하는 단계이다. 이 과정은 진로교육의 궁극적인 성과를 연결하는 핵심 단계로, 학생 스스로의 선택과 책임이 강조된다. 이때의 '설계'는 단순히 직업을 고르는 것을 넘어, 삶의 방향을 구상하고 그에 필요한 학업 · 활동 계획을 설계하는 일련의 교육적 기획이다. 진로설계는 학생의 자기결정권을 강화하는 동시에, 교사의 체계적인 피드백과 상담을 통해 현실적인 조정이 함께 이루어져야 한다. 이를 위해 많은 학교에서는 진로설계 포트폴리오나 진로 로드맵, 개인별 진로상담카드 등을 활용하며, 학기말에는 진로설계의 성과와 계획을 점검 · 수정하는 기회를 제공하고 있다.

최근 급속한 정보기술의 발전으로 인해 직업의 생성과 소멸이 빠르게 진행되고 있는 가운데 학생들이 자신의 미래를 구체적으로 계획하고 적합한 진로를 찾기란 더욱 어려워지고 있다. 따라서 진로교육의 정책 방향도 교실에서 텍스트 중심으로 이루어지는 전통적인 방식에서 벗어나, 학생들이 다양한 직업을 직접 체험하고 탐색하는 방식을 지향하고 있다. 이는 진로교육을 담당하는 교사들이 개인적인 진학 · 취업의 경험이나 전통적인 직업에 국한된 지식을 넘어, 다양한 직업 세계에 대한 시야를 넓히고 관련 자원을 적극적으로 활용할 수 있어야 함을 의미한다. 이를 위해 단위학교의 교사들은 지역사회의 진로체험 자원을 적극적으로 파악하고 신청하여 학생들에게 실질적인 진로 탐색의 기회를 제공할 수 있어야 한다.

진로체험 및 콘텐츠 정보

진로교육을 위해 교사들은 지역사회 내 기업, 기관, 공공시설 등에서 제공하는 다양한 진로체험 프로그램의 특성과 운영방식을 사전에 파악할 필요가 있다. 또한 관련 정보를 담고 있는 온·오프라인 자료와 플랫폼을 적극적으로 활용하여 학생들에게 적합한 프로그램을 제공할 수 있도록 한다. 현실과 닿아 있는 진로교육을 통해 학생들에게 실질적이고 의미 있는 진로 탐색의 기회를 제공할 수 있을 것이다.

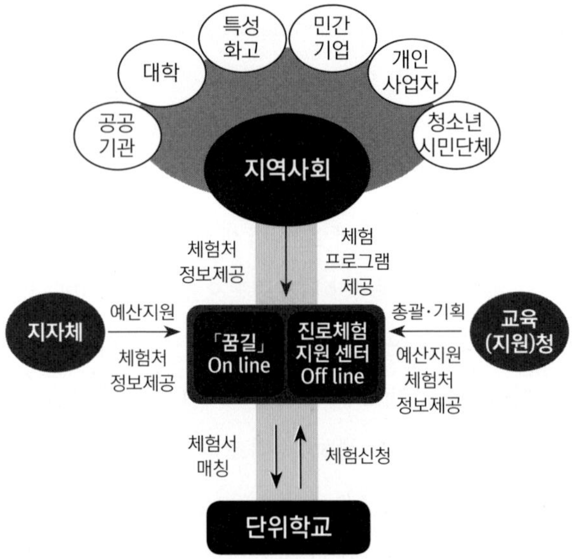

[그림 13-5] 진로체험 운영 체계

출처: 꿈길(https://www.ggoomgil.go.kr/)

- 커리어넷(www.career.go.kr): 진로심리검사, 직업 및 학과 정보, 진로상담 등
- 대학 어디가(www.adiga.kr): 대학 성적 분석, 대학별 입시 정보, 전형 방법 등
- 하이파이브(www.hifive.go.kr): 특성화고·마이스터고 정보, 취업·진로 정보 등
- 꿈길(www.ggoomgil.go.kr): 진로 체험 지원, 진로 체험기관 안내 등
- 크레존(www.crezone.net): 창의적 체험 활동 프로그램, 진로 체험자료 등

3. 함께 만드는 학급

전통적으로 학급경영은 교사가 모든 것을 결정하고 학생과 학부모가 이를 수동적으로 따르는 방식이 많았지만, 이제는 학급을 교육공동체로 인식하여 학생과 학부모

를 학급경영의 공동참여자로 바라보며 구성원 모두의 적극적인 협력을 강조하고 있다. 따라서 담임교사가 학생들의 자발적인 참여를 이끌어 내고자 노력해야 함은 물론이고, 학급에서 발생하는 여러 문제를 해결하고 교육활동을 원활히 하는 데에 학부모의 협력이 절대적으로 필요하다. 이러한 민주적 학급경영의 관점에서 학생과 학부모의 역할과 그 중요성 그리고 그것을 촉진하기 위한 구체적인 전략을 살펴본다.

1) 민주적 학급경영에서 학생과 학부모의 역할과 의의

민주적 학급경영이란 학급을 인간 존중, 자유, 평등, 참여와 합의 등 민주주의 원칙에 따라 운영하는 것을 의미한다. 교사와 학생 간 권한 공유와 공동의사결정을 강조하여 학급 구성원 모두가 학급 운영에 참여하고 목소리를 낼 수 있는 환경을 조성한다. 이러한 민주적인 학급에서는 각 구성원의 인격이 존중되고 자유로운 분위기가 형성되며, 학생들이 스스로 결정하고 그 결과에 책임지는 행동이 장려된다. 수업 규칙이나 학급 활동 계획을 세울 때도 교사의 일방적인 결정이 아닌 학생들과 함께 규칙을 만들고 의사결정하는 과정을 거치며, 이를 통해 모든 구성원이 공정함을 느끼게 된다. 국제 연구에서도 이와 맥락을 같이하여, 학교의 의사결정 과정에서 학생의 목소리를 경청하고 참여의 기회를 제공하는 것은 청소년 발달의 핵심이라 할 수 있는 주체성, 소속감, 사회적 역량의 성장에 도움이 될 수 있음을 강조하고 있다(Mitra, 2004).

민주적 학급경영의 이러한 핵심 가치들은 교육적인 효과와도 연결된다. 유혜영(2022)의 연구에 따르면 학급 풍토가 민주적일수록 학생들이 주변 사람들에 대한 신뢰감을 더 높게 형성하고, 나아가 시민적 태도도 긍정적으로 발달하는 것으로 나타났다. 정태윤과 윤종필(2018)은 학생들이 학급회의에 참여함으로써 공적인 자리에서 의견을 발표하고 다른 사람의 의견을 경청하는 태도가 향상되었다는 연구 결과를 도출하였는데, 이는 민주적 학급경영이 학생들의 의사소통 능력 신장과도 연관됨을 시사한다. 또한 해당 연구는 학생들이 정해진 규칙을 그대로 따르는 것과 자신들이 규칙을 만들어 그 결과에 책임지는 것의 차이를 깨닫게 되었으며, 이러한 경험을 통해 책임감과 자기주도성을 함양하기 시작하였다고 보고하였다. 결국 민주적 학급경영은 학생들이 협력, 비판적 사고, 책임 의식 등을 실천 속에서 배우도록 하는 교육적 장치라 할 수 있다.

학부모의 참여 역시 민주적 학급경영의 중요한 축으로, 학생들과 함께 학급경영의 공동참여자로서 역할을 할 수 있다. 이론적으로 학부모의 참여는 협력적 학교 문화를 형성하는 토대가 될 뿐만 아니라 학생의 성공에도 중대한 영향을 미친다. 예컨대, Henderson과 Mapp의 연구(2002)는 가정-학교-지역사회 간의 연계가 학생의 학업성취에 미치는 긍정적인 영향을 강조하면서, 학부모의 적극적인 참여가 자녀의 학업성취와 학교생활 적응력을 향상시킨다고 보고하였다. 같은 맥락에서 Goodall과 Montgomery의 연구(2023)는 학부모 참여가 자녀의 학교생활에 대한 일관된 지원으로 이어져, 결과적으로는 교사의 학급지도 효과성을 높이고 자녀들의 학습 참여 동기를 제고한다고 밝혔다. 요컨대, 학부모 참여는 학생 개인뿐만 아니라 학급경영 전반의 민주화와 질적 향상 그리고 교육력 제고에 긍정적인 효과를 가져온다.

그러나 이러한 중요성에도 불구하고 우리나라에서 학부모 참여에 대한 정책적·학술적 관심은 상대적으로 낮은 편이었다. 이는 역사적으로 후원회, 사친회, 기성회, 육성회, 어머니회·아버지회 등으로 이어지는 공식적인 학부모 참여 조직이 과도한 교육열과 연관되면서 사회적 문제로 인식되기도 하였고, 교사와 학부모 간의 갈등 및 긴장 관계가 빈번하여 실질적인 협력을 기대하기 어렵다는 점에서 기인한다. 그럼에도 불구하고 교사와 학부모 간의 긍정적인 관계 정립과 협력은 여전히 성공적인 학급경영을 위한 필수 요소라는 점에서 체계적이고 긍정적인 협력관계를 정립하기 위한 노력이 요구된다(박남기, 구영철, 2000).

2) 교사-학생 관계의 중요성과 관계 형성 전략

학생을 학급경영의 공동참여자로 바라볼 때 특히 강조되는 것이 교사와 학생 간 관계의 질이다. 미국의 교육학자 Todd Whitaker는 "마음을 얻어라. 그다음에 가르쳐라."라고 강조한 바 있는데, 이처럼 학생과의 신뢰 관계 형성은 효과적인 교육의 출발점이라 할 수 있다. 실제로 여러 연구는 교사-학생 간 긍정적 관계가 학생들의 다양한 발달 지표에 유의미한 영향을 미친다는 점을 보여 준다. 예컨대, Hamre와 Pianta의 연구(2001)에 따르면 교사와 학생 간 관계가 좋을수록 학생들의 수업 참여도와 학업성취도가 높아지고 문제행동은 줄어드는 것으로 나타났다. 또한 Roorda 등(2011)의 연구 역시 교사로부터 정서적 지지감을 느낄수록 학생들의 학습 동기가 향상되고 학업중단율이 낮아짐을 밝혔다. 요컨대, 교사와 학생 사이의 정서적 유대는 학생의 학업적 성공뿐 아니라 정서적 안녕과 학교 적응까지 폭넓은 영역에서 긍정적 영향을 미친다. 이러한 교사–학생 관계를 보다 돈독히 하기 위한 실천 전략으로는 다음과 같은 것들이 있다.

① 일상 속 소통 활성화: 매일 아침 등교 시 악수하며 인사 나누기, 수업 전후의 짧은 대화 등
② 회복적 생활지도 도입: 갈등과 문제가 배움의 기회가 되어 학급 전체가 해결 과정에 참여, 처벌이나 통제보다는 자발적인 책임지기, 다수결이 아닌 깊은 합의 과정을 통한 의사결정 노력
③ 교사–학생 개별 관계 형성: 정기적인 면담을 통해 학생 개개인의 성향과 발달적 특성 이해
④ 참여적 · 관계 중심적 수업 설계: 교과 수업 외에도 학급 봉사활동, 팀 프로젝트, 체육대회 준비와 같이 교사와 학생이 함께 목표를 이루기 위해 협력하는 활동 마련, 수업 목표나 주제 선정 등에 학생의 의견 반영 등

3) 교사-학부모 관계의 중요성과 협력 전략

최근 학부모의 적극적인 교육 참여와 교사와의 협력이 학생의 학업 동기와 성취에 긍정적 영향을 미치고 민주적 학교 풍토 조성에 기여한다는 연구가 확산되면서, 학부모를 교육의 파트너로 인식하고 이들의 참여를 촉진하려는 움직임이 활발해지고 있다. 예컨대, 일부 시도교육청에서는 학부모 학교 참여 동아리 지원, 학부모 정책 모니터링단 운영, 학부모회 운영 지원, 학부모 대상 교육 등 학부모들의 학교 운영 참여 기회를 확대하기 위한 다양한 사업을 추진하고 있다. 그러나 학부모 참여(parental involvement)는 상당히 광범위하고 모호한 개념으로, 학부모가 학교교육에 관여할 수 있는 영역을 보다 체계적으로 이해할 필요가 있다. 이에 Epstein 등(2002)은 학생의 학습을 지원하기 위한 학교–가정–지역사회의 참여를 다음과 같이 여섯 가지로 분류하였다.

① 양육(parenting): 자녀를 건강하고 유능한 학습자로 성장시키기 위한 부모의 기본적인 양육 활동을 의미한다. 학교는 부모에게 자녀의 발달, 건강, 교우관계에 대

한 정보를 제공함으로써 양육을 지원한다.

② 소통(communicating): 학교는 알림장, 가정통신문, 전자 뉴스레터, 학급 웹사이트 등을 통해 정보를 제공하고, 학부모는 자녀에 대한 의견과 건강 및 교육 이력에 관한 정보를 교사와 공유함으로써 상호작용이 이루어진다.

③ 자원봉사(volunteering): 학부모가 일일교사, 보조교사, 학교 행사 지원 등의 형태로 학교활동에 자발적으로 참여한다. 학교 프로그램 참석 자체도 자원봉사로 간주될 수 있다.

④ 가정학습(learning at home): 부모가 자녀의 숙제를 도와주거나 박물관 · 도서관 · 전시관 방문 등 학교교육과 연계된 가정 내 학습활동을 지원하는 형태이다.

⑤ 의사결정(decision-making): 학교운영위원회, 학부모회, 학부모-교사 협의체 등에 참여하여 학교의 운영과 의사결정 과정에 영향력을 행사한다.

⑥ 지역사회와의 협력(collaborating with the community): 지역사회의 자원을 학교와 가정이 함께 활용하고, 지역사회 기관과의 협력을 통해 상호 혜택을 도모하는 활동이다.

이를 학급 수준에서 학부모 참여에 적용하면, 학부모는 가정과 학급을 잇는 가교(bridge) 역할, 학급 활동의 조력자(supporter) 역할, 학급 의사결정의 자문가(advisor) 역할 등을 수행할 수 있다. 이때 학부모 참여의 활성화는 교사와 학부모 간의 긍정적인 관계 형성 여부에 크게 좌우된다. 김지영과 이강이(2020)는 교사와 학부모 간 신뢰와 소통이 높을수록 학부모의 참여 수준이 향상된다는 점을 실증적으로 보여 준 바 있다. 따라서 교사-학부모의 파트너십 형성을 위해서는 헌신과 신뢰와 같은 가치적 요소뿐만 아니라 실질적인 의사소통의 질과 참여가 중요하다. 이를 위해 교사는 학부모와의 쌍방향 소통을 촉진하고, 지속적인 정보 공유가 가능한 공식적 · 비공식적 채널을 확보할 필요가 있다. 예컨대 정기적인 학부모 상담, 학부모 공개수업 운영, 학급 소식지 발간, 학급 홈페이지 및 온라인 커뮤니티 운영 등을 통해 학부모와의 관계를 강화할 수 있다. 앞서 소개한 임 교사의 사례는 민주적 학급경영을 계획하고 추진하는 과정에서 교육 3주체 중 하나인 학부모의 중요성을 충분히 고려하지 못했다. 따라서 임 교사는 자신의 학급경영 방침과 계획을 학부모와 적극적으로 공유하고, 이들의 의견을 경청하며 쌍방향 소통을 강화할 필요가 있다. 이러한 노력을 통해 교사는 학부모와의 협력적 관계를 바탕으로 학급 내 다양한 문제 상황을 보다 원만하고 민주적으로 해결해 나갈 수 있을 것이다.

학교 민원 응대 및 처리

학부모와의 의사소통은 학급경영에서 매우 중요한 요소이나, 항상 긍정적인 방향으로만 이루어지는 것은 아니다. 실제로 학교 현장에서 발생하는 민원의 상당수는 학부모의 교육활동에 대한 문의나 항의이며, 이 가운데 일부는 교사의 정서적 부담과 교육활동 위축을 초래하기도 한다. 일반적인 문의에 대해서는 교사가 친절하고 신속하게 안내함으로써 신뢰를 구축할 수 있지만, 문제는 항의성 민원, 특히 '특이민원'이라 불리는 사례들이다. 특이민원이란, 교원의 직무 범위를 벗어난 요구, 위법·부당한 사항에 대한 요구, 지속적·반복적인 유사 민원, 보복성 민원 등을 지칭한다. 각 시도교육청 및 교육지원청은 특이민원에 대응하고 교원의 정당한 교육활동을 보호하기 위한 체계를 마련하여 운영하고 있다. 예를 들어, 충청북도교육청과 경상남도교육청은 다음 '학교 민원 응대 매뉴얼'을 개발하여 교사들이 민원 유형별 대응 방법을 숙지하고 일관성 있게 대처할 수 있도록 안내하고 있다. 이는 교사들이 감정노동을 최소화하면서도 학부모와의 신뢰 기반 소통을 유지할 수 있도록 지원하는 실질적인 자료이므로, 적극적으로 학습하고 활용할 필요가 있다.

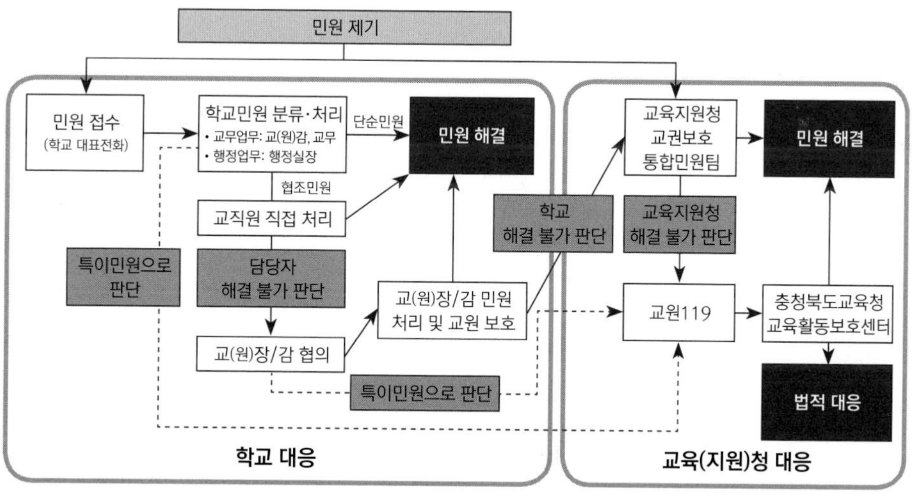

[그림 13-6] 충청북도교육청의 학교 민원 대응 절차

출처: 충청북도교육청(2025), p. 82.

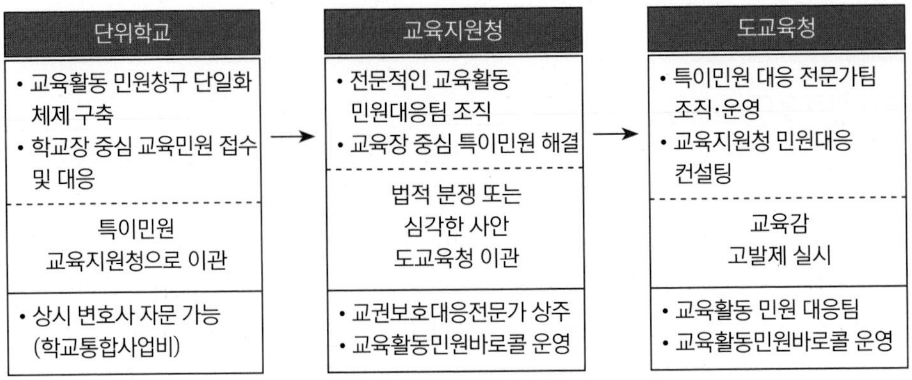

[그림 13-7] 경상남도교육청의 학교 민원 대응 절차

출처: 경상남도교육청(2024), p. 6.

워크숍 민주적 학급경영의 딜레마

민주적 학급경영이란 교사 중심의 일방적 통제에서 벗어나, 학생과 학부모 등 학급 구성원이 학급 운영의 주체로 참여하는 방식을 의미한다. 이는 단순한 '자율 허용'이나 '자기 결정권 보장'에 그치는 것이 아니라, 참여와 합의, 책임과 권한의 공유, 공정성과 신뢰의 문화 조성을 포함하는 포괄적 교육 실천이다. 이에 교육사회학자 Sanahuja 등(2020)은 민주적 학급이란 모든 구성원이 존중받고, 규칙이 일방적 통제가 아닌 집단적 합의에 의해 형성되며, 공동체로서의 책임감이 작동하는 공간으로 정의하였다. 그러나 실제 학교 현장에서는 민주적 학급경영을 실현하는 과정에서 학생의 자율성과 교사의 권위, 민주적 절차와 실질적 효율성, 개별 학생 존중과 전체 구성원에 대한 공정성 사이에서 여러 쟁점이 발생하며, 이는 교사에게 실천적인 고민과 어려움을 야기한다. 여기서는 민주적 학급경영과 관련한 주요 쟁점을 살펴보고, 이에 대한 다양한 관점을 공유하고 토의해 보자.

민주적 학급경영은 교사와 학생, 학부모가 함께 학급의 규칙과 문화를 형성해 나가며, 모두가 공동체의 구성원으로 참여하는 과정을 중시한다. 이는 학생의 자율성과 주도성을 존중하고, 교사는 일방적인 통제자가 아닌 촉진자이자 조력자로서의 역할을 수행하는 데 초점을 둔다. 그러나 이러한 민주적 이상은 실제 교실 운영 과정에서 다양한 딜레마에 직면하게 된다.

가장 대표적인 쟁점은 학생의 자율성과 교사의 권위 사이에서의 균형 문제이다. 교사는 학생의 자기결정권을 최대한 보장하고자 하지만, 일부 학생의 반복적인 규칙 위반이나 무책임한 행동이 누적될 경우 학급의 기본 질서가 흔들릴 수 있다. 이때 규칙을 엄격하게 적용하면 교사로서의 권위는 유지되지만, 자율성과 신뢰를 기반으로 한 민주적 분위기와 충돌하게 된다. 반대로 이를 관대하게 넘길 경우, 다수 학생의 학습권이 침해되고 공정성에 대한 인식이 약화되면서 교사의 지도력이 흔들릴 수 있다.

또한 민주적 학급경영에서는 모든 구성원의 의견을 존중하고 가능한 한 합의를 이끌어 내는 것이 중요하지만, 이러한 과정이 오히려 비효율성을 초래할 가능성도 있다. 예를 들어, 학급회의나 서클 활동에서 모든 학생의 발언을 보장하려는 시도가 때로는 소수 학생의 독점적 참여로 변질되거나, 다수의 침묵 속에 실질적인 의사결정이 이루어지지 못하는 상황으로 이어질 수 있다. 이상적인 민주적 절차가 학습 시간의 낭비로 이어지고, 오히려 교육 효과를 저해하는 역설적 결과를 낳는 것이다.

마지막으로, 개별 학생에 대한 존중과 학급 전체에 대한 공정성 사이의 긴장도 중요한 문제로 제기된다. 교사가 한 학생의 특수한 상황이나 감정에 공감하여 유연하게 대응할 경우, 다른 학생들은 이를 특혜로 인식하거나 규칙이 불공정하게 적용된다고 느낄 수 있다. 특히 규칙 위반에 대한 처분이 일관되지 않을 경우, 학급 전체의 규범 의식이 약화되고 신뢰가 깨질 수 있다.

이처럼 민주적 학급경영은 단지 이상적인 가치의 실현에 그치는 것이 아니라, 다양한 교육적 가치들 사이에서 균형과 조화를 끊임없이 조율해 나가야 하는 역동적인 실천 과정이다. 그렇다면 이러한 복합적 딜레마와 시행착오의 가능성에도 불구하고, 민주적 학급경영은 과연 실현 가능한 교육 방식이며, 실제로 필요한 것일까? 만약 그 필요성을 인정한다면, 그 이상을 어떻게 현실 속에서 구체적으로 실현해 나갈 수 있을까? 이 질문은 단순히 학급 운영 방식의 선택을 넘어서, 교사로서의 철학과 교육의 본질에 대한 깊은 성찰을 요구한다.

정리하기

1 학급경영의 핵심은 무엇인지 한 문장으로 표현해 보세요. 그리고 그 이유를 설명해 보세요.

'학급경영의 핵심은 ______ 이다.'

2 자기 성찰 활동: 다음의 질문에 대해 스스로 생각을 정리해 보세요.
미래의 학급담임으로서, 학생들의 자율성을 존중하면서도 학급의 질서를 유지하기 위해 어떤 원칙이나 전략이 필요하다고 생각합니까? 우리 학급의 핵심 규칙 세 가지를 어떤 기준으로 정하겠습니까? 세 가지 규칙을 제시하고, 각각의 이유도 설명해 보세요.

제14장

학급경영의 평가

1. 학급경영 평가의 개념과 목적
2. 학급경영 평가의 절차와 방법
3. 학급경영 평가의 내용과 실제
4. 평가 결과의 활용 및 환류

워크숍 학급경영 평가, 성장의 기회이자 부담의 그늘

정리하기

제14장 학급경영의 평가

학급은 학교교육의 질을 좌우하는 가장 작지만 핵심적인 실행 단위이다. 하나의 학급에서 이루어지는 교육 경험은 학생 개인의 학습과 정서적 발달뿐만 아니라, 학교의 전반적인 교육성과 및 신뢰도에 결정적인 영향을 미친다. 따라서 개별 학급의 운영이 설정된 교육목표에 얼마나 부합하여 이루어지고 있는지를 주기적으로 점검하고, 그 결과를 토대로 교육활동의 개선을 도모하는 학급경영 평가는 교육의 내실화를 위한 핵심이라 할 수 있다.

앞서 제11장(학교경영 평가)에서는 학교의 교육목표 달성을 위해 조직 운영 전반을 평가하는 절차와 모형에 대해 살펴보았다. 학교경영 평가가 학교 차원에서 교육의 책무성과 효과성을 제고하기 위한 제도적 기제로 작동한다면, 학급경영 평가는 그 하위체제인 학급 차원에서 운영 성과와 효과성을 진단하고 피드백을 제공하는 기초적이고 실천적인 과정이라 할 수 있다. 또한 제12장(학급경영의 이해)과 제13장(학급경영의 실제)에서는 학급경영의 개념과 원리, 과업과 구체적인 실천 사례들을 다루었다. 이를 종합적으로 고려할 때 학급경영은 단순한 관리 기술이나 업무 수행이 아니라 교사의 교육철학과 학급 공동체의 역동성 전반을 반영하는 복합적인 실행 과정이며, 학급경영 평가는 이러한 실행의 결과를 체계적으로 성찰하고 개선하기 위한 활동이다. 즉, 학급경영 평가는 학생의 성장과 발달, 교사의 반성적 실천(reflective practice)과 전문성 신장 그리고 궁극적으로 학교교육 전체의 성과와 긴밀하게 연결된다.

이에 이 장에서는 학급경영 평가가 단순히 형식적인 절차에 그치는 것이 아니라, 실제로 학교교육 현장의 의미 있는 변화를 촉진하는 핵심적인 실천 방안이라는 관점에서 그 필요성과 개념적 정의를 제시하고자 한다. 그리고 학급경영 평가가 이루어지는 구체적인 절차와 방법, 주요 평가 영역 및 지표를 살펴보고, 평가 과정에서 나타날 수 있는 쟁점과 한계점들도 함께 논의한다. 나아가 평가 결과를 실제 학급경영 개선과 교사의 전문성 개발 활동에 효과적으로 환류하는 방안을 모색하고자 한다.

사례 기쁨중학교 임 교사의 학급경영 평가와 성찰: 실행에서 환류로

1학기를 고심 속에 보낸 임 교사는 올해 2학기가 시작되기 전, 지난 학기 자신의 학급운영을 돌아보며 평가하고자 마음먹었다. 임 교사는 단지 학급 분위기가 어땠는지를 감으로 판단하기보다, 구체적이고 객관적인 자료를 바탕으로 자신의 학급경영 성과를 점검해 보고자 하였다. 이를 위해 학생들에게는 학급 전반에 관한 만족도 설문지를 직접 배포하고, 학부모를 대상으로는 간단한 온라인 피드백 양식을 제공하였다. 또한 본인이 기록해 둔 학급일지와 활동기록, 학생 자치회의 회의록, 협력학습 프로젝트 결과물 등을 종합하여 나름의 평가 기준에 따라 분석해 보았다.

그 결과, 학생들은 학급 규칙 운영에 일관성이 부족하다는 불만이 많았으며, 일부는 "처음과 달리 서클 활동이 형식적이고 지루해졌다."라는 의견을 제시했다. 반면, 자치활동을 통해 책임감을 가지게 되었다는 긍정적인 의견도 많았다. 학부모들은 전반적으로 자율성과 참여를 강조한 학급경영에 긍정적이었지만, 학습 진도와 수업 태도 관리에 대해서는 아쉬움을 표했다. 무엇보다 임 교사는 자신의 학급일지를 다시 읽어 보며, 초기 의욕이나 계획은 컸지만 이를 주기적으로 평가하고 개선하는 체계는 미비했음을 자각하게 되었다. 이에 임 교사는 2학기부터 다음과 같은 변화를 시도했다.

- '이달의 피드백' 루틴 도입: 매달 말, 학생들이 학급 활동에 대해 익명으로 피드백을 남길 수 있도록 하는 제도를 도입했다. 이를 통해 매달 학생들의 만족도와 의견을 수집하고, 이를 반 전체와 공유하며 학급 운영 방향을 조정하기로 했다.
- 서클 활동과 자치활동 관리: 서클 활동과 자치활동을 단지 학생들의 자율에 맡기기보다, 체계적으로 이루어질 수 있도록 일정한 관리 체계를 도입하였다. 서클 활동은 활동 주제와 내용을 일정한 커리큘럼에 따라 미리 선정하여 제시하였으며, 자치활동은 학생들이 활동계획과 실행 결과를 간단한 보고서 형식으로 제출하여 자체적인 점검이 이루어질 수 있도록 하였다.
- 체크리스트 기반 성찰: 수업 활동과 진도, 생활지도, 학생 관계, 규칙 운영, 자원 활용 등의 항목을 포함한 자체 점검표를 만들고, 교사 스스로 매달 한 번씩 본인의 학급경영을 체크하며 개선점을 기록하기 시작했다.

임 교사는 이러한 시도를 단기간의 평가가 아닌 학급경영 과정 전반의 상시적 환류(feedback loop) 체계를 구축하는 과정으로 삼았다. 실제로 2학기 중반에 이르자 학급운영은 점차 안정감을 되찾았고, 학생들은 학급 활동에 대해 더 자주 의견을 표현하고 적극 참여하였다. 교사 역시 학생들의 변화에 더 민감하게 반응할 수 있었다. 학년 말에는 교사가 만든 체크리스트와 학생·학부모의 피드백 자료, 학급활동 기록 등을 바탕으로 자신만의 학급경영 평가보고서를 정리했다. 이 보고서는 단지 결과를 정리한 문서가 아니라,

교사로서의 성장을 위한 발판이자 다음 해 학급경영을 위한 중요한 자료가 되었다.

토론 질문

이 사례를 읽고 다음의 질문에 대한 자신의 생각을 정리하고 토의해 보세요.

1. 임 교사의 사례에서 학급경영 평가가 잘 이루어진 부분은 무엇이며, 여전히 개선할 여지는 어떤 부분에 있을까?
2. 평가 결과를 학생과 공유하거나 학급 자치에 환류하는 방식은 교사-학생 관계나 학급문화에 어떤 영향을 줄 수 있을까?

1. 학급경영 평가의 개념과 목적

1) 학급경영 평가의 정의 및 특징

학급경영 평가란 학급이라는 교육의 최소 단위에서 이루어지는 다양한 경영 활동, 예컨대 수업 운영, 생활지도, 자치활동, 학급문화 형성 등이 설정된 교육목표에 얼마나 부합하는 방식으로 이루어졌는지를 점검하고 그 결과를 바탕으로 개선 방향을 모색하는 일련의 교육적 활동을 의미한다. 이는 단순히 '잘했는지' 여부를 판단하는 활동에 그치는 것이 아니라, 교육활동 전반을 체계적으로 성찰하고 환류하기 위한 과정으로 이해되어야 한다. 학급경영 평가는 일반적인 평가와 마찬가지로 다음의 요소들을 포함한다.

① 목표 대비 성과의 판단: 학기 초 설정한 학급경영의 목표 달성도를 확인하는 기능을 한다.

② 다원적 자료 수집: 교사 자신의 관찰과 반성뿐만 아니라 학생, 학부모, 동료교사 등의 의견도 평가자료로 활용될 수 있다.

③ 정성적 · 정량적 접근의 통합: 설문지와 같은 양적 평가뿐만 아니라 일지, 피드백 카드, 면담 등의 질적 평가가 병행될 수 있다.

④ 순환적 구조로서의 평가: 계획-실행-평가의 구조를 기반으로, 평가 결과는 다시 다음 계획 수립의 자료가 된다.

또한 학급경영 평가는 단위 수업에 대한 수업평가와는 구별되는 개념이다. 수업평가가 주로 교수·학습의 한 회기나 활동에서 학습목표의 달성 여부에 초점을 둔다면, 학급경영 평가는 한 학기 또는 학년 단위로 이루어지는 학급 전체 운영의 효과성을 총체적으로 판단하는 데 목적이 있다. 무엇보다 학급경영 평가는 교사 개인의 경험에 머무르는 암묵적 판단이 아닌, 구조화된 성찰과 목표 지향적인 평가로 전환될 때 그 교육적 가치를 가진다. 앞서 임 교사의 사례는 이러한 학급경영 평가의 주요 요소들이 현실 속에서 어떻게 나타나는지를 보여 준다. 임 교사는 정성적·정량적 방식을 통해 다양한 주체의 의견을 수렴하고, 이를 자신의 학급경영에 환류하여 학급의 안정과 운영 개선을 도모하였다는 점에서 학급경영 평가의 요소들을 충실하게 반영하고자 하였다. 다만, 평가의 목적과 항목이 학급 운영에 대한 단순한 만족도보다는 해당 학기 또는 학년의 목표 달성도를 확인하는 데 초점을 두어야 그 타당성과 활용도를 제고할 수 있을 것이다.

2) 학급경영 평가의 목적 및 기대효과

학급경영 평가는 궁극적으로는 다음과 같은 교육 및 학교조직 차원의 목적을 지닌다.

① 교육의 질 향상: 학급 내에서 이루어지는 교육활동이 학생들의 성장과 발달에 실질적으로 기여하고 있는지를 확인하고, 부족한 부분을 개선함으로써 교육의 질을 내실화할 수 있다. 이는 학생의 인지적 성취뿐만 아니라 정의적·신체적·사회적 발달까지 포함하는 넓은 범위의 교육 효과를 다룬다.

② 교사의 전문성 신장: 학급경영 평가는 교사 자신이 수행한 교육적 실천을 객관화하고 성찰할 수 있도록 돕는다. 이를 통해 교사는 자신의 강점과 개선점을 인식하고, 교육적 이상과 실행 사이의 간극을 줄여 나가며 전문적 성장의 기반을 다질 수 있다.

③ 학급 운영의 민주성과 책무성 강화: 학생, 학부모, 동료교사의 의견을 수렴하는 평가는 학급 운영의 일방적 구조를 피하고 참여 기반의 학급문화를 형성하는 데 기여할 수 있다. 특히 학생 참여 평가를 통해 학급 내 자치활동의 실효성을 제고하고, 교사–학생 간 상호작용의 질을 향상할 수 있다.

④ 다음 학급 운영계획 수립의 기초자료 제공: 평가 결과는 다음 학기 혹은 다음 해의 학급경영계획 수립 시 활용되는 실질적 피드백 자료가 된다. 학급문화 조성, 규칙 설정, 자치조직 구축, 생활지도 전략 등의 개선 방향이 객관적인 자료에 근거하여 제안될 수 있다.

⑤ 학교경영 평가와의 연계성 확보: 학급 단위의 평가 결과는 상위 조직인 학교 차원의 책무성 기반의 평가와도 연결된다. 제11장에서 다룬 학교경영 평가가 전체 조직의 성과를 점검하는 것이라면, 학급경영 평가는 그 기초 단위에서의 실행력과 효과성을 확보하는 것이 초점이 된다.

이상 학급경영 평가의 목적을 실현함으로써 교사는 학생들에게 더 나은 학습 환경과 질적으로 우수한 교육을 제공하고, 자신의 전문적인 교수 능력을 지속적으로 개발할 수 있다. Hutchings 등(2013)의 연구에 따르면, 교사가 학급경영 기술과 학생 지도 방식에 대해 객관적인 평가를 실시하고 그 결과를 정기적인 피드백으로 활용하는 것은 교사 자신의 자기성찰을 촉진하고 문제행동을 보이는 학생들에 대한 대응 방식을 개선하는 것으로 나타났다. 또한 이러한 평가는 학생들의 수업 참여 태도와 교사와의 상호작용 방식에 유의미한 변화를 가져오는 것으로 확인되었다. 요컨대, 학급경영 평가는 학생과 교사의 성장뿐 아니라 학교조직 전체의 교육적 성과를 향상시킬 수 있는 효과적인 전략이라 할 수 있다.

2. 학급경영 평가의 절차와 방법

학급경영 평가는 계획–실행–평가(P–I–E)의 사이클 중 평가(Evaluation)에 해당하며, 이때 평가는 단순한 결과 확인이 아니라 순환적 구조 속에서 실행을 분석하고 다음 계획 수립의 기초로 삼는 환류의 기능을 수행해야 한다. 예를 들어, 임 교사는 1학기 말 학급의 혼란을 돌아보며 다양한 자료를 기반으로 자신의 학급경영을 평가하고, 이를 바탕으로 운영방침을 수정하였다. 이는 계획–실행–평가의 과정에서 평가가 다시 새로운 계획으로 이어지는 환류의 과정을 실천한 예로 볼 수 있다. 학급경영 평가를 위한 구체적인 절차와 방법은 다음과 같다.

1) 평가계획 수립 단계

무엇을 어떻게 평가할지 먼저 평가계획을 세우는 단계로, 학급경영의 목표와 활동에 비추어 평가 영역과 기준을 설정하고, 평가 시기와 방법, 자료 수집 방법 등을 결정한다. 이때 평가 영역 및 지표, 평가 방법 등은 계획 단계에서 수립한 교육목표에 기반하여 명확한 준거를 마련하는 것이 향후 평가의 타당성과 신뢰성을 높인다.

2) 평가 실시 단계

평가의 실행은 먼저 학급경영 활동을 전개하면서 교사 스스로 평가를 위한 자료를 축적하는 방식으로 이루어질 수 있다. 예컨대, 일상적인 학급 운영 속에서 관찰 기록을 남기거나 중요한 사건은 사례로 정리해 두고, 필요하다면 학생들에게 즉각적인 피드백을 얻기도 한다. 그리고 학기 말이나 일정 기간이 지난 시점에 총괄적인 평가를 실시한다. 사전에 정한 평가 기준에 따라 자료를 수집하고 분석하여 평가 결과를 산출하는데, 이 과정에서 설문조사, 면담, 관찰평가 문서분석 등 다양한 평가 방법이 활용될 수 있다. 예를 들어, 학생과 학부모를 대상으로 설문조사를 실시하여 학급 분위기에 대한 만족도나 교사의 지도에 대한 평가를 수집할 수 있다. 교사 본인은 자기평가 체크리스트를 통해 스스로의 학급 운영을 돌아보고 점검한다. 동료 교사나 관리자에 의한 교실 관찰도 중요한 방법이다. 관찰 시에는 평가 루브릭이나 체크리스트를 활용하여 수업 진행, 학생 상호작용, 학급 질서 등이 얼마나 효과적으로 이루어지는지 기록한다. 이러한 다원적 평가(multi-rater evaluation)는 보다 객관적이고 풍부한 피드백을 제공해 준다.

3) 결과 분석 및 피드백 단계

수집된 데이터를 바탕으로 평가 결과를 종합 분석한다. 성취된 목표와 미진한 부분을 확인하고, 그 원인을 진단한다. 예를 들어, 참여도가 낮았다면 원인이 학습자료의 흥미 부족인지, 학급 규칙의 미비인지 등을 분석한다. 학급경영 평가의 핵심은 단순 결과 확인을 넘어 환류(feedback)가 핵심으로, 개선방안을 모색하여 다음 학급경영계획에 피드백을 제공하도록 한다. 예를 들어, 평가 결과를 학생들과 공유하여 함께 학급 규칙을 개정하거나 새로운 활동 아이디어를 도출하는 데 활용할 수도 있다. 또한 학부모 간담회 등을 통해 학급 운영 성과를 알리고 개선을 위한 의견을 수렴하면 신뢰와 협력을 높이는 계기가 된다.

이상의 학급경영 평가는 특정 시점에서 성과를 종합적으로 판단하는 총괄적인 평가뿐 아니라, 학급 운영에 지속적인 개선을 도모하는 일상적인 평가까지 포함하는 포괄적인 개념이다. 따라서 교사가 주간 또는 월간 단위로 학급일시를 써서 그때그때 학급 상황을 기록하여 반성하는 것은 평가를 일상화하여 실천해 나가는 좋은 방법이다. 요약하면, 학급경영 평가는 계획 단계에서의 준거 설정 → 실행 과정에서의 관찰과 자료 축적 → 정기적 · 비정기적 평가 실시 → 결과 분석 및 환류의 일련의 과정으로 이루어진다. 이러한 과정을 거치면서 교사는 자신의 학급 운영에 대한 풍부한 데이터와 통찰을 얻게 되고, 학생들은 보다 양질의 학급환경에서 교육기회를 누릴 수 있다.

3. 학급경영 평가의 내용과 실제

1) 학급경영 평가의 주요 영역과 지표

학급경영 평가에서 무엇을 평가할 것인가는 중요한 문제이다. 일반적으로 학급경영의 주요 영역은 교수 · 학습지도, 생활지도, 학급조직 및 환경의 세 범주로 나누어 볼 수 있다. 첫째, 교수 · 학습지도 영역은 교사의 수업 계획과 실행, 학습평가, 개별화 지도 등 학업 지도 능력을 평가한다. 이는 학생들의 학업성취와 직결되므로 핵심적인 평가 영역이며, 수업 준비의 철저성, 수업 목표의 명확성, 효과적인 교수법 활용 및 학습자료의 적절성, 학생 참여도와 이해도 제고 노력, 수업의 피드백 제공 여부 등의 지표를 포함할 수 있다. 둘째, 생활지도 영역은 학생들의 일상적인 생활 측면에 대한 교사의 지도력을 본다. 예를 들어, 학급 규칙의 수립과 공정한 적용, 학생 상담 및 정서적 지원, 문제행동 예방 및 대응, 진로지도 등이 해당된다. 이는 흔히 학생 지도 또는 상담 영역으로도 불리며, 학급의 질서와 학생 복지를 유지하는 측면에서 중요하다. 셋째, 학급조직 및 환경 영역은 학급의 물리적 · 심리적 환경과 조직 문화를 평가

한다. 교실 환경 정비, 학급 행사 및 활동 운영, 좌석 배치, 학급임원이나 자치조직의 역할 분담을 통한 자율적 운영, 협력과 존중의 학급 분위기 형성, 교사와 학생 간 또는 학생 상호 간의 관계 등이 이에 포함된다. 이 영역은 교수·학습지도와 생활지도의 토대를 형성하는 부분으로, 안전하고 긍정적인 학급 분위기 조성과 효율적 학급 운영체제 구축에 관련된 지표들로 구성된다. 이상은 학급경영 평가에 공통으로 활용할 수 있는 주요 영역 및 지표이며, 그 구체적인 내용과 수준은 학급담임의 철학 및 교육목표에 따라 다양하게 설정·적용될 수 있다.

2) 학급경영 평가의 실제

학급경영 평가의 영역과 지표를 어떻게 설정·적용할 것인가와 관련하여, 여기서는 국내외에서 일반적으로 활용되고 있는 학급경영 평가[1]의 예시를 통해 구체적으로 알아본다.

(1) Danielson의 교수활동 평가 모형

Danielson(2013)이 개발한 'Framework for Teaching'은 교사 평가 및 전문성 개발에 널리 활용되는 모형이다. 이 모형은, ① 계획 및 준비(planning and preparation), ② 교실 환경(classroom environment), ③ 수업 실행(classroom instruction), ④ 전문적 책무(professional responsibilities)의 네 가지 주요 영역으로 구성된다. 네 가지 영역은 총 22개의 세부 요소와 76개의 구체적 지표를 포함하고 있으며, 이는 교사의 활동을 구체적으로 기술하고 평가하는 기준으로 활용된다. 또한 각 요소에 대해 4단계 수준으로 교사의 수행을 평가하고 구체적인 피드백을 제공한다. 예컨대, '학생과의 의사소통' 요소를 평가할 때는 '미흡-보통-능숙-탁월'의 4단계 중 해당하는 수준을 알려

1 본문에서 제시하는 학급경영 평가의 예시들은 명확히 말하면 '교사(교원) 평가(teacher evaluation)'라는 용어를 사용하고 있다. 이는 학급경영 평가가 사실상 학급을 운영하는 교사의 수업 활동, 교수능력, 교실환경 관리, 학생지도 역량 등을 포괄적으로 진단하고 피드백하는 과정이므로, 본질적으로 교사평가와 밀접하게 연관되기 때문이다. 엄밀하게 구분하자면 학급경영 평가는 교사 평가보다 더욱 현장 지향적인 개념이지만, 실제 학급경영의 성패는 교사의 전문적 역량과 행동에 의해 좌우된다는 점에서 두 평가는 상호 중첩적이다. 이러한 이유로 학급경영 평가의 모형이 별도로 개발·활용되는 경우는 찾기 어려우며, 일반적으로 교사의 교수행동과 전문성을 평가하는 교사 평가의 기준과 영역이 활용된다.

줄 뿐만 아니라, 수준별 행동 사례를 제시함으로써 평가자와 교사 모두 개선 방향을 명확하게 알 수 있도록 한다. 이처럼 표준화된 평가 지표를 통해 학급경영의 현 상태를 체계적으로 진단하고 개선 방향을 모색할 수 있다.

<표 14-1> Danielson의 교수활동 평가 모형

영역	요소
1. 계획 및 준비	• 교과 내용 및 교수 방법에 대한 숙달 • 학생에 대한 이해 • 교수 목표의 설정 • 교수 자원에 대한 이해 • 일관성 있는 교수 설계 • 학생 평가 체계 설계
2. 교실 환경	• 상호 존중과 조화의 교실 환경 조성 • 학습 문화 구축 • 수업 과정 관리 • 학생 행동 관리 • 물리적 공간 구성
3. 수업 실행	• 학생과의 의사소통 • 질문과 토의 기법의 활용 • 학습에 대한 학생 참여 유도 • 수업 중 평가 활용 • 유연하고 즉각적인 대응
4. 전문적 책무	• 성찰적 수업 • 정확한 기록 유지 • 학생들과의 의사소통(상담) • 전문적 공동체 및 학부모와의 협력 참여 • 전문적 성장과 발전 • 전문성에 대한 성찰

(2) Marzano의 교사 평가 모형

과학적-행동주의적 접근에 토대를 두고 있는 Marzano(2013)의 교사 평가 모형은 미국 여러 주(州)의 교사평가제에 도입 · 활용되고 있다. 이는 매우 상세한 평가 요소들을 제시하고 있는데, 그에 따라 교사의 행동을 세밀하게 관찰하여 점수화하고 피드백함으로써 교사의 변화를 유도한다. Marzano의 교사 평가 모형은, ① 교실 전략 및 행동(classroom strategies and behaviors), ② 준비 및 계획(planning and preparing), ③ 수업 성찰(reflecting on teaching), ④ 동료 간 협력과 전문성(collegiality and professionalism)의 네 가지 영역으로 구분된다. 초기 모형은 네 개의 영역에 총 60개의 세부 요소를 포함하였지만, 요소의 수가 너무 많고 중복된다는 비판에 따라 이후 핵심 모형(focused model)으로 개정되었다(Learning Sciences Marzano Center, 2017).

핵심 모형은 ① 교육과정 기반 수업계획(standards–based planning), ② 교육과정 기반 수업(standards–based instruction), ③ 학습 여건(conditions for learning), ④ 전문적 책무성(professional responsibilities)의 네 가지 영역으로 구분되며, 23개의 핵심 요소로 간소화되었다. 이 모형의 장점은 연구 기반의 세부 지표를 통해 지향해야 할 수업 및 학급관리 행동을 명확하게 기술하며, 평가자는 체크리스트나 점수화된 도구를 사용하여 각 요소의 실행 정도를 평가할 수 있다는 점이다. 각 요소에 대해 5단계 수준(미수행–초보적 수준–발전 중–적용 수준–혁신 수준)으로 교사의 수행을 평가하여 교사의 강점과 약점을 진단하고, 구체적인 피드백을 제공한다.

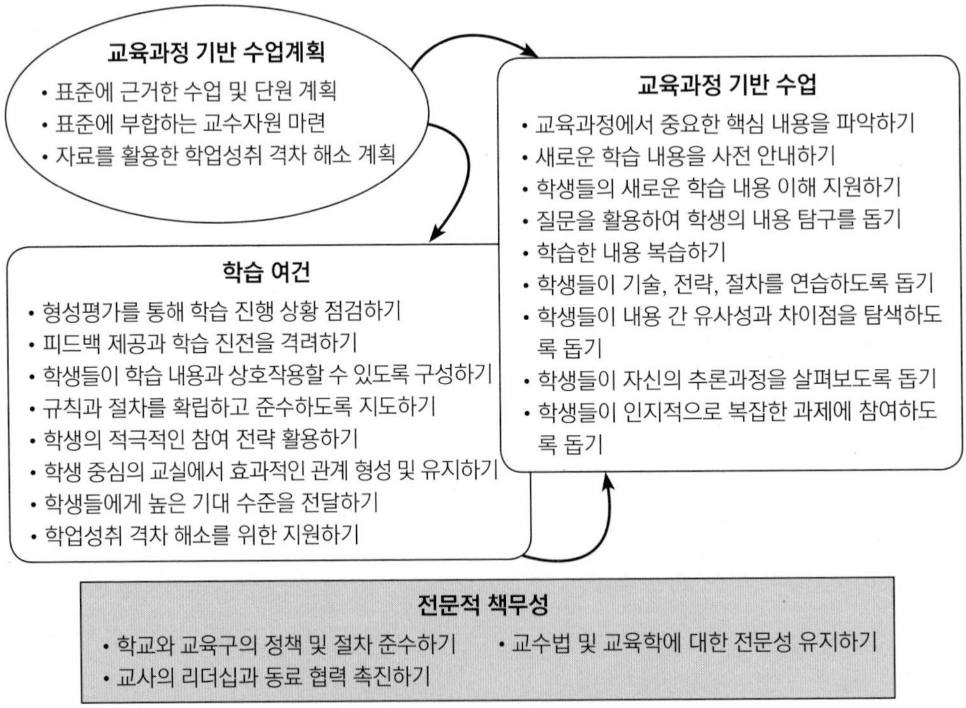

[그림 14-1] Marzano의 교사 평가 핵심 모형

출처: Learning Sciences Marzano Center (2017), p. 7의 그림을 재인용함.

(3) 한국의 교원평가제도

우리나라는 2015년 교원평가제도의 근무성적평정과 성과상여금평가를 '교원업적평가'로 통합 · 간소화하고, '교원능력개발평가'는 별도의 평가로 유지 · 개선하여 이원화 체제로 개편하였다. 교원능력개발평가는 동료평가와 학생 · 학부모 만족도 조사의 결과를 함께 고려하며, 이때 동료평가는 학습지도(수업 준비, 수업 실행, 평가 및 활용)와 생활지도(상담 및 정보 제공, 문제행동 예방 및 지도, 생활습관 및 인성지도)의 두 가지 영역으로 구분하여 평가해 왔다. 한편, 교원업적평가는 근무수행태도뿐 아니라 근무실적 및 근무수행능력을 평가한다(〈표 14-2〉 참조).

<표 14-2> 교원능력개발평가와 교원업적평가 지표 비교(※일반교사 기준)

교원능력개발평가(동료교원평가)

평가 영역	평가 요소
학습지도	수업 준비
	수업 실행
	평가 및 활용
생활지도	상담 및 정보 제공
	문제행동 예방 및 지도
	생활습관 및 인성지도

교원업적평가[다면평가(정성)]

평가 사항	평가 요소
근무수행태도	교육공무원으로서의 태도
근무실적 및 근무수행능력	학습지도
	생활지도
	담당업무
	전문성 개발

출처: 교육부(2024), p. 6의 표를 재인용함.

지난 10여 년간 이러한 평가제도는 교원의 역량 개발을 지원하기 위해 꾸준히 운영되어 왔으나, 평가 결과의 비일관성이나 형식적 · 온정적 평가 경향, 시대변화를 반영하지 못하는 평가 지표의 경직성, 학생과 학부모의 저조한 인식 등 다양한 문제점이 지속적으로 지적되어 왔다. 이에 교육부는 2024년 10월, 교원능력개발평가를 폐지하고 2026년부터 '교원역량개발지원 제도'로 전환할 계획을 발표하였다(교육부, 2024). 주요 변화 중 하나는 기존 교원능력개발평가의 동료교원평가를 교원업적평가의 다면적 · 과정 중심의 정성평가(학습지도, 생활지도, 전문성 개발)로 대체하여 활용한다는 점이다(〈표 14-3〉 참조). 또한 교원이 자기주도적으로 역량을 진단하고 필요한 연수를 지원받을 수 있도록 '자기 역량 진단 시스템'을 도입하고, 교원역량개발센터 설립 및 특별연수 지원 등을 통해 전문성 개발을 체계적으로 지원할 계획이다. 이러한 변화는 교원평가 지표가 시대적 변화와 현장의 요구에 따라 지속적으로 변화하면서도, 여전히 학습지도, 생활지도, 전문성 개발은 교원 역량의 핵심적 영역임을 잘 보여 준다.

<표 14-3> 교원역량개발지원 제도의 평가 지표 변화

교원능력개발평가

평가 영역	평가 요소
학습지도	수업 준비
	수업 실행
	평가 및 활용
생활지도	상담 및 정보 제공
	문제행동 예방 및 지도
	생활습관 및 인성지도

대체 ⇒

교원업적평가 다면평가(정성)

평가 사항	평가 요소
근무수행태도	교육공무원으로서의 태도
근무실적 및 근무수행능력	학습지도
	생활지도
	담당업무
	전문성 개발

출처: 교육부(2024), p. 10의 표를 재인용함.

현재 우리나라는 「교육공무원 승진규정」 제28조의3(평정표 등) 제1항에서 규정하고 있는 별지 서식의 근무성적평정표와 다면평가표를 활용하고 있다. 교사 근무성적평정표를 통해 학급경영에서 어떠한 요소와 내용들이 충실하게 수행되어야 하는지, 학급경영 평가에서 어떠한 평가 지표가 적용되어야 하는지를 엿볼 수 있다(〈표 14-4〉 참조).

<표 14-4> 「교육공무원 승진규정」 내 교사 근무성적평정표

평정 사항	평정 요소	평정 내용
1. 근무수행 태도	교육공무원으로서의 태도(10점)	1) 교육자로서 품성을 갖추고 직무에 충실한가?
		2) 공직자로서 사명감과 직무에 관한 책임감을 갖고 솔선수범하는가?
2. 근무실적 및 근무 수행능력	가. 학습지도(40점)	1) 수업교재 연구를 충실히 하는가?
		2) 학생 수준에 적합한 수업계획을 수립하는가?
		3) 학생들이 수업에 적극적으로 참여할 수 있도록 분위기를 조성하는가?
		4) 학생의 능력과 수준에 적합한 질문을 제시하는가?

		5) 학생들을 학습활동이나 과제 수행에 적절히 참여시키는가?
		6) 학생 특성과 요구에 적합한 수업자료 및 매체를 활용하는가?
		7) 학생의 이해도와 참여도를 수시로 점검하는가?
		8) 평가 결과를 수업개선을 위한 자료로 적극 활용하는가?
	나. 생활지도(30점)	1) 학생 개개인의 특성을 파악하기 위하여 노력하는가?
		2) 상담을 통해 학생이 당면한 문제를 원만히 해결할 수 있도록 지원하는가?
		3) 학생의 적성과 특기를 고려하여 진로 · 진학 정보를 제공하는가?
		4) 학생들이 학급에서 친구들과 잘 어울려 생활하도록 지도하는가?
		5) 안전사고 및 학교폭력을 예방하기 위한 교육을 실시하는가?
		6) 학생들이 올바른 기본 생활습관(언어, 행동, 예절, 질서 등)을 기르도록 지도하는가?
		7) 학생들이 건전한 가치관과 도덕성을 갖추도록 지도하는가?
	다. 전문성 개발(5점)	1) 전문성을 높이기 위한 연구활동에 적극적인가?
		2) 전문성을 높이기 위한 연수활동에 적극적인가?
	라. 담당 업무(5점)	1) 담당 업무를 정확하고 합리적으로 처리하는가?
		2) 담당 업무를 창의적으로 개선하고 조정하는가?

4. 평가 결과의 활용 및 환류

학급경영 평가의 궁극적인 가치는 평가 이후에 결정된다 해도 과언이 아니다. 즉, 학급경영 평가의 핵심은 결과 그 자체보다 평가 결과를 통해 얻은 통찰을 어떻게 활용하여 학급경영을 개선하고 교사의 전문성 발전으로 이어지게 할 것인가이다. 앞서 임 교사는 학기 말 체크리스트와 학생 · 학부모의 피드백을 분석하여 자신의 학급 운영보고서를 정리하였고, 이를 다음 학년 학급 운영 방향 설계 자료로 삼았다. 이는 곧 평가가 다음 실천을 설계하는 성찰 도구로 기능한 사례라 할 수 있다. 학급경영 평가 결과의 활용을 위한 주요 방안과 환류 전략은 다음과 같다.

첫째, 평가 결과를 토대로 한 피드백과 계획 수정이다. 평가에서 드러난 강점과 약점을 명확히 정리하여 피드백함으로써, 다음 학급경영계획 수립 시 이를 반영하도록 한다. 이때 단순한 평가 점수 확인이 아닌 구체적이고 실행 가능한 개선책이 도출되어야 평가가 실질적인 변화를 이끌 수 있다. 특히 동료 교사나 멘토와의 평가 결과 분석 회의, 전문적 학습공동체에서의 토론 등을 통해 평가 결과를 공유하면, 교사가 객관적 관점에서 자신을 돌아보고 새로운 아이디어를 얻는 데 도움이 될 것이다.

둘째, 교원의 전문성 개발 연계이다. 학급경영 평가는 성공적인 학급 운영뿐만 아니라 교사의 성장을 지원하기 위한 것이므로, 평가 결과를 교원의 연수나 코칭 계획과 연동시키는 것이 바람직하다. 우리나라 교원능력개발평가의 경우 평가 결과를 개별 교사의 개인별 맞춤 연수 계획 수립에 활용하도록 하고 있는데, 이는 평가를 처벌이나 보상이 아니라 성장 촉진의 도구로 삼겠다는 취지이다. 예를 들어, 학급 회의 운영에 어려움을 겪는다고 평가된 교사는 학급경영 관련 연수(예: 민주적 학급 회의 방법)나 멘토링 프로그램 참여 기회를 제공받을 수 있다. 반대로 탁월한 학급경영 능력을 보인 교사는 동료들에게 자신의 노하우를 나누는 멘토 역할이나 연구발표를 통해 교직사회 전체의 전문성 향상에 기여할 수도 있다. 이처럼 평가–피드백–전문성 개발로 이어지는 연계 고리가 만들어질 때 평가의 선순환 효과가 극대화된다.

셋째, 학교조직 차원의 환류이다. 동 학년 또는 동 교과 교사 간 평가 결과를 공유하면 학교 차원에서 공통적으로 드러나는 강점과 약점을 파악할 수 있다. 이를테면 대다수 학급에서 '학부모 의사소통' 영역이 취약하게 나타났다면, 학교 차원에서 학부모 참여 프로그램을 늘리는 등의 대책을 세울 수 있다. 이렇듯 학급경영 평가는 학교경영계획 수립 및 학교 평가와도 연계되어 학교의 조직적 학습을 촉진한다. 한편, 앞선 사례에서 임 교사는 자신의 학급경영을 체계적으로 평가하고 의견을 수렴했지만, 그 결과를 동료 교사들과 충분히 공유하지는 못했다. 만약 임 교사가 비슷한 고민을 가진 교사들과 평가 결과를 나누고 상호 피드백을 받았다면, 운영의 어려움을 더 효과적으로 조정하거나 다른 관점에서 해결책을 모색할 수도 있었을 것이다. 이는 학급 단위의 평가가 개인적 성찰을 넘어, 학교 차원의 집단적 환류 체계로 연결될 필요가 있음을 시사한다.

마지막으로, 평가 결과 활용의 기본 원칙은 교사 성장 중심이어야 한다는 점이다. 평가 결과에 경쟁적으로 순위를 매기거나, 이를 벌점을 주는 방식으로 활용하면 교사의 사기를 떨어뜨리고 형식적 대응만 야기할 우려가 있다. 반대로, 익명성이 보장된 동료장학, 멘토링, 자기 성찰일지 작성 등 발전 지향적 방법으로 활용하면 교사들이 보다 개방적인 마음으로 평가를 받아들이고 진정한 변화를 시도하게 된다. 또한 평가가 더 많은 피드백을 받는 학습의 기회가 될 때 교사들의 성과가 향상될 수 있다(Krasniqi & Ismajli, 2022). 잘 설계된 평가 프로그램은 교사가 모르고 지나쳤을 수 있는 부족한 부분을 알려 주고, 스스로 자기 발전의 필요성을 자각하게 한다. 결론적으로 학급경영 평가의 결과는 미래의 더 나은 학급경영을 위한 밑거름으로 활용되어야 하며, 그러한 환류가 이루어질 때 비로소 평가의 의미가 완성될 수 있다.

워크숍 학급경영 평가, 성장의 기회이자 부담의 그늘

학급경영 평가는 학급 차원의 교육활동을 점검하고 개선하기 위한 필수적인 과정이다. 이는 학교경영 평가의 하위체제로서 학급 단위의 성과를 높이고, 궁극적으로는 학교 전체의 발전에 기여한다. 효과적인 평가는 학생들의 학습 동기와 성취도를 높이고, 교사의 전문성 신장에도 긍정적인 영향을 미친다. 특히 학교가 협력적이고 개방적인 평가 문화를 조성할 경우, 교사들이 평가를 부담이나 비판의 도구가 아니라 '배움의 기회'로 인식하고 적극 참여하게 되어 그 효과가 학급과 학교의 성장으로 이어질 수 있다. 그러나 학급경영 평가에는 몇 가지 한계와 쟁점도 분명히 존재한다. 예컨대, 잘못된 평가 지표 설정이나 평가 결과의 부적절한 활용은 그 본질을 훼손할 위험이 있다. 또한 학생과 학부모의 무분별한 의견이나 주관적인 인상에 좌우된 평가 결과는 교사에게 큰 스트레스가 되며 오히려 교사의 사기를 떨어뜨릴 수 있다. 즉, 학급경영 평가는 평가 요소의 설계나 결과 활용 방식에 따라 양날의 검이 될 수 있다. 그렇다면 과연 학급경영 평가는 반드시 필요한가? 학급경영 평가는 누구를 위한 것인가? 학급경영 평가의 명과 암을 면밀히 살펴보고, 이에 대한 자신의 의견을 공유하며 함께 토의해 보자.

학급경영 평가는 교사가 자신의 실천을 성찰하고 개선하는 기회를 제공하는 중요한 수단이지만, 현실에서 그 결과가 늘 공정하고 납득 가능한 것은 아니다. 특히 학생이나 학부모의 만족도 중심 평가는 때로 예측하기 어려운 결과로 돌아올 수 있다. 예를 들어, 규칙을 엄격히 적용하여 학급의 안정과 성장을 이끌어 온 교사가 학생들에게는 "까다롭다."라는 인상을 줄 수 있고, 그 결과 평가 점수가 낮게 나타날 수 있다. 반대로, 학생들에게 유쾌하고 느슨한 수업을 제공한 교사가 높은 평가 점수를 받는 경우도 있다. 이처럼 평가 결과가 교사의 교육적 전문성과 반드시 일치하지 않을 때, 교사는 낙담하거나 평가 자체를 불신하게 될 수 있다.

또한 평가는 교사의 심리적 부담을 가중시킬 수 있다. 학교 현장에서 평가가 '점수'와 '서열'로 이어질 때, 교사들은 자신을 보호하기 위해 보여 주기식 운영을 하거나, 문제 상황을 감추려는 방어적 태도를 취하기도 한다. 특히 '학부모 의견 수렴서' '학생 만족도 설문' '자기평가 보고서' 등 다양한 평가 양식을 활용하는 것은 일면 유용하게 보이지만, 이로 인해 교사들은 수업과 생활지도의 핵심에 집중하기보다 평가 서류 작성에 많은 시간을 소모하게 된다. 이런 상황에서는 학급경영 평가가 본래 지향하던 '성찰'보다는 형식적 대응과 감정적 회피로 전락할 수 있다.

학급경영 평가의 실행 또한 현실적 한계에 부딪힌다. 예를 들어, 담임교사가 25명 이상의 학생을 맡고 있는 상황에서 학생별 정성적 관찰과 개별 피드백, 학부모와의 면담, 관련 문서 정리를 동시에 수행하기란 결코 쉽지 않다. 특히 업무가 집중되는 2학기 말이나 교육과정 마무리 시점에는 평가에 신경을 쓰기보다는 '일단 정리하고 넘어가자.'라는 심리가 커진다. 이처럼 실행 가능성이 낮은 평가 구조는 교사로 하여금 평가를 '부담스럽고 반복되는 업무'로 인식하게 만든다. 즉, 어떤 형식으로든 평가는 교사들에게 피로감과 반발감을 동시에 유발할 수 있다. 이처럼 학급경영 평가는 긍정적 가능성과 동시에 제도적 · 심리적 · 실천적 딜레마를 내포하고 있다는 점에서, 단순히 '해야 하는 일'이 아닌 '어떻게 해야 의미 있게 할 수 있을지'를 함께 고민해야 할 과제이다.

정리하기

1 학급경영 평가란 무엇인지 한 문장으로 표현해 보세요. 그리고 그 이유를 설명해 보세요.

'학급경영 평가는 [   ] 이다.'

2 자기 성찰 활동: 다음의 질문에 대해 스스로 생각을 정리해 보세요.
예상과 다른 학급경영 평가 결과가 도출되었을 때, 교사로서 나는 그 결과를 어떻게 수용하고 향후 학급경영에 어떤 방식으로 반영할 수 있을까?

[ ]

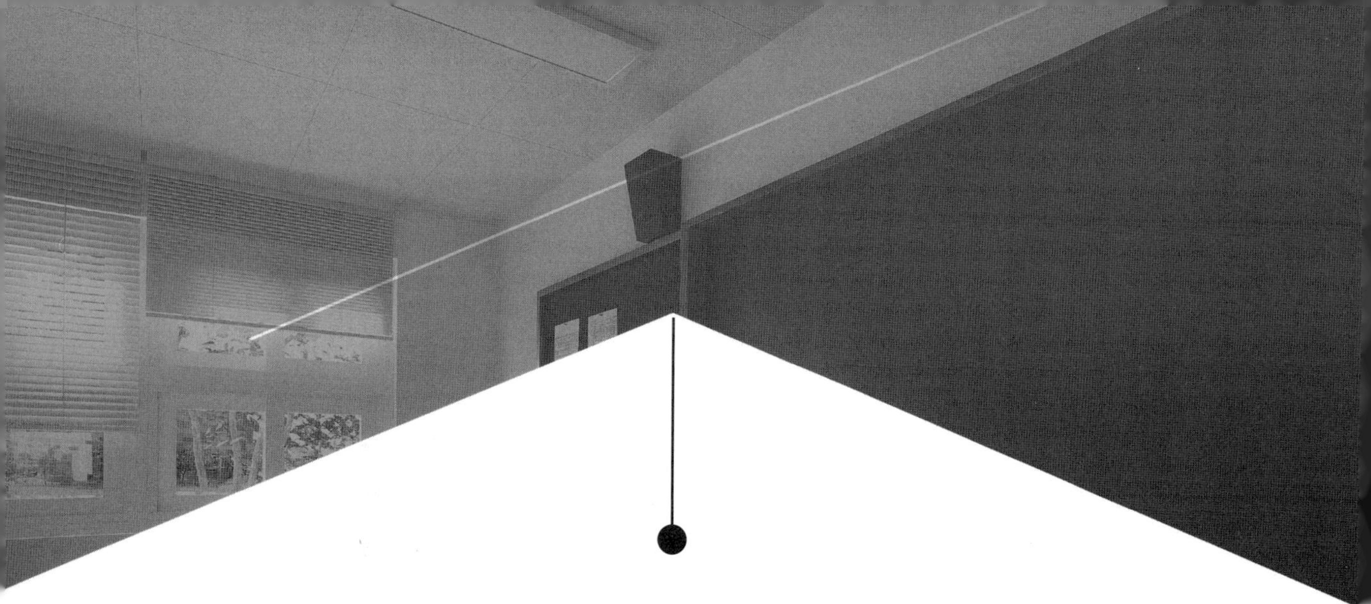

제15장

학교개혁

1. 학교교육에서 국가와 시장의 역할
2. 시장주의적 학교개혁의 평가 기준
3. 최근 공교육 위기는 시장화로 해결 가능한가
4. 우리나라의 학교개혁

워크숍 제주 국제학교 설립 · 운영에 대한 평가

정리하기

제15장 학교개혁

18세기 산업혁명과 근대화를 거치며 국민국가를 형성하는 과정에서 학교교육은 언어, 역사, 문화 등을 공유하여 국가의 정체성을 확립하고 국민 통합과 사회적 안정에 기여하였다. 국민에게 기본적인 의무교육을 제공하는 공교육 제도가 확립되면서 교육의 보편화와 함께, 교육에 대한 국가적 책임을 분명히 했다. 보편적 공교육이 확산됨에 따라 국민의 문해율이 증가하였고, 교육은 사회적 계층이동을 가능하게 하였으며 사회적 통합을 이루는 성과를 나타내기도 하였다. 그러나 20세기에 이르러서는 세계 각국에 어두운 공교육의 위기가 드리워지기 시작하였다. 교육이 보편화됨에 따라 학교급별 취학률 등 교육의 양적 증가가 두드러졌으나, 항상 교육 자원의 부족, 교사 수의 부족 등으로 교육의 질이 떨어지고 있다는 비판이 제기되었다. 특히 도시 빈민, 저소득층, 농어촌 등 소외계층이 밀집된 지역의 교육 여건은 열악한 수준으로 교육 불평등은 심각한 수준에 이르렀다.

미국의 경우, 1983년 Ronald Regan 대통령 시절, 미국 의회의 교육수월성위원회(National Commission on Excellence)는 미국 공교육 위기의 심각성과 교육개혁의 절실함을 지적하는 「위기에 처한 국가: 교육개혁의 필요성(A Nation at Risk: The Imperative for Educational Reform)」이라는 보고서를 발표하였다. 당시 보고서는 미국 학생들의 읽기, 수학, 과학 등 학력 수준이 국제적으로 상당히 뒤처지고 있으며, 고등학교 중도탈락률이 심각한 수준에 이르렀다고 지적하였으며, 이 두 가지를 국가 경쟁력을 약화시키는 주원인으로 지목하였다. 또한 동 보고서에서는 교사의 수 부족, 교사의 자질과 역량 부족이 지적되었고, 저소득층 및 소수 인종 학생의 교육 여건이 훨씬 열악하다는 사실이 공교육의 실패로 지적되었다. 이 보고서는 발표 당시 미국 사회에 큰 충격을 안겨 주었고, 당면한 공교육 위기를 타개하기 위한 교육개혁이 가장 시급한 국가적 의제로 떠올랐다. 그 후로 지금에 이르기까지 공교육의 질적 개선을 위해 끊임없는 노력이 경쟁적인 다양한 형태의 교육개혁으로 나타나고 있다.

여기에서 그동안 공교육의 위기에 대한 세계 각국에서 시행된 학교교육의 개혁에 대해 공통으로 관찰되는 두 가지 특징을 살펴보자면 다음과 같다. 무엇보다, 공교육의 위기는 공교육시스템 그 자체에 노정되어 있는 문제, 더욱 근본적인 공교육 독점의 문제에서 비롯되고 있다고 지적한다[예: Friedman(1962)]. 공교육의 독점은 본질에서 학생 개인 선택의 자유를 제약하고 공급자 간 경쟁이 부재하여 학교교육의 질이 부득이 떨어질 수밖에 없다고 한다. 두 번째 특징은 공교육 위기에 대한 해결책으로 민간 부문에서 해결책을 찾는 시장주의적 학교개혁을 제시하고 있다는 점이다. 공교육시스템에 Charter School 등 다양한 형태의 학교교육을 도입하여 기존 국·공립학교와 경쟁을 조장하고 학생의 학교 선택제(school choice)를 도입하여 선택받은 학교에 교육재정을 우선 배분하는 방식으로 낮은 질의 학교는 퇴출하고 높은 질의 학교교육을 보장하고자 하였다. 사회 제반 분야에서 시장(markets)의 역할을 강화하여 경쟁을 통해 효율성을 높이려는 신자유주의 이념이 투영된 결과이기도 하다.

최근 공교육의 위기에 대응하여 자율과 경쟁을 강조하는 시장주의적 접근이 대세를 이루었다. 1990년대 들어 미국은 공립학교시스템에 자율과 경쟁을 도입하는 charter school을 도입하여 운영하였고, 학생/학부모들에게 학교 선택권을 부여하는 학교 바우처(school vouchers) 프로그램을 실험적으로 운영하기 시작하였다. 먼저, 전통적인 공립학교와 달리, 민간 부문에 위탁하여 기존 공립학교가 받고 있었던 교사 채용, 예산 집행 등의 규제에서 벗어나, 자율적이고 창의적인 학교경영이 가능하도록 하였다. 즉, 새로운 교육 방법을 도입하고 다양하고 특화된 교육과정을 학생의 특성에 맞도록 운영할 수 있게 하였다. 1991년 미국 미네소타주에서 「Charter School 법」이 처음 제정·시행되어 개설되었던 charter school의 수는 2021년 약 8,000개 학교로 급증하였으며 그 재학생 수는 3,700,000명에 달하고 있다. 아울러, 미국 charter school의 도입과 함께, 일부 도시지역에서 학교 바우처 프로그램을 실험적으로 도입하여 학부모들에게 자녀를 원하는 학교에 보낼 수 있도록 학교 선택권을 부여하였다. 학생들에게 일정 금액의 바우처를 지급하여 자신이 선택한 공립학교, charter school 또는 사립학교에 해당 금액의 공적인 교육예산을 지원하도록 하는 방식이다.

신자유주의 이념에 기반한 시장주의적 학교개혁이 성공적이라 할 수 있는가? 즉, 공교육의 제반 문제들에 대한 자율과 경쟁 중심의 시장적 접근이 본질적인 해결의 열쇠인가? 시장주의적 학교개혁을 평가하는 기준과 가치는 무엇인가? 다음에서 영국의 학교개혁 사례인 academy school을 소개하고, 이러한 질문에 대해 논의해 본다.

사례 영국의 학교개혁: 아카데미 학교

2000년대 초반 영국의 Tony Blair 정부는 공교육 위기를 타개하기 위해 기존 공립학교(comprehensive school) 시스템에 새로운 아카데미 학교(academy school)를 도입하였다. 아카데미 학교는 전통적인 공립학교와 달리, 정부의 직접적인 관리와 통제에서 벗어나, 예산, 인사, 교육과정 등에 상당한 자율성(autonomy)을 부여받고, 민간단체가 자율적으로 운영할 수 있게 하였다. 국가 재정으로 설립 · 지원되고 있지만, 민간이 주도하여 자율적으로 운영함으로써, 학교가 민간의 경영기법을 교육에 도입하고 지역사회의 특성에 맞는 교육을 제공할 수 있게 되었다. 2002년 3개 아카데미 학교의 개교로 시작하였으나, 2012년 아카데미 학교 수가 2,309개 학교로 급증하였으며 이제는 거의 모든 공립학교가 아카데미 학교로 운영되고 있다. 김천홍과 홍수진(2017)의 연구에 따르면, 2016년 영국 초등학교의 18%, 중등학교의 58%가 아카데미 학교로 운영되고 있고, 모든 공립학교를 아카데미로 전환하는 것을 정책 목표로 제시하였다. 초기의 아카데미 학교는 도시 지역에 설립되었으나, 2002년 교육법 개정에 따라 도시 외곽이나 농촌 지역으로도 확대되었다. 학생은 학업 능력과 관계없이 모든 학생을 대상으로 선발(all-ability schools)하고, 학교의 특성화(specialism)에 따라 해당 영역별 우수학생을 10%까지 선발할 수 있다. 학교교육과정은 국가 교육과정에 구애받지 않고 학교와 학생의 특성에 맞는 창의적인 교육과정 편성 · 운영이 가능하되, 국가수준 학업성취도 평가를 실시하고 학교평가 전담 기구인 영국 교육기준청(The Office for Standards in Education, Children's Services and Skills: Ofsted)의 학교평가를 받게 되어 있다. 아카데미 학교의 성과와 관련하여, 영국 교육부는 초 · 중등 아카데미 학교 학생들이 기존 공립학교 학생들보다 학업성취도가 향상되었다고 보고하였다. 예를 들면, 2015년 중등교육 시험에서 아카데미 학교 학생들이 국어와 수학을 포함한 5개 교과에서 우수한 성적 등급을 받은 학생 비율이 64.3%에 달하여 전국 공립학교 평균보다 7.2% 상회하였다(김천홍, 홍수진, 2017). 또한 영국 교육기준청(Ofsted)의 학교 운영 평가에서도 아카데미 학교가 기존 공립학교보다 월등히 좋은 평가를 받고 있다. 아카데미 학교의 개혁으로 학교의 자율성 및 학교 경쟁 등으로 학업성취와 같은 학교교육의 효과성은 증가하였으나, 학교 간, 학교 내 협력적인 문화 조성과 같은 협력 효과를 높이지 못하였다는 비판이 제기되고 있다.

토론 질문

이 사례를 읽고 다음의 질문에 대한 자기 생각을 정리해 보고 토의해 보세요.

1. 학교교육은 국가(공공)와 시장(민간), 누가 만들어 제공하여야 하는가?
2. 시장주의적 교육(학교)개혁의 평가 기준은 무엇인가?
3. 최근 공교육 위기는 시장화(marketization)로 해결 가능한가?

1. 학교교육에서 국가와 시장의 역할

18세기 프랑스 혁명과 영국 산업혁명을 거치면서 근대화, 산업화 그리고 민주화는 국민이 국가의 주체로 참여하게 되는 국민국가의 시대를 열었다. 국민국가의 등장은 국가 통합과 산업화 등 사회적 요구에 부응하는 공교육을 제도화하기 시작하였다. 당시 공교육의 주요 목표는 다양한 지역과 계층의 국민을 통합하고, 시민으로서의 권리와 의무, 민주적인 사회 참여를 권장하는 시민교육과 산업화에 따른 노동력을 제공하기 위한 직업 기술교육이었다. 이에 따른 공교육의 주요 성과는 국민이 언어, 역사, 문화를 공유하게 하여 국민 의식과 국가 정체성을 확립하게 된 것과 산업화의 급격한 진전에 필요한 양질의 근로자들을 양성하여 공급한 것이다. 또한 공교육의 확장은 시민의식의 고양을 통해 민주 시민사회의 기반을 강화하는 데 이바지하였다. 그러나, 20세기에 들어서면서 공교육은 여러 가지 문제점을 드러내기 시작하면서 위기에 처하게 되었다. 무엇보다 국가 주도의 의무교육 체제가 도입되면서 공교육의 양적 팽창과 학교교육에 대한 국가의 독점에 따른 교사들의 전문성 부족, 학생들의 학력 저하 등 교육의 질적 저하의 문제가 심각하게 지적되었다. 또한 공교육이 국가의 직접적인 통제하에 공급됨에 따라 개인의 소질과 적성에 따른 다양한 교육수요에 미치지 못하고, 개인의 자유로운 사고나 창의성보다는 모두에게 표준화된 교육이 권장되었다. 아울러, 공교육의 확대에도 불구하고 개인의 경제적, 사회적 배경에 따라 학교교육의 양과 질이 결정되어 지역 간, 사회계층 간 교육격차가 심화되었다.

지금까지 학교교육은 국가 및 사회적 요구를 해결하기 위해 공적인 재정에 의해 국가가 공교육을 직접 만들어 국민에게 제공하여 왔다. 여기에서 학교교육에 대한 국가의 역할은 두 가지로 나누어 볼 수 있는데, 하나는 국가가 학교교육에 소요되는 재정을 부담해야 한다는 재정적 책임이나 역할을 의미하고, 다른 하나는 학교교육이 사회적 요구에 부응할 수 있도록 국가가 직접 학교를 만들고 교사를 채용하고 교육과정을 만들어 학교교육을 제공하는 공급적 책임 또는 역할을 말한다. 먼저, 학교교육의 재정은 누가 부담해야 하느냐는 질문은 교육의 편익이 누구에게 돌아가는가와 직접 관련되어 있다. 앞에서 설명한 학교교육의 역할/기능은 사회적 요구에 부응하는 것, 즉 사회적 편익(social benefits)을 위한 것이라는 측면에서 일정 부분 국가의 재정적 책임이 불가피하다. 초등학교, 중학교 의무교육과 고등학교 무상교육은 이러한 교육의 사회적 편익을 반영한 것이다. 한편, 교육의 사회적 편익과 함께, 교육의 사적 편익(private benefits) 역시 함께 부각되었다. 학교급이 올라감에 따라 학생 개인이 더 교육을 받을 것인가에 대한 의사결정은 학교교육에 따른 직접적, 간접적 비용과 함께, 양질의 직장 취업, 생애 소득의 증가와 같은 사적 편익을 고려하여 이루어진다. 즉, 학교교육은 교육에 대한 수요와 공급에 따라 결정되는 사적 재화(private goods)의 성격을 띠게 되는 것이다(Stiglitz, 2000). 특히 대학교육의 경우, 개인의 사적 편익을 강조하여, 그동안 수익자 부담의 원칙에 따라 교육비용인 대학 등록금을 학생 · 학부모가 부담하게 하고 있다. 학생은 대학교육에서 취득한 학위와 학력으로 높은 사회경제적 지위라는 사적 수익을 획득하고 있다. 최근 사회적 문제로 등장한 사교육 이슈는 사적 재화로서 교육을 강조하는 현실을 반영한 것으로 보인다. 결국, '학교교육은 공공재인가, 사적 재화인가?'에 대한 논쟁으로 이어진다. 이러한 질문에 간단히 답하자면, 학교급에 따라 다르나 학교교육은 공공재와 사적 재화의 특성 모두 지닌다고 할 수 있다. 교육의 공공재적 특성 등에 대한 자세한 논의는 『미래교육, 교사가 디자인하다』(곽덕주 외, 2024) 제9장 '교육의 공공성'을 참조하기 바란다. 교육이 사적 재화라 하더라도, 교육의 효과 또는 편익이 교육을 받은 사람에 그치지 않고, 그 주변의 사람들, 나아가 사회 전체에 별도의 영향을 미치는 특성을 갖고 있다. 우리는 이것을 외부 효과(Externalities) 또는 누출 효과(Spill-over effect)라 부른다. 외부 효과는 한 사람의 행위가 의도와 다르게 다른 사람의 경제적 효용에 영향을 미치게 되는 현상을 말한다. 즉, 개인이 경제적 비용을 지불하고 대학교육을 이수하면 생애 소득 증가와 같은 사적 편익을 얻게 되는데, 대학교육의 효과 또는 편익이 그 사람에 그치지 않고 그와 함께 일하는 동료들과 상호작용을 통해 동료들의 생산성이 향상되고 또는 나아가 사회 전반에 누출 효과의 형태로 사회적 편익을 가져다준다는 것이다. Moretti의 연구(2004)에 따르면, 대학 학사학위를 취득한 근로자와 함께 일한 고졸 근로자들이 고졸 근로자들만 함께 일했던 집단에 비해 더 높은 생산성을 보여 주었다.

학교교육은 공공재적 특성과 외부 효과를 통해 사회적 편익을 제공한다는 측면에서 국가의 재정적 책임, 즉 교육의 공공투자에 대한 정당성을 인정받는다. 그렇다고, 국가가 독점적으로 학교교육을 직접 만들어 국민에게 제공해야 할 책무를 갖는가? 노벨상 수상자인 경제학자 Milton Friedman(1962)은 학교교육의 비용을 부담하는 것과 학교교육을 직접 디자인하고 시행하는 것은 전혀 다른 문제라고 주장한다. 그는 공교육 위기의 본질적인 문제는 국가가 교육을 독점적으로 공급하는 데 있다고 본다. 공교육시스템에 자율과 경쟁이 부재하여 교육비용을 낮추려는 노력도 없고, 교육의 질적 수준을 향상시키려는 자극이나 동기가 아예 없다는 것이다. 일반적으로 독점시장에서 기업은 재화와 용역의 생산비용을 낮추기보다 소비자에게 모든 생산비용을 전가하게 되어 '고비용 저효율'의 생산구조를 갖게 된다. 공교육시스템의 고비용 저효율 구조와 아울러, 정부 독점하에서 발생하는 사적 이익 추구 현상(rent-seeking)과 같은 도덕적 해이가 팽배하게 된다. 그의 저서, 『자본주의와 자유(Capitalism and Freedom)』(1962)에서 정부가 직접 독점하여 학교교육을 공급하지 말고, 일선 학교들이 학교 간 경쟁을 통해 '저비용 고효율'의 교육을 제공할 수 있도록 제도를 마련해야 한다고 주장했다. 그 일환으로, 학교 선택제(school choice)와 스쿨 바우처(school voucher) 프로그램을 제안하였다. 정부는 학생과 학부모에게 일정 금액의 바우처를 제공하고, 학생/학부모가 스스로 선택한 학교가 획득한 바우처 총금액에 해당하는 공적 교육예산을 지급하는 교육 수요자 주도의 교육재정 배분 시스템이다.

교육에 대한 시장주의적 접근은 경제 이론적 근거에 그치지 않고 민주적 통제라고 하는 정치적 접근에 의해서도 지지를 받게 된다. 1990년대 초반 조지 부시 대통령의 특별보좌관으로 일했던 Chubb와 Moe는 『정치, 시장 그리고 미국의 학교(Politics, Markets, and America's Schools)』(1990)라는 책에서 공교육의 실패는 독점적인 학교 관료제의 폐해에서 비롯된 것이라고 주장하면서, 학생과 학부모가 직접 학교교육을 통제할 수 없는 공교육시스템을 문제의 근원(the root of the problem)으로 지적하였다. 단순히 지역 주민과 학부모가 교육위원 선거를 통해 학교교육 당국을 간접적으로 통제하는 것으로는 교육수요에 부응하지 못하는 관료제의 폐단을 해결할 수 없다고 한다. Chubb와 Moe는 학부모에게 자신의 자녀가 다닐 학교를 직접 선택할 수 있도록 함으로써, 일선 학교가 학교교육을 제공하는 데 학생 · 학부모가 원하는 교육이 무엇인지 반영할 수 있도록 직접적인 민주적 통제의 기회를 제공해야 한다고 주장하였다. 저비용 고효율의 자율과 경쟁 시장주의 논리는 학교 관료제의 직접적인 민주적 통제라는 정치적 논리와 결합하여 민간 부문의 시장 역할을 강조하는 시장주의적 학교개혁을 유행시켰다. 또한 수학 및 과학 중점학교와 같은 마그넷 스쿨(magnet school)과 charter school 등 학교 유형을 보다 다양화하여 학생 · 학부모에게 다양한 교육의 선택 기회를 부여하고 기존 국가 주도의 표준화된 교육에서 탈피하고자 하였다. 특히 John Chubb는 1992년 Edison School을 창립하여 민간기업의 방식으로 학교를 효율적으로 운영하였고, 학업성취도와 같은 교육의 성과를 높이려고 하였다.

2. 시장주의적 학교개혁의 평가 기준

지금까지 앞에서 제시해 온 시장주의적 학교개혁을 우리는 어떻게 평가할 것인가? 개별 교육정책이나 제도를 평가하고자 할 때, 우리 국민이 공감대를 형성하고 있는 공공의 가치와 준거를 제시하고 제반 가치와 준거를 얼마나 충족시키고 있는지 종합적인 평가를 하게 된다. 전 세계적으로 유행해 왔던 시장주의적 교육개혁에 대한 가치평가의 준거에는 무엇이 있는가? 미국 Columbia 대학 석좌교수 Henry Levin(2002)은 가치평가의 준거로 네 가지, 선택의 자유(freedom of choice), 생산적 효율성(productive efficiency), 형평성(equity) 그리고 사회적 통합성(social cohesion)을 제시하고 있다.

첫째, 시장주의적 교육개혁 평가의 중요한 평가 준거의 하나는 선택의 자유(freedom of choice)이다. 그동안 전통적인 공교육시스템에 따르면, 학생의 학교 배정은 학생과 학부모가 거주하는 지역에 '근거리 배정'의 원칙에 따라 학교를 배정해 왔다. 학생과 학부모의 학교선택은 그들이 거주하고 있는 거주지에 따라 제한을 받게 되는데, 문제는 가정의 사회경제적 배경에 따라 거주지 분리(residential segregation) 그리고 나아가 학교 분리(school segregation) 현상으로 이어진다는 데 있다. 사회경제적 배경이 낮은 학생들은 저소득층 및 소외계층이 밀집한 지역에 함께 거주하고, 해당 지역의 소위 교육 여건이 열악한 학교에 배정되어 다니게 된다. 기존 근거리 배정의 원칙은 저소득층 및 소외계층 학생과 학부모의 실질적인 학교선택의 자유를 제한하게 된다. 이에 반해, 학교 선택제는 학부모의 가치와 신념에 따라 자녀가 다닐 학교를 자유롭게 선택하여 학교교육을 받게 함으로써 거주지 분리에 따른 학교 분리 현상을 극복하고 공공가치인 국민의 선택 자유를 높이는 것이다. 또한 기존 공교육시스템의 획일적이고 표준화된 학교교육의 제공에서 벗어나, 다양한 형태의 학교교육을 제공하는 것은 학생과 학부모의 선택 자유를 높이는 것이다. 다양하고 복잡한 사회변화에 따라 다양해진 학교교육에 대한 학생과 학부모의 수요를 얼마나 충족시켜 줄 수 있느냐가 관건이다. 미국의 charter school과 magnet school, 영국의 academy school, 그리고 우리나라의 고교 다양화 정책에 따른 자립(율)형 공·사립고 등 다양한 학교 유형의 대표적인 사례이다. 학생과 학부모가 원하는 다양한 교육수요를 개인별 맞춤형으로 충족시킬 수 있다는 장점이 있으나, 선택의 자유는 교육 불평등이라는 문제를 동반하게 된다. 즉, 누구를 위한 선택의 자유인가에 대한 비판이 제기되고 있다. 저소득층 및 소외 계층의 학생들에게 학교선택의 자유가 주어진다고 해도 사회경제적 배경이 높은 학생들이 밀집한 양질의 학교에 다니는 데 소요되는 비싼 주거(이주) 및 교통 비용 등 경제적 부담으로 인해 실질적인 선택의 자유를 제한받게 된다. 결국 선택의 자유는 그러한 경제적 능력을 갖춘 상대적으로 지위가 높은 사회계층을 위한 것이라고 주장한다.

두 번째 가치 준거로서 생산적 효율성(productive efficiency)은 그동안 비효율적이라 비판을 받아 왔던 공공 부문, 공교육 체제가 추구해야 하는 중요한 준거이다. 국민에게 학교교육을 제공하는 데 상당한 양의 자원이 소요되는데, 자원의 희소성은 학교교육의 양과 질을 제약하고 있다. 최근 공교육의 위기는 학교교육의 제공에 있어 국가의 독점적 지위와 이에 따른 고비용 저효율의 생산구조에서 비롯되고 있다. 시장주의적 학교개혁론자들은 공교육시스템에 자율과 경쟁을 도입하여 저비용 고효율의 학교 생산성을 높이고자 하였다. 학교 선택제와 바우처 프로그램은 학교 간 학생 확보를 위한 시장 경쟁을 유발하고, 학교 간 경쟁은 결국 학생과 학부모가 원하는 교육수요를 충족시키게 된다는 것이다. 아울러, 양질의 학교에 진학하기 위해 학생들 사이에도 경쟁이 발생하게 되고 학교 단위에서 학업성취도와 같은 교육 산출물이 극대화될 수 있다는 주장이다. 과연 시장주의적 학교개혁이 학교 간 경쟁과 학생 간 경쟁을 촉발시키고, 나아가 경쟁을 통해 교육비용을 최소화하고 산출물을 극대화하여 학교 생산성을 높일 수 있는가? 이에 답하기 위해서는 이론적 검증뿐만 아니라 실증적 검증이 필요하다.

그동안 스쿨 바우처 프로그램의 실증적 분석을 종합하면서, Helen Ladd(2002)는 스쿨 바우처의 생산적 효율성을 분석하기 위해서 공사 부문 간 이동 효과(Sector Effect), 동료 효과(Peer Effect), 경쟁의 효과(Competition Effect)를 구분하여 종합적으로 분석했다.

먼저, 학교 선택론자들은 종래 공립학교에 다니던 학생들이 더욱 효율적이라고 여겨지는 사립학교에 전학하여 다닐 수 있도록 함으로써 소위 사립학교 효과(Private Schooling Effect)를 누릴 수 있다는 주장이다. 다만, 사립학교에 다니는 학생들은 공립학교 학생들과 입학 전 많은 차이가 있어 공·사립 학교 간 학업성취도의 차이가 순수한 사립학교 효과로 인한 것인지, 아니면 입학 전 학생들의 특성 차이에 의한 것인지 불분명하다. Ladd는 사립학교 효과의 증거는 미미하거나 결정적이지 않고 기껏해야 흑인 학생들에게 조금(small gains) 나타난다고 지적했다.

둘째, 학교 선택제는 학생의 학교 간 이동과 학교 간 계층화(school stratification) 및 양극화(polarization) 현상으로 학업성취도가 비슷한 학생들이 같은 학교에 다니게 된다. 이때, 동료 효과는 학생에 따라 다르게 나타나게 되는데, 종래 공립학교에서는 학업성취도가 낮은 학생이 높은 학생과 함께 다니고 있어 동료 효과가 주로 학업성취도가 낮은 학생들에게 정적(positive)으로 나타나고 있었는데, 학교선택을 통해 학업성취도가 높은 학생들이 다른 학교로 이동하게 됨에 따라 동료 효과가 사라지게 되는 부적(negative)인 효과가 나타난다. 반면, 공부 잘하는 학생들은 학업성취도가 높은 학생들이 밀집한 학교에 다니게 되어 오히려 그보다 더 잘하는 학생들로부터 정적인 동료 효과를 얻을 수 있게 되는 것이다. 이처럼, 학교 선택제로 인해 동료 효과는 공부 잘하는 학생들에게는 정적으로, 그렇지 못한 학생들에게는 부적으로 나타나게 되어 교육격차를 더욱 심화시키게 된다.

셋째, 학교 선택제는 학교 간 경쟁, 학생 간 경쟁을 촉발시켜 학업성취도와 같은 교육 산출물 효과를 극대화한다는 주장에 대해 그동안 실증적 증거는 제한적이거나 결정적이지 않다는 것이다. 과연 우수한 학생을 확보하기 위한 학교 간 경쟁이 학교교육의 질을 높이기 위한 경쟁으로 이어지느냐에 대해 다소 회의적인 결과인 것이다. Hsieh와 Urguiola(2003)가 칠레의 스쿨 바우처 프로그램을 실증적으로 분석한 결과, 학교 간 경쟁으로 인한 학교 생산성 증대 효과의 증거는 찾기 어려웠으며, 단지 공부를 잘하는 우수학생들이 특정 학교에 쏠리는 현상(Sorting)이 심화될 뿐이었다.

세 번째 가치 준거는 형평성(equity)이다. 공교육에 있어 형평성이란 국민에게 성별, 인종, 언어, 장애, 지역, 계층 등과 관계없이 균등한 교육 기회의 제공, 교육 자원 그리고 교육 결과를 보장하는 것이다. 앞서 언급하듯, 시장주의적 학교개혁론자들은 학교 선택제의 도입을 통해 종래 주거 분리에 따라 교육 여건이 열악한 학교를 배정받아 다닐 수밖에 없는 저소득층 및 소외 계층 학생들에게 지역을 벗어나 원하는 학교에 다닐 수 있도록 학교 선택권을 부여하여 형평성을 제고할 수 있다고 주장한다. 그러나 학교선택에 중요한 정보에 대한 접근 기회 부족과 비싼 주거 이주 및 교통 비용에 대한 경제적 부담은 그들의 실질적인 학교 선택권의 행사를 제한하게 된다. 결국, 기존 기득권, 즉 공부 잘하고 사회경제적 배경이 높은 학생 및 학부모들이 정보 접근권과 경제부담 능력을 바탕으로 자신들이 원하는 학교에 진학하게 되어 그들만의 학교, 즉 학교 분리 현상을 오히려 확대할 우려가 있다.

마지막으로, 사회적 통합성(social cohesion)은 시장주의적 학교개혁을 평가하는 중요한 가치 준거이다. 국민국가 시대에 공교육에 요구하는 역할이 바로 국민 통합과 국가 정체성을 확립하는 것이다. 공교육을 통해 사회통합을 이루기 위해서는 사회적 · 경제적 · 문화적 배경이 서로 다른 학생들이 학교에 함께 모여 공통된 교육과정을 통해 교육경험을 공유하게 되고, 나아가 더불어 살아가는 민주시민으로 함께 성장해 나가야 할 것이다. 기존 공교육 제도는 공통의 사회적 가치와 규범을 반영하는 정치적 · 사회적 · 경제적 제도 등을 표준화된 교육과정으로 제공하여 그 목적을 달성하고 있었다. 이에 반해, 시장주의적 학교개혁론자들은 주거 분리와 학교 분리에 따라 공교육시스템이 오히려 사회통합의 교육이 어려웠다고 주장하면서, 학교 선택제의 도입이 저소득층 및 소외계층 학생들이 거주지 밖의 우수한 학교에 진학할 기회를 제공함으로써 다양한 배경의 학생들이 공통의 교육경험을 가질 수 있어 사회통합에 기여한다고 주장하였다. 그러나 비판론자들은 학교 선택제는 결국 학교의 계층화 및 서열화로 이루어져 가정환경이 비슷한 학생들끼리만 같은 학교에서 교육경험을 공유하게 될 뿐이고, 사회계층 간 학생들이 한 공간에서 공통의 교육경험을 공유할 수 없게 되어 사회통합에 저해가 된다고 반박한다.

앞에서 제시한 네 가지의 가치 준거는 각자 매우 중요한 사회적 가치로 공교육이 항상 추구해야 할 대상이다. 그러나 하나의 가치 준거를 전적으로 추구하게 되면 다른 가치 준거의 달성에 저해가 되는 상충(tradeoff) 현상이 나타나는 경우가 종종 있다. 예를 들면, 선택의 자유를 높이기 위한 특정 정책이나 제도는 결국 국민 간 형평성을 저해하는 경우가 발생하기도 한다. Milton Friedman은 학교 선택제와 스쿨 바우처 프로그램을 제안하면서 선택의 자유를 최대한 높일 수 있도록 학생과 학부모가 추가로 부담하는 등록금(add-ons)을 함께 도입하자고 주장했다. 양질의 학교에 많은 학생이 선택하여 일정 금액의 바우처를 지급하고자 하였으나, 학생 정원 제한으로 인해 신청자의 일부만 받아야 하는 경우, 그들이 지불할 용의가 있는 금액(willingness to pay)을 추가로 제시하고 지불하는 학생들만 받게 하자는 것이다. 지불할 용의 금액이 많다는 것은 그만큼 그들이 절실히 원하고 있다는 것을 의미한다. 이 제도는 선택의 자유라는 가치를 극대화할 수 있으나, 저소득층 학생들이 경제적 부담으로 선택할 수 없는 형평성이라는 다른 준거가치를 저해하게 된다. 반대로, 미국의 경우, 뉴욕, 클리블랜드와 같은 일부 도시에서는 학교 선택제와 스쿨 바우처 프로그램의 대상을 모든 학생이 아닌 저소득층 및 소외계층 학생들에게 한정하여 실시함으로써, 선택의 자유라는 가치 준거는 일부 낮추더라도 형평성의 가치 준거는 높이는 방향으로 정책을 설계 · 시행한 바 있다. 이처럼, 학교 선택제와 스쿨 바우처 프로그램을 어떻게 설계하느냐에 따라 네 가지 가치 준거의 달성이 달라진다. 거미 그물망(spider web) 분석을 이용하여 Milton Friedman의 학교선택 바우처 추가금(add-ons)제와 뉴욕/클리블랜드의 저소득층 및 소외 계층 대상의 학교선택 및 스쿨 바우처 제도를 네 가지 가치 준거에 따라 비교하면 다음과 같다.

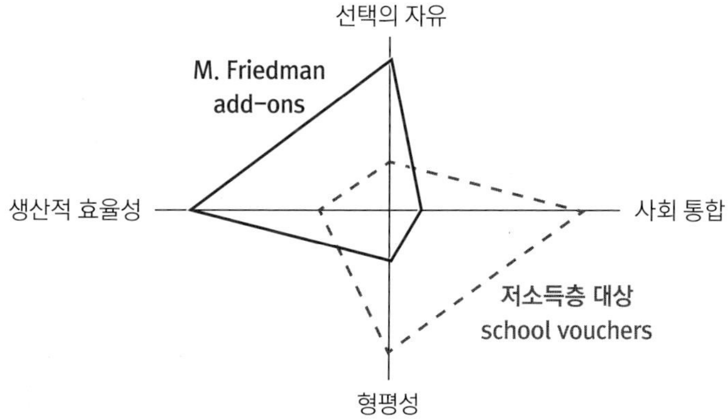

[그림 15-1] M. Friedman의 add-ons와 저소득층 대상 스쿨 바우처의 비교

3. 최근 공교육 위기는 시장화로 해결 가능한가

지금까지 공교육 위기에 대한 해법으로 공교육시스템에 민간의 자율과 경쟁을 도입하는 시장주의적 학교개혁 정책을 도입하고 있다. 신자유주의 이념에 기반한 시장화(marketization) 또는 민영화(privatization)의 흐름은 전 세계적인 추세로 확대되어 갔고, 이는 소위 세계교육개혁운동(Global Education Reform Movement: GERM)이라 명명되기도 하였다. 미국, 영국을 비롯한 서구 선진국을 포함하여 세계 많은 국가가 채택하고 있는 신자유주의적 교육개혁의 기조를 의미한다. 신자유주의의 기원은 20세기 초 오스트리아 경제학자 Fredrich Von Hayek의 『자유의 길』에서 종래 고전적(classic) 자유주의에서 탈피하여 신자유주의(neo-liberalism)로 전환을 촉구하였다.

1960년대 Milton Friedman의 등장으로 신자유주의 2.0 버전으로 업그레이드되면서 저비용 고효율의 작은 정부를 지향하며, 공공 부문에 자율과 경쟁을 도입하고, 과감히 공적 업무를 민간기업에 위탁하여 운영하는 민영화를 활발히 전개하였다. 최근 공교육 위기에 대한 해법으로 시장화 및 민영화 정책을 요약하자면 다음과 같다.

첫째, 공교육시스템에 학교 간 자율과 경쟁을 도입하는 것이다. 종래 학교교육에 대한 국가의 독점적 공급으로 인한 고비용 저효율의 폐단을 시정하기 위해서 공급 구조를 경쟁 체제로 전환하는 것이다. 우수 학생을 확보하기 위한 학교 간 경쟁은 불필요한 교육비용을 낮추고 학교교육의 생산성을 높여 양질의 교육을 제공할 수 있다는 것이다.

둘째, 자녀가 다닐 학교를 선택할 수 있도록 학교 선택제를 도입하여 학부모의 선택 자유를 높이고 다양한 교육수요를 충족시키는 것이다. 또한 좋은 학교에 진학하기 위한 학생 간 경쟁을 유발하여 학업에 전념할 수 있도록 여건을 조성할 수 있다.

셋째, 학교교육에서 학업성취도와 같은 교육 산출물(educational outcomes)을 강조하여 학교에서 기업의 총체적 품질관리와 같은 민간 경영기법을 통해 그동안 비판받아 왔던 학력 저하와 같은 질적 관리 문제를 바로잡고자 하였다.

마지막으로, 학교 자율(autonomy)에 걸맞은 책무성(accountability)을 함께 부여하여 학교단위 교육 산출물에 대한 책임을 질 수 있도록 책무성 정책을 시행하였다. 학교별로 정기 일제고사와 같은 시험을 치르고 그 시험 결과에 따라 채찍과 당근 같은 적극적인 인센티브 정책을 시행하고 있다. 이와 같은 시장화 또는 민영화 중심의 시장주의적 학교개혁은 전 세계에 유행처럼 번지고 있다.

그러나 최근 대세적인 세계교육개혁운동(GERM)의 흐름에 영향을 받지 않는 예외적인 국가들이 주목을 받고 있다. 핀란드와 쿠바 같은 국가들은 시장화 또는 민영화보다 오히려 교육 분야에 공적 투자를 강화하고 있으며, 최근 PISA와 같은 국제 학업성취도 평가에서 다른 국가보다 월등히 높은 성적을 보여 주고 있다. Adamson 등(2016)은 편저, 『세계교육개혁: 민영화 우선인가 공적투자 강화인가?(Global Education Reform: How Privatization and Public Investment Influence Education Outcomes)』에서 교육개혁의 해법이 민영화 우선인지 공적 투자 강화인지에 대해 실증적 분석을 통해 그 답을 찾고자 하였다. Michael Fullan, Pasi Sahlberg 그리고 Martin Carnoy와 같은 세계적인 석학들이 이 책에서 국가별 이론적 및 실증적 분석에 참여하였다. 기본적으로 지리적 인근 지역에 위치하면서도 교육개혁에 대해 서로 다른 접근, 즉 시장화 우선 대 공적 투자 강화를 취했던 국가들, 칠레와 쿠바, 스웨덴과 핀란드 그리고 미국과 캐나다를 실증적으로 비교하여 분석하였다. 다음에서는 그중 칠레와 쿠바 그리고 스웨덴과 핀란드의 사례를 요약 비교하여 소개하고자 한다.

먼저, Frank Adamson와 Bjorn Åstrand의 연구(Adamson et al., 2016)는 칠레의 시장화 사례를 분석하였는데, Milton Friedman이 주장하였던 대표적인 시장주의적 교육개혁 정책, 스쿨 바우처 프로그램이 1973년 Pinochet의 권위주의 정권하에 전국적으로 도입되었다는 사실을 먼저 아이러니로 지적하였다. 당시 Pinochet 대통령은 Milton Friedman의 제안에 따라 공교육시스템에 민영화를 적극적으로 도입하였다. 1980년대에서 2010년대까지 공립학교의 비율이 72%에서 46%로 급감하였고, 바우처 대상의 학교들, 공적 자금을 지원받으나 민간이 위탁 경영하고 있는 학교들은 18%에서 49%로 늘어났다. 문제는 저소득층 학생들이 주로 전통적인 공립학교에 다니는 반면, 스쿨 바우처의 수혜자는 주로 고소득층 및 중산층 학생들의 4분의 3이 바우처 학교에 다니게 되는 학교 분리 현상, 나아가 교육 불평등이 계층 간 심화되었다. Pinochet 정부의 시장화 정책은 교사의 임금을 70%가량 낮추고 교원노조를 붕괴하는 수준에 이르게 하였다. 그 결과, 칠레 학생들의 PISA 학업성취도는 2009년에서 2012년에 걸쳐 모든 사회계층에서 떨어지고 있다는 현실을 마주하게 되었다. 이러한 교육 실정은 수많은 학생의 시위로 이어지고 결국 Pinochet 정부의 몰락을 가져오게 되었다.

Castro-Hildalgo와 Gomez-Alvarez의 연구(Adamson et al., 2016)는 장기간 칠레에서 시행된 신자유주의 실험이 교육의 질과 형평성에 미치는 영향을 실증적으로 분석해 분명하게 보여 주고 있다. 이에 반해, 쿠바는 칠레보다 국민 1인당 총생산(GDP per capita)이 훨씬 낮음에도 2006년 남미 국가 학생들을 대상으로 실시된 2nd Regional Comparative & Explanatory Study 시험에서 상당히 높은 수준의 성취도를 보여 주었다. 비록 정치적 이유로 PISA나 TIMSS와 같은 국제학업성취도 평가에는 참여하지 않고 있으나, 통계적 분석에 따르면 쿠바 학생들의 학업성취도는 OECD 국가의 평균 수준에 달하고, 국민 1인당 총생산의 10배에 달하는 미국 학생들의 성취도를 오히려 앞서고 있다고 평가받았다. 쿠바는 Pinochet 집권하의 칠레와 같이 권위주의 국가이며 국가의 강력한 통제를 실시하고 있는 국가이다. 주목할 만한 점은 중앙집권적 국가인 쿠바의 교육 시스템은 교사와 학생들을 위해 교육 여건에 대한 충분한 공적 투자와 지속적인 지원을 해 오고 있다는 점이다.

미국 Stanford 대학교 Martin Carnoy 교수는 그의 저서 『쿠바의 교육 경쟁력: 쿠바 학생들은 왜 공부를 잘할까?(Cuba's Academic Advantage: Why Students in Cuba Do Better in School)』(2007)에서 쿠바 교육의 장점에 대해 자세히 설명하고 있다. 그는 쿠

바 공교육 성공의 비결로 네 가지를 제시하고 있는데, 첫 번째는 쿠바에서 국가 주도로 학교교육에 필요한 사회적 자본을 창출하고 있다는 점이다. 시장주의 환경에서는 상호 협력보다는 경쟁으로 사회적 분리를 경험하게 되고 학교를 둘러싼 지역사회의 협력적인 교육환경을 만들기 어려워진다. Carnoy 교수는 사회적 자본의 중요한 지표 중의 하나로 사회 불평등의 정도를 제시하고, 비교적 지역사회 간 소득 평등은 공교육에 대한 공동의 투자와 그에 따른 양질의 공교육 서비스를 제공하게 되었다고 주장한다. 쿠바가 중남미에서 중저 소득 국가임에도 다른 국가보다 양질의 의료 서비스와 공교육 서비스를 전역에 걸쳐 국민에게 제공하고 있다고 한다. 1980년대 쿠바는 보편적인 10학년 학교교육 체제를 완성하였으며, 교육과정 개혁을 통해 교육의 수월성보다 형평성을 구현해 오고 있다. 그 과정에서 신자유주의 교육의 국가들과는 달리, 학생과 학부모에게는 그다지 선택권이 부여되고 있지 않으며, 가정의 사회경제적 배경에 따른 교육의 불평등 정도는 상당히 낮은 편으로 관찰되었다.

두 번째 비결은 교사의 전문성 및 질적 향상을 위한 공적 투자이다. 1970년대 이래 쿠바 교육은 중등학생들에게 비교적 높은 수준의 수학, 과학, 언어교육을 제공하였고, 이에 상응하는 상당한 수준의 교사교육 프로그램이 교원양성 교육에도 반영되었다. 쿠바의 계획경제하에서 교사의 급여는 의사보다는 조금 적은 편이나 다른 직업과는 동등한 편이고 상대적으로 명망 높은 직업으로 인식되고 있다.

세 번째 비결은 교사가 교육과정에 밀착할 수 있도록 교사교육과 교육과정이 연계하여 편성 · 운영되고 있다는 점이다. 쿠바의 교원양성 교육과정은 학생 중심 교육철학자, Dewey, Vigotsky 등 교육이론의 전수와 함께 국가 교육과정을 실천하는 데 중점을 두고 있다. 쿠바의 교육과정을 가르치는 수업의 훈련이 매우 잘 구성되어 있으며, 예비 교사들은 공방의 도제식 교육처럼 엄격한 수업 장학을 받게 된다.

마지막 쿠바 교육 성공의 비결로 Carnoy 교수는 수업의 지도성과 활발한 장학 활동을 지적하고 있다. 예비 교사들이 교직에 입문하게 되면, 선배 교사나 장학사로부터 강도 높은 수업 장학을 받게 된다. 교사의 성과평가 결과에 따라 시장주의적 경제 인센티브를 제공하는 것보다 수업에 대한 직접적인 피드백과 임상 장학을 제공하는 것이 학교교육의 질 관리에 훨씬 도움이 된다는 것이다. Carnoy 교수의 연구팀은 쿠바의 학교 관찰을 통해서 학교 관리 시스템이 상당히 수업에 중점을 두고 있음을 밝히고 있다. 교사들은 학교 관리자들에 의해 수업이 구성주의적으로 평가받는 데 익숙하다고 한다. 교사의 가르침이 학생의 학습으로 전환하는 데 선배 교사와 장학사의 강도 높은 멘토링과 장학 활동을 받으며 교육과정을 수행하게 된다. 반면, 시장주의적 학교개혁을 도입한 칠레에서는 교육의 질 제고를 시장의 힘에 의존하게 되면서, 교육과정의 질 높은 수업을 구현하기 위해 구성주의적으로 수업 장학을 할 수 있는 장학사가 교육 현장에서 사라졌다.

마지막으로, 전통적인 북유럽의 복지국가인 스웨덴과 핀란드의 교육개혁을 비교해 보자. 1990년대 후반부터 스웨덴은 핀란드와 다르게 시장주의적 교육개혁을 도입하였다. 제2차 세계대전 이후 스웨덴의 사회 전반에 걸친 공교육 체제 확립, 중앙집권화, 형평성 중심의 사회제도와 정책 기조와는 정반대된다. 1990년대 경기 침체에 대응하여 교육 분야의 재구조화를 사립학교 중심으로 공교육시스템을 대체하기 시작했다. 스웨덴은 시장주의적 교육체제를 전역에 도입하여 학생 확보를 위해 공립학교 간, 공립학교와 사립학교 간 경쟁을 부추겼다. 그러나 스웨덴의 기존 공교육 체제에서 시장주의 경쟁 체제로의 전환은 공교롭게도 그 기간 학생의 학업성취도가 급격히 떨어졌다는 부정적인 결과와 겹치게 된다. 2000년에서 2012년 사이 스웨덴 학생들의 PISA 학업성취도는 표준편차의 25%에 해당하는 25점이나 하락하였다. Bjorn Åstrand는 스웨덴의 학교 시장화 정책의 시행으로 민주 시민에서 교육 소비자로 전락한 학생 교육의 문제를 실증적으로 분석하여 잘 지적하고 있다. 이에 반해, 핀란드는 2000년 이후 PISA와 같은 국제 학업성취도 평가에서 최상위에 매겨지어 있으며, 아울러 학생 간 학업성취도 격차가 아주 작은 국가로 주목을 받고 있다. 핀란드는 학교교육에 있어 형평성의 원칙, 창의성의 원칙, 배움의 즐거움을 강조하면서 스웨덴의 시장주의적 교육개혁의 기조와 전혀 다른 접근을 택하였다.

Pasi Sahlberg는 핀란드 교육을 세계교육개혁운동(GERM)과 비교하여 몇 가지 특징을 제시하였다. 먼저, 학교 간 경쟁보다는 학교 간 협업을 강조하였다. 학교 현장에서 교사들이 가르치는 데 상호 협력하고 학생들이 서로 도우면서 배움을 실현하는 공동체 문화를 형성하는 것이다. 둘째, 학교선택의 자유와 경쟁의 효율성을 강조하는 스웨덴과 달리, 핀란드 교육은 모든 학생이 공평한 학교교육을 받아야 한다는 형평성을 가장 중요한 가치로 추구한다. 학교교육의 결과에서도 평등성을 추구하기 위해 공적 재원을 집중적으로 투자하고 있다. 셋째, 문해력과 수리력과 같은 학업성취도 중심의 교육보다 학생의 전인적 발달, 즉 인지적 · 정서적 · 신체적 발달에 고루 균등한 가치를 부여하는 교육을 강조한다. 실제, 수업시간과 학교 자원은 교육과정의 다양한 분야에 균등하게 할당되고 있다. 넷째, 표준화된 교육과정과 학업성취도 시험 결과에 따라 학교와 교사에게 책무성을 부과하는 시장주의적 접근과 달리, 핀란드는 교사의 전문성 가치를 강조하는 공교육 체제 내에서 교사 스스로 책임 이행과 교사와 학생/학부모 간 신뢰 문화를 형성하는 내적 책무성을 강조한다. 한편, 미국과 캐나다의 비교는 Adamson 등(2016)의 저서를 참고하기 바란다.

4. 우리나라의 학교개혁

1995년 5월 31일, 김영삼 정부는 교육개혁위원회를 구성하여 "신교육체제 수립을 위한 교육개혁방안"을 발표하였다. 5 · 31 교육개혁방안은 대학의 다양화와 특성화, 초 · 중등교육의 자율적 운영, 학습자의 다양한 개성을 존중하는 초 · 중등교육 운영, 그리고 교육 공급자에 대한 평가 및 지원체제 구축을 주요 골자로 하고 있다. 종래 교사 중심에서 교육 수요자인 학습자 중심의 교육으로 전환하고, 교육 공급자의 자율과 경쟁 그리고 성과평가와 책무성을 강조하는 신자유주의에 기반한 세계교육개혁운동(GERM)의 시장주의적 개혁 기조와 궤를 같이한다. 2008년 이명박 정부는 학교교육에 대한 규제를 철폐하고 다양한 학교 유형을 도입하여 학부모에게 자녀가 다닐 학교를 실질적으로 선택할 수 있도록 "고교 다양화 300 프로젝트"라는 정책을 시행하였다. 학교 현장의 교육과정, 교원 인사, 학사 운영 전반에 자율권을 부여하고 학부모가 선택할 수 있는 자립(율)형 공사립 고등학교, 마이스터고등학교 등 다양한 학교교육 서비스를 제공하고자 하였다. 또한 고교 다양화 정책과 함께, 3단계 학교 자율화 정책을 시행하여 공교육의 탈규제화와 학생/학부모의 교육수요에 부응하는 자율적인 학교 운영을 도입하고자 하였다. 초 · 중등학교 연간 수업시수의 20% 범위 내에서 수업시간을 자율적으로 조정하도록 하였으며, 학교장에게 인사권 등 권한과 책임을 위임하여 학교 자율화를 추진하였다. 아울러, 기존 국 · 공립학교가 받고 있던 일부 규제를 벗어나 학교를 자율적으로 운영할 수 있도록 자율학교를 활성화하였다. 한편, 2009년부터 기존 표집평가 중심으로 운영하였던 국가수준 학업성취도 평가를 전국의 모든 학생을 대상으로 일제고사의 방식으로 전환하였다. 당시 학교교육의 책무성을 보장하기 위해 개별 학교마다 학생들의 학업성취도가 어느 수준인지 조사 분석하였고, 학교별 학생 및 학부모와 국민에게 학업성취도 평가결과를 공개하였다. 학교별 학업성취도 결과가 학교평가와 교원의 성과평가에 반영이 되고 저성취 학생들이 밀집한 학교에 행·재정적 지원을 하는 등 학교 책무성(school accountability)을 본격적으로 추진하였다. 그러나 시장주의적 교육개혁 정책은 학교 서열화, 일반계고등학교 공동화 현상, 교육 불평등 심화, 기초학력 부족 심화 등 제반 문제점들의 지적을 받아왔다.

한편, 이명박 정부의 시장주의적 접근과 다르게, 2009년 당시 진보적인 경기교육감을 중심으로 전통적인 교육 방식에서 벗어나 학생 중심의 교육을 실현하는 혁신학교를 새롭게 도입하였다. 2010년 혁신학교는 서울, 경남, 광주, 전남, 인천, 강원, 충북, 부산, 제주, 세종, 전북 지역 등으로 확산되었다. 서울시교육청은 서울형 혁신학교, 경남교육청은 행복학교, 광주시교육청은 빛고을 학교, 전남교육청은 무지개학교, 인천시교육청은 행복배움학교, 강원교육청은 행복더하기 학교, 충북교육청은 행복씨앗학교, 부산시교육청은 다행복학교 그리고 제주교육청은 다혼디배움학교라 불렀다. 혁신학교는 「초·중등교육법」 제61조 자율학교 조항에 따라 신설 운영되었고, 시도교육청마다 혁신학교의 명칭은 다르지만, 학교 운영 방식 등에 있어서 혁신학교 정책의 동형화(isomorphism) 현상이 나타났다(박수정, 박정우, 2020). 무엇보다 입시경쟁보다는 전인교육, 학교 구성원들이 서로 소통하며 민주적인 학교 공동체를 구성하며, 서로 협력하여 함께 배우는 새로운 공교육 모델을 찾고자 하였다. 학생 중심의 교육을 위해 학급당 25명 이하의 소규모 학급으로 운영하고, 배움 중심의 수업과 성장 참조형 교육평가 체제를 도입하고자 하였다. 이러한 혁신학교의 노력과 정책의 성과에 관한 연구가 여러 방면에서 진행되고 있다. 김준엽 등(2022)은 학생의 인지적 및 정의적 영역에서 2012~2014년 혁신학교와 일반학교를 비교하여 실증적으로 분석한 결과, 국가 수준 학업성취도 평가 결과에서는 두 집단 간 유의미한 차이는 없었지만, 혁신학교 학생들의 수업 참여도와 교사-학생 관계가 일반 학교 학생들에 비해 유의미하게 높음을 보여 주었다.

마지막으로, 공교육의 위기는 기존 학교교육 제도에 대한 불신으로까지 이어져 종래 학교제도에 대한 대안으로 다양한 교육 프로그램을 실천하는 대안학교가 등장하기 시작하였다. 아동 중심의 자율적인 프로그램으로 전인교육과 체험학습을 강조하는 영국의 Summerhill School이 대안학교의 대표적 사례이다. 우리나라의 최초 대안학교는 1997년 경상남도 산청 지리산에 설립된 간디학교가 있다. 비폭력, 불복종의 간디 정신을 이어받아 사랑과 자발성의 교육을 실천하고자 하였다. 대안학교는 학력 인정이 되는 인가형 학교와 학력 인정이 안 되는 비인가형 학교로 구분되는데, 학교의 형태와 운영 방식 등에 있어 다양하다. 2024년 현재 인가형 대안학교 수는 공립 23개교, 사립 29개교, 총 52개교에 달한다. 특히 공립학교의 빠른 증가세가 눈에 띈다. 정설미 등(2022)이 최근 5년간 대안학교를 분석한 결과, 교육목표는 인성교육, 체험교육 등 다양한 목표를 추구하고 있으며, 기숙시설 및 위탁과정을 운영하는 통합학교 모델을 지향하고, 지역사회와 적극적인 협력적인 관계를 유지하고 있다. 최근 다문화 학생의 비율이 높아지고 있으며 비정규직 교원이 증가하고 있는 것도 또 하나의 특징이다.

워크숍 제주 국제학교 설립 · 운영에 대한 평가

「제주특별자치도 설치 및 국제자유도시 조성을 위한 특별법」에 따라 국민의 외국어 능력 향상과 국제화된 전문인력 양성을 목적으로 하는 국제학교를 설립 · 운영하고 있다. 2011년부터 네 개의 국제학교가 제주에 설립되어 운영되고 있는데, 동 특별법에 의거 현행 「초 · 중등교육법」 및 「사립학교법」은 국제학교에 적용되지 않는다. 이 중 한 개의 제주 국제학교의 사례를 다음과 같이 제시하고 있는데, 앞에서 제시한 네 가지의 시장주의적 학교개혁 평가 기준을, ① 선택의 자유, ② 생산적 효율성, ③ 형평성, ④ 사회적 통합성에 따라 국제학교를 우리나라의 국공립학교와 비교하여 각자 평가해 보고 [그림 15-1]과 같은 그래프로 나타내 보자. 그리고 동료 학생들과 그 결과를 토의해 보자.

제주 A 국제학교는 지방자치단체인 제주특별자치도가 설립하였고, 사설 영어전문 교육기관인 주식회사 B가 제주영어교육도시 내 공립 국제학교 위탁 · 운영에 관한 협약을 체결하여 2011년 9월 1일부터 20년 동안 초등학교, 중학교, 고등학교를 운영하고 있다. 교육과정은 초 · 중 · 고를 12학년으로 통합하여 미국 학교평가기관인 Western Association of Schools and Colleges(WASC)의 인증을 받아 운영하고 있다. 교육과정은 전형적인 미국의 대학진학을 위한 교과목(college-preparatory class)을 제공하고 있으며, 25개의 Advanced Placement(AP) 프로그램을 운영하고 있다. 학생 등록금은 학년에 따라 연간 1,600만 원에서 2,300만 원에 이르고 있으며, 미국형 기숙학교로 기숙사를 운영하고 있는데 연간 1,300~1,500만 원에 달한다. 학생 선발은 외국인학교와 달리 국내 학생 대상으로 모집할 수 있고, 학년별로 입학 기간이 따로 없이 연중 상시(rolling admission) 입학시험 결과에 따라 이루어지고, 2023년 현재 37개 학급 782명 정원으로 운영되고 있다. 해당 학교의 홈페이지에 게시된 Mission Statement(https://kis.ac/mission-and-vision/)는 다음과 같다.

OUR MISSION:

"To provide a challenging American curriculum, promote responsibility to our community and world, and prepare students for learning in university and life."

정리하기

1 학교개혁이란 무엇인지 한 문장으로 정의해 보세요. 그리고 그 이유를 설명해 보세요.

'학교개혁은 [   ] 이다.'

이유:

[   ]

참고문헌

제1장 학교란 무엇인가

곽덕주, 강대중, 박현정, 소경희, 유성상, 이선영, 정동욱, 조영환(2024). 미래교육, 교사가 디자인하다(2판). 서울대학교 교육연구서 교육학 총서. 교육과학사.

진동섭, 이윤식, 김재웅, 김도기(2023). 교육행정 및 학교경영의 이해(4판). 교육과학사.

Bobbitt, J. F. (1912). The Elimination of Waste in Education. *The Elementary School Teacher, 12*(6), 259–271.

Rothstein, R., & Jacobsen, R. (2006). The goals of education. *Phi Delta Kappan, 88*(4), 264–272.

Spaulding, F. E. (1913). The Application of the Principles of Scientific Management. *Journal of Proceedings and Addresses, National Education Association, 51st Annual Meeting*, 259–279.

제2장 학교조직의 이해

강민수, 김한솔, 김희규, 주영효(2023). 교사의 AI · 디지털 활용 교육정책 내실화 방안 탐색. 한국교원교육연구, 40(2), 111–140.

교육부(2024). 2024년 교육기본통계 주요 내용.

김경년, 정지윤(2014). 학교와 지역사회 기관 간 네트워크 형성: 동종선호에 의한 협력 및 구조적 공백의 중개. 교육행정학연구, 32(4), 23–49.

김용(2022). 학교 혁신 정책으로 창출된 '자율' 공간에서의 정책 실행–학교 자체평가 정책 실행에서의 '자율성'의 구성. 교육행정학연구, 40(3), 91–117.

김현미, 이수정, 최항섭, 변희현, 정은주, 주형미(2024). 학령인구 감소 시대 미래 학교교육의 방향 탐색: 미래학교 시나리오를 바탕으로. 교육과정평가연구, 27(1), 1–28.

박민정(2009). 역량기반 교육과정의 특징과 비판적 쟁점분석: 내재된 가능성과 딜레마를 중심으로. 교육과정연구, 27(4), 71–94.

박세준, 김지선(2022). 교사의 의사결정권한이 학교의 민주적 풍토에 미치는 효과 분석: 교사경력과 혁신학교 여부를 중심으로. 교육행정학연구, 40(2), 141–166.

이광현(2022). CIPP 모형에 근거한 문재인 정부 교원정책 평가. 교육정치학연구, 29(2), 1–27.

이승현, 함승환(2023). 학교혁신의 '공동생산': 학교–가정–지역사회 협력 파트너십의 효과 재고찰. 교육행정학연구, 41(1), 63–88.

이은혜, 장인실(2021). 코로나시대 다문화가정 밀집지역 초등학교의 원격수업 운영 연구. 다문화교육연구, 14(1), 71–93.

주영효, 전하람, 황영식(2022). 학부모의 학교교육 참여 영향 요인 분석: 학부모 단체활동과 학교생활 파악 활동을 중심으로. 교육정치학연구, 29(3), 83–112.

진동섭(2005). 한국 학교조직 탐구. 학지사.

Barnard, C. I. (1938). *The functions of the executive*. Harvard University press.

Cohen, M. D., March, J. G., & Olsen, J. P. (1972). A garbage can model of organizational choice. *Administrative science quarterly, 17*(1), 1–125

Etzioni, A. (1975). *A comparative analysis of complex organizations: On power, involvement, and their correlates* (Rev. ed.). Free Press.

Greiner, L. E. (1972). Evolution and revolution as organizations grow. *Harvard business review, 50*(4), 37–46.

Lawrence, P. R., & Lorsch, J. W. (1967). *Organization and environment*. Harvard University Press.

Locke, E. A., & Latham, G. P. (1990). *A theory of goal setting & task performance*. Prentice–Hall.

Mintzberg, H. (1979). *The structuring of organizations*. Prentice–Hall.

Robbins, S. P., & Judge, T. A. (2019). *Organizational Behavior* (18th ed.). Pearson.

Schein, E. H. (2010). *Organizational culture and leadership* (4th ed.). Jossey–Bass.

Scott, W. R., & Davis, G. F. (2016). *Organizations: Rational, natural, and open systems* (7th ed.). Pearson.

Senge, P. M. (1990). *The fifth discipline: The art & practice of the learning organization.* Doubleday/Currency.

Weick, K. E. (1976). Educational organizations as loosely coupled systems. *Administrative science quarterly, 21*(1), 1–19.

제3장 학교경영의 이해

김재웅, 김동석, 김병찬, 김재철, 김종필, 김현철, 노종희, 박남기, 박상완, 박진규, 박천수, 서정화, 성열관, 송기창, 신현석, 안주엽, 양명희, 유동훈, 윤정일, 이대현, 이상기, 이선형, 이윤식, 이종재, 임연기, 임정빈, 임천순, 정진철, 조광제, 조남근, 조성일, 조인수, 최순영, 최창익, 한준상(2013). 한국 교육행정학 연구 핸드북. 학지사.

박수정(2024). 교육행정입문: 교육을 위한 행정. 박영스토리.

신현석, 가신현, 김병모, 김지영, 박종필, 박준형, 변수연, 엄준용, 오순문, 이정원, 이준희, 임수진, 정우진, 정주영, 주영효(2023). 학교중심의 교육행정 및 교육경영(3판). 박영스토리.

윤정일, 송기창, 조동섭, 김병주(2019). 교육행정학원론(6판). 학지사.

조석훈(2018). 학교와 교육행정 질문, 관점, 응용. 교육과학사.

조성일, 최혜영(2017). 교육행정과 학교 · 학급경영. 학이당.

진동섭, 이윤식, 김재웅, 김도기(2023). 교육행정 및 학교경영의 이해(4판). 교육과학사.

Cook, D. L. (1966). *Program evaluation and review technique: Applications in education* (No. 17). US Department of health, education, and welfare, Office of education.

Drucker, P. F. (1954). *The practice of management.* Harper & Row.

Learned, E. P., Christensen, C. R., Andrews, K. R., & Guth, W. D. (1965). *Business Policy: Text and Cases*. Richard D. Irwin.

Luschei, T. F., & Jeong, D. W. (2021). School governance and student achievement: Cross-national evidence from the 2015 PISA. *Educational Administration Quarterly, 57*(3), 331–371.

Wilson, J. M. (2003). Gantt charts: A centenary appreciation. *European Journal of Operational Research, 149*(2), 430–437.

제4장 학교 지도성의 이해

김병찬(2023). 어떻게 교사지도성을 발휘할 것인가?. 박영스토리.

김왕준, 김지현, 박희진, 변수연, 송효준, 이동엽, 이수정, 이전이, 이호준, 정설미, 최경준, 한재범, 함승환(2024). 질문과 토론이 있는 교육행정 및 교육경영. 학지사.

신현석, 안선회, 김동석, 김보엽, 박균열, 박정주, 반상진, 변기용, 양성관, 엄준용, 이강, 이경호, 이일권, 이정진, 전상훈, 조홍순(2015). 학습사회의 교육행정 및 교육경영. 학지사

윤정일, 송기창, 조동섭, 김병주(2019). 교육행정학원론(6판). 학지사.

이종재, 이차영, 김용, 송경오(2012). 한국교육행정론. 교육과학사.

주현준(2016). 교육리더십 연구의 재조명. 교육행정학연구, 34(1), 25-45.

Alderfer, C. P. (1972). *Existence, Relatedness, and Growth: Human Needs in Organizational Settings.* Free Press.

Blake, R. R., & Mouton, J. S. (1964). *The Managerial Grid: The Key to Leadership Excellence.* Gulf Publishing.

Fiedler, F. E. (1964). *A contingency model of leadership effectiveness. In Advances in experimental social psychology* (Vol. 1, pp. 149-190). Academic Press.

Halpin, A. W. (1956). The Leadership Behavior of School Superintendents. *The Journal of Educational Administration and Supervision, 42*(6), 416-430.

Halpin, A. W. (1957). *Manual for the Leadership Behavior of School Superintendents.* https://brainmass.com/business/leadership-skills/leader-behavior-description-questionnaire-lbdq-327621

Hersey, P., & Blanchard, K. H. (1988). *Management of organizational behavior: Utilizing human resources* (5th ed.). Prentice Hall.

Herzberg, F., Mausner, B., & Snyderman, B. B. (1959). *The Motivation to Work.* John Wiley & Sons.

House, R. J. (1996). Path-goal theory of leadership: Lessons, legacy, and a reformulated theory. *The leadership quarterly, 7*(3), 323-352.

Lewin, K., Lippitt, R., & White, R. K. (1939). Patterns of aggressive behavior in experimentally created "social climates". *The Journal of Social Psychology, 10*(2), 271-299.

Maslow, A. H. (1943). A Theory of Human Motivation. *Psychological Review, 50*(4), 370-396.

Reddin, W. J. (1970). *Managerial effectiveness*. McGraw-Hill Book.

Stogdill, R. M., & Coons, A. E. (1957). *Leader behavior: Its description and measurement*. Ohio State University, Bureau of Business Research.

Yukl, G. (1989). Managerial leadership: A review of theory and research. *Journal of Management, 15*(2), 251-289.

제5장 학교운영위원회와 의사결정

강민자, 강은숙(2022). 학교운영위원회 학생참여 경험에 관한 사례 연구: 개교 8년차 전북 소재 햇빛고등학교 사례를 중심으로. 교육행정학연구, 40(2), 57-83.

김성열(2021). 학교운영위원회 25년: 제도의 도입, 변화와 정착, 그리고 과제. 교육비평, 47, 6-52.

김훈호, 이호준(2021). 학생의 학교 참여의 교육적 효과 분석. 교육행정학연구, 39(1), 483-510.

서울일보(2024. 6. 4.). 서울교육청, '2024 학생자치 10년 나눔 한마당' 개최.

에듀나인(2020. 10. 15.). 학생 참여 학운위 회의 늘었지만… "대부분 참관만".

연합뉴스(2013. 3. 28.). 학교운영위원회 말로만 민주적? … 10곳 중 9곳 '무투표'.

연합뉴스(2021. 5. 27.). 교총 "교원 10명 중 7명이 학생회 법제화 반대".

윤지희, 이예슬(2018). 초등교사의 의사결정권한이 수업개선활동과 교사효능감, 교직만족도에 미치는 영향 분석. 한국초등교육, 29(4), 1-21.

이호준, 김영식, 주현준(2019). 학교 내 협의회 활성화가 학교 교육성과에 미치는 영향 분석. 교육정치학연구, 26(4), 131-155.

충청투데이(2024. 8. 30.). "교사들은 인사도 안 하나" 도 넘은 학교운영위원회, 교권침해 논란.

Darling-Hammond, L., Alexander, M., & Hernández, L. E. (2024). *Redesigning High Schools: 10 Features for Success*. Learning Policy Institute.

Ingersoll, R. M. (2007). Short on power, long on responsibility. *Educational Leadership, 65*(1), 20-25.

Mager, U., & Nowak, P. (2012). Effects of student participation in decision making at school. A systematic review and synthesis of empirical research. *Educational research review, 7*(1), 38–61.

McQuillan, P. J. (2005). Possibilities and pitfalls: A comparative analysis of student empowerment. *American Educational Research Journal, 42*(4), 639–670.

Sorenson, R. D., & Goldsmith, L. M. (2018). *The principal's guide to school budgeting.* Corwin Press.

제6장 학교교육과 교육법

권영성(2006). 헌법학원론. 법문사.

손희권(2004). 교육을 받을 권리의 자유권적 성격. 교육법학연구, 16(2), 117–138.

신현석, 가신현, 김병모, 김재덕, 박종필, 박준형, 변수연, 엄준용, 오순문, 이정원, 이준희, 임수진, 정우진, 정주영, 주영효(2024). 학교중심의 교육행정 및 교육경영(3판). 박영스토리.

조석훈(2022). 학교와 교육법(3판). 교육과학사.

표시열(2008). 교육법: 이론 · 정책 · 판례. 박영사.

제7장 학교재정의 이해

나성린, 전영섭, 홍성훈, 허은정(2022). 공공경제학(5판). 박영사.

여유진(2008). 한국에서의 교육을 통한 사회이동 경향에 대한 연구. 보건사회연구, 28(2), 53–80.

윤정일, 송기창, 김병주, 나민주(2015). 신교육재정학. 학지사.

윤홍주(2004). 우리나라 교육재정의 공평성 분석. 교육행정학연구, 22(2), 307–326.

이선호, 김용남, 김효정, 윤홍주, 이현국(2019). 학교재정운영 자율성 수준이 단위학교 교육비 지출에 미치는 영향 분석(연구보고 RR2019–07). 한국교육개발원.

이선호, 송기창, 윤홍주, 이호준, 이영, 이현국(2023). 지방교육재정교부금 운용 개선 방안 연구(CRR2023–25). 한국교육개발원.

정설미, 이호준(2023). 균등한 교육기회 의미 재탐색과 정책적 함의 연구. 교육행정학연구, 41(4), 447–478.

Brewer, D. J., & McEwan, P. J. (2010). *Economics of education.* Elsevier.

Ladd, H. F., & Goertz, M. E. (Eds.). (2015). *Handbook of research in education finance and policy.* Routledge.

Sen, A. (1999). *Development as Freedom.* 김원기 역(2013). 자유로서의 발전. 갈라파고스.

제8장 학교인사행정의 이해

김달효(2013). 교원성과급의 효용성에 관한 교사의 인식 분석. 인문사회과학연구, 14(1), 277-298.

김유리, 이상철, 송영미(2024). 보직교사 제도 개선 방안 연구: 초등교원의 인식을 중심으로. 한국교육, 51(1), 121-152.

김이경, 한신일, 김현철(2008). 교장공모제 쟁점 및 만족도에 대한 집단 간 인식 차이 분석. 교육행정학연구, 26(4), 363-384.

김지선, 박소영(2013). 단위학교 내 수석교사제 운영에서 나타난 갈등 원인의 구조 분석. 한국교원교육연구, 30(4), 381-406.

김진원, 김혜숙(2019). 중등학교 기간제 교사가 인식하는 고용불안정성과 조직공정성이 교사헌신에 미치는 영향. 한국교원교육연구, 36(1), 161-183.

김혜숙, 강호수, 권도희, 김민아, 김유원, 김진원, 모영민, 심연식, 유동훈, 이동엽, 이혜미, 전수빈(2024). 예비교사 및 현직교사를 위한 교육행정 및 교육경영. 학지사.

노길명, 이재덕(2022). 초등학교 교직문화에 관한 교원 인식 탐색 연구. 교육문화연구, 28(5), 643-670.

민은영, 장유진(2017). 교원임용 시험을 준비하는 중등학교 기간제 교사들의 교직생활과 삶에 관한 질적 연구. 한국산학기술학회논문지, 18(12), 359-371.

백종섭, 김동원, 김철우, 이근주, 조선일(2018). 인사행정론. 창민사.

변기용, 정양순, 신범철, 윤지희, 이예슬(2018). 교원성과급 제도의 이론적 · 실천적 문제점과 발전방향 탐색: 3개 초등학교 사례 분석. 교육정치학연구, 25(2), 111-140.

서울대학교 교육행정연수원(2010). 학교장 학교경영 편람.

손준종(2021). 중등학교 기간제 교사와 정규 교원의 비대칭성 연구. 교육정치학연구, 28(4), 93-120.

에듀프레스(2023. 1. 24.). 부장교사 인원 늘린다…. 서울시교육청, 교원 배치 기준 개정.

https://www.edupress.kr/news/articleView.html?idxno=9962에서 인출.

윤정일, 송기창, 김병주, 남수경(2024). 교육행정학 원론. 학지사.

이상신, 김나연, 양은택, 박주형(2019). 교육책무성 관점에서 본 교원 성과상여금 평가기준 실태 분석(경기도 내 초등학교를 중심으로). 교육정치학연구, 26(1), 59-80.

이승현, 최연우, 엄문영(2024). 부장 교사 여부가 교직 태도에 미치는 영향 분석. 교육행정학연구, 42(3), 179-200.

이창길(2019). 인적자원행정론(제3판). 법문사.

임미화, 신상명(2012). 교장공모제에 대한 미시정치적 분석. 중등교육연구, 60(1), 109-133.

조선일보(2023. 2. 8.). 너도나도 부장 보직 기피…. 막내교사들이 떠밀려 맡는다. https://www.chosun.com/national/education/2023/02/08/CHVLNSV4YRBBXJJDETDT45H5CQ/에서 인출.

조현국(2013). 학교 유형별 기간제 교사가 학업성취도에 미치는 영향 분석. 경제학연구, 61(2), 5-29.

진동섭, 이윤식, 김재웅, 김도기(2023). 교육행정 및 학교경영의 이해(4판). 교육과학사.

최선옥, 전제상, 김미영(2017). 현직 교원의 자격 다원화 방안. 경기도교육연구원.

최형재(2014). 국가수준학업성취도평가 자료를 이용한 기간제 교사의 효과분석 – 일반 고등학교를 중심으로. 한국경제연구, 32(2), 5-36.

제9장 교원학습공동체와 학습조직

경기도교육청 보도자료(2015. 2. 23.). 학교 안 전문적 학습공동체 학점화 계획.

경기도교육청 보도자료(2016. 3. 17.). 경기도 모든 학교, 혁신 공감으로 물들다.

김민조, 심영택, 김남균, 김종원(2016). 교사들의 '반(半) 자발성'에서 출발한 학교내 교사학습공동체 운영 사례 연구. 한국교원교육연구, 33(4), 223-248.

박나실, 장연우, 소경희(2015). 내부로부터의 학교 변화: 학교 안 교사학습공동체의 형성 및 발달에 관한 사례 연구. 교육과정연구, 33(4), 91-114.

박채원(2017). 전문적학습공동체 실천 연구: 농촌지역 혁신학교 사례를 중심으로. *The SNU Journal of Education Research, 26*(3), 75-95.

서경혜(2013). 교사 학습에 대한 공동체적 접근. 교육과학연구, 44(3), 161-191.

서우철(2014). 혁신학교와 전문적 학습 공동체. 교육비평, 34, 223-242.

서울특별시교육청교육연구정보원(2024). 2024 학교 간 교원학습공동체 운영 기본 계획.

송경오, 최진영(2010). 초 · 중등학교 교사학습공동체의 측정모형 및 수준 분석. 한국교원교육연구, 27(1), 179-201.

오영범(2014). 온라인 교사공동체 전문성 발달의 특징에 관한 질적 사례 연구. 평생학습사회, 10(4), 113-137.

유성동, 김도기(2023). 학교 밖 교사학습공동체를 통한 수업 개선 사례 연구: 충남초등영어교육연구회를 중심으로. 교육행정학연구, 41(3), 317-339.

윤정, 강에스더, 조영하(2016). '학교 안 전문적 학습공동체' 운영과정에 대한 초등학교 교사들의 경험 분석: 미래초등학교 사례를 중심으로. 교육행정학연구, 34(4), 155-185.

정바울, 이승호(2017). 한국의 전문적 학습공동체 실행에 관한 탐색적 연구: 효과적 실천의 저해요인에 대한 교사의 인식을 중심으로. 한국교원교육연구, 34(4), 183-212.

허은정(2011). 학습조직으로서의 학교가 교사전문성에 미치는 효과. 한국교원교육연구, 28(3), 29-53.

Dufour, R., & Eaker, R. (1998). *Professional learning communities at work: Best practices for enhancing student achievement.* National Educational Service.

Garvin, D. A. (2000). *Learning in action: a guide to putting the learning organization to work*. 유영만 역(2001). 살아있는 학습조직. 세종서적.

Hord, M. (1997). *Professional learning communities: Communities of continuous inquiry and improvement.* Southwest Educational Development Laboratory.

Louise, K., Marks, H., & Kruse, S. (1996). Teachers' professional community in restructuring schools. *American Educational Research Journal, 33*(4), 757-798.

Marquardt, M. T. (1996). *Building the learning organization*. McGrawhill.

Senge, P. M. (1990). *The fifth discipline: The art and practice of the learning organization.* Currency Doubleday.

제10장 학부모 참여와 지역사회 협력

강영택, 김정숙(2012). 학교와 지역사회의 파트너십에 대한 사례연구: 홍성군 홍동지역을 중심으로. 교육문제연구, 43, 27-49.

교육부(2023. 12. 6.). 교육발전특구 시범지역 지정 추진계획.

교육부(2024. 2. 28.). 윤석열 정부의 지역주도 교육개혁 본격 시작 교육발전특구 시범지역 1차 지정 결과 발표.

교육부(2024. 6. 27.). "지역인재를 키우는 교육발전특구, 필통톡에서 확인해요!" https://blog.naver.com/moeblog/223492845806 (2025. 2. 26. 인출).

김미향(2020). 학교와 지역사회 간 연계 · 협력에 기반한 마을교육공동체의 개념 탐색. 평생학습사회, 16(1), 27-52.

김병찬(2007). 학교운영위원회의 명과 암 - 초등학교 학교운영위원회 운영 과정 사례 연구. 교육행정학연구, 25(4), 185-214.

김성열(1995). 학교운영위원회의 설치와 단위학교 의사결정체계의 재구성. 교육행정학연구, 13(4), 193-206.

김성열(2021). 학교운영위원회 25년: 제도의 도입, 변화와 정착, 그리고 과제. 교육비평, 47, 6-52.

류방란, 김경애, 임후남, 이성희, 양희준, 황지원(2015). 학부모의 학교 참여 실태 및 정책 방안(RR2015-01). 한국교육개발원.

문희원(2023). 학부모 학교참여와 학생의 학업성취도: 참여 격차와 그 영향을 중심으로. 서울대학교 박사학위논문.

박수정, 김용, 엄문영, 이인회, 이희숙, 차성현, 한은정(2021). 오늘의 교육 내일의 교육정책. 학지사.

서울미래교육지구(n.d.). https://newseouledu.or.kr/bbs/faq.php (2025. 2. 27. 인출).

손준종(2012). 편안한 협력자 또는 불편한 감시자: 초등학교 교사의 학부모에 대한 감정 연구. 한국교육, 39(3), 33-57.

신혜진(2020). 교육공동체 관점에서 본 교사-학부모 간 협력과제: 학부모의 교육관여를 중심으로. 학부모연구, 7(3), 1-18.

양병찬(2018). 한국 마을교육공동체 운동과 정책의 상호작용. 평생교육학연구, 24(3), 125-152.

오마이뉴스(2024. 9. 19.). "100억 → 14억 쪼그라든 교육발전특구, 시설사업은 전부 배제." https://omn.kr/2a867 (2025. 2. 26. 인출).

윤혜정, 김회수(2019). 활동이론을 통한 마을교육공동체 분석. 교육연구, 41(1), 105-123.

이영희, 박시현(2024). 마을교육 생태계 조성을 위한 서울시 초 · 중등 마을결합형학교 운영 사례 분석 및 함의. 학습자중심교과교육연구, 24(10), 195-213.

Erikson, L. (2004). Föräldrar och skola (Doctoral dissertation, Örebro universitetsbibliotek).

Miller, B. (1995). *The Role of Rural Schools in Community Development: Policy Issues and Implications*. Program Report.

Swap, S. M. (1993). *Developing Home-School Partnerships: From concepts to practice*. Teachers College Press.

제11장 학교경영 평가

강상진, 김현주(2001). 학교효과의 측정과 학교평가방법 비교 분석. 교육학연구, 39(3), 1-26.

강상진, 황정원(2010). 학교책무성 체제에서 학업성취도에 기초한 학교성과지표는 중등학교 학교평가 지표로서 적합한가?: 학교효과 이론에 의한 타당도 검증. 교육학연구, 48(1), 23-52.

김용(2022). 학교 혁신 정책으로 창출된 '자율' 공간에서의 정책 실행-학교 자체평가 정책 실행에서의 '자율성'의 구성. 교육행정학연구, 40(3), 91-117.

김준엽(2010). 대규모 학업성취도 평가 자료를 활용한 학교 부가가치 추정모형의 비교. 교육평가연구, 23(1), 101-124.

박종렬, 권기욱, 김순남, 박남기, 박상완, 신상명, 임연기, 정금현, 정수현(2010). 학교경영론(2판). 교육과학사.

신현석, 가신현, 김병모, 김지영, 박종필, 박준형, 변수연, 엄준용, 오순문, 이정원, 이준희, 임수진, 정우진, 정주영, 주영효(2023). 학교중심의 교육행정 및 교육경영. 학지사.

이득기(2010). 학교·학급경영. 동문사.

이차영(2010). 학교 교육의 책무성에 대한 개념적 명료화와 발전과제. 교육연구, 18(3), 33-69.

임연기(2005). 한국 학교평가의 유형과 특성 분석. 교육행정학연구, 23(1), 161-182.

진동섭, 이윤식, 김재웅, 김도기(2023). 교육행정 및 학교경영의 이해(4판). 교육과학사.

Bonell, C., Parry, W., Wells, H., Jamal, F., Fletcher, A., Harden, A., Thomas, J., Campbell, R., Petticrew, M., Murphy, S., Whitehead, M., & Moore, L. (2013). The effects of the school environment on student health: a systematic review of multi-level studies. *Health & place, 21*, 180-191.

Bruns, B., Filmer, D., & Patrinos, H. A. (2011). *Making schools work: New evidence on accountability reforms*. World Bank Publications.

Coleman, J. S., Campbell, E. Q., Hobson, C. J., McPartland, J. M., Mood, A. M., Weinfeld, F. D., & York, R. L. (1966). *Equality of Educational Opportunity*. U. S. Government Printing Office.

Hedges, L. V., Laine, R. D., & Greenwald, R. (1994). An exchange: Part I: Does money matter? A meta-analysis of studies of the effects of differential school inputs on student outcomes. *Educational researcher, 23*(3), 5-14.

Heyneman, S. P., & Loxley, W. A. (1983). The effect of primary-school quality on academic achievement across twenty-nine high-and low-income countries. *American Journal of sociology, 88*(6), 1162-1194.

Knuver, A. W., & Brandsma, H. P. (1993). Cognitive and affective outcomes in school effectiveness research. *School effectiveness and school improvement, 4*(3), 189-204.

제12장 학급경영의 이해

경상북도의회(2022. 11. 22.). 제12대 제336회 제2차 정례회 2차 본회의 회의록.

권기욱, 이향옥(2007). 학급경영의 이해. 보현사.

김달효(2011). 교육행정 및 교육경영. 학지사.

김소영(2011). 수준별 교육과정 (이동수업) 운영의 효과성 탐색: 다층자료 분석모형 이용. 아시아교육연구, 12(2), 135-158.

김은영, 김주후(2009). 수준별수업이 중학생의 자기조절학습력과 수학과 학업성취에 미치는 영향. 교육과정평가연구, 12(3), 223-245.

김평국, 원정희(2014). 일반계 고등학교 담임교사의 학급경영 전략 연구. 한국교원교육연구, 33(4), 329-355.

김현수, 남유진(2023). 학급경영 지식의 변천 양상에 대한 비판적 고찰. 교육사회학연구, 33(1), 1-30.

김훈호(2016). 일반계 고등학교 담임교사의 학급경영 전략 연구. 한국교원교육연구, 33(4), 329-355.

박병량, 주철안(2012). 교육행정 및 교육경영: 학교 · 학급경영(개정판). 학지사.

박희진, 이호준(2021). 교사의 직무 스트레스 현황 및 영향요인 분석: TALIS 2018 분석을 중심으로. 한국교원교육연구, 38(3), 1-28.

서울특별시교육청(2024). 2024~2028학년도 각급학교 학생배치계획.

서울특별시교육청교육연구정보원(2012). 2012 교직실무편람. https://www.serii.re.kr/fus/MI000000000000000498/board/BO00000230/ctgynone/view0010v.do (2025. 2. 23. 인출)

성열관(2008). 수준별 교육과정의 감환된 의미로서 영어, 수학 이동수업의 효과성 검토. 교육과정연구, 26(2), 167-189.

송기창, 김병주, 김도기, 김민조, 김민희, 김병찬, 김성기, 나민주, 남수경, 박상완, 박수정, 오범호, 윤홍주, 이정미, 이희숙, 정성수, 정수현, 정제영, 조석훈(2021). 교직실무. 학지사.

신현석, 안선회, 김동석, 김보엽, 박균열, 박정주, 반상진, 변기용, 양성관, 엄준용, 이강, 이경호, 이일권, 이정진, 전상훈, 조홍순(2021). 학습사회의 교육행정 및 교육경영(2판). 학지사.

우명숙(2017). 학교규모와 학급규모가 학생과 교사의 교육활동에 미치는 영향: 경기도 초등학교를 중심으로. 교육재정경제연구, 26(4), 139-161.

윤정일, 송기창, 김병주, 남수경(2021). 교육행정학 원론(7판). 학지사.

정금현, 장홍재(2005). 성장단계에 있는 교사의 지식학습과정에 대한 생애사적 접근. 한국교원교육연구, 22(1), 177-197.

조성일, 최혜영(2006). 교육행정과 학교·학급경영. 학이당.

주삼환, 신붕섭, 이석열, 정일화, 김용남(2023). 교육행정 및 교육경영(6판). 학지사.

진동섭, 이윤식, 김재웅, 김도기(2023). 교육행정 및 학교경영의 이해(4판). 교육과학사.

최희선(2001). 학교·학급경영: 이론과 실제. 형설출판사.

한국교육개발원(2021. 9. 29.). 한국교육개발원, OECD 주관 교수·학습 국제조사 2018 초등교원 주요 결과 발표. 한국교육개발원 보도자료.

황여정(2008). 수준별 이동수업이 학업성취에 미치는 효과. 한국교육학연구, 14(1), 71-101.

Doyle, W. (1986). *Classroom organization and management*. In M. C. Wittrock (Ed.), *Handbook of research on teaching* (3rd ed., pp. 392-431). Macmillan.

Emmer, E. T., & Stough, L. M. (2001). Classroom management: A critical part of educational psychology, with implications for teacher education. In *Educational psychology* (pp. 103-112). Routledge.

Johnson, R., & Bany, M. (1970). *Classroom management: Theory and practice*. Macmillan.

Jones, V., & Jones, L. (2016). *Comprehensive classroom management: Creating communities of support and solving problems* (11th ed.). Pearson.

Martin, N. K., & Baldwin, B. (1993). Classroom management, motivation, and student achievement: A study of five schools. *Journal of Classroom Interaction, 28*(2), 34-40.

제13장 학급경영의 실제

경상남도교육청(2024). 2024 교육활동 보호 기본계획.

교육부(2021. 11. 24.). 2022 개정 교육과정 총론 주요사항(시안).

교육부, 한국교육과정평가원(2023). 고교학점제 도입·운영 안내서. 한국교육과정평가원 연구자료 ORM 2023-25.

교육부, 이화여자대학교 학교폭력예방연구소(2024). 교원의 학생생활지도에 관한 고시 해설서.

교육부, 이화여자대학교 학교폭력예방연구소(2025). 교원의 학생생활지도에 관한 고시 해설서(2025년도 일부개정).

김달효(2011). 교육 행정 및 교육 경영. 학지사.

김성준(2021). 민주시민교육과 학생 참여 문화 형성 전략. 교육과학사.

김소영(2011). 수준별 교육과정 (이동수업) 운영의 효과성 탐색: 다층자료 분석모형 이용. 아시아교육연구, 12(2), 135-158.

김은영, 김주후(2009). 수준별수업이 중학생의 자기조절학습력과 수학과 학업성취에 미치는 영향. 교육과정평가연구, 12(3), 223-245.

김지영, 이강이(2020). 어머니의 교육참여가 초등학교 1학년의 학교적응에 미치는 영향: 교사-학부모 관계의 상호작용효과. 열린부모교육연구, 12(1), 81-103.

문진철(2025). 교직실무의 이론과 실제. 어가.

박남기, 구영철(2000). 성공적인 초등 학급 경영을 위한 교사와 학부모 관계 정립 기법 개발 연구. 교육학연구, 38(1), 259-287.

성열관(2008). 수준별 교육과정의 감환된 의미로서 영어, 수학 이동수업의 효과성 검토. 교육과정연구, 26(2), 167-189.

신현석, 가신현, 김병모, 김지영, 박종필, 박준형, 변수연, 엄준용, 오순문, 이정원, 이준희, 임수진, 정우진, 정주영, 주영효(2023). 학교중심의 교육행정 및 교육경영(3판). 박영스토리.

유혜영(2022). 학생이 지각한 민주적 학급풍토가 사회적 신뢰에 미치는 영향. 사회과교육,

61(1), 125-144.

이재민(2020. 1. 28.). 경북 교육청, 교육 격차 해소 복식 학급 감축. KBS 뉴스. https://news.kbs.co.kr/news/pc/view/view.do?ncd=4370318

정태윤, 윤종필(2018). 민주주의 학급운영의 설계와 그 효과: 학급회의를 중심으로. 열린교육연구, 26(2), 27-55.

중앙대학교 한국교육연구소(2019). 학생과의 첫 만남 매뉴얼 개발 연구. 중앙대학교 출판부.

진동섭, 이윤식, 김재웅, 김도기(2023). 교육행정 및 학교경영의 이해(4판). 교육과학사.

충청북도교육청(2025). 2025개정 충청북도교육청 교육활동 보호 매뉴얼.

황여정(2008). 수준별 이동수업이 학업성취에 미치는 효과. 한국교육학연구, 14(1), 71-101.

Cheon, S. H., Reeve, J., & Vansteenkiste, M. (2020). When teachers learn how to provide classroom structure in an autonomy-supportive way: Benefits to teachers and their students. *Teaching and teacher education, 90*, 103004.

Dick, W., Carey, L., & Carey, J. O. (2008). *The Systematic Design of Instructional Design* (7th ed.). 김동식, 강명희, 설양환 역(2009). 체제적 교수설계. 아카데미프레스.

Epstein, J. L., Sanders, M. G., Simon, B. S., Salinas, K. C., Jansorn, N. R., & Van Voorhis, F. L. (2002). *School, family, and community partnerships: Your handbook for action* (2nd ed.). Corwin Press.

Fullan, M. (2007). *The new meaning of educational change* (4th ed.). Teachers College Press.

Goodall, J., & Montgomery, C. (2023). *Parental involvement to parental engagement: A continuum.* In J. Pattison & C. Day (Eds.), *Mapping the field: Contemporary theories of parental engagement in education* (pp. 158-169). Routledge.

Hamre, B. K., & Pianta, R. C. (2001). Early teacher-child relationships and the trajectory of children's school outcomes through eighth grade. *Child Development, 72*(2), 625-638.

Henderson, A. T., & Mapp, K. L. (2002). *A new wave of evidence: The impact of school, family, and community connections on student achievement*. Southwest Educational Development Laboratory.

Johnson, D. W. (1981). Student-student interaction: The neglected variable in education. *Educational researcher, 10*(1), 5-10.

Mitra, D. L. (2004). The significance of students: Can increasing "student voice" in schools lead to gains in youth development?. *Teachers college record, 106*(4), 651–688.

Roorda, D. L., Koomen, H. M. Y., Spilt, J. L., & Oort, F. J. (2011). The influence of affective teacher–student relationships on students' school engagement and achievement: A meta–analytic approach. *Review of Educational Research, 81*(4), 493–529.

Sanahuja, A., Moliner, O., & Moliner, L. (2020). Inclusive and democratic practices in primary school classrooms: A multiple case study in Spain. *Educational Research, 62*(1), 111–127.

Schön, D. A. (1983). *The reflective practitioner: How professionals think in action*. Basic Books.

Simamora, R. E., & Saragih, S. (2019). Improving Students' Mathematical Problem Solving Ability and Self–Efficacy through Guided Discovery Learning in Local Culture Context. *International Electronic Journal of Mathematics Education, 14*(1), 61–72.

Wong, H. K., & Wong, R. T. (1991). *The First Days of School*. 김기오, 김경 역(2013). 좋은 교사 되기: 어떻게 유능한 교사가 될 것인가?. 글로벌콘텐츠.

제14장 학급경영의 평가

교육부(2024). 교원능력개발평가 폐지 및 교원역량개발지원 제도 도입 방안(안).

Danielson, C. (2013). *The framework for teaching evaluation instrument* (2013 ed.). The Danielson Group.

Hutchings, J., Martin–Forbes, P., Daley, D., & Williams, M. E. (2013). A randomized controlled trial of the impact of a teacher classroom management program on the classroom behavior of children with and without behavior problems. *Journal of school psychology, 51*(5), 571–585.

Krasniqi, D., & Ismajli, H. (2022). Teacher Evaluation Feedback and Their Self–Efficacy in Classroom Management Skills. *International Electronic Journal of Elementary Education, 15*(1), 23–31.

Marzano, R. J. (2013). The Marzano teacher evaluation model. Marzano Research Laboratory. Retrieved from https://www.marzanoresearch.com

Learning Sciences Marzano Center (2017). Marzano focused teacher evaluation model. Learning Sciences International. Retrieved from https://www.learningsciences.com

제15장 학교개혁

곽덕주, 강대중, 박현정, 소경희, 유성상, 이선영, 정동욱, 조영환(2024). 미래교육, 교사가 디자인하다(2판). 서울대학교 교육연구서 교육학 총서. 교육과학사.

김준엽, 성경희, 서민희(2022). 학생의 학업성취와 정의적 태도에 나타난 혁신학교의 성과. 한국교육문제연구, 40(1), 27-51.

김천홍, 홍수진(2017). 영국의 공립학교 구조 개혁: 아카데미의 자율성, 책무성, 협력적 거버넌스 측면에서. 교육연구논총, 39(1), 213-242.

박수정, 박정우(2020). 시 · 도교육청의 혁신학교 정책 분석. 학습자중심교과교육연구, 20(9), 621-645.

정설미, 이호준, 송원일(2022). 인가형 대안학교의 운영 현황 및 변화 추이에 관한 탐색적 분석. 교육행정학연구, 40(4), 377-405.

Adamson, F., Åstrand, B., & Darling-Hammond, L. (Eds.) (2016). *Global education reform: How privatization and public investment influence education outcomes*. Routledge.

Carnoy, M. (2007). *Cuba's Academic Advantage: Why Students in Cuba Do Better in School*. Stanford University Press.

Chubb, J. & Moe, T. (1990). *The Root of the Problem. In Politics, Markets and America's Schools* (pp. 1-25). Brookings Press.

Friedman, M. (1962). *The Role of Government in Education. In Capitalism and Freedom* (pp. 85-107). University of Chicago Press.

Hsieh, C. & Urguiola, M. (2003). When Schools Compete, How Do They Compete? An Assessment of Chile's Nationwide School Voucher Program. *NBER Working Paper 10008*.

Ladd, H. F. (2002). School Vouchers: A Critical View. *Journal of Economic Perspectives,*

16, 3–24.

Levin, H. (2002). A Comprehensive Framework for Evaluating Educational Vouchers. *Educational Evaluation & Policy Analysis, 24*(3), 159–174.

Moretti, E. (2004). Estimating the social return to higher education: evidence from longitudinal and repeated cross-sectional data. *Journal of econometrics, 121*(1), 175–212.

Stiglitz, J. (2000). *Economics of the Public Sector* (3rd ed.). WW Norton.

찾아보기

인명

내용

저자 소개

정동욱(Jeong Dongwook)

Teachers College, Columbia University 교육경제학 박사

현 서울대학교 교육학과 교수

서울대학교 교육행정연수원장

김영식(Kim Young-sik)

서울대학교 교육학 박사(교육행정전공)

전 경남대학교 교육학과 조교수

현 부산교육대학교 교육학과 조교수

이호준(Lee Ho-jun)

서울대학교 교육학 박사(교육행정전공)

전 한국교육개발원 부연구위원

현 청주교육대학교 교육학과 부교수

문찬주(Moon Chanju)

서울대학교 교육학 박사(교육행정전공)

전 한국직업능력연구원 부연구위원

현 충남대학교 교육학과 조교수

문희원(Moon Heewon)

서울대학교 교육학 박사(교육행정전공)

전 서울대학교 학습과학연구소 선임연구원

현 한국직업능력연구원 부연구위원

정설미(Jeong Seol Mi)

서울대학교 교육학 박사(교육행정전공)

전 한국교육개발원 부연구위원

현 광주교육대학교 교육학과 조교수

학교와 학급 경영

School and Classroom Management

2026년 1월 20일 1판 1쇄 인쇄
2026년 1월 30일 1판 1쇄 발행

지은이 • 정동욱 · 김영식 · 이호준 · 문찬주 · 문희원 · 정설미

펴낸이 • 김진환
펴낸곳 • (주) 학지사
04031 서울특별시 마포구 양화로 15길 20 마인드월드빌딩
대표전화 • 02)330-5114 팩스 • 02)324-2345
등록번호 • 제313-2006-000265호

홈페이지 • http://www.hakjisa.co.kr
인스타그램 • https://www.instagram.com/hakjisabook

ISBN 978-89-997-3519-6 93370

정가 23,000원